NAPOLÉON PRISONNIER
VU PAR LES ANGLAIS

BIBLIOTHÈQUE NAPOLÉONIENNE

Tallandier

Collection fondée et dirigée par Jacques Jourquin

Dictionnaire de la Grande Armée, par Alain Pigeard.

Journal des campagnes du baron Percy, chirurgien en chef de la Grande Armée, publié d'après les manuscrits inédits.

Napoléon et la noblesse d'Empire, par Jean TULARD.

Napoléon au jour le jour (Itinéraire), par Jean TULARD et Louis GARROS.

Napoléon prisonnier vu par les Anglais, par Joseph DE MOUGINS-ROQUEFORT, grand prix du Souvenir napoléonien.

L'Armée de Napoléon. Vie quotidienne et organisation, par Alain PIGEARD.

Napoléon Ier et Paris, par Georges POISSON.

JOSEPH DE MOUGINS-ROQUEFORT

NAPOLÉON PRISONNIER

VU PAR LES ANGLAIS

Nouvelle édition, revue et corrigée

Préface de Jean-Paul Kauffmann

TALLANDIER
BIBLIOTHÈQUE NAPOLÉONIENNE

Cet ouvrage a obtenu le grand prix du Souvenir napoléonien en 1978.

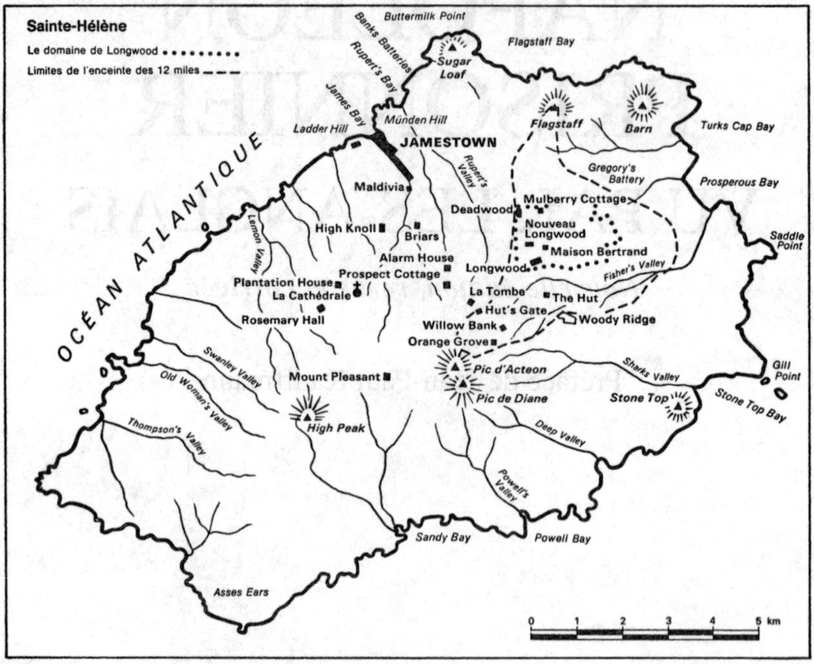

18, rue Dauphine – 75006 Paris

SOMMAIRE

PRÉFACE

Napoléon est à la mode. Il n'y a pas d'autre expression pour qualifier l'engouement qu'il suscite aujourd'hui. On objectera que depuis sa mort, il n'a cessé d'avoir la faveur du public, ce qui n'est pas tout à fait exact car après Sedan et pendant de longues années, on n'était pas fou des Bonaparte…

Inutile de revenir sur la nostalgie française. Elle a beau faire ricaner nos voisins, c'est un sujet sur lequel nous ne plaisantons pas. Cette nostalgie ne s'éteindra pas de sitôt. Les principes fondamentaux de l'État moderne, l'épopée, le rêve d'un empire universel : les Français pleureront longtemps ce qu'ils furent ou crurent être.

Plus intéressants sont les facteurs qui doivent aux circonstances. Les anniversaires qu'il est de bon ton de fustiger comme signe d'une maladie incurable dont nous, Français, serions particulièrement frappés, ont ceci de bon qu'ils dépoussièrent, décrassent, renouvellent et parfois produisent du neuf. Depuis 1995, anniversaire du 13 Vendémiaire, date où véritablement Bonaparte *naît* en réprimant l'insurrection royaliste, nous sommes partis pour suivre notre héros au moins jusqu'en 2021. C'est une célébration qui monte en puissance. Elle augmente progressivement. Je pense que les choses sérieuses vont commencer en 2004 avec l'anniversaire du Sacre.

Entendons-nous bien : la vertu des commémorations n'est pas de susciter des révélations, des coups de théâtre, mais d'obliger à revoir, à reconsidérer ce que les époques précédentes ont retenu ou favorisé. L'histoire est une question de point de vue.

La perspective change, éclairant des aspects, découvrant des recoins que les âges précédents n'avaient pas aperçus. Chaque nouvelle génération détruit les préjugés de l'ancienne, et Jean Tulard d'ouvrir sa fameuse biographie de Napoléon par la phrase de Stendhal : « D'ici à cinquante ans, il faudra refaire l'histoire de Napoléon tous les ans. »

Tous les ans, c'est peut-être exagéré. Car enfin, que peut-on apprendre sur Napoléon que nous ne sachions déjà ? Des vérités cachées peuvent-elles *encore* surgir un jour ? Sans tomber dans une conception sensationnaliste de l'histoire, il est certain que des témoignages inédits peuvent changer la perception, indiquer des différences de valeurs ou d'agencement ainsi que le veulent les lois de la perspective.

Ainsi, bien des zones d'ombre subsistent dans la « dernière phase » pour reprendre l'expression de lord Rosebery. Ne parlons pas de la personnalité de Montholon, ni de la polémique sur l'empoisonnement qui ne sera probablement pas réglée d'ici 2021 ; on sait que tout n'est pas clair dans le renvoi de Las Cases ou dans le jeu de Gourgaud. Le livre de Joseph de Mougins-Roquefort ne traite de rien d'autre que de la perspective. Le point de vue anglais est rarement pris en compte par le public français qui le croit *a priori* hostile, aussi ce livre a-t-il le mérite de dissiper un certain nombre de préjugés. Beaucoup de témoins anglais ont en effet été séduits et fascinés par le prisonnier de Longwood.

Cet ouvrage évoque le *Journal* du major Gorrequer. Affaire exemplaire ! Ce texte longtemps enfoui dans les tiroirs d'un héritier, puis camouflé dans les archives de la chancellerie anglaise, n'a été publié qu'en 1969. Sur la personnalité de Hudson Lowe, dont Gorrequer fut l'aide de camp, il envoie, comme l'écrit Mougins-Roquefort, des « jets de lumière sur des points controversés de l'histoire ». Cette publication venait vingt ans après le décryptage des *Cahiers* de Bertrand qui firent sensation. Longwood était vu sous un autre angle, la position et la représentation du drame changeaient légèrement de place. C'est de ce *déplacement* que traite *Napoléon prisonnier vu par les Anglais*. Il y en aura d'autres, n'en doutons pas.

Jean-Paul Kauffmann

AVANT-PROPOS

> *« Le temps passe et la nuit tombe… tout est oublié, tout est absorbé dans la brume et l'obscurité ; mais la lumière de Napoléon brille, rouge, fatale, plus éclatante à mesure que se déroulent les années…*
>
> *« Le héros-monstre règne maintenant dans le cœur des hommes avec une autorité qu'il n'a jamais possédée sur son trône. »*
>
> Winston CHURCHILL

Le tribut le plus éclatant, l'hommage le plus exceptionnel que les Anglais aient rendu à leur ennemi vaincu, c'est de l'avoir exilé à Sainte-Hélène, avec l'intention bien arrêtée de ne jamais lui permettre d'en revenir.

Napoléon était trop grand pour qu'on le mît à mort comme un « criminel de guerre », ainsi que le souhaitait le farouche Blücher qui voulait le pendre. En Angleterre, même ses plus déterminés adversaires répugnaient à cette solution.

« L'Anglais, écrit l'historien W. Hazlitt[1], qui se montre très sévère pour ses compatriotes, est trop imbu de principes moraux pour assassiner son pire ennemi. Nous nous

1. W. Hazlitl, *The Life of Napoleon Bonaparte*, 4 vol., Londres, 1830.

débarrassons de lui, non par des moyens aussi radicaux, mais par des voies qui amènent tôt ou tard ce résultat. »

Il ne pouvait être question de laisser en liberté, même surveillée, un tel perturbateur de la paix publique, qui pouvait devenir un dangereux récidiviste.

On décida donc de le séparer du monde et l'on fit, exprès pour lui, une loi spéciale pour l'exiler dans l'île inabordable qui devait devenir son tombeau.

« C'est là, écrit R. C. Seaton, un tribut extraordinaire rendu au prestige d'un seul homme. On ne peut soulever aucune question de légalité[1]. »

Si ces mesures exceptionnelles furent prises par le ministère de lord Liverpool, ce ne fut certainement pas avec l'assentiment unanime de l'opinion publique anglaise. Elles furent combattues par des parlementaires du parti libéral et par d'éminents jurisconsultes.

Elles aboutirent à une apothéose que certes leurs auteurs n'avaient pas prévue. Le rocher perdu dans l'Atlantique devint un piédestal pour ce proscrit qu'on voulait enterrer dans une oubliette.

On possède aujourd'hui un grand nombre de témoignages britanniques sur la captivité de l'Empereur ; mais on ne peut affirmer qu'il ne s'en produira plus de nouveaux.

L'histoire de Sainte-Hélène n'est pas finie. Il a fallu attendre plus de cinquante ans après la mort de l'Empereur pour connaître des mémoires aussi chargés de substance que les journaux de Gourgaud (1898), de l'amiral Cockburn (1888) et des Commissaires des Puissances alliées[2] ; – plus de cent ans pour que fussent publiés les *Souvenirs* (d'ailleurs encore incomplets) du mameluck Ali (1926), les *Mémoires* de Marchand (1955) et surtout, pièce capitale, les

1. R. C. Seaton, *Napoleon's Captivity in relation to sir Hudson Lowe*, Londres, 1903.

2. Les lettres de commissaires à leurs cours ont été publiées aux dates suivantes : Baron de Stürmer (Autriche), 1886 ; Marquis de Montchenu (France), publiées par M. Firmin-Didot, 1894 ; Comte de Balmain (Russie), 1897.

Cahiers du Grand-Maréchal Bertrand (1949-1959) ou, enfin, cette révélation récente : le *Journal* du major Gorrequer (1969).

Il faut donc à la fois admirer pour leur travail et plaindre pour leurs lacunes les historiens du XIXe siècle auxquels ces documents firent défaut. On peut regretter aussi que les mémorialistes se soient montrés si singulièrement modestes et désintéressés en gardant par-devers eux ces notes précieuses, et déplorer que des héritiers timorés, négligents ou trop scrupuleux, en les laissant dormir si longtemps dans leurs tiroirs, aient fait preuve d'une discrétion qui nous semble aujourd'hui déborder le cadre de la piété familiale.

La liste est-elle close de ces tard-venus ? Aucun autre témoin du drame ne parlera-t-il plus ? Quelles révélations peut-on encore attendre sur des points obscurs ou controversés ? Quel nouveau rayon de lumière peut venir éclaircir ce qui demeure encore de douteux et de conjectural ?

Il n'y a rien d'absurde à rêver que quelque arrière-neveu de Miss Mason puisse découvrir encore un manuscrit caché, où la bonne dame, voisine de Longwood, qui ouvrait volontiers sa porte aux Français, aurait noté ses souvenirs ; ou encore à imaginer la découverte tardive du journal d'un de ces capitaines de « store-ships » qui faisaient escale à Sainte-Hélène, et repartaient, parfois chargés d'une correspondance clandestine du captif à destination de l'Europe. Et pourquoi le lieutenant-colonel Reade, adjoint du gouverneur, singulièrement bien placé, de par ses fonctions, pour connaître beaucoup de secrets, n'aurait-il pas, lui aussi, comme tant d'autres, tenu un cahier de souvenirs personnels qui serait encore à découvrir ?

En utilisant les matériaux existants et, en particulier, nombre d'ouvrages anglais dont on ne connaît pas de traduction française, il a paru intéressant, pour faire contrepoids aux témoignages des amis de l'Empereur, de grouper en un seul catalogue le faisceau des mémorialistes anglais, bien plus nombreux que nos compatriotes, et moins soucieux aussi d'élever un piédestal à leur idole.

Qu'il s'agisse de fonctionnaires britanniques, du personnel de la garnison, militaires et marins, ou des visiteurs de marque que l'Empereur daignait recevoir, beaucoup ont laissé des écrits de très inégale importance, allant de l'ouvrage en deux tomes à une simple lettre. Souvent bienveillants, parfois hostiles, mais tous désireux de bien exprimer ce qu'ils ont vu et entendu, ils n'ont pu rester indifférents au prestige du grand homme.

« Tous ceux, écrit un historien anglais de Sainte-Hélène[1], qui avaient été en contact avec l'Empereur s'empressaient, alors que leurs impressions étaient encore dans toute leur fraîcheur, de confier au papier leurs souvenirs, leurs conversations et leurs jugements. Le fait est que, pendant la captivité, les habitants de Sainte-Hélène furent fort occupés à écrire à leurs amis d'Angleterre ; et aujourd'hui encore, beaucoup de familles ont entre leurs mains de précieux écrits retraçant les idées et les réflexions de ceux de leurs ancêtres qui eurent l'honneur de se voir adresser quelques mots par le grand Empereur. »

Bien entendu, ces témoignages, si importants, si véridiques soient-ils, ne peuvent être mis en parallèle, pour l'importance des matières ni pour la précision des détails, avec ceux des mémorialistes français, Las Cases, Montholon, Gourgaud, Bertrand et autres, compagnons pendant des années, et à toute heure du jour, de leur Maître. Moins importants que ces derniers pour la connaissance des événements de la captivité, ils ont cependant sur eux l'avantage de ne faire aucune place à l'esprit courtisan, d'être exempts des inventions saugrenues qui déparent certains récits et de présenter, dans leur ensemble, un caractère rassurant d'objectivité.

Et ce chœur de témoins, pour le rendre probant, il est nécessaire de l'élargir jusqu'à la totalité des registres, même s'il fait entendre parfois une note discordante.

---

1. Dr. A. Chaplin, *A St. Helena Who's Who*, Londres, 1914.

Le présent recueil ne prétend pas apporter une contribution nouvelle à l'histoire hélénienne ; il n'a d'autre dessein que de faciliter aux curieux de cette histoire leur exploration dans le labyrinthe des témoignages anglais de la captivité de Napoléon. On s'est efforcé, chemin faisant, d'en élaguer le parcours des chausse-trapes semées dans ce domaine par les falsificateurs.

UN TÉMOIN MUET : HUDSON LOWE

Peu de personnages historiques ont été plus discutés que cet officier britannique dont le nom est inséparable de celui de son illustre prisonnier. Rien, pourtant, quand on examine les grandes lignes de sa carrière antérieure à l'épisode de Sainte-Hélène, ne semblait faire prévoir que son nom dût passer à la postérité et susciter autant de polémiques passionnées.

Fils d'un médecin militaire originaire du Lincolnshire qui avait épousé une Irlandaise, il naquit à Galway (Irlande) le 28 juillet 1769, quelques jours seulement avant Napoléon.

Entré au service dès sa douzième année, il obtint à dix-huit ans le grade d'enseigne au 50e régiment d'infanterie, stationné à Gibraltar, où servait son père. Très doué pour l'étude des langues, il y apprit le français et l'espagnol, puis, au cours d'un congé de quelques mois en Italie, l'italien. En 1784, il était aide de camp du gouverneur anglais d'Ajaccio, quand les victoires de Bonaparte contraignirent les troupes britanniques à abandonner la Corse. Il est capitaine quand son régiment est envoyé à l'île d'Elbe, puis à Lisbonne où, toujours avide de s'instruire, il apprend la langue portugaise. Il est ensuite chargé du recrutement et du commandement d'une troupe de volontaires corses avec laquelle il prend part à la campagne d'Égypte, et notamment à la bataille d'Alexandrie.

En 1803, étant lieutenant-colonel de son régiment corse, il prend part à l'expédition de Naples et devient gouverneur de l'île de Capri. Il s'y trouve en 1808 quand les Français, commandés par le général Lamarque, attaquent cette forteresse où les troupes anglaises durent capituler. Il devient alors gouverneur de l'île de Céphalonie. En 1813, il est attaché à l'état-major prussien et assiste en cette qualité aux batailles de Bautzen et de Leipzig. Il accompagne le maréchal Blücher pendant la campagne de 1814 et est chargé de porter en Angleterre la nouvelle de l'abdication de Napoléon, ce qui lui vaut le titre de chevalier et plusieurs décorations russes et prussiennes.

Devenu chef d'état-major des troupes britanniques placées sous le commandement du Prince d'Orange, puis sous Wellington, il n'assiste pas à la bataille de Waterloo, car il est envoyé à Gênes, puis à Marseille dont il devient gouverneur après la chute de Napoléon. C'est là qu'il reçoit, grâce à sa connaissance des langues française et italienne, sa nomination de gouverneur de Sainte-Hélène.

Quelque temps avant son départ, il avait épousé Mrs. Johnson, née Susan de Lancy, restée veuve de son premier mari avec deux très jeunes filles.

Arrivé à Sainte-Hélène le 15 avril 1816 avec son état-major, il y resta jusqu'après la mort du captif. Il y exerçait les pouvoirs les plus étendus, était somptueusement logé dans la belle résidence de Plantation House et jouissait d'un traitement, exceptionnellement élevé, de 12 000 livres.

Après la mort de l'Empereur, la vie d'Hudson Lowe ne fut plus qu'une longue suite de déboires. Il mourut en 1844, pauvre et abandonné.

Ce témoin de la captivité, de tous le plus notoire, fut-il un témoin muet ? Quatre-vingt-dix volumes conservés au British Museum, vingt-deux volumes au Public Record Office, à Londres, contiennent les pléthoriques archives de son activité à Sainte-Hélène. Cet amas de paperasses comprend : sa correspondance officielle avec le gouvernement anglais, avec les autorités navales britanniques, avec les Commissaires des Puissances alliées résidant dans l'île, avec les fonctionnaires civils de Sainte-Hélène, avec Napoléon et ses compagnons, sans compter des ordres, proclamations, procès-verbaux, correspondance, comptes de gestion, actes d'état civil, etc.

L'ensemble forme une masse indigeste où les historiens ont largement puisé pour y trouver matière à défendre le gouverneur contre les attaques dont il fut l'objet, d'autres pour tenter de réfuter ses thuriféraires.

Que conclure après inventaire de tout cet arsenal ?

Sans doute que le premier responsable du traitement subi par Napoléon fut le gouvernement anglais, présidé par lord Liverpool et représenté par lord Bathurst, secrétaire aux Affaires étrangères. C'est l'opinion de Frédéric Masson qui constate que « le seul reproche fait à Lowe par ses chefs est de s'être montré trop indulgent[1] ». L'éminent historien minimise le rôle du gouverneur qui n'est à ses yeux que l'outil des ministres anglais. Il reste que l'outil n'était pas un simple robot et que l'aversion de Lowe pour l'Empereur se manifesta par des vexations inutiles qui furent pour le captif des atteintes constantes à sa dignité et à son repos.

On connaît le jugement de lord Campbell : « On s'y est pris de telle sorte que je crains qu'on ne dise que Napoléon a été traité au XIXe siècle avec le même esprit de cruauté que la Pucelle d'Orléans au XVe ; et l'on pourra écrire des tragédies sur la mort de Napoléon, dans lesquelles sir Hudson Lowe sera le sbire[2]. »

Même les plus zélés défenseurs du gouverneur de Sainte-Hélène, dont quelques-uns se trouvent parmi les historiens français[3], ne vont pas beaucoup plus loin qu'à lui chercher des excuses, car presque tous sont obligés de convenir qu'il était peu qualifié pour le poste qu'on lui confia.

---

1. Frédéric Masson, *Napoléon à Sainte-Hélène*, Paris, 1912.
2. Lord Campbell, *Vie des Lords chanceliers*, Londres, 1855.
3. Comte Horace de Viel-Castel, « Sir Hudson Lowe et la captivité de Sainte-Hélène », *Revue des deux mondes*, janvier 1855.

Sans le représenter, comme l'ont fait certains historiens anglais[1] comme « le vrai martyr de Sainte-Hélène », on pourrait être tenté de croire, avec l'Américain John C. Ropes, à propos de cette « désagréable et interminable controverse », qu'« il y eut probablement des torts des deux côtés[2] ».

Mais le verdict le plus pertinent sur le personnage est celui qu'a rendu lord Rosebery, certainement l'auteur anglais le plus impartial et le plus perspicace : « Lowe était persécuté par une sorte de monomanie de conspiration et d'évasion. Il était méticuleux jusqu'à la folie. Son manque de tact est à peine croyable. Il est clair qu'il était absolument déplacé dans un poste qui demandait du discernement et de la délicatesse. Sa malchance voulut qu'il acceptât une position où il était malaisé à quiconque, et à lui impossible, de réussir. Je suis obligé d'ajouter que Lowe n'était pas ce qu'on peut appeler un "gentleman" dans la meilleure acception de ce mot. Lowe était donc un choix particulièrement déplorable[3]. »

Le même auteur cite le jugement du duc de Wellington qui déclare : « Lowe était un choix détestable. Il manquait à la fois d'éducation et de jugement. C'était un sot qui ne connaissait rien du monde ; et, comme tous les hommes qui ne connaissent pas le monde, il était soupçonneux et jaloux. »

Un autre témoin, impartial puisqu'il se trouvait dans le camp des adversaires de Napoléon, le baron de Stürmer, commissaire autrichien à Sainte-Hélène, écrit à Metternich : « Je doute que sir Hudson Lowe se soutienne longtemps dans un poste si fort au-dessus de ses forces. L'opinion publique est contre lui ; il ne fait rien pour se la rendre favorable. La droiture de ses intentions justifie, selon lui, toutes ses actions. D'après ce principe, il ne ménage personne et se rend odieux. Les Anglais le craignent et le fuient, les Fran-

1. T. Dundas Pillans, *The Real Martyr of St. Helena*, Londres, 1818.
2. John C. Ropes, *The First Napoleon*, Houghton, 1895.
3. Lord Rosebery, *La dernière phase*, Paris, 1901 (traduction Augustin Filon).

çais s'en moquent, les commissaires s'en plaignent ; et tout le monde s'accorde à dire qu'il a l'esprit frappé[1]. »

On peut compléter ce portrait avec le verdict de l'historien américain W. M. Sloane : « En aucun cas cet homme pointilleux ne pouvait être un partenaire pour le brillant génie de son antagoniste[2]. »

Tel fut donc l'homme choisi par lord Bathurst pour garder le « prisonnier de l'Europe ». Si bien intentionné qu'il ait été ou qu'il ait voulu paraître, il se heurta très vite à l'antipathie de l'Empereur ; l'aspect extérieur de cet homme aux cheveux roux, aux lèvres minces, à l'œil fuyant, voilé par des sourcils proéminents, ne plaidait pas en sa faveur. Presque aussitôt, Napoléon éprouva pour lui une répulsion physique dont il ne fut jamais le maître. Le passé militaire de cet ancien commandant de déserteurs corses et d'officier attaché à l'état-major de Blücher pendant la campagne de 1814 lui inspirait aussi défiance et mépris. Lowe, dès le début, accumula, par sa conception mesquine de ses devoirs, des maladresses et des vexations qui exaspérèrent l'Empereur. Les relations ne tardèrent pas à se détériorer ; dès après la seconde visite du gouverneur, en date du 16 mai 1816, les épithètes les plus dures lui sont appliquées par Napoléon : « C'est un bourreau, un sbire sicilien, un Prussien » ; et, trois mois après, la rupture définitive était consommée.

« Ils ne se touchent par aucun point et ne peuvent se convenir, écrit à sa Cour le baron de Stürmer. Lorsque l'un donne libre cours à ses pensées, toujours grandes et élevées, l'autre ne lui oppose qu'un fonds inépuisable d'idées communes, des formes froides et repoussantes et un esprit étroit et minutieux. »

Toutes les tentatives faites par la suite en vue d'amener des rapports plus normaux entre l'Empereur et son gardien

1. Baron de Stürmer, *Rapports officiels à la Cour de Vienne*, publiés en français par Jacques Saint-Cère et H. Schlitter sous le titre : *Napoléon à Sainte-Hélène*, Paris, 1886.

2. W. M. Sloane, *Vie de Napoléon*, New York, 1896, 4 vol.

ne purent aboutir. Deux êtres aussi dissemblables ne pouvaient, dans des camps opposés, coexister pacifiquement.

Quelques historiens anglais, et en particulier W. Forsyth, le principal défenseur d'Hudson Lowe, affirment que l'Empereur, avant de mourir, aurait ordonné au Grand-Maréchal Bertrand d'employer « tous les moyens en son pouvoir et compatibles avec l'honneur » pour se réconcilier avec le gouverneur. La comtesse Bertrand aurait demandé à l'amiral Lambert, commandant de la station navale de Sainte-Hélène en 1821, de servir d'intermédiaire[1].

Une réconciliation eut lieu effectivement, mais tout porte à croire que l'initiative en revint, non pas à Napoléon, mais aux captifs eux-mêmes, soucieux après la mort de leur Maître d'obtenir des autorités britanniques toutes les facilités possibles pour leur rapide rapatriement. Il est de fait qu'une certaine cordialité s'établit dans les rapports entre les officiels anglais et le groupe des Français ; ceux-ci furent invités à dîner à Plantation House et purent s'embarquer assez rapidement.

Il est hautement improbable que Napoléon ait exprimé le désir de cette réconciliation ; il n'en est nullement question dans le récit si détaillé que fait Bertrand des derniers jours de la captivité[2] et il n'est pas douteux qu'un narrateur aussi scrupuleux que le Grand-Maréchal n'eût pas passé sous silence une telle prise de position de son maître.

Les autres mémorialistes, les derniers fidèles compagnons de l'Empereur, sont également muets sur cette question. Si le fait avait été exact, Montholon n'eût certainement pas manqué l'occasion d'une belle tirade ; Antommarchi encore moins, il en a inventé bien d'autres ! Quant au docteur anglais Henry, médecin militaire, qui était devenu un ami pour les Français, il exprime dans ses souvenirs[3] un doute formel sur ce désir de

---

1. W. Forsyth, *History of the Captivity of Napoleon*, Londres, 1853, 3 vol.
2. Général Bertrand, *Cahiers de Sainte-Hélène*, déchiffrés et annotés par P. Fleuriot de Langle, Paris, 1949-1959, 3 vol.
3. Dr. W. Henry, *Events of a Military Life*, Londres, 1843, 2 vol.

Napoléon. On peut conclure qu'il s'agit en la circonstance d'une invention des historiens anglais, peut-être provoquée par des propos fantaisistes de la comtesse Bertrand.

Lowe, à son retour en Angleterre, éprouva l'ingratitude des sphères officielles. Les historiens attachés à défendre sa cause ne manquent pas de faire grief au gouvernement anglais de son attitude envers son représentant.

« Si le gouvernement anglais, écrit R. C. Seaton, a montré sans doute un certain manque de générosité envers Napoléon, il n'était pas tout à fait sans excuse. Mais cette conduite fut la générosité même si on la compare à celle qu'il tint à l'égard de son propre serviteur. C'est en ceci qu'il est sans excuse[1]. »

Quant à Forsyth, il écrit : « Il est rare de trouver dans les gouvernements le courage moral nécessaire pour soutenir un homme injustement accusé, mais impopulaire, condamné par la "vox populi". C'est ce que sir Hudson Lowe ne paraît pas avoir compris. »

Mais sur le discrédit dans lequel il tomba par la suite et sur l'indifférence que son gouvernement lui témoigna dès son retour en Angleterre, il est bon de rappeler le verdict prophétique de Napoléon : « Il y a des gens que les gouvernements utilisent pour servir leurs fins, mais qu'ils rejettent ensuite dès qu'ils n'ont plus besoin d'eux. »

En 1830, parut à Paris un ouvrage intitulé *Mémorial de sir Hudson Lowe, relatif à la captivité de Napoléon à Sainte-Hélène*. Cette œuvre dont la lecture est agréable, la vraisemblance séduisante, les conclusions de nature à plaire aux tenants du « martyre » de l'Empereur, eut un certain succès. Une édition expurgée en fut même tirée à l'usage des pensionnats de jeunes filles.

Le gouverneur, après avoir fait l'historique de ses relations avec Longwood pendant la durée de sa mission, et exposé sans ménagement les griefs de Napoléon à son

1. R. C. Seaton, *op. cit.*

égard, se justifie des reproches qu'on lui a adressés en rejetant tout l'odieux de son comportement sur les ministres anglais dont il exécutait strictement les instructions, confesse ses torts et paraît accepter le châtiment que lui infligea l'opinion publique, dont il cite quelques spectaculaires manifestations.

Le lecteur français non averti pourrait être tenté de trouver dans cette confession un motif de se réjouir et de s'écrier : « Enfin le coupable avoue ! »

Malheureusement pour lui, heureusement pour la vérité, il n'y a pas un mot de vrai dans toute cette histoire d'un Hudson Lowe bourrelé de remords. Il s'agit d'un faux, très habilement fabriqué par un auteur inconnu, certes très informé de l'histoire de la captivité, mais dénué de tout scrupule en ce qui concerne le respect de la vérité.

Ainsi que l'écrit M. Marcel Dunan, « ces pseudo-aveux d'indignité ne sauraient leurrer que des lecteurs naïfs[1] ».

En tête de cet ouvrage figure un portrait de sir Hudson Lowe, par Frémy, aussi fantaisiste que le texte lui-même. Il a cependant été reproduit par plusieurs historiens de Sainte-Hélène[2].

D'ailleurs, Lowe a toujours été convaincu qu'il avait accompli strictement son devoir, qu'il avait fait preuve vis-à-vis de son prisonnier de beaucoup de patience et de mansuétude, qu'il lui avait témoigné tous les égards possibles, et que, par conséquent, n'ayant rien à se reprocher, il n'avait aucunement à se justifier.

Rien d'étonnant, dès lors, que, devant le cadavre de l'Empereur, il pût déclarer publiquement, sur un ton qui se

1. Las Cases, *Mémorial de Sainte-Hélène*, première édition intégrale et critique, établie et annotée par Marcel Dunan, de l'Institut (t. I, p. 506), Paris, 1951.

D'après M. J. M. Quérard, *Les Supercheries littéraires dévoilées*, les auteurs anonymes de l'ouvrage attribué à Hudson Lowe seraient MM. Léon Vidal et Alphonse Signol.

2. « Il ne faudrait pas croire, écrit F. Masson, que Lowe fût disgracié de la nature, ni surtout qu'il ressemblât à ces portraits qu'on publia de lui pour mettre son visage en accord avec les actes qu'on lui prêtait. » F. Masson, *Napoléon à Sainte-Hélène*, p. 236.

voulait magnanime, et dont on ne peut suspecter la sincérité, qu'« il lui pardonnait tout ». Assurément le silence eût été préférable.

À tout ce qui lui fut opposé par la suite, il ne répliqua rien et ne daigna pas s'expliquer. Une tentative de poursuites contre O'Meara qui l'avait cloué au pilori n'eut pas de suite. Et comme le gouvernement anglais, après s'être servi de lui, le tint à l'écart et fit de son mieux pour l'empêcher de parler, on peut le considérer, lui, le principal personnage britannique de cette lugubre histoire de la captivité, comme un témoin muet.

Il est bon de rappeler, au surplus, qu'à Sainte-Hélène, en cinq ans de son proconsulat, Lowe n'eut en tout que six entrevues avec Napoléon ; que la dernière eut lieu le 18 août 1816 ; que l'Empereur lui ferma définitivement sa porte et que le gouverneur ne le revit plus que sur son lit de mort.

Puisqu'il n'a rien écrit pour la postérité, c'est par d'autres témoins qu'il faudra apprendre quels étaient ses sentiments réels à l'égard de son illustre prisonnier, de celui que Gneisenau, chef d'état-major de Blücher, dans une lettre adressée à Lowe en octobre 1817, lui avait dépeint comme « le plus rusé scélérat du monde ».

Ces sentiments sont exprimés en probants témoignages dans le journal privé d'un de ses aides de camp, le major Gorrequer, un nouveau venu parmi les mémorialistes de la captivité. Le portrait du gouverneur, tracé par un de ses compatriotes qui fut son familier, ne permet plus de conserver pour le geôlier de Napoléon la moindre indulgence, en dépit des efforts tentés jusqu'ici par ses partisans pour atténuer l'opprobre attaché à son nom.

PREMIÈRE PARTIE

L'HOSPITALITÉ DU *BELLEROPHON*

Chapitre I

LE CAPITAINE MAITLAND

Les quelques jours qui s'écoulèrent sur la côte de l'Atlantique, entre l'arrivée de Napoléon à Rochefort, le 3 juillet, et l'instant où il se rendit à bord du *Bellerophon*, le 15 juillet 1815, sont la période de son histoire où se manifeste le plus clairement la baisse de régime de sa prodigieuse intelligence. On y constate le désarroi d'un homme qui venait, quelques jours auparavant, de subir le désastre de Waterloo et l'hostilité des Chambres françaises, et que tourmentait l'incertitude de son sort futur.

Son désir était de chercher un asile aux États-Unis d'Amérique. Deux frégates françaises avaient été mises à sa disposition pour l'y conduire. Le blocus des bâtiments anglais était un obstacle, non pas insurmontable si une décision rapide eût été prise. Cette décision manqua, Napoléon ayant longuement hésité à prendre un parti. Plusieurs moyens de déjouer la surveillance anglaise lui furent proposés ; les dévouements ne manquaient pas. On le pressait aussi de demeurer sur le sol français, de se mettre à la tête de l'armée de la Loire et de reprendre les hostilités contre les alliés.

Aucune de ces solutions ne convenait à son horreur pour la guerre civile ni au souci de sa dignité, qui ne le quitta jamais. Tenté tour à tour par chacune d'elles, subissant les pressions de son entourage et de ses partisans, il ne s'arrêta à aucune, et, tiraillé entre plusieurs, finit par choisir celle qui devait lui être fatale. Comme en d'autres circonstances, son imagination lui fit prendre ses désirs pour des réalités : ses illusions sur la générosité britannique emportèrent la décision finale et lui firent adopter l'attitude chevaleresque que lui dictait son amour-propre.

Son émouvante lettre au Prince Régent, si admirée, est le témoignage concret de cet aveuglement qu'aucune mise en garde ne put vaincre. Et c'est ainsi que cet homme, dont on connaissait le jugement si sûr, la décision si prompte, le coup d'œil infaillible, se jeta inconsidérément au-devant de son destin.

Les historiens anglais sont presque unanimes pour affirmer qu'il n'y avait plus pour lui d'autre solution que la reddition pure et simple à des forces navales alertées depuis longtemps, resserrant leur blocus d'heure en heure, et capables d'intercepter toute tentative de fuite par mer. Ils admettent donc que c'est contraint et forcé que Napoléon, aux abois, se rendit aux Anglais ; ce qui les autorise à justifier leur gouvernement d'avoir considéré l'Empereur comme prisonnier de guerre et de l'avoir traité comme tel.

Mais un témoignage particulièrement important sur cette question si controversée, c'est celui du capitaine Maitland, commandant du *Bellerophon*, celui-là même qui devait accueillir Napoléon à son bord, et qui est certainement mieux placé que quiconque pour donner son avis. Dans une lettre adressée, en date du 18 juillet 1815, à son chef, l'amiral Keith, alors que l'Empereur se trouvait depuis trois jours à son bord, il signalait l'inquiétude qu'il avait éprouvée avant cette reddition. « Lorsque j'appris, écrit-il, que Bonaparte s'était embarqué sur une frégate pour se rendre aux États-Unis, ma tâche me parut singulièrement pénible et embarrassante, à raison des nombreux avis qui m'arrivaient journellement de tous côtés sur son intention de s'échapper sur des bâtiments de diverses espèces, et de différents points de la côte ; ce dont les moyens bornés dont je disposais et le temps nécessaire pour communiquer avec sir Henry Hotham, dans la baie de Quiberon, rendaient le succès tout au moins possible *et même probable*, qu'elle s'effectuât avec une frégate ou clandestinement à bord d'un bâtiment de faible tonnage[1].

« Si le *Bellerophon*, attaqué par l'autre frégate, se trouvait immobilisé, celle qui portait le fugitif n'eût pu être arrêtée par aucun bâtiment anglais disponible. »

Ce rapport officiel semble trancher définitivement la question en infirmant l'opinion communément admise par les Anglais qui se targuent volontiers d'avoir « capturé » Napoléon. Ce qu'on peut dire, en tout état de cause, c'est qu'une décision aurait dû intervenir dès les premiers jours de l'arrivée de l'Empereur à Rochefort. Ce sont les quelques jours d'inexplicables atermoiements qui ont fini par rendre l'évasion, sinon impraticable, du moins très périlleuse. Et il faut bien constater que le responsable de la solution qui fut finalement adoptée, c'est le caractère de Napoléon, non pas égaré par de fausses promesses des marins anglais, mais inexplicablement tenté par le côté théâtral de ce dernier chant de son épopée.

Qu'on n'accuse pas trop sévèrement le capitaine Maitland, honnête homme et même galant homme, s'il se garda bien de dévoiler aux envoyés de l'Empereur, Las Cases et Savary le 7 juillet, Las Cases et Lallemand le 14 juillet, les ordres secrets qu'il avait reçus de ses chefs, lui prescrivant de ne rien négliger pour empêcher la fuite de l'ennemi de l'Angleterre. « Dans le plaidoyer qu'il a publié, écrit J. Silvestre[2], le capitaine Maitland s'est efforcé de donner à ses

1. Cette opinion est partagée par sir Walter Runciman, qui, dans son ouvrage intitulé *The Tragedy of St. Helena*, paru à Londres en 1911, écrit : « Il serait absurde d'admettre cette vantardise si souvent ressassée qui consiste à prétendre que Napoléon, serré par la flotte anglaise, n'avait pas d'autre possibilité que de se rendre au capitaine Maitland. On peut tenir pour certain que les marins expérimentés savaient qu'il avait les moyens de s'échapper. Ils savaient que le *Bellerophon* était un vieux « sabot » bien incapable de lui donner la chasse. »

2. J. Silvestre, *De Waterloo à Sainte-Hélène*, Paris, 1904.

actes la tournure la plus honorable. Il est difficile de le croire. » Ce jugement est aussi celui de M. Barthe[1] qui incrimine la bonne foi de Maitland. Il paraît sévère, à moins d'admettre qu'au jeu de la guerre, on doive montrer ses cartes à son adversaire, ou de considérer comme déshonorant d'user de réticences dans l'intérêt de son pays.

Maitland se borna, en somme, en réponse aux questions des envoyés de l'Empereur, à déclarer qu'il n'avait pas connaissance de la délivrance de passeports pour l'Amérique – ce qui était exact – et qu'il se croyait en droit de recevoir Napoléon à son bord pour le conduire en Angleterre, sans pouvoir prendre, faute d'instructions précises, aucun engagement en ce qui concernait la réception qui lui serait faite.

L'Empereur, au moment où il quitta le *Bellerophon*, se plut lui-même à reconnaître la parfaite loyauté du capitaine et le remercia, lui et son équipage, pour les attentions qui lui avaient été témoignées pendant son séjour à bord. Montholon, de son côté, rassura Maitland sur les sentiments de l'Empereur à son égard. Seul Las Cases, se sentant coupable d'avoir poussé avec trop de légèreté Napoléon à demander l'hospitalité anglaise, fit à Maitland des reproches qu'il eût mieux fait de s'adresser à lui-même.

Frederic L. Maitland, né en 1877 dans le comté de Fife, appartenait à une famille de marins et entra très jeune au service. Il assista en 1794 au combat d'Ouessant à bord de la frégate « Southampton ». Il se distingua comme lieutenant dans plusieurs rencontres, mais au cours de l'une d'elles, il eut le malheur de perdre son navire, le *Kingfisher*, qui s'échoua, ce qui entraîna sa comparution devant un conseil de guerre. Il fut acquitté et obtint par la suite d'autres commandements jusqu'en 1815 où, comme capitaine de vaisseau, il devait prendre celui du *Bellerophon*.

Il termina sa carrière, qui fut celle d'un brave et loyal marin, comme contre-amiral et mourut en 1839, alors qu'il commandait en chef l'escadre des Indes orientales.

1. M. Barthe, *Réfutation de la relation du capitaine Maitland*, Paris, 1828.

C'est le 15 juillet 1815 que Napoléon monta à bord du *Bellerophon*. Il y fut traité comme un souverain, salué des titres de « Sire » et de « Majesté ». Le capitaine lui avait cédé sa propre cabine ; on ne lui parlait que chapeau bas ; il présidait les repas servis à la française par son propre personnel et aux heures choisies par lui. Il put croire que tel serait le comportement des autorités anglaises à son égard quand il aurait trouvé refuge dans le pays qui s'était toujours montré si accueillant pour les exilés. Il fit donc contre mauvaise fortune bon cœur et ne montra jamais le moindre signe de mécontentement.

Mais il faut en appeler au témoignage de Maitland dont la narration contient d'intéressants détails[1].

Dans la préface de son ouvrage, il note : « Il peut paraître surprenant qu'un officier anglais puisse être prévenu en faveur d'un homme qui a causé tant de calamités à son pays ; mais cet homme possédait à un tel point le don de plaire que personne n'aurait pu s'asseoir à la même table que lui pendant près d'un mois comme je l'ai fait, sans éprouver un sentiment de compassion, allié peut-être au regret qu'un homme doué de tant de qualités séduisantes et qui avait occupé un rang si élevé se trouvât réduit à l'état où je le vis. »

Maitland commence par rappeler les instructions reçues de son chef, l'amiral Hotham, qui avait son pavillon sur le *Superb*, stationné dans la baie de Quiberon.

Par lettre du 7 juillet 1815 : « Je compte que vous aurez recours aux moyens les plus efficaces pour arrêter le fugitif, de la captivité duquel paraît dépendre le repos de l'Europe. S'il vient à être pris, il devra m'être amené dans cette baie, parce que j'ai des ordres pour disposer de sa personne. On devra le transférer du bâtiment à bord duquel il se trouvera sur un des vaisseaux de Sa Majesté. »

Par ordre du 8 juillet : « Les lords commissaires de l'Amirauté ayant tout lieu de croire que Napoléon Bonaparte

1. F. L. Maitland, *Narrative of the Surrender of Bonaparte and of his Residence on H.M.S.* Bellerophon, Londres, 1826.

médite de s'évader de France en Amérique avec sa famille, il vous est enjoint par le présent ordre, conforme à celui de leurs seigneuries, et qui m'a été signifié par le Très Honorable vicomte Keith, amiral, d'exercer la vigilance la plus active afin de l'intercepter ; vous devrez faire les recherches les plus minutieuses à bord de tout navire que vous rencontrerez. Si vous êtes assez heureux pour l'arrêter, vous devrez le transférer avec sa famille sur le navire que vous commandez, l'y tenir sous bonne et sûre garde, et revenir avec toute la diligence possible au port anglais le plus proche (à Torbay plutôt qu'à Plymouth). À votre arrivée, vous interdirez toute communication avec la terre. »

Maitland raconte ensuite les pourparlers qu'il eut avec les envoyés de Napoléon : « Pourquoi ne pas demander asile à l'Angleterre ? », leur suggère-t-il ; et, comme au fond c'est bien la solution à laquelle s'est arrêté l'Empereur, la décision est prise de se confier à l'hospitalité du *Bellerophon*. Maitland prend soin de rappeler à plusieurs reprises qu'« il ne peut prendre aucun engagement en ce qui concerne la réception qui sera faite à Napoléon, parce qu'il agit sous sa responsabilité personnelle sans avoir la certitude d'être approuvé par le gouvernement britannique ». Il fait remarquer que « Bonaparte devait avoir pris sa décision avant la visite de Las Cases, puisque sa lettre au Prince Régent est datée du 13 juillet, veille de l'entretien ».

Avant même de raconter l'arrivée à bord de son illustre visiteur, Maitland, pour réfuter certains racontars malveillants sur l'attitude de l'Empereur pendant son séjour sur le *Bellerophon*, écrit ce préambule :

« Je crois devoir déclarer ici, une fois pour toutes, de la façon la plus formelle, que, depuis le moment de son arrivée à bord de mon vaisseau jusqu'à celui où il le quitta, sa conduite fut constamment celle d'un "gentleman" ; et je ne me rappelle pas que dans aucune circonstance il ait employé une expression grossière ou se soit rendu coupable d'aucune espèce d'incivilité. »

Enfin, le 15 juillet, de très bonne heure, amené par le brick français *Épervier*, dont l'équipage l'acclame longuement, Napoléon paraît à bord du *Bellerophon*. Maitland le décrit ainsi :

« Le costume de Bonaparte était une redingote de couleur olive, par-dessus un habit d'uniforme vert, avec collet, parements et passepoils écarlates, les retroussis ornés de cors de chasse brodés en or, les boutons unis et bombés, et les épaulettes en or, les boutons unis et bombés, et les épaulettes en or : c'était l'uniforme des chasseurs à cheval de la garde impériale. Il portait la plaque de la Légion d'Honneur et la petite croix de cet ordre, ainsi que celles de la Couronne de Fer et de la Réunion qui pendaient à sa boutonnière. Sa coiffure était un petit chapeau retapé, avec une cocarde tricolore ; il portait une épée à poignée d'or unie et avait des bottes d'uniforme, veste et culottes blanches. Le lendemain il était chaussé de souliers avec des boucles en or et des bas de soie. C'est ainsi qu'il fut toujours vêtu pendant qu'il demeura à mon bord.

« En arrivant sur le gaillard d'arrière, il ôta son chapeau, puis, m'adressant la parole d'une voix ferme, il dit : "Je viens me mettre sous la protection de votre Prince et de vos lois." Lorsque je l'eus conduit dans la cabine, il la parcourut des yeux et dit : "Quelle belle chambre !" Je répondis : "Telle qu'elle est, Monsieur, elle est à votre service tout le temps que vous demeurerez sur le vaisseau que je commande." Puis, regardant un portrait suspendu à la cloison, il me demanda : "Quelle est cette jeune personne ? – Ma femme, répondis-je. – Ah ! elle est très jeune et très jolie." »

« Je mentionne cette remarque sur le portrait de Madame Maitland, pour montrer de façon frappante un trait particulier de son caractère, le désir de produire une impression favorable sur l'esprit de ses interlocuteurs, en saisissant toutes les occasions de dire ce qu'il croyait pouvoir les flatter et leur être agréable. »

« Quelques minutes après, il me pria de faire venir les officiers et de les lui présenter, ce que je fis en suivant l'ordre hiérarchique. Il adressa à chacun d'eux plusieurs questions sur le lieu de sa naissance, ses fonctions à bord du navire, son temps de service et les combats auxquels il avait pris part. Il témoigna ensuite le désir de visiter le vaisseau. Je lui dis qu'il trouverait les hommes occupés à frotter et à récurer, mais il persista dans son intention de voir le vaisseau dans l'état où il se trouvait. En conséquence il fit le tour de tous les ponts, en me posant une foule de questions, plus spécialement sur ce qui lui paraissait différent de ce qu'il était accoutumé à voir sur les navires de guerre français.

« Il parut frappé de la propreté de nos hommes et me dit que nos matelots étaient sûrement d'une classe différente de celle des matelots français et qu'il pensait que c'est à eux que nous devions la suite ininterrompue de nos victoires sur mer.

« En général ses questions étaient très judicieuses ; elles montraient qu'il avait apporté beaucoup d'attention aux questions maritimes.

« Vers neuf heures on servit le déjeuner à l'anglaise, c'est-à-dire avec du thé, du café et de la viande froide. Bonaparte ne mangea pas beaucoup et le déjeuner ne parut pas de son goût. Quand je sus qu'il était habitué à avoir un déjeuner chaud le matin, j'ordonnai aussitôt de laisser son maître d'hôtel donner les ordres nécessaires pour qu'il fût toujours servi de la manière à laquelle il était accoutumé. Et depuis ce moment, nous vécûmes constamment à la française, autant que je fus à même d'y pourvoir.

« Pendant le déjeuner il posa beaucoup de questions sur les coutumes anglaises, disant : "Il faut que j'apprenne à m'y conformer puisque je passerai probablement le reste de ma vie en Angleterre."

Maitland relate ensuite la visite faite par l'amiral Hotham à l'Empereur qui, « se considérant comme un personnage royal », l'invite à dîner sur le *Bellerophon* et le place à sa droite pendant le repas, puis le lendemain, l'invitation de l'amiral à laquelle Napoléon est convié sur le *Superb* avec les principales personnes de sa suite, « invitation, dit Maitland, qui fut acceptée en apparence avec beaucoup de satisfaction ». Sur le navire-amiral, l'Empereur se fait présenter les officiers, visite le vaisseau dans toutes ses parties, pose nombre de questions et félicite son hôte de la belle tenue du bâtiment et de l'équipage.

De retour sur le *Bellerophon*, on lève l'ancre dans la soirée à destination de Torbay. De la traversée qui dura neuf jours, Maitland donne peu de détails :

« Les 17 et 18 juillet, le temps fut très beau et il ne se produisit rien de remarquable. On aperçut plusieurs bâtiments au sujet desquels Bonaparte et ses officiers firent beaucoup de questions, sans doute pour pouvoir juger s'il aurait été probable de leur échapper au cas où ils auraient pris la mer. Le seul navire de guerre que nous rencontrâmes dans ces deux jours fut le trois-mâts le *Bacchus* que je montrai à Bonaparte. Je l'informai en même temps que nous avions plusieurs frégates qui croisaient dans ces parages pour l'intercepter s'il eût réussi à traverser la ligne des bâtiments stationnés près de terre. Cependant il n'en était rien, comme je l'appris plus tard : l'*Endymion* avait remonté la Gironde ; le *Liffey* était retourné en Angleterre. Les autres vaisseaux, pour diverses raisons, avaient quitté leurs emplacements, de sorte que, si Bonaparte eût passé sans être arrêté par la division stationnée devant Rochefort, il aurait pu faire en toute sécurité sa traversée jusqu'en Amérique.

« Le 21 et le 22 juillet, nous échangeâmes des signaux avec deux ou trois autres vaisseaux qui, comme je pris soin de le dire à mon hôte, étaient en observation pour le guetter. Il semblait alors assez bien convaincu que toute tentative pour éviter nos croiseurs aurait été infructueuse.

« Au cours des repas, il entrait toujours très franchement et très familièrement en conversation avec ses voisins, s'adressant fréquemment à M. Las Cases et à moi, posant des quantités de questions sur les mœurs, les coutumes, les lois de l'Angleterre et répétant souvent ce qu'il avait dit le jour de sa venue à bord, à savoir qu'il lui fallait prendre tous les renseignements possibles pour se conformer au genre de vie des Anglais, puisqu'il finirait probablement ses jours parmi eux.

« Le dimanche 23, nous passâmes en vue d'Ouessant ; le temps était beau ; Bonaparte passa sur le pont une grande partie de la journée. Il jeta plus d'une fois un regard mélancolique sur la côte de France, mais parla peu.

« Vers 8 heures du soir, nous découvrîmes les hauteurs de Dartmoor, et, le lendemain à l'aube, le vaisseau jeta l'ancre à Torbay. » L'Empereur contemple les falaises, et, devant la beauté du spectacle, s'écrie : « Le beau pays ! Cela rappelle beaucoup la baie de Porto-Ferrajo, à l'île d'Elbe. »

« L'arrivée de Bonaparte ne fut pas plutôt connue dans le voisinage que le vaisseau se trouva entouré d'une foule de bateaux, les gens accourant de tous côtés pour voir cet homme extraordinaire. Il monta souvent sur le pont et se montra aux coupées ou aux fenêtres de poupe, apparemment pour satisfaire une curiosité dont il me dit que les Anglais lui semblaient avoir une très forte dose.

« Le 25, l'affluence autour du vaisseau devint encore plus grande que la veille et l'anxiété des Français fut considérablement augmentée par l'assurance avec laquelle les journaux parlaient de l'intention de transférer Bonaparte à Sainte-Hélène.

« Dans l'après-midi, il se promena sur le pont pendant une heure environ, s'arrêtant souvent à l'ouverture des passavants ou vis-à-vis des sabords du gaillard d'arrière, pour donner aux gens l'occasion de le voir, et toutes les fois qu'il apercevait quelques femmes bien mises, il ôtait son chapeau et les saluait en s'inclinant. »

Mais le gouvernement anglais finit par prendre ombrage de ces manifestations de la foule, et Maitland reçoit de nouvelles instructions.

« Le 26 juillet, à 3 heures du matin, je reçus l'ordre de me rendre dans la rade de Plymouth. Mon vaisseau mit sur le champ à la voile, accompagné du *Myrmidon* et du *Slaney*. L'envoi du navire dans un port plus occidental ne fut nullement agréable aux compagnons de mon hôte. Ils en concluaient naturellement que si le gouvernement anglais avait eu l'intention de permettre à Bonaparte de débarquer en Angleterre, on ne l'aurait pas éloigné encore davantage de la capitale. Quant à lui-même, il ne fit aucune observation à ce sujet, affectant toujours de considérer ce que disaient les journaux comme de simples conjectures de leurs rédacteurs.

« Pendant la matinée du 26, nous eûmes à louvoyer, du Start à la rade de Plymouth, par un fort vent du Nord. Bonaparte resta sur le pont la plus grande partie de la journée.

« Le 28 juillet, entre onze heures et midi, l'amiral lord Keith vint à bord. Je le conduisis dans la cabine où le comte Bertrand le présenta à Bonaparte. Je me retirai aussitôt et ne puis dire ce qui se passa entre eux, mais lord Keith me fit savoir plus tard que Bonaparte s'était montré très impatient de savoir si le gouvernement avait pris quelque détermination à son sujet ; à quoi Sa Seigneurie s'était déclarée dans la plus complète ignorance à cet égard.

« Toute la journée du 29, il plut et il ne se passa rien de notable. Les Français se trouvèrent privés de leur distraction ordinaire, d'admirer les dames et d'être admirés à leur tour, aucun bateau ne s'étant montré.

« Le dimanche 30, la foule des bateaux fut plus considérable que je ne l'avais encore vue ; je suis sûr de ne pas exagérer en affirmant qu'il y en avait autour du vaisseau plus de mille dans chacun desquels se trouvait une moyenne de huit personnes. La presse était si forte qu'il était tout à fait impossible aux canots de garde d'éloigner cette multitude d'embarcations, quoique l'un des canots en question employât pour cela des moyens très violents, allant à force de rames donner de l'avant contre de petits bateaux portant des femmes, heurtant ces frêles barques avec une violence qui manquait de la faire chavirer et causant aux dames une extrême frayeur. Les officiers français étaient indignés de ces violences.

« Ce jour-là, j'informai Bonaparte que lord Keith attendait la venue de sir Henry Bunbury, l'un des sous-secrétaires d'État, qui devait arriver dans la journée avec la décision du gouvernement anglais relativement à la destination ultérieure de sa personne. Il m'adressa quantité de questions, mais bien que lord Keith m'eût appris que Bonaparte devait aller à Sainte-Hélène, il m'avait en même temps demandé de ne pas lui annoncer cette nouvelle. Je dus en conséquence éluder de mon mieux ses pressantes questions.

« Lorsque j'allai saluer lord Keith le matin du 31 juillet, il m'annonça que sir Henry Bunbury était arrivé et devait l'accompagner à bord du *Bellerophon* le jour même à 10 heures. Il me montra aussi une notification de la décision du gouvernement concernant Bonaparte, dans laquelle il était désigné d'un bout à l'autre sous le titre de général. Elle portait qu'il devait être envoyé à Sainte-Hélène et qu'il serait autorisé à emmener avec lui trois des personnes de haut rang parmi celles qui l'avaient accompagné, et douze domestiques, toutes ces personnes choisies par lui, à l'exception des généraux Savary et Lallemand qui sous aucun prétexte n'étaient autorisés à le suivre.

« Vers 10 heures du matin, lord Keith et sir Henry Bunbury arrivèrent. Je les introduisis dans la cabine où se trouvait Bonaparte avec le général Bertrand. Je me retirai et les laissai enfermés avec lui pendant environ une demi-heure.

« Aussitôt que l'amiral eut quitté le vaisseau, Bonaparte me fit appeler et me montra le même document que lord Keith m'avait communiqué le matin. Il se plaignit vivement du traitement qu'on lui infligeait en l'envoyant à Sainte-Hélène : "M'exiler dans une île sous les tropiques ! Autant aurait valu signer tout de suite mon arrêt de mort ! C'est pire que la cage de fer de Tamerlan !"

Après ses véhémentes protestations, l'Empereur remet à Maitland une lettre pour le Prince Régent. Lord Keith se charge de l'expédier immédiatement à Londres.

« J'étais convaincu, continue Maitland, qu'après la notification qu'il avait reçue, il serait trop accablé pour se montrer ce jour-là sur le pont. Je fus donc fort surpris, en me retournant, de le trouver à mes côtés. Je ne puis m'expliquer son motif pour se montrer comme de coutume qu'en supposant ou bien qu'il n'était pas réellement aussi ennuyé que je l'avais cru, ou qu'il était mû par le désir d'exciter un sentiment de commisération en sa faveur chez le peuple anglais.

« À dîner il causa comme à l'ordinaire ; et c'était vraiment une chose étonnante que de voir la flexibilité d'esprit avec laquelle il reprenait son calme et sa gaieté ordinaires après des épreuves et une déconvenue de cette nature. Jamais je ne l'ai entendu proférer aucune menace de suicide et je ne crois pas qu'il l'ait fait dans aucune occasion.

« Il n'arriva rien d'important dans la journée du 2 août. Bonaparte ne parut pas sur le pont ; il ne voulut pas non plus consentir à désigner les personnes qui l'accompagneraient à Sainte-Hélène. Il paraissait encore nourrir l'espoir que le gouvernement pourrait revenir sur sa décision.

« Le 3 août, Bonaparte ne quitta pas sa cabine. J'appris par le comte Bertrand qu'il avait passé une mauvaise nuit et se sentait trop mal pour quitter son appartement. »

« Le 4 août, je fus informé que le bâtiment allait vraisemblablement recevoir l'ordre de prendre la mer au plus tôt. Bonaparte me pressa beaucoup afin d'apprendre pourquoi le navire se préparait à appareiller. Je lui dis, d'après l'ordre de lord Keith, que l'intention du gouvernement était que son transfert d'un navire à l'autre eût lieu à la mer, et que nous devions sortir pour joindre le *Northumberland*, le vaisseau qui devait le conduire à Sainte-Hélène. »

Depuis qu'il avait reçu la fatale nouvelle de l'exil qu'on lui préparait, l'Empereur n'avait pas cessé d'affirmer qu'« il n'irait pas à Sainte-Hélène ». Ses fidèles tenaient le même langage. Quand on le pressait de dresser la liste de ses compagnons de voyage, il s'y refusait et se plaignait de « la barbarie qu'il y avait à le déporter dans une île lointaine ». C'est de ce même jour, du 4 août, qu'est datée sa solennelle protestation, dont Maitland reproduit intégralement le texte.

Cependant le *Bellerophon* appareille à 9 heures et demie et gagne le large.

« Dans la matinée du 5, le temps était couvert ; il régnait une forte brise et la mer commençait à devenir houleuse, au grand déplaisir de mes pauvres hôtes français. »

C'est le 6 août au matin que l'on reconnaît le *Northumberland*. « Toute l'escadre se dirigea alors vers la côte et vint s'ancrer à l'ouest de Barry-head. Je me rendis à bord du

Tonnant pour annoncer à lord Keith que Bonaparte était enfin décidé à quitter le *Bellerophon* sans qu'on fût obligé d'employer la force. Dans le courant de la soirée, lord Keith et sir George Cockburn vinrent à mon bord et sir George fut présenté à Bonaparte.

« Je communiquai au général Bertrand les ordres que j'avais de transférer le lendemain Napoléon à bord du *Northumberland* et de lui ôter ses armes, à lui et à tous ceux qui l'accompagnaient, lui donnant à entendre qu'elles leur seraient rendues dès leur arrivée à destination. Bertrand parut fort blessé de ce qu'on le privât de ses armes ; cependant il me dit qu'il les ferait remettre et en effet, je les reçus toutes le lendemain matin, à l'exception de l'épée de Bonaparte, que, d'après un ordre reçu plus tard de lord Keith, il lui était permis de porter en quittant le navire[1].

« Votre gouvernement, me dit Bonaparte, m'a traité avec beaucoup de rigueur et d'une manière très différente de ce que j'avais espéré et attendu, d'après l'opinion que je m'étais formée de vos compatriotes. Il est vrai que j'ai toujours été l'ennemi de l'Angleterre, mais toujours un ennemi franc et déclaré, et je lui ai rendu le plus bel hommage qu'il soit possible à un homme de lui rendre en m'abandonnant à la générosité de votre prince. Au reste, ce n'est pas d'aujourd'hui que j'ai appris qu'on ne doit point juger du caractère d'un peuple sur la conduite de son gouvernement… Quant à vous, capitaine, je n'ai pas lieu de me plain-

1. « Quand le général quittera le navire, avait écrit l'amiral, il n'y aura pas lieu de lui retirer son épée ; au contraire on la lui laissera porter, mais pas aux autres. » Le témoignage de Maitland et le billet de lord Keith permettent de démentir la fable imaginée par Montholon dans ses *Récits de la captivité* : « Lord Keith s'approcha de l'Empereur et lui dit d'une voix assourdie par une vive émotion : "L'Angleterre vous demande votre épée." L'Empereur, par un mouvement convulsif, posa la main sur cette épée qu'un Anglais osait lui demander. L'expression terrible de son regard fut sa seule réponse. Le vieil amiral se sentit foudroyé, sa haute taille s'affaissa, sa tête blanchie par les années tomba sur sa poitrine comme celle d'un coupable qui s'humilie devant sa condamnation. Napoléon garda son épée. »

Montholon est coutumier de ce genre de scènes à sensation qu'il appelle « sublimes ». Mais pourquoi dénier à l'amiral anglais un geste de courtoisie qui l'honore ?

dre de votre conduite à mon égard ; elle a été celle d'un homme d'honneur. »

« Le 7 août, le comte Bertrand s'occupa pendant toute la matinée à dresser la liste de ceux qui devaient aller à Sainte-Hélène avec Bonaparte. Le nom du général Gourgaud y avait été omis et le colonel Planat y était porté comme secrétaire de Napoléon. Cela offensa tellement M. Gourgaud qu'il employa des termes très durs envers le général Bertrand. Après une longue altercation, il fut réglé, je crois, par Bonaparte lui-même, que le nom de M. Gourgaud serait rétabli sur la liste.

« Peu avant le déjeuner, Bonaparte me fit appeler. J'allai aussitôt à sa cabine. "J'ai demandé à vous voir, capitaine, me dit-il, afin de vous adresser mes remerciements de toutes les attentions que vous avez eues pour moi pendant mon séjour sur le *Bellerophon* et pour vous prier de les transmettre pareillement aux officiers et à l'équipage que vous commandez. La réception qu'on m'a faite en Angleterre a été très différente de ce que j'attendais ; mais j'éprouve beaucoup de satisfaction à vous le dire, je reconnais que votre conduite envers moi a toujours été celle d'un gentleman et d'un homme d'honneur. »

« Il me dit ensuite qu'il désirait que M. O'Meara, chirurgien du *Bellerophon*, l'accompagnât, et il me demanda mon opinion, tant sur ses talents en médecine que sur ses principes. Je répondis que j'avais la plus haute opinion de lui sous le double rapport de l'habileté et du zèle, qu'il m'avait donné toute satisfaction pendant qu'il était resté sous mes ordres, enfin que je le considérais comme un homme probe et honnête.

« Bientôt après, sir George Cockburn arriva à bord, accompagné de son secrétaire, M. Byng, chargé d'examiner les bagages de Bonaparte après avoir convoqué une personne de sa suite pour assister à la visite. En présence de Savary et de Marchand, on se borna à soulever les couvercles des malles, M. Byng glissant sa main à l'intérieur sans rien déranger du contenu. Bonaparte exprima par une inclinaison de tête ses remerciements pour cette manière discrète de s'acquitter de sa tâche.

« Vers 11 heures du matin, lord Keith vint à bord avec le canot d'honneur du *Tonnant*, pour prendre Bonaparte et l'accompagner sur le *Northumberland*. Vers 1 heure de l'après-midi, Napoléon sortit de sa cabine d'un pas ferme et assuré, vint à moi, et ôtant son chapeau : "Capitaine Maitland, me dit-il, je saisis cette dernière occasion de vous adresser encore une fois mes remerciements pour la manière dont vous m'avez traité pendant mon séjour sur le *Bellerophon* et je vous prie de les transmettre également aux officiers et aux équipages placés sous vos ordres." Puis, se tournant vers les officiers qui étaient debout près de moi, il ajouta : "Messieurs, j'ai prié votre capitaine de vous exprimer ma reconnaissance des attentions que vous avez eues pour moi et pour ceux qui ont suivi mon sort." Il se dirigea alors vers le passavant, et, avant de descendre, salua deux ou trois fois l'équipage qui était rassemblé dans la grand-rue et sur le gaillard d'avant. Il fut suivi dans le canot par les dames et les officiers français et, en dernier, par lord Keith. Après que le canot se fut éloigné, il resta debout jusqu'à ce qu'il fût arrivé à quinze toises environ du vaisseau ; alors il se découvrit, salua les officiers, ensuite les matelots, puis s'assit et entra en conversation avec lord Keith, d'un air aussi tranquille que s'il s'était rendu d'un vaisseau à l'autre pour une simple visite. »

Avant de quitter le navire, Napoléon avait exprimé le désir d'offrir au capitaine son portrait richement encadré, mais Maitland déclina cet honneur, en raison de la « situation délicate » où il se trouvait placé, qui le mettait dans l'impossibilité d'accepter de l'Empereur quelque présent que ce fût. Après avoir décrit les adieux émouvants des généraux Savary et Lallemand à bord du *Northumberland* où vinrent prendre congé de lui ceux des Français qui ne devaient pas l'accompagner dans son ultime voyage, Maitland consacre encore quelques pages, qui ne sont pas les moins intéressantes de son Journal, à ses impressions personnelles sur Napoléon :

« Lorsque Napoléon Bonaparte vint à bord du *Bellerophon* le 15 juillet 1815, écrit-il, il lui manquait tout juste un mois pour compléter sa quarante-sixième année, étant né le 15 août 1769. Il était alors remarquablement robuste et bien bâti. Sa taille paraissait être d'environ cinq pieds sept pouces[1]. Ses membres étaient bien dessinés, la cheville fine et le pied très petit, ce dont il semblait un peu vain, car, pendant tout son séjour à bord, il porta des bas de soie et des souliers découverts. Ses mains étaient aussi très petites, blanches et potelées, ressemblant plutôt à des mains de femme qu'à des mains d'homme. Il avait les yeux gris clair, les dents belles et, quand il souriait, l'expression de sa physionomie était des plus agréables, cependant qu'elle prenait un caractère triste et sombre quand il éprouvait quelque déception.

« Ses cheveux étaient d'un brun foncé tirant sur le noir, et, bien qu'un peu clairsemés sur le sommet du crâne et sur le front, aucun n'avait encore blanchi. Sa complexion pâle et légèrement jaunâtre était peu commune et différait de presque toutes celles que j'avais vues jusqu'alors. Étant devenu corpulent, il avait perdu beaucoup de son activité physique, et, à en croire les personnes de son entourage, une grande partie de son énergie morale l'avait également abandonné.

« Il avait des manières extrêmement gracieuses et affables. Il se mêlait volontiers à toutes les conversations, racontant une foule d'anecdotes et s'efforçant de mille manières d'exciter et d'entretenir la bonne humeur de son entourage, ne se formalisant pas quand des personnes de sa suite montraient quelque familiarité. Il possédait à un degré étonnant le talent de produire une impression favorable sur ses interlocuteurs.

« Bonaparte semblait avoir un grand empire sur lui-même, car, bien qu'aucun homme n'ait jamais été soumis à de plus grandes épreuves que celles qu'il eut à subir pendant son séjour sur le *Bellerophon*, jamais en ma présence ou à

1. Napoléon mesurait 1,675 m.

ma connaissance il ne laissa échapper une expression qui décelât de la mauvaise humeur.

« Un matin, il se mit à me parler de sa femme et de son enfant avec beaucoup d'affection et de tendresse. Il paraissait souffrir vivement d'en être séparé. "Je trouve, dit-il, la conduite des souverains alliés envers moi plus cruelle et plus injuste en cela qu'en toute autre chose. Pourquoi me priver des consolations de la vie familiale et m'enlever ce qui fait l'objet des plus chères affections de tout homme au monde, son enfant et la mère de son enfant ?"

« Pendant qu'il parlait ainsi, je le regardais fixement, guettant sur son visage quelque signe d'émotion. Il avait les larmes aux yeux et toute son attitude exprimait une vive douleur.

« Lorsqu'il eut quitté le vaisseau, désireux de connaître les sentiments de l'équipage à son égard, je demandai à mon domestique ce que les matelots disaient de lui. "Ah ! Monsieur, me répondit-il, j'ai entendu ce matin même plusieurs de nos gens s'entretenir sur son compte, et l'un d'eux disait : 'On peut dire sur cet homme tout le mal qu'on voudra, mais si le peuple anglais le connaissait comme nous, on ne toucherait pas à un cheveu de sa tête !' Et tous les autres ont été du même avis."

« Quel tribut rendu à la mystérieuse toute-puissance du génie ! », écrit l'historien J. Holland Rose[1].

On aura maintes fois à constater, par la suite, des exemples de cette fascination exercée par Napoléon sur les personnes qui eurent l'honneur de l'approcher.

« Ce don si séduisant qu'il avait de plaire n'était pas le moindre des pouvoirs de ce grand homme », écrit encore Holland Rose. Même aveu chez Forsyth : « Rien ne pouvait surpasser la fascination de Napoléon quand il voulait se rendre agréable. »

1. J. Holland Rose, *The Life of Napoleon*, Londres, 1902, 2 vol.

Chapitre II

L'ASPIRANT GEORGE HOME

Les cinquante pages consacrées par le jeune aspirant de marine George Home, du *Bellerophon*, au séjour de Napoléon sur le navire où il servait ne sont qu'un long cri d'admiration pour le héros. N'ayant personne à ménager, il donne libre cours à son enthousiasme juvénile pour « le plus grand esprit du siècle ». Et comme sa relation a été publiée vingt-cinq ans plus tard, on peut tenir pour certain que l'âge ne refroidit pas ses premières impressions.

Il faudrait presque tout citer de ce long chapitre consacré à l'Empereur dans un ouvrage plus important[1]. On ne peut lire sans un sentiment de réconfort les pages vibrantes d'émotion inspirées à la plume du jeune marin anglais par l'infortune d'un grand homme :

« Nous apprîmes enfin d'une façon certaine l'arrivée de Napoléon à Rochefort et nous redoublâmes de vigilance. Depuis ce moment jusqu'à sa venue à bord, nous ne quittâmes pas la rade des Basques. Nos embarcations montaient la garde toute la nuit et nos hommes étaient occupés à l'exercice du canon, pour les préparer au cas où il faudrait combattre ; hypothèse plausible, car il y avait en rade de

1. Sir George Home, *Memoirs of an Aristocrat and Reminiscences of Emperor Napoleon, by a Midshipman of the* Bellerophon, Londres, 1838.

l'île d'Aix deux belles frégates françaises, une corvette de vingt canons et un brick armé, qui auraient été pour nous de redoutables adversaires si Napoléon avait décidé de nous attaquer. Il est mille fois dommage qu'il ne l'ait pas fait *(sic)*. Bien certainement, s'il avait pu se douter que nous étions capables de le traiter comme nous l'avons fait, il aurait tenté un effort désespéré pour conserver sa liberté ; mais une pareille pensée, j'en suis sûr, ne lui est jamais venue.

« Nous n'avions jamais jusqu'alors refusé l'asile de nos rivages à un ennemi vaincu ou à quiconque nous avait demandé notre protection. Et pourtant, en cette circonstance, quand par un extraordinaire retour de fortune le plus grand esprit de l'époque est venu à nous en suppliant, nous avons pu nous départir de notre traditionnelle générosité pour faire chorus avec nos alliés du continent, qui, tremblant de peur à l'heure où leur ennemi était dans la pire détresse, défaillaient à son seul nom et croyaient, comme les Romains d'Annibal, qu'il n'y aurait plus pour eux de sécurité tant qu'il aurait encore un pied à la surface de la terre. »

Après avoir reproduit le texte de la lettre de Napoléon au Prince Régent et exprimé avec véhémence son indignation pour l'accueil fait par son pays au « plus grand capitaine que le monde ait jamais produit », Home exhale ses regrets :

« Hélas ! hélas ! pauvre Napoléon ! son appel s'adressait à un cœur plus endurci que celui d'un satrape persan. Castlereagh et ses amis de la Sainte-Alliance ignoraient toute générosité… Hélas ! son destin était accompli, à l'exception de la dernière scène, quand il lui faudrait, sur le sol aride et brûlant de Sainte-Hélène, boire jusqu'à la lie la coupe amère du malheur.

« Mais il n'y avait plus de doute : celui que nous attendions allait paraître. Une garde fut alignée à l'arrière pour rendre les honneurs dus à un officier général ; le maître d'équipage, sifflet en main, était à son poste. Le groupe des lieutenants se tenait au premier rang sur le gaillard d'arrière ; nous autres, humbles midships, derrière eux, tandis que le capitaine arpentait nerveusement le pont et regardait de temps en temps par un sabord si la chaloupe approchait. »

Enfin, Napoléon paraît sur le *Bellerophon*. « C'était bien, écrit Home, le petit grand homme, en personne, enveloppé dans sa redingote grise boutonnée jusqu'au menton, une cocarde tricolore à son chapeau et des bottes à la hussarde ; il ne portait pas d'épée pour marquer sans doute le changement survenu dans sa situation[1]. Maitland le reçut avec le plus grand respect, sans toutefois lui faire rendre les honneurs en usage pour les têtes couronnées. Napoléon prononça quelques paroles, se bornant, je crois, à répéter les termes de sa lettre au Prince Régent. Puis, Maitland, tête nue, le conduisit à sa cabine. En passant devant les officiers du navire, rassemblés sur le pont, il nous salua d'un sourire et d'une inclinaison de tête. Quelle ineffable beauté dans ce sourire ! Les dents bien rangées, d'une blancheur d'ivoire, sa bouche avait un charme que je n'ai jamais vu dans aucune autre physionomie humaine. Je regardais sa belle silhouette robuste tandis qu'il suivait le capitaine dans sa cabine. Et le gamin que j'étais alors se disait : « Maintenant j'aurai vraiment quelque chose à raconter aux générations futures ! »

« Mais ce récit, je ne l'ai jamais fait. Que de gribouilleurs s'en sont pris à Napoléon ! sans qu'aucun de ceux qui ont pris la plume ait vraiment rendu justice à l'Empereur des Français… Sir Walter Scott a écrit son histoire, et, de lui, j'attendais quelque chose de bien ; mais ce fut un complet ratage. Et pourtant sir Walter a écrit de fort belles œuvres, qui lui survivront ; mais il était trop de la vieille école, avait l'esprit trop politicien, trop soucieux de ne pas heurter les pouvoirs publics, pour rendre justice à Napoléon.

« Le véritable historien de cet homme extraordinaire est probablement encore à naître. La cendre qu'il faudrait fouler n'est pas encore refroidie ; la génération actuelle, si libérale qu'elle soit, devra en laisser le soin à la postérité. Ce qui est

1. Avec plus de vraisemblance, le capitaine Maitland, lui, décrit l'Empereur, à son arrivée à bord, portant une épée à pommeau d'or.

hors de doute, c'est que le formidable élan imprimé au monde par Napoléon a réveillé de leur somnolence les nations étonnées et a donné aux esprits une impulsion qui bouleverse les royaumes de l'Europe et les entraîne irrésistiblement sur les voies de la liberté et de l'intelligence. Il nous a montré ce qu'une petite créature pareille à nous pouvait accomplir en si peu de temps. Le feu de son intelligence, comme l'électricité, se communiquait à tous ceux qui l'entouraient, et, sous son influence, leur faisait accomplir des actions qui les élevaient au-dessus d'eux-mêmes. »

Home reprend son récit : « Pendant la matinée du 15, nous fûmes occupés à transporter à bord la suite et les bagages de l'Empereur qui se trouvaient sur le brick *Épervier*. Vers 10 heures, Napoléon parut sur le pont, accompagné de ses rares fidèles – bien rares en effet pour celui qu'entouraient d'habitude un demi-million d'hommes prêts à donner leur vie sur un signe de lui. Il portait la tenue que le monde entier lui connaît maintenant ; toutefois il avait remplacé ses grandes bottes par des bas de soie, des souliers découverts à boucles d'or qui mettaient en valeur une jambe d'une rare perfection. Sur l'Empereur tombé brillait le soleil, comme au jour glorieux d'Austerlitz.

« Napoléon exprima le désir de visiter le navire. Le capitaine le précéda et l'Empereur prit la tête du petit cortège de ses maréchaux en grande tenue. Maitland parlait suffisamment le français pour se passer d'interprète et causer avec Napoléon sans rester court et sans s'interrompre. Napoléon fit le tour des deux ponts et félicita Maitland sur la bonne tenue du navire, un compliment mérité, car tout était prêt pour le combat. Il posa des questions à toutes les personnes qu'il rencontra sur son chemin. Un jeune aspirant, au visage enfantin, s'étant approché de lui pour le regarder en face, il lui fit l'honneur de lui donner une petite tape sur la tête et de lui pincer l'oreille, puis le poussa de côté avec un sourire, pendant que le jeune homme, ravi, déclarait qu'il n'avait reçu de sa vie un tel honneur : avoir l'oreille pincée par Napoléon le Grand !!! »

Quand le vaisseau amiral, le *Superb*, arrive en rade vers midi, l'amiral sir Henry Hotham vient se présenter à l'Empereur. Il se découvre aussitôt et reste tête nue en sa présence, lui témoignant ainsi les égards dus à une tête couronnée. « Ce fut, écrit Home, le signal que nous attendions tous. Le capitaine suivit l'exemple de l'amiral, et désormais chacun de nous se découvrit quand l'Empereur paraissait sur le pont. Ces honneurs s'adressaient plus encore à l'homme lui-même, à sa grandeur innée, qui ne découlait pas des couronnes de France et d'Italie qu'il avait portées, mais de la supériorité réelle de cet homme sur le reste de son espèce.

« J'ai fréquemment regardé Napoléon, son œil gris si vif, calme, pensif, attentif à tout ce qui se passait, comme s'il cherchait à deviner quel pourrait être son destin. Il était visiblement satisfait de l'attitude d'Hotham et de Maitland à son égard, paraissait très à son aise et aussi complètement chez lui que s'il se fut trouvé en voyage d'agrément sur l'un de ses yachts impériaux. On ne négligea rien pour adoucir les sentiments de ces illustres exilés. Quand je dis illustres, je ne pense pas à leur rang, mais aux grandes actions qui seules rendent les hommes célèbres. Les leurs avaient porté leur gloire dans le monde entier. »

Avant de se rendre sur le *Superb*, où l'amiral Hotham l'avait invité à déjeuner avec sa suite, Napoléon passe en revue les soldats d'infanterie de marine du *Bellerophon*. Il admire leur tenue et leur prestance et dit à Bertrand qui l'accompagnait : « Que ne pourrait-on faire avec deux cent mille gaillards aussi solides que ceux-là ! » Écoutons la réflexion du jeune aspirant :

« Ah ! vous pouviez le dire, très redoutable Empereur ! car si on vous avait donné deux cent mille de ces valeureux soldats, et qu'on vous eût permis de prendre terre à Rochefort, je jure bien qu'en trois courtes semaines vous auriez mis en fuite et dispersé dans toutes les directions Wellington et ses Saints Alliés ; en dix jours de plus, vous auriez établi votre quartier impérial à Schoenbrünn et retrouvé votre douce Marie-Louise et l'enfant chéri vers qui votre pensée s'élançait avec tant d'amour ! Mais cela ne pouvait pas être ! »

Ne croirait-on pas entendre parler un vieux grognard de Napoléon, un vétéran des heures triomphales ?

« L'Empereur rentra du *Superb* vers 2 heures de l'après-midi. Nous levâmes l'ancre aussitôt et mîmes à la voile pour l'Angleterre.

« Ce qui étonnait beaucoup l'Empereur, c'était la lenteur de l'avancement dans notre arme, ainsi que la rareté des promotions parmi les hommes de troupe, quels que fussent leurs services. Il en était tout autrement, disait-il, dans la marine française où beaucoup de ses officiers sortaient du rang et ne devaient leur avancement qu'à leur mérite et à leur bravoure. Dans son armée, comme dans tout autre service de l'État, la porte était ouverte aux plus humbles ; un homme intègre et courageux était certain d'obtenir de l'avancement. Chez nous, c'était notoirement le contraire : pendant toute la guerre on comptait bien peu de soldats et encore moins de marins qui aient obtenu de l'avancement. »

Quand le navire est en vue d'Ouessant, Home se trouvant de quart à quatre heures du matin voit Napoléon se diriger vers l'échelle de poupe, tirer de sa poche une longue-vue et contempler avidement la terre. « De cinq heures du matin à midi, il resta là, immobile, silencieux, indifférent à ce qui se passait autour de lui, sans adresser un seul mot à celui de ses compagnons qui s'était tenu tout le temps immobile derrière lui.

« Il n'ignorait pas, sans doute, que cette vision était la dernière qu'il aurait de la terre de France. Quelles ont pu être ses pensées en ces quelques heures ! Que de regrets en se rappelant le passé ! Quelles sombres perspectives dans l'avenir ! Il regardait le pays auquel il avait donné tant de gloire, où son nom prestigieux avait obombré le monde de sa renommée. Là, on l'avait adoré comme un dieu ; des êtres serviles avaient ployé le genou devant lui jusqu'au jour de l'adversité où ils l'avaient abandonné et trahi.

« Aucun homme n'a jamais reçu une leçon pareille à celle qui lui fut donnée en ce court espace de temps ; mais peut-être sa sensibilité était-elle émoussée par la soudaineté de sa chute et par l'immensité du changement survenu dans sa destinée, alors que des passions opposées se livraient combat dans son âme, si violentes qu'elles en venaient à se neutraliser en s'affrontant. Pourtant ce n'était pas le cas pour lui, car son émotion était visible. Il contempla la terre jusqu'à ce qu'elle ne fût plus qu'un point dans l'espace. Se retournant alors, il se laissa tomber de son affût de canon dans les bras du fidèle Bertrand qui se trouvait prêt à recevoir son maître. Sans dire un mot, il descendit en chancelant l'échelle de poupe, la tête lourdement penchée en avant, comme pour se dérober aux regards, et se laissa reconduire dans sa cabine.

« Le temps fut magnifique pendant les quelques jours de navigation qui précédèrent notre arrivée en vue de la côte anglaise. Sur le pont du navire, la vie quotidienne se passait gaiement et avec animation, sans souci apparent de l'avenir. Napoléon condescendait souvent à se joindre à la société, où les aimables enfants de la comtesse Bertrand accouraient auprès de lui, lui prenaient la main, saisissaient les basques de son habit, s'efforçant d'attirer son attention, implorant du regard l'honneur d'un sourire ou d'une chiquenaude sur la tête. Jamais les petits quémandeurs n'étaient déçus.

« De tels moments sont révélateurs du vrai caractère d'un homme et permettent de bien mieux le juger que sur ses actes publics qu'il accomplit souvent contre son propre gré et sous la pression des circonstances.

« Comme le monde entier le sait, Napoléon était d'une grande sobriété. Il se passait rarement plus d'une heure entre le moment où il se rendait à la salle à manger et celui où il réapparaissait sur le pont. Il ne quittait son chapeau que pour les repas, encore l'avait-il sur la tête en se mettant à table. Un valet le lui ôtait alors et le lui rendait avant qu'il ne se levât.

« Bien que ses portraits le représentent invariablement les bras croisés sur la poitrine, je ne l'ai vu dans cette attitude qu'une seule fois pendant son séjour de trois semaines à bord. Cependant les portraits que nous possédons de lui, aussi bien que ses bustes, sont extrêmement ressemblants. On le voyait généralement la main droite dans l'ouverture de son gilet ou dans la poche de son pantalon, tandis qu'il tenait sa tabatière dans l'autre. Il est vrai qu'il ne s'agit que de bagatelles, on me pardonnera cette minutie si l'on considère qu'il n'y a peut-être en un millier d'années qu'un seul homme qui la justifie, et que Napoléon est certes l'être le plus remarquable qui ait paru sur la scène du monde depuis quatre mille ans.

« Le 23, nous arrivâmes en vue de la terre, et le 24, à sept heures du soir, nous jetâmes l'ancre à Torbay. Le premier lieutenant fut immédiatement débarqué avec mission de porter par voie de terre des dépêches à Plymouth, pour l'amiral Keith, qui commandait cette base. »

Chargé de conduire cet officier à terre avec la chaloupe, Home n'a pas plutôt débarqué qu'il se voit assailli, « fait prisonnier » par une gracieuse troupe de jeunes filles qui se mettent à le harceler de questions saugrenues : « Comment est Bonaparte ? – Est-ce vraiment un être humain ? – Ses mains et ses habits étaient-ils couverts de sang quand il est monté à bord ? – Est-il exact qu'il ait crevé trois chevaux pour s'enfuir de Waterloo jusqu'au *Bellerophon* ? – Ne vous inspire-t-il pas de la frayeur, à vous autres ? – N'a-t-il pas une voix de tonnerre ? – Ne pourrions-nous pas jeter un coup d'œil sur ce monstre, simplement pour pouvoir dire que nous l'avons vu ? etc. » Home a du mal à dissiper ces sots racontars en leur affirmant que l'Empereur est un homme fort beau, d'ailleurs jeune, qu'il n'a pas plus de sang sur les mains et sur les habits qu'il n'y en a sur leurs jolies robes blanches, que si elles le voyaient, elles tomberaient aussitôt amoureuses de lui ; que, bien loin d'être rouges de sang, ses mains sont aussi petites et blanches que leurs jolis doigts, et que, loin de ressembler au tonnerre, sa voix est aussi douce et musicale que les leurs. Les petites curieuses, très surprises de ces révélations inattendues, supplient l'aspirant de les emmener en chaloupe voir Napoléon. Mais les ordres sont formels : nul ne doit monter à bord. Home a toutes les peines du monde à se débarrasser de ses gentilles questionneuses, et, comme elles ont envahi son embarcation, il est obligé de faire appel à ses hommes (qui ne se font pas prier) pour déposer à terre les jeunes « nymphes », au milieu des rires des spectateurs.

« Nous quittâmes Torbay, poursuit le narrateur, le 26 juillet à quatre heures du matin, et jetâmes l'ancre à quatre heures du soir, en rade de Plymouth, derrière le brise-lames.

« À son retour de chez l'amiral Keith, le premier lieutenant apportait une lettre par laquelle Sa Seigneurie adressait à Napoléon ses chaleureux remerciements pour l'humanité qu'il avait montrée à l'égard d'un de ses parents, blessé à Waterloo. »

Il s'agit du capitaine Elphinstone, neveu de l'amiral, qui, grièvement blessé et abandonné sur le champ de bataille des Quatre-Bras, le 17 juin, fut aperçu par Napoléon qui le fit lui-même relever, soigner et conduire à l'arrière, ce qui lui sauva probablement la vie. Le blessé, tiré d'affaire, avait fait part à son oncle du bienfait reçu de Napoléon. Home trouve dans cet acte d'humanité une nouvelle occasion de louer son héros :

« Même accompli au faîte de sa puissance, quand son nom était synonyme de victoire, un tel acte aurait plus fait pour sa gloire que le gain d'une bataille ; mais si l'on songe qu'il l'accomplit à un moment où son génie, si éminent fût-il, était absorbé par la lutte à mort qu'il soutenait alors, et où son nom, son empire, sa renommée, sa vie et sa liberté dépendaient de la plus légère oscillation du fléau d'une balance, j'affirme que les mots sont impuissants pour exprimer la grandeur et l'humanité innées de ce caractère d'un homme que seule aurait pu pousser à la cruauté la terrible nécessité des circonstances auxquelles il fut souvent soumis.

« Tout, jusqu'à présent, semblait se présenter sous un aspect favorable à l'illustre suppliant. À bord du *Bellerophon*, on le traitait en Empereur ; toutes les physionomies exprimaient du respect et de la vénération… Et, si l'on pouvait en juger par l'énorme affluence qui, de tout le pays, se pressait vers la rade de Plymouth pour tâcher d'apercevoir le héros de Marengo et du pont de Lodi, Napoléon a pu penser qu'il avait autant d'admirateurs parmi les Anglais que parmi ses bien-aimés compatriotes. La baie était littéralement couverte d'embarcations ; le temps était magnifique ; les dames étaient gaies comme des papillons. Dans les bateaux, des orchestres jouaient des airs français en vogue pour attirer, si possible, l'attention de l'Empereur, pour tenter de l'apercevoir ; et, quand ils avaient atteint leur but, ils s'en allaient en se félicitant de leur bonne fortune.

« Rien de tout cela n'échappait à l'œil d'aigle de Napoléon. Il ne montrait aucune répugnance à satisfaire la curiosité des spectateurs en faisant de fréquentes apparitions à la coupée, examinait la foule avec sa longue-vue de poche, et souvent, quand un joli minois le regardait avec une curiosité émerveillée, lui souriait de ses belles dents blanches, soulevait son petit tricorne au-dessus de son large front autoritaire, s'inclinait et souriait avec une évidente satisfaction. »

Désagréablement impressionnées par ces manifestations de sympathie pour le souverain déchu, les autorités anglaises prennent le parti de faire refouler les curieux par des canots chargés de monter la garde autour du *Bellerophon*. Ce service effectué avec une grande brutalité provoque de vives protestations et cause à Napoléon beaucoup de contrariété.

« Ah ! nous étions bien gardés, écrit Home. À peine étions-nous en rade que trois ou quatre frégates ou navires de 74[1] reçurent l'ordre de prendre position autour de notre vaisseau. On doubla les sentinelles à tous les postes et toutes les précautions furent prises, même les plus sottes, pour prévenir une évasion à laquelle Napoléon ne songeait certainement pas. L'orage s'amoncelait visiblement et, dans l'attente d'une décision du gouvernement, les réfugiés commencèrent à donner les signes d'une anxiété considérable. Enfin la nouvelle fatale nous parvint, la décision gouvernementale fut communiquée à Napoléon, et, dès lors, tout ne fut plus que tristesse et misère !

---

1. Navires armés de 74 canons.

« Pour Maitland, la situation présente était particulièrement désagréable. Il comprenait que sa conduite ne recevait pas l'approbation de ce gouvernement qui montrait une telle étroitesse d'esprit. Il avait reçu l'ordre de traiter Napoléon avec les égards dus à un officier général et de ne le désigner à l'avenir que sous la dénomination de général Bonaparte. Quelle conduite ridicule et méprisable de la part de nos ministres !

« Je ne puis songer aux procédés dont je fus alors témoin sans que mon sang ne se mette à bouillir d'indignation, sans que le rouge de la honte ne me monte au visage pour l'indignité de ma patrie… Napoléon a eu raison de dire que l'Angleterre s'était à jamais déshonorée dans l'hospitalité du *Bellerophon*.

« Nous quittâmes Plymouth le 4 août, en compagnie du "Tonnant", portant la marque de l'amiral Keith, et, le 6, nous jetâmes l'ancre à Barry-head pour y attendre l'arrivée du *Northumberland* qu'on attendait d'une heure à l'autre, et qui arriva dans le courant de la journée. Vers le soir, lord Keith vint à bord et eut avec Napoléon dans sa cabine un long entretien qui, pour autant que nous pûmes en juger, ne fut rien moins que plaisant… On reçut l'ordre d'enlever aux captifs leurs armes qui furent entreposées pendant plusieurs heures dans la sainte-barbe. » Là, le jeune aspirant contemple les épées et les pistolets appartenant à l'Empereur et déclare : « De ma vie je n'ai eu autant l'envie de m'approprier ce qui ne m'appartenait pas. Je me serais cru l'homme le plus heureux du monde, si j'avais pu m'emparer, à titre de relique du grand homme, d'un de ses pistolets ; ma conscience ne m'aurait fait aucun reproche. D'ailleurs, si l'Empereur avait su dans quel esprit de dévotion j'aurais commis ce larcin, je suis sûr qu'il aurait immédiatement donné l'ordre de m'en remettre une paire.

« C'est le même jour qu'il fut décidé que notre chirurgien, Barry O'Meara, celui-là même qui se rendit célèbre par la suite par sa courageuse défense de son malade contre la tyrannie de sir Hudson Lowe (ce n'est qu'avec horreur que j'écris le nom de cet homme), fut désigné pour suivre Napoléon à Sainte-Hélène en tant que chirurgien. »

Home évoque ensuite avec émotion l'instant où l'Empereur quitte le navire :

« Vingt-deux ans ont passé, mais aujourd'hui encore je revois en esprit chaque trait, chaque ligne, chaque expression de cette majestueuse figure. Comment pourrais-je oublier cette scène ? Les Romains disent qu'un grand homme aux prises avec l'adversité est un spectacle qui réjouit les dieux. Là était l'adversité et, là aussi, la véritable grandeur luttant contre elle. Pour un simple mortel, c'était un spectacle à fendre l'âme.

« En ce jour de détresse sans espoir, il montra encore ce charme indescriptible qui lui gagnait les cœurs ; se retournant vers le navire, il aperçut les visages qui le regardaient ; même les rudes faces des matelots exprimaient de la compassion pour son cruel destin. Le grand exilé parut s'apercevoir de ce sentiment, se découvrit et inclina la tête vers l'équipage qui le regardait fixement.

« C'est égal, c'est une vilaine tache qui restera sur notre nom dans les temps les plus reculés. Plus le caractère de Napoléon prendra la place qu'il mérite dans les annales de l'histoire, plus odieuse apparaîtra notre conduite. »

En terminant son récit, Home aborde des considérations d'ordre politique, se rapportant au rôle de l'Angleterre dans la carrière de Napoléon. Il flétrit l'obstination de son pays à se mêler aux luttes du continent où il suscitait des coalitions ; rappelant que la chute du conquérant a été causée bien plus par la funeste campagne de Russie et par les intempéries qui décimèrent ses troupes que par la résistance et la persévérance anglaises : « Notre résistance avait fait de lui le grand homme qu'il est devenu ; c'est la droite de Dieu qui eut seule le pouvoir de l'abattre. »

Parmi tant d'Anglais qui ont rendu hommage au génie de l'Empereur, l'aspirant George Home, dans son enthousiasme « inconditionnel », est certainement celui qui eut au plus haut point l'intuition de sa grandeur et qui l'a proclamée de toute son âme généreuse.

Chapitre III

LE LIEUTENANT JOHN BOWERBANK

Après les effusions lyriques de l'aspirant George Home, on retombe dans la prose avec le froid reportage de son camarade, le lieutenant John Bowerbank. Lui aussi vit arriver sur le *Bellerophon* le grand personnage qui avait voulu être l'hôte de l'Angleterre et qui devait devenir son prisonnier.

Son journal[1] a été publié in extenso par Cl. Shorter, dans son excellent ouvrage, *Napoleon and his fellow-travellers*, paru à Londres en 1908. Sans doute le docteur O'Meara, dans son journal privé, rapporte, à la date du 18 juin 1816, que, selon le capitaine Maitland, le journal de Bowerbank serait « bourré de sottises et d'inexactitudes ». Quelle créance attacher à cette affirmation ? L'ouvrage n'est pas exempt de jugements assez sévères et même parfois d'insinuations perfides contre Napoléon et ses compagnons. Raison de plus pour le soumettre à l'examen des curieux de l'histoire napoléonienne.

Il rapporte sèchement les événements dont il a été le témoin sans y joindre beaucoup de commentaires, mais sa relation confirme suffisamment, quant aux faits, celles du capitaine Maitland et de l'aspirant Home.

1. John Bowerbank, *An Extract from a Journal Kept on Board H.M.S.* Bellerophon *from July 1815 to August 1815*, Londres, 1815.

Engagé volontaire dans la marine en 1804 sur le *Latone*, Bowerbank participa comme aspirant sur l'*Audacious* au réembarquement des troupes britanniques après l'affaire de La Corogne. En mai 1809 il prit part à l'expédition contre le Danemark ; nommé lieutenant en 1812, il servit successivement sur l'*Isis*, le *Victory*, le *Plantagenet* et enfin sur le *Bellerophon*. Il fut mis à la demi-solde en 1815.

Il est de ceux qui estiment que « Bonaparte », ayant jugé impossible de tromper la vigilance de la croisière anglaise, et redoutant, s'il restait à terre, de se voir arrêté par les nouvelles autorités françaises, n'avait plus d'autre parti à adopter que de se rendre aux Anglais. Et comme, au cours des pourparlers intervenus entre les envoyés de Napoléon et le capitaine Maitland, ce dernier avait formellement déclaré ne pouvoir répondre de l'accueil que recevrait l'Empereur en Angleterre, il s'agissait bien d'une reddition sans conditions.

Bowerbank écrit :

15 juillet 1815. « De très bonne heure, le *Bellerophon* étant à l'ancre devant la rade des Basques, à quatre milles environ de la croisière française, on vit un brick, portant pavillon parlementaire, qui s'approchait de nous. À 6 heures, on envoya une chaloupe à sa rencontre, et, peu après, nous entendîmes les cris de : "Vive l'Empereur !" À sept heures l'embarcation qui portait Bonaparte et quelques officiers de sa suite vint se ranger auprès du *Bellerophon*. Le maréchal Bertrand parut le premier sur le pont et informa le capitaine Maitland de la présence de l'Empereur sur le bateau. Napoléon arriva immédiatement après. Il s'inclina et dit en français : "Monsieur, je viens me mettre sous la protection de votre Prince et de vos lois." Ces mots furent dits avec beaucoup de dignité ; puis après avoir salué de la tête les officiers, il suivit le capitaine qui le conduisit à sa cabine.

« Bonaparte était vêtu d'une redingote vert olive, de bottes d'uniforme et d'un simple tricorne. Étaient venus avec lui par le même bateau le lieutenant-général Bertrand, Grand-Maréchal du Palais, le comte Montholon-Semonville et le baron Lallemand, deux de ses aides de camp, Savary, duc de

Rovigo, ministre de la police, les comtesses Bertrand et Montholon-Semonville avec quatre enfants.

« Il se fit présenter les officiers du bord par le capitaine Maitland, leur posa quelques questions sur leur temps de service et leur dit en français : “Messieurs, vous avez l'honneur d'appartenir à la nation la plus brave et la plus fortunée du monde.”

« Quand il remonta sur le pont après avoir fait sa toilette, j'eus l'occasion de l'examiner plus attentivement :

« Napoléon Bonaparte mesure environ 5 pieds 7 pouces ; il est plutôt corpulent, très bien bâti. Les cheveux sont foncés, coupés court, sans favoris ni moustache ; les sourcils grands, les yeux gris, les plus perçants que j'aie jamais vus ; le visage plein, le teint plutôt foncé, la bouche et le nez bien proportionnés, les épaules larges et solides. Dans l'ensemble, c'est un homme de bonne mine et, quand il était jeune, il a dû être fort beau. Il paraissait avoir quarante-cinq à quarante-six ans, ce qui est effectivement son âge. Il ressemble beaucoup aux portraits que j'ai vus de lui à Londres.

« Bonaparte se promène sur le pont à larges enjambées, les mains dans les poches de sa culotte ou croisées derrière son dos ; quand il se trouve sur le gaillard d'arrière, il questionne les officiers, s'intéressant surtout à notre matériel d'artillerie. Il demande même à se faire présenter le maître d'équipage. » Et Bowerbank montre ce brave homme « très surpris de cet honneur inattendu, nullement démonté de se trouver en présence d'un homme aussi célèbre, mais déterminé à lui adresser la parole le premier. Son chapeau à la main, raclant du pied sur le sol, et la tête inclinée jusqu'à terre, à la manière des vieux marins, il dit : “J'espère que Votre Honneur se porte bien”, ce qui met en joie les auditeurs. » Plus loin, Napoléon avise un vétéran de l'infanterie de marine et s'étonne qu'après plusieurs années de service il n'ait obtenu aucun grade. On lui explique qu'il s'agit d'un ancien sergent, rétrogradé par mesure disciplinaire.

« Le *Superb* vient d'arriver et l'amiral Hotham est venu à bord. On a servi le dîner à 5 heures. Pendant ce temps les chaloupes du navire étaient occupées à amener à bord les bagages de Bonaparte et le reste de sa suite. Après dîner, il monta sur le pont, y resta environ une heure, demandant le nom des différents cordages, l'état du vent, faisant remarquer qu'il n'était pas favorable à la navigation vers l'Angleterre. Il parle remarquablement le français et l'italien et semble ne pas comprendre un mot d'anglais. Vers 7 heures et demie, il se retira dans sa cabine. Il m'a paru très gai toute la journée et s'amusa fréquemment avec les enfants. »

16 juillet. « Bonaparte s'est levé entre 6 et 7 heures ce matin et a fait son apparition sur le pont à 10 heures. Il partit ensuite avec les officiers et les dames pour se rendre sur le *Superb*, où l'amiral Hotham lui fit rendre les honneurs, ce dont il fut visiblement satisfait. Il salua à la ronde en souriant. Il était vêtu d'un habit vert d'uniforme, aux parements rouges, orné de deux épaulettes d'or ; il portait l'étoile et la croix de la Légion d'Honneur et les insignes de la Croix de Fer et de la Réunion sur le côté gauche de la poitrine ; un gilet et des culottes de casimir blanc, des bas de soie et des souliers ornés de belles boucles d'or. Il était coiffé d'un tricorne très simple, orné d'une cocarde tricolore.

« À 2 heures de l'après-midi, le *Bellerophon* (accompagné par la corvette *Myrmidon* qui avait à bord plusieurs personnes de la suite de Bonaparte) leva l'ancre à destination de l'Angleterre. Pendant qu'il appareillait, Bonaparte resta sur le pont, s'intéressant aux manœuvres du navire et remarquant qu'elles différaient de celles de la marine française. Il invita à dîner avec lui le lieutenant en premier et le capitaine de l'infanterie de marine. Pendant le repas, la conversation roula sur les batailles du Nil et de Trafalgar, et le nom de lord Nelson fut souvent mentionné avec éloge par Bonaparte. »

17 juillet. « Le déjeuner a eu lieu à 11 heures ; la conversation a eu trait à l'Égypte. Bonaparte a dit à Maitland en lui donnant une légère tape sur la tête : « Sans les Anglais, il y a longtemps que j'aurais été empereur d'Orient ; mais partout où il y a assez d'eau pour qu'un navire puisse flotter, on est sûr de vous y trouver. »

« Après dîner il resta un moment sur le pont à causer avec Bertrand ; tous deux examinaient attentivement nos canons, en particulier leurs appareils de pointage, qu'ils estimaient devoir être d'une grande efficacité au combat.

« Il semblait être de moins bonne humeur que la veille, paraissait méditatif, absorbé dans ses pensées. Je crois que la gaieté qu'il avait montrée jusqu'alors était peut-être affectée. La mer était houleuse, les dames se sont ressenties du mouvement du bateau. » Bowerbank raille les « héros dont le nom a fait pâlir l'univers » d'éprouver les mêmes malaises, dont seuls Napoléon et Savary sont exempts.

18 juillet. « Pendant les dernières vingt-quatre heures le vent avait faibli et il y eut de fréquents passages de calme plat. Napoléon parut vers 5 heures et demie de l'après-midi. Tous ses officiers restaient invariablement tête nue en sa présence. Il semblait morose et contrarié de constater que le vent était défavorable. Il murmura : « Il faut avoir patience[1]. »

« À 6 heures on servit le dîner auquel j'étais convié. Napoléon prit le milieu de la table et fit asseoir le capitaine Maitland à sa droite… Le dîner fut entièrement servi à la française. Napoléon était en proie à la mélancolie ; il se contenta de demander si le bœuf était bon en Angleterre et s'il y avait beaucoup de légumes. Quant à lui, il mangea de bon appétit. Quand on eut desservi, on offrit à chaque convive une tasse de café très fort. Un des serviteurs de Napoléon, en remplissant la tasse de son maître, fit un faux mouvement et renversa quelques gouttes de breuvage sur lui. Il ne dit pas un mot, mais jeta sur la figure de l'homme un regard qui semblait vouloir l'anéantir et qui troubla tellement le pauvre garçon qu'il abandonna son service et quitta immédiatement la salle.

« Dans la soirée, à la demande de Bonaparte, nos jeunes midships jouèrent une pièce de théâtre. Il se retira après le troisième acte, se déclarant enchanté de ce spectacle et exprimant son admiration pour nos "dames", ce qui fit rire tout le monde. »

---

1. En français dans le texte.

19 juillet. « Le vent a fraîchi et la mer est agitée. Tous les Français, à l'exception de Bonaparte et de Savary, ont été très affectés par le mal de mer. »

20 juillet. « Il se montra sur le pont quelques instants avant et après le dîner. Il semblait plus gai, demanda quand nous arriverions en Angleterre, et parut satisfait d'apprendre que, si nous avions bon vent, nous n'en étions plus qu'à une journée de navigation. »

21 juillet. « Le vent a été très faible tout le jour. Bonaparte conversa sur le pont avec Bertrand et Las Cases. Avec tous ceux auxquels il adresse la parole, il se montre toujours poli et affable, et je suis obligé de reconnaître que ses manières m'ont paru très « engageantes. »

22 juillet. « Le vent a fraîchi et devient favorable. Nous espérons passer au large d'Ouessant dans la journée et atteindre Torbay dimanche. Aujourd'hui, nous avons parlé des Prussiens avec le duc de Rovigo. Il les traite de “sacrés chiens” et n'en parle qu'avec mépris. Tous les autres abondaient dans son sens. D'après eux, à Waterloo, la victoire n'aurait pas été douteuse s'ils n'avaient eu affaire qu'aux Prussiens. Ils pensaient peu de bien même de l'honnête et courageux Blücher, sans doute en le comparant à eux-mêmes. N'est-ce pas là dire derrière le dos de quelqu'un ce qu'on n'oserait pas lui dire en face ? Bonaparte, m'a-t-on dit, estime que le duc de Wellington est un aussi bon général que lui-même, avec plus de prudence. Lors de son voyage à l'île d'Elbe, il répondit à un Anglais qui lui demandait son sentiment sur le héros britannique : “Lui et moi ne nous sommes jamais rencontrés.” Maintenant que la rencontre a eu lieu, combien cet affrontement a été glorieux et décisif ! »

23 juillet. « Nous avons passé Ouessant aujourd'hui. Vers le soir nous vîmes la côte anglaise. En l'apercevant, la comtesse Bertrand eut les yeux pleins de larmes. Elle a passé en Angleterre une grande partie de sa jeunesse et a dans ce pays des amis et des parents. J'ai appris qu'elle est proche parente de feu Lord Dillon (sa nièce, si je suis bien informé). Elle est née dans l'île de la Martinique. Son père, le comte Dillon, est une des victimes de la Révolution fran-

çaise. Elle a été dame d'honneur de Joséphine et c'est sur le désir de Bonaparte qu'elle a épousé Bertrand. Elle a auprès d'elle sur le navire ses trois beaux enfants. »

Quand le *Bellerophon* arrive le 24 juillet en vue des côtes anglaises, Napoléon paraît enchanté et dit plusieurs fois en regardant le paysage à travers sa longue-vue : « Quel beau pays ! » La première impression est favorable et se trouve bientôt confirmée par l'accueil de la population. À peine le navire a-t-il jeté l'ancre en rade de Torbay que des milliers d'embarcations l'entourent, chargées de curieux. Dès qu'il se montre sur le pont, les spectateurs poussent des acclamations, lui envoient des fleurs, se parent d'œillets rouges. L'Empereur est visiblement satisfait, et, comme s'il cherchait à impressionner favorablement ceux qui se pressent pour le voir, salue fréquemment en soulevant son chapeau, et, s'inclinant devant les dames, répète à plusieurs reprises : « Quelles charmantes jeunes filles ! Quelles jolies femmes ! »

Bowerbank se demande cependant si les acclamations expriment réellement de l'admiration pour Bonaparte, ou tout simplement de la joie parce qu'il est vaincu et prisonnier. Pourtant il n'y a pas à s'y tromper, il n'y a ni huées ni signes d'hostilité ; l'accueil est presque triomphal, et, comme les mêmes manifestations se renouvellent tous les jours suivants, que les curieux affluent de toute la contrée et même de Londres, les autorités britanniques finissent par en prendre ombrage et font écarter les gens par des patrouilles de canots.

Cependant on ne débarque pas ; au contraire, le général Gourgaud, qui s'était embarqué à Rochefort sur le *Slaney* avec mission de porter au Prince Régent la lettre de l'Empereur, revient penaud et furieux, car on lui a interdit de mettre pied à terre. Dès le 25 juillet, d'ailleurs, on reçoit des journaux dont le ton injurieux contraste avec l'accueil de la population. Il est déjà question d'exil à Sainte-Hélène. Les Français montrent de l'inquiétude et s'interrogent sur leur avenir immédiat. Seul Napoléon garde son sang-froid.

C'est ensuite le départ du *Bellerophon* pour Plymouth. Il est encadré par deux frégates anglaises, l'*Eurotas* et la *Liffey*. À Plymouth encore, la foule est très nombreuse et manifeste des sentiments de sympathie pour Napoléon, si bien qu'on fait même des décharges de mousqueterie pour la tenir à distance. L'Empereur est très contrarié et demande qu'on veuille bien mettre fin à ces pratiques qui l'incommodent et l'affligent.

30 juillet. « À son heure habituelle, 5 heures et demie de l'après-midi, Napoléon parut sur le pont, pendant qu'une foule immense entourait le navire. Pour la première fois depuis sa venue à bord il ne s'était pas rasé, ce qui nous surprit beaucoup car nous avions toujours remarqué les soins raffinés qu'il avait l'habitude de donner à son apparence extérieure. Nous attribuâmes cette négligence à l'anxiété qu'il devait éprouver à l'idée de son futur destin. Les journaux montraient de la virulence à son égard et parlaient de sa déportation à Sainte-Hélène comme d'une certitude. Ils rapportaient également que Bertrand, Savary et Lallemand avaient été condamnés à mort par le gouvernement de Louis XVIII. Les deux derniers nommés se montraient très affectés par cette nouvelle. Quant à Bertrand, qui est très fortement attaché à Bonaparte, il n'avait d'autre crainte que de n'être pas autorisé à suivre son maître là où on l'enverrait. »

Bowerbank raconte ensuite les deux entrevues de l'Empereur avec l'amiral lord Keith, commandant l'escadre de la Manche. Dans la seconde qui a lieu le 31 juillet, Napoléon est enfin informé officiellement de la décision du ministère anglais. Le narrateur le montre, protestant avec véhémence, lui trouve l'air souffrant et déprimé et rapporte le désarroi des Français, puis l'engagement d'O'Meara comme médecin de l'Empereur, la visite des bagages des exilés, les adieux de Napoléon au capitaine Maitland et à son équipage, enfin le transfert des Français sur le *Northumberland* ; tous événements que les récits de Maitland et de Home ont déjà fait connaître. Bowerbank, lui, s'intéresse plus spécialement au comportement de la comtesse Bertrand, laquelle, parlant parfaitement l'anglais, avait été la principale interlocutrice des officiers du *Bellerophon*. Dès qu'elle apprend la nouvelle de la déportation de Napoléon, la malheureuse femme qui s'attendait à trouver en Angleterre un confortable séjour dans quelque belle résidence où elle eût mené une agréable vie de société, perdit la tête, supplia son mari de renoncer à suivre l'Empereur, et, sur son refus, se précipita aux pieds de Napoléon. Celui-ci se borna à lui dire qu'il ne contraignait personne à l'accompagner en exil et que le Grand-Maréchal était libre de sa décision. Comprenant que la fidélité de son mari était inébranlable, Madame Bertrand se rua dans sa cabine, et, dans un moment d'égarement, tenta de se jeter à la mer par l'un des hublots. Son mari et Montholon la retinrent, mais, dit Bowerbank, « elle continua à délirer toute la nuit ». Le lendemain l'Empereur s'enquit auprès du médecin de la santé de l'infortunée, et lui demanda en souriant « s'il croyait qu'elle avait eu réellement l'intention de se noyer ».

Quand Bertrand apprit, le 4 août, qu'il était autorisé à suivre son maître, sa malheureuse épouse fit de nouvelles tentatives pour le retenir, sans pouvoir le fléchir. Le jour même de l'embarquement sur le *Northumberland*, elle tenta un dernier effort, à quoi le Grand-Maréchal répondit d'un air courroucé et sur un ton sévère : « Jamais, Madame Bertrand, jamais ! »

Au moment où le navire s'éloigne des côtes anglaises, le récit de Bowerbank se termine par cette réflexion cocasse : « Au fond, je suis convaincu qu'il est bien content de cette manière inattendue d'échapper à ses ennemis. » Sur quoi repose cette conviction, on peut se le demander ; car on conçoit mal Napoléon poussant un soupir de soulagement en partant en exil.

On ne lit pas non plus sans regret sous la plume du narrateur quelques réflexions perfides sur le grand homme, et l'on veut espérer qu'il ne fait que répéter certaines calomnies dont tant d'autres que lui avaient essayé de le salir.

« Les Français disent à qui veut l'entendre que l'Empereur n'ira pas à Sainte-Hélène, qu'il mettra plutôt volontairement fin à ses jours. On a peine à croire que ces propos sont tenus sans son aveu ; sans doute essaie-t-il de conjurer ainsi le triste sort qui l'attend ; mais ce procédé ne l'a pas rehaussé dans notre estime. D'ailleurs, s'il s'était, dès le début (quand on lui eut refusé l'accès de l'Angleterre), soumis à son sort auquel il devait bien savoir que le condamnait l'opinion publique de l'Europe, il aurait au moins acquis le mérite d'une force de caractère supérieure à sa fortune. En étudiant son caractère, je ne puis me le représenter comme un homme vraiment brave. Car je ne réserve pas cet éloge à celui qui affronte sans crainte la mort sur un champ de bataille... Il serait peu généreux de ma part, et sans doute erroné, de contester ses mérites comme soldat et comme général victorieux. Et cependant on peut montrer autant de force d'âme dans le malheur que dans l'action. Quand je me rappelle ses abandons de son armée en Égypte, après la Bérésina, après Leipzig et après Waterloo, je ne puis croire à son courage, car dans toutes ces occasions, son premier souci fut celui de sa sûreté personnelle. La vraie gloire du chef de tant de braves aurait consisté à périr avec eux à l'heure de la défaite. »

Pourtant, s'il est une occasion où l'Empereur ait fait preuve de dignité et de force d'âme, c'est bien dans le moment cruel où l'Angleterre qu'il honorait de sa confiance lui infligea la pénible humiliation de s'être trompé sur la générosité qu'il attendait d'elle.

Chapitre IV

LE CAPITAINE SENHOUSE

Le capitaine H. le F. Senhouse était, sur le vaisseau amiral *Superb*, capitaine de pavillon de l'amiral sir Henry Hotham, commandant la flotte anglaise sur les côtes de la France en 1815.

Il est intéressant de constater par sa correspondance avec sa femme, comment cet ennemi déclaré de Napoléon, après l'avoir rencontré à deux reprises, une première fois lors de la visite de l'amiral Hotham au *Bellerophon*, la seconde lors du déjeuner offert à Napoléon et à sa suite à bord du *Superb*, en vint très rapidement à subir l'emprise du héros et à manifester des sentiments tout différents de ceux qu'il exprimait avant de l'avoir vu.

Ses lettres ont été publiées en 1897 par le *Macmillan Magazine* en Angleterre, et par la *Revue hebdomadaire*[1] en France.

On en lira ci-dessous de larges extraits, caractéristiques de l'évolution de ses sentiments :

« À bord du *Superb*, Quiberon, 1er juillet 1815. Le *Nimble* et le *Laone* nous ont apporté le compte rendu officiel de la superbe victoire remportée par lord Wellington réuni à Blücher.

---

1. *Revue hebdomadaire*, Septembre 1897, traduction E. Barthélemy.

Nous avons les gazettes françaises qui diffèrent peu de nos propres récits, ni les uns ni les autres n'étant peut-être absolument exacts par suite de l'imperceptible influence qui nous fait toujours pencher un peu de nôtre côté de la question. Je m'imagine que jamais la balance de la victoire n'a été si justement équilibrée, et ce n'est que la bonne étoile de Wellington qui semble avoir influencé le fléau en notre faveur. Mais que pensez-vous maintenant de l'abdication de Napoléon ? Elle me paraît l'acte le plus pusillanime de la part d'un homme qui veut être considéré comme un grand caractère. C'était à coup sûr le moment de montrer son génie pour sauver la France du malheur dans lequel elle tombait, et c'est le moment qu'il a choisi pour délaisser une cause qu'il aurait dû abandonner lorsqu'il avait compris que la guerre était personnelle. Quelle infatuation de supposer que les alliés consentiront à un arrangement qu'ils ont jadis rejeté et cesseront les hostilités sans l'avoir mis dans l'impuissance de se livrer à de nouveaux et semblables attentats contre la paix de l'Europe !

« À bord du *Superb*, Quiberon, 6 juillet 1815. Les glorieux résultats de la victoire du 18 sont de nature à justifier notre espoir d'une prompte paix… On voit en ceci la main de la Providence. Mais comment se fait-il que le perturbateur de la race humaine existe encore pour entretenir toutes les anciennes inquiétudes et perpétuer le cauchemar des misères qu'il traîne après lui ?

« J'ai perdu toute ma bonne opinion de Napoléon. J'étais jadis enclin à le considérer comme un homme d'une bravoure consommée, ayant l'honneur du guerrier, sinon l'honneur de l'homme. Ce dernier acte de pusillanimité a banni toute opinion favorable. En fait, il est tombé dans la mésestime générale. Il aurait dû mourir l'épée à la main.

« À bord du *Superb*, Quiberon, 9 juillet 1815. Les uns disent que Napoléon irait à La Rochelle pour y attendre les événements ; les autres, qu'il s'efforcerait de s'échapper furtivement sur un vaisseau américain. Il n'est pas douteux que cet être importun soit quelque part dans notre voisinage. C'était une partie de son plan d'indiquer Le Havre, Cherbourg ou Saint-Malo comme le lieu de son embarquement, afin de nous tenir sur une fausse piste, les côtes de cette baie offrant d'ailleurs plus de facilités que les premières pour tromper la vigilance de l'ennemi. Nous n'avons pas assez de navires pour garder efficacement l'étendue des côtes de Lorient à Bayonne.

« À bord du *Superb*, Quiberon, 10 juillet 1815. Nous apprenons aujourd'hui que Napoléon s'est embarqué le 1er à Rochefort sur un navire américain ; nous recevons aussi la nouvelle que Paris s'est rendu au prince Blücher et au duc de Wellington. Ces nouvelles nécessitent le renforcement de notre position en rade de Rochefort. Nous sommes en train d'appareiller.

« À bord du *Superb*, 15 juillet 1815. Napoléon Buonaparte, que tout le monde croyait occupé à préparer sa fuite sur la côte Nord, a fait son apparition dans le sud, et, il y a six jours, a envoyé le duc de Rovigo de l'île d'Aix au *Bellerophon* pour demander la permission de s'embarquer sur les deux frégates qui sont dans la rade d'Aix pour les États-Unis d'Amérique. Il était en même temps désireux de savoir si le capitaine Maitland pouvait le renseigner sur les intentions du gouvernement britannique relativement au passeport qui avait été demandé en son nom. Le capitaine Maitland ayant informé le duc de Rovigo que la France et l'Angleterre étaient en guerre et que, dans ces conditions une frégate française ne pourrait franchir les lignes sans être attaquée, le duc s'efforça de montrer le danger qu'il pourrait y avoir à empêcher Buonaparte d'émigrer, car il serait facile à ce dernier de se mettre à la tête de l'armée du Sud qui lui était dévouée et par ce moyen, de prolonger la guerre. En tout cas, le Français laissa entendre que si la demande n'était pas accordée, ils avaient d'autres moyens d'assurer leurs désirs. La demande ayant été soumise à l'amiral sir Henry Hotham, celui-ci estima qu'il avait le devoir d'être personnellement sur les lieux et d'employer les ressources du *Superb* à contrecarrer les desseins de l'Empereur. Nous sommes ce matin, à cinq heures par le travers du phare de

Chasseron et venons de rappeler le *Slaney* qui nous a fait savoir qu'il était porteur de dépêches pour l'Angleterre…

« Je puis maintenant vous dire que je viens de dîner avec Napoléon Buonaparte. Cela est-il possible ? J'ai mentionné dans ma lettre d'aujourd'hui la cause de mon arrivée ici. Hier, le capitaine Maitland eut une autre lettre d'une personne de la suite de Bonaparte, lui demandant s'il avait reçu une communication du gouvernement britannique ou de l'amiral. Il répondit négativement et une autre lettre lui fut adressée en vue de savoir si l'ex-Empereur pourrait être reçu à bord du *Bellerophon* et de demander qu'une personne de l'état-major de l'Empereur fût envoyée immédiatement en Angleterre avec une lettre pour le Prince Régent. La lettre était courte et plutôt brusque. Elle commençait par les mots "Altesse Royale" et déclarait qu'une faction en France, aidée par les pouvoirs combinés de l'Europe, l'avait chassé de son pays et que sa carrière politique était close. Il avait donc résolu, comme Thémistocle, de se placer sous la protection du plus généreux et du plus constant de ses ennemis. Il exprimait son intention de se rendre à bord entre quatre et cinq heures du matin, s'il pouvait être reçu.

« À notre entrée dans la rade, le *Slaney*, comme je vous l'ai dit, en sortait avec des dépêches, et, à l'heure fixée, nous vîmes l'*Épervier*, un brick français, conduire l'Empereur à bord du *Bellerophon*… À dix heures, nous laissâmes tomber l'ancre et reçûmes Maitland et Gambier à bord. À midi, le premier retourna pour faire part de l'intention de l'amiral de se rendre auprès de Buonaparte. À deux heures, le général Bertrand, Grand-Maréchal du Palais, vint présenter ses respects, et, après l'avoir traité très civilement, l'amiral, son secrétaire et moi, retournâmes à bord avec Bertrand, pour dîner avec Napoléon. À notre arrivée à bord du *Bellerophon*, nous fûmes présentés à Madame Bertrand, au duc de Rovigo, au comte de Montholon et à sa femme, et au comte de Las Cases. Après une attente de quelques minutes, nous fûmes introduits dans la cabine d'arrière et présentés à Napoléon Bonaparte.

« Nous fûmes reçus par l'ex-Empereur avec toute son ancienne dignité, et tout le monde resta debout pendant tout le temps. J'étais désireux de le connaître physiquement ; j'ai été désappointé. Il a le corps très mal fait ; il est court avec une grosse tête, les mains et les jambes sont petites, et son ventre est proéminent. Son vêtement, fort simple, comme vous le voyez dans la plupart des images, est très court dans le dos, ce qui lui donne l'air le plus ridicule. Le profil est bien, et tel que ses bustes et ses portraits le représentent, mais il n'est pas beau de face. Ses yeux sont bleu clair, avec une teinte jaune clair sur l'iris ; ses dents sont mauvaises[1]. Mais l'expression de sa physionomie est mobile et reflète au plus haut point les vives et diverses passions de son esprit. Par moments, sa figure porte l'empreinte d'une très grande bonne humeur, puis brusquement s'assombrit, et un regard pensif et pénétrant dénote le caractère de la passion qui l'anime. Il parle vite et passe d'un sujet à l'autre avec une grande rapidité. Ses connaissances semblent très étendues et très variées, et il me surprit beaucoup par sa familiarité avec les hommes de tous ordres en Angleterre.

« Il joue en tout à l'Empereur, a pris entièrement possession de la cabine d'arrière, ainsi que de la table et de l'installation générale. Dans la matinée qui suivit son arrivée sur le *Bellerophon*, il envoya prier le capitaine Maitland de lui donner le plaisir de sa compagnie à déjeuner. En conséquence, Sa Majesté entra dans la salle à manger comme dans son palais, et laissa le maréchal Bertrand introduire les étrangers et l'état-major. Le dîner fut entièrement servi dans le style français par les valets et les serviteurs de l'Empereur.

« À dîner, il avait peu parlé, mais mangé de bon appétit. Il ne parla pas davantage ensuite ; sur le pont, il s'amusa à

1. Il est curieux de constater combien les impressions des Anglais sur l'aspect physique de Napoléon peuvent différer, allant de l'admiration au dénigrement et parfois presque jusqu'à la caricature. Tous, pourtant, s'accordent à parler de ses belles dents blanches. Il est vrai que l'Empereur avait l'habitude de mâcher des pastilles de réglisse, ce qui expliquerait le jugement de Senhouse, dont le regard a dû le surprendre dans un de ces moments.

causer successivement avec les officiers subalternes, puis se promena avec Bertrand.

« Les raisons particulières qui ont conduit Napoléon à réclamer la protection de la nation anglaise ne sont pas exactement connues, mais je me figure qu'il a eu surtout peur d'être pris par les nombreux vaisseaux envoyés pour l'arrêter… Comment sera-t-il reçu en Angleterre ? Cela est très problématique, mais je pense que sa vie est garantie par sa reddition.

« J'espérais vivement que nous l'aurions conduit au port, d'abord parce que cela m'aurait ramené plus tôt chez moi, et ensuite parce que j'aurais consenti un léger sacrifice pour pouvoir étudier plus longtemps le caractère de cet homme ; sir Henry en a décidé autrement. Il laisse au *Bellerophon* et au *Myrmidon* le soin de le conduire à Torbay. Demain, à 10 heures, ils déjeunent à la fourchette à bord du *Superb*.

« 16 juillet. Nous nous préparons à recevoir l'Empereur à bord ce matin.

« À bord du *Superb*, en face de La Rochelle, 18 juillet 1815. Napoléon est venu déjeuner à l'heure convenue avec les officiers et les dames de sa suite, et a été reçu par les marins montés sur les vergues, et avec tous les égards dus à un général commandant en chef, sauf le salut. Comme d'habitude, il est allé immédiatement dans la cabine d'arrière et a demandé que les officiers du bord lui fussent présentés. Il a fait beaucoup de petites remarques pendant cette présentation, et, quand elle a été terminée, a demandé à visiter le navire. J'y étais préparé et tout était en bon ordre. L'amiral suivit la visite ; Napoléon posa un millier de questions et fit de nombreuses observations, qui montrent à quel point il est au courant de tout ce qui concerne le service naval. Il a été particulièrement frappé par la bonne mine de nos matelots et a exprimé à plusieurs reprises son opinion de la tenue du navire par les mots : "beaucoup d'ordre et bien soigné". Il se déclara très persuadé de la supériorité de la marine britannique, bien qu'il estime que la marine française ait fait de rapides progrès en nombre et en discipline. Il a parcouru tout le navire, y compris les magasins et le poste des malades. Après l'inspection, il retourna sur le gaillard d'arrière, où il se livra à une longue enquête sur le ravitaillement d'un navire et sur ses divers approvisionnements. Il posa aussi beaucoup de questions sur la religion de nos matelots et passa en revue les différentes sectes anglaises. En un mot, il causa de tout avec tous.

« On nous appela pour déjeuner, et l'Empereur fut en tous points l'Empereur, je vous assure. Il mange avec appétit, mais cause très peu aux repas et quitte la table de bonne heure. Il est étonnant de voir le respect et les égards que lui témoignent ceux qui l'entourent.

« Après le déjeuner, l'Empereur se retira dans le couloir d'arrière, où il ne cessa de se promener, causant de temps en temps avec diverses personnes et montrant beaucoup de gaieté et de bonne humeur. Il resta à causer dans différents groupes jusqu'à une heure et demie, puis partit avec sa suite, nous laissant une impression très favorable, qui n'était pas due seulement à l'originalité de ses manières, mais sans doute aussi à la compassion naturelle que nous ressentions pour un homme qui était tombé subitement de si haut, bien que, s'il nous eût encore résisté, il n'est pas une épée qui ne fût sortie du fourreau pour l'annihiler. L'Empereur, en cette occasion, montra un front calme et sans nuage ; son visage n'indiquait que la conciliation, la bonne humeur et l'entrain. Sa gaieté était surprenante, étant données les circonstances dans lesquelles il était placé. Je ne puis entrer dans le détail de tout ce qui a été dit et remarqué. Tout fut intéressant, et pensant au compliment qu'il faisait à notre pays en se rendant à lui, les esprits de ceux qui l'entouraient ne pouvaient être que conciliés. Il était impossible de ne pas oublier les côtés sombres de sa conduite dans la vie et d'entretenir pour lui et ceux de sa suite d'autre sentiment que celui de la bienveillance. L'amiral et moi avons découvert que notre acharnement avait disparu. On ne peut le voir sans comprendre que, dès qu'il apparaît, il conquière le cœur de ces vieux soldats qui ont été si souvent victorieux avec lui. »

Le capitaine Senhouse est de ceux qui estiment, en loyal officier de marine, comme Maitland et Bowerbank, que Napoléon, empêché de fuir par la croisière anglaise, n'avait d'autre ressource que de se rendre. Quant au jeune aspirant Home, si l'Empereur fût parvenu à se frayer un passage à travers le barrage anglais, qui sait si, avec sa générosité naturelle, il n'eût pas applaudi cette réussite comme un bel exploit sportif ?

L'amiral Hotham et le capitaine Maitland ne furent pas exempts de reproches de la part du gouvernement anglais pour les égards qu'ils avaient montrés à Napoléon en le traitant comme un souverain. « Ces deux braves officiers, écrit l'amiral Brenton, furent très critiqués pour avoir obéi à leur délicatesse de sentiments et à leur noblesse de caractère[1]. »

1. E. P. Brenton, *The Naval History of Great Britain*, Londres, 1837, 2 vol.

DEUXIÈME PARTIE

DEVANT LA CÔTE ANGLAISE

Chapitre I

À TORBAY : UN BADAUD, JOHN SMART

Les officiers du *Bellerophon* ont fait leur rapport sur la traversée et sur l'arrivée à Torbay. C'est le récit d'un jeune écolier qui donnera une idée des réactions du public anglais devant l'événement sensationnel que constituait la capture de Bonaparte.

C'est un tout jeune écolier, John Smart, de Brixham, qui raconte[1] ses impressions et celles de ses condisciples, le jour où, étant allés faire une promenade en mer avec leur barque, ils virent arriver deux navires qui, au lieu de se mettre à quai, restèrent à l'ancre à quelque distance. La curiosité les attire vers ce spectacle, mais ils sont bien vite refoulés par des canots de la marine, montés par des matelots armés qui menacent de couler ceux qui voudraient s'approcher de trop près. Des navires marchands qui tentent leur chance, doivent, eux aussi, faire demi-tour et rentrer au port. Surpris de voir des vaisseaux de guerre anglais, si proches du rivage, éviter toute communication avec la terre, nos écoliers se décident à rester à proximité du *Bellerophon*. Un matelot jette une bouteille à la mer ; ils s'en emparent, la débouchent et y trouvent un chiffon de papier sur lequel ils lisent : « Nous

1. Publié par *Notes and Queries*, 1908. Ce récit a été inséré in extenso dans le livre de Cl. Shorter, *op. cit.*, p. 60.

tenons Bonaparte, il est à notre bord. » La nouvelle se propage comme une traînée de poudre et bientôt une foule d'embarcations, chargées de curieux, vient entourer à distance le navire avec l'espoir d'apercevoir le prisonnier.

On crie : « Bonaparte ! Bonaparte ! » Et, peu après, l'Empereur se montre à l'arrière du navire. On le distingue très bien. « Il me parut petit et assez gros », dit Smart. Napoléon salue quand des hourras s'élèvent. Est-ce de la joie de le voir enfin capturé ? ou de l'admiration pour sa personne ? Smart penche pour la première hypothèse, mais constate que les officiers du *Bellerophon* témoignent au captif le plus grand respect et ne lui parlent que chapeau bas.

« Quel après-midi ! écrit Smart. Nous tenions enfin l'Empereur, le conquérant, le tyran, le gredin ! Le voilà prisonnier et sous bonne garde sur un navire anglais ! »

La foule augmente, toujours tenue à quelque distance. Les gens arrivent à pied, à cheval, en voiture et en bateau, de tous les bourgs voisins et, bientôt même, de Londres. Il n'y a plus une seule place à louer dans les auberges de ce petit village de pêcheurs. Il semble que tout le pays soit là. Les bateliers font des affaires d'or.

Les commentaires vont bon train parmi le public. Une dame demande : « Va-t-on le montrer ? Est-il enchaîné ? »

« Chose curieuse, dit Smart, les femmes ne penchent pas pour l'indulgence. Beaucoup disent que c'est un monstre qu'il faut traiter comme un criminel. »

Les marins du *Bellerophon* renseignent les spectateurs à l'aide de pancartes : « Il vient d'aller prendre son petit déjeuner. » « Il est rentré dans sa cabine. » Un caporal complaisant explique que la dame qui se promène sur le pont avec Bonaparte est la comtesse Bertrand. Il fait savoir que les ordres du capitaine Maitland prescrivent de traiter le prisonnier en Empereur jusqu'à l'arrivée de nouveaux ordres. « Et vous verrez qu'il en sera ainsi, ajoute-t-il, car la première chose qu'il a faite en arrivant à bord a été de s'emparer de la cabine du capitaine et d'inviter celui-ci à dîner avec lui, comme s'il se trouvait sur un navire français. »

Smart conclut ainsi :

« Voilà un événement dont on parlera longtemps encore dans notre petite ville de Brixham. Il nous semblait avoir joué, nous aussi, un rôle dans sa capture, et posséder un certain droit à décider de son sort futur. Les avis étaient très partagés. Un de nos voisins, un sacristain, était partisan d'une exécution immédiate et cherchait à faire partager son opinion par d'autres.

« On a peine à comprendre aujourd'hui ces sentiments, mais il faut se rappeler l'horreur et la haine provoquées par cette longue guerre, et l'on s'expliquera aisément le désir de vengeance qui animait les gens contre le mauvais génie, auteur de tout ce mal, alors que la Providence semblait l'avoir mis entre nos mains pour le punir. Le *Times*, lui-même, était de ceux qui pressaient les ministres de faire leur devoir en délivrant le monde d'un tel monstre.

« Enfin le *Bellerophon* reçut l'ordre de faire voile pour Plymouth, et, Napoléon parti, il n'y eut plus rien à Brixham qui pût encore intéresser le monde. Il paraît qu'à Plymouth le public se montra encore plus curieux et enthousiaste que chez nous. »

Il n'y avait donc pas dans ces foules que des spectateurs enthousiastes. Mais ce qui peut surprendre, c'est qu'on n'ait eu à entendre ni injures ni huées ; c'est qu'il se soit trouvé tant de gens, pourtant intoxiqués par une propagande haineuse, pour manifester tout de même de la sympathie envers celui qu'on leur représentait comme l'auteur de tous leurs maux. Et ces Anglais n'avaient jamais vu Napoléon, ne savaient de lui que ce qu'en disaient leurs journaux. On ne peut qu'admirer leur correction envers un ennemi terrassé.

Chapitre II

À PLYMOUTH : L'AMIRAL LORD KEITH SIR HENRY BUNBURY

« Rien ne peut dépasser la bassesse et l'étroitesse d'esprit avec laquelle Napoléon a été traité lors de sa reddition à l'Angleterre. »

Cl. SHORTER,
Napoleon and his Fellow-Travellers.

Sans analyser ni les motifs qui déterminèrent le ministère de lord Liverpool à sévir contre Napoléon, ni les arguments qui furent débattus en haut lieu avant qu'intervînt la décision finale, on peut affirmer que c'est en contradiction avec la législation anglaise et au mépris du droit des gens, que fut élaborée la convention du 2 août 1815 qui faisait de Napoléon le prisonnier des souverains alliés, et le condamnait à un exil lointain pour assurer le repos de l'Europe. On attendit d'ailleurs que le proscrit fût loin du continent pour la faire ratifier par le Parlement britannique, le 1er octobre 1815. Il est inutile aussi d'insister sur l'attitude des historiens anglais qui se sont efforcés de la justifier.

On peut toutefois la résumer dans les quelques arguments suivants que Walter Scott, entre autres, considère comme pleinement probants :

– Napoléon s'étant rendu sans conditions aux Anglais, se trouvait donc prisonnier de guerre. Il avait déjà montré, en violant le traité de Fontainebleau, qu'on ne pouvait plus avoir aucune confiance en lui ; sa liberté individuelle était incompatible avec les libertés de l'Europe.

– On ne pouvait consentir à lui donner asile en Angleterre sans risquer, sous la pression des événements et avec la complicité de ses partisans, un nouveau retour de l'île d'Elbe. Le repos de l'Europe en eût été troublé une nouvelle fois.

– On eut raison de lui dénier le titre d'Empereur, sa captivité étant incompatible avec les privilèges attachés à ce rang, privilèges qu'il n'eût pas manqué de revendiquer.

– Le choix de Sainte-Hélène comme lieu de détention fut fait avec beaucoup de sagesse. Le climat passait pour excellent. L'impossibilité d'une évasion permettait de laisser au captif plus de liberté dans ses promenades au lieu de le retenir dans une forteresse.

Après l'arrivée du *Bellerophon* en vue de la côte anglaise, le 24 juillet, quelques jours d'anxiété se passèrent à bord. Napoléon et ses compagnons, aussitôt prévenus qu'ils ne seraient pas autorisés à débarquer en Angleterre, furent rejoints par le général Gourgaud, empêché lui aussi de remplir sa mission auprès du Prince Régent. Séquestrés à bord, déçus dans leurs espérances, inquiets de leur avenir, sans perdre tout espoir d'une solution favorable, ils se demandaient quel serait leur sort et ne cessaient d'interroger sur les intentions des ministres anglais le capitaine Maitland, bien incapable lui-même de leur répondre et assurément gêné de la tournure que prenaient les événements. De tous Napoléon restait le plus calme ; et pourtant le ton des gazettes anglaises laissait prévoir des mesures de rigueur. On parlait ouvertement d'exil à Sainte-Hélène.

C'est le 31 juillet que l'amiral lord Keith et sir Henry Bunbury, sous-secrétaire d'État de la Guerre, notifièrent officiellement à l'Empereur, en présence du Grand-Maréchal Bertrand, la sentence qui le condamnait sans appel.

Après en avoir, sans émotion apparente, écouté la lecture, l'Empereur, toujours maître de lui, mais en termes énergiques, fit entendre de vives protestations : il n'était pas prisonnier, il était l'hôte de l'Angleterre... il avait honoré ce pays de sa confiance en lui demandant librement asile et protection... il n'irait jamais à Sainte-Hélène, il préférait la mort... Les deux Anglais ne l'interrompirent à aucun moment ; ils se bornèrent à déclarer qu'ils étaient chargés de communiquer au « général » la décision de leur gouvernement, sans être habilités à en discuter les termes. Tout au plus firent-ils observer que la décision de déporter le captif à Sainte-Hélène dénotait le désir de lui laisser plus de liberté de mouvement que dans n'importe quel lieu de détention en Angleterre. Et quand Napoléon leur demanda à quelle juridiction supérieure il pourrait en appeler de ce jugement illégal, ils ne purent lui répondre.

La substance de cette entrevue qui scellait le destin de l'Empereur a fait l'objet d'un mémorandum établi par sir Henry Bunbury et qui figure dans ses mémoires[1]. On en retrouve l'essentiel, et combien émouvant, dans la fameuse proclamation que Napoléon fit remettre le 5 août à l'amiral Keith. Bien qu'il ait été reproduit par tous les historiens de la captivité, ce texte célèbre, qu'admira Chateaubriand, vaut d'être cité une fois de plus :

« Je proteste solennellement à la face du ciel et des hommes contre la violence qui m'est faite, contre la violation de mes droits les plus sacrés, en disposant de ma personne et de ma liberté.

« Je suis venu librement sur le *Bellerophon* ; je ne suis point prisonnier, je suis l'hôte de l'Angleterre. J'y suis venu à l'instigation même du capitaine qui a dit avoir des ordres du gouvernement de me recevoir et de me conduire en

---

1. Sir Charles Bunbury, *Memoirs and Litterary Remains of Lt.-Gen. sir Henry E. Bunbury,* Londres, 1868.

Angleterre avec ma suite, si cela m'était agréable. Je me suis présenté de bonne foi pour me mettre sous la protection des lois anglaises. Aussitôt assis à bord du *Bellerophon*, je fus sur le foyer du peuple britannique.

« Si le gouvernement, en donnant des ordres au capitaine du *Bellerophon* de me recevoir ainsi que ma suite, n'a voulu que me tendre une embûche, il a forfait à l'honneur et flétri son pavillon.

« Si cet acte se consommait, ce serait en vain que les Anglais voudraient parler à l'Europe de leur loyauté, de leurs lois et de leur liberté. La foi britannique se trouverait perdue dans l'hospitalité du *Bellerophon*.

« J'en appelle à l'Histoire. Elle dira qu'un ennemi qui fit vingt ans la guerre au peuple anglais vint librement, dans son infortune, chercher asile sous ses lois. Quelle preuve plus éclatante pouvait-il donner de son estime et de sa confiance ? Mais comment répondit-on en Angleterre à telle magnanimité ? On feignit de tendre une main hospitalière à cet ennemi et, quand il se fut livré de bonne foi, on l'immola.

Napoléon
« À bord du *Bellerophon*. »

Cet appel à la postérité a été entendu, et la postérité a flétri l'inique traitement infligé au conquérant détrôné.

L'amiral George Keith Elphinstone, vicomte Keith, était un vieux marin expérimenté auquel l'Amirauté avait, dès le retour de l'île d'Elbe, confié le commandement en chef de la flotte de la Manche. Il avait mis son pavillon sur le *Tonnant* et entrepris aussitôt le blocus des ports français[1].

Bien des années auparavant, celui qui n'était alors que le capitaine Elphinstone, et Napoléon, simple commandant d'artillerie, s'étaient trouvés en présence l'un de l'autre, à Toulon, quand le premier évacuait par mer des troupes que le jeune Bonaparte canonnait du haut du fort de l'Aiguillette. Le jour de la revanche était arrivé pour l'Anglais.

Après l'abdication de l'Empereur, Keith reçut la mission d'empêcher sa fuite par mer, tâche délicate en raison de l'étendue des côtes françaises : trente vaisseaux furent envoyés dans l'Atlantique et s'échelonnèrent d'Ouessant au cap Finistère. Keith avait l'ordre d'exiger du fugitif une reddition sans conditions. Rien ne fut négligé pour assurer le succès de son plan, succès que lui-même considérait comme certain. Il devait montrer ainsi la vérité des paroles de Napoléon : « Tout ce que les marins anglais entreprennent, ils le réussissent toujours. »

Lord Keith, « très beau vieillard de manières parfaites », selon Las Cases, se montra, malgré son antipathie pour Napoléon, courtois et soucieux d'éviter au proscrit des humiliations inutiles. Il prit sur lui de lui laisser porter sa glorieuse épée, contrevenant ainsi aux instructions qu'il avait reçues. Il n'avait pas perdu mémoire des soins généreux rendus par ordre de l'Empereur à son neveu blessé et fait prisonnier à la bataille des Quatre-Bras, et lui en témoigna sa reconnaissance. Il subit, comme tant d'autres, l'ascendant du grand homme, au point de s'écrier : « Ma foi ! s'il avait obtenu l'entrevue qu'il avait demandée avec le Prince Régent, au bout d'une demi-heure ils auraient été les meilleurs amis du monde ! », et, comme l'amiral Cockburn,

---

1. Né près de Stirling (Écosse) en 1476, George Elphinstone entra dans la marine et bénéficia d'une grande promotion. En 1780, il fut mis en congé et quitta le service pour entrer au Parlement, où il représenta successivement les comtés de Dumbarton et de Stirling. Il fut réintégré dans la marine après un intervalle de dix ans, au moment où commença la guerre contre la France. Il se distingua à Toulon en 1793 comme capitaine. En 1795 il fut nommé commandant en chef de l'escadre qui prit possession du cap de Bonne-Espérance, gagna la bataille de Winberg contre les Hollandais et posa les fondations de la puissance anglaise en Afrique du Sud. En 1787, il fut créé baron Keith de Stonehaven dans la pairie irlandaise et quatre ans plus tard, obtint la pairie du Royaume-Uni comme baron Keith, puis devint vicomte Keith en 1814. Rappelé à l'activité, il joua le rôle que l'on sait dans la capture de Napoléon. Il mourut en 1823 à Tulliallan sur le Forth. Une de ses filles épousa en 1817 le comte de Flahaut, ancien aide de camp de Napoléon, qui était alors ambassadeur de France à Londres.

impatienté, se plaignait d'être obligé d'attendre Napoléon à l'heure fixée pour son transfert sur le *Northumberland*, Keith se borna à lui dire : « Laissez-le prendre son temps ; de bien plus grands personnages que vous et moi l'ont souvent attendu bien plus longtemps. » Grâce à lui, la visite des bagages des exilés se réduisit à une simple formalité.

L'amiral dont les Mémoires ont été publiés en 1882 par Alexander Allardyce, fut frappé par la dignité et la noblesse dont l'Empereur fit preuve dans ces heures pénibles. Sa propre attitude fut correcte et bienveillante. Il ne se départit de son calme que lorsque Las Cases, très embarrassé du rôle qu'il avait joué en négociant la venue de l'Empereur sur le *Bellerophon*, vint se plaindre à lui, en prétendant que les déclarations du capitaine Maitland avaient pu donner à croire que Napoléon serait autorisé à résider en Angleterre comme un hôte venu de sa propre volonté.

Keith, froissé de ce que la bonne foi anglaise pût être mise en doute, répondit rudement : « Si le capitaine Maitland avait fait une telle promesse, il se serait conduit comme un imbécile, car ses instructions ne contenaient rien de semblable. J'en suis bien sûr, car c'est moi-même qui les lui ai envoyées. »

Bunbury, plus réservé, se contenta de communiquer à l'Empereur, sans commentaires, la note officielle qui fixait son destin. Il note dans ses Mémoires que Napoléon ne manifesta ni emportement ni mauvaise humeur en apprenant son sort. Son visage était grave et même mélancolique.

Il décrit ainsi son apparence physique :

« Il paraît avoir environ cinq pieds six pouces. Sa corpulence est épaisse et vigoureuse. Il a le cou assez court, la tête assez grosse, particulièrement large et massive des mâchoires et un fort double menton. Ses cheveux sont clairsemés sur les tempes et sur le sommet de la tête, longs et rudes et ne semblent pas être souvent brossés. Il manque de grâce dans ses mouvements, gesticule peu et a de la dignité dans son port de tête. Il est gras et a le ventre proéminent. Son uniforme était vert, avec col et parements rouges, sans galons ni broderies ; de petits boutons dorés et des épaulettes d'or. Il portait une cravate blanche, un gilet blanc et des culottes de même couleur, des bas de soie et des souliers à boucles dorées. Une petite épée à l'ancienne mode pendait à son côté. Il portait le cordon de la Légion d'Honneur sur son gilet et une plaque d'argent ciselé sur son habit. Il avait aussi trois autres ordres suspendus à sa boutonnière. Son chapeau, qu'il tenait sous le bras presque tout le temps, étais assez grand, sans ornements sauf une petite cocarde tricolore. »

« Napoléon a les yeux gris, avec de larges pupilles ; peu de sourcils, les cheveux bruns, le teint pâle et la chair flasque. Le nez est bien dessiné ; la lèvre supérieure courte, la bouche belle. Ses dents sont vilaines et malpropres, mais il les montre peu. Le caractère général de sa physionomie était grave, presque triste ; mais il ne montrait aucune trace de sévérité ou de passion violente. J'ai rarement vu un homme plus vigoureusement bâti et mieux fait pour endurer la fatigue.

« Je suis resté auprès de lui pendant trois quarts d'heure environ et (sauf pendant les quelques minutes où je traduisais le document relatif aux décisions du gouvernement) Napoléon garda presque tout le temps la parole. Très maître de lui, il parlait avec calme et sans élever la voix. Sa physionomie était séduisante au plus haut point et il y avait quelque chose de particulièrement agréable dans l'expression de son visage. Cependant, pendant qu'il parlait longuement, je remarquais des changements dans sa voix et dans son regard qui me faisaient soupçonner qu'il y avait dans la nature de ce grand conquérant autant du renard que du lion. »

Pendant que se déroulaient sur les côtes anglaises ces événements, les amis de l'Empereur n'étaient pas restés inactifs. Des hommes de loi britanniques avaient nettement pris parti pour lui et donnaient des preuves de dévouement à sa cause. Le célèbre jurisconsulte, sir Samuel Romilly, l'éminent avocat Capel Lofft démontraient qu'aucun texte de loi n'autorisait le gouvernement anglais à déporter Napoléon.

Ils tentèrent tous les moyens que leur offrait la législation anglaise pour éviter qu'on n'attentât à sa liberté.

Ce n'est que par une fuite éperdue, en sautant d'un bateau sur un autre, que lord Keith, traqué par l'huissier Mac Kenrot, se déroba à la remise d'une convocation légale assignant Napoléon à comparaître comme témoin dans un procès naval prévu pour le mois de novembre suivant. Il s'en fallut de peu que les événements ne prissent une autre tournure, et c'est la crainte éprouvée par le gouvernement de lord Liverpool qui précipita le départ du *Northumberland*.

On peut conclure avec l'historien J. C. Ropes, à propos de la convention du 2 août 1815 : « Il s'agissait là d'une situation sans précédent et qui ne pouvait se référer à aucune loi[1]. »

1. J. C. Ropes, *op. cit.*, p. 16.

Chapitre III

À BORD DU *NORTHUMBERLAND* : L'HONORABLE W. H. LYTTELTON

À présent le sort de Napoléon est fixé. Il ne sera pas l'hôte de l'Angleterre ; il sera proscrit à l'autre bout du monde, dans une île fortifiée de l'océan, cernée par une flotte anglaise sans cesse sur le qui-vive. Les moyens juridiques tentés par ses partisans anglais ont fait long feu. On peut imaginer l'abattement de celui qui s'était mis volontairement sous la protection des lois anglaises ; on connaît les plaintes de ses compagnons ; mais sa grande voix, dans la protestation solennelle qu'il lança « à bord du *Bellerophon*, à la mer », « à la face du ciel et des hommes », ne s'éteindra jamais.

Avant que le navire qui va l'emporter vers l'exil et vers la mort ne quitte les rivages de l'Europe, il est encore possible de jeter un émouvant regard sur cette grande figure et de mesurer la force d'âme qui l'animait, en écoutant le récit d'un témoin qui eut avec lui un long entretien à bord du *Northumberland*.

L'Honorable W. H. Lyttelton, membre du Parlement, dut à son parent, l'amiral Cockburn, une invitation à se rendre à bord de son vaisseau, le 7 août 1815, pour assister à l'arrivée de Napoléon.

M. Lyttelton était accompagné d'un autre parlementaire, lord Lowther. Le premier, qui avait beaucoup voyagé en

Europe, parlait fort correctement le français. Le soir même de son entrevue avec l'Empereur, il mit au net, avec son compagnon, les notes qu'il avait prises, mais son récit ne fut publié qu'en 1836, et seulement à cinquante-deux exemplaires destinés à ses amis[1].

« Je m'étais installé, écrit-il, sur l'échelle de poupe pour avoir vue sur le bastingage de bâbord par où Bonaparte devait aborder. Je le vis s'approcher avec le canot du *Tonnant*. Il était assis à la gauche de lord Keith, de sorte que je pus voir distinctement son profil qui me parut ressembler parfaitement aux portraits que nous connaissons de lui ; sa joue cependant me sembla plus pleine qu'on ne l'a représentée.

« Précédé par Bertrand qui, dès son arrivée sur le pont, se mit au garde-à-vous à la coupée, Bonaparte monta rapidement l'échelle et se présenta avec beaucoup d'aisance, se découvrit aussitôt et dit en souriant à l'amiral Cockburn qui venait à sa rencontre : "Monsieur, je suis à vos ordres".

« Pendant que les soldats de marine, alignés à bâbord, présentaient les armes, il demanda à connaître le capitaine Ross, commandant du navire, ce qui fut fait aussitôt.

« Ross ne sachant pas un mot de français, il n'y eut qu'un simple échange de saluts, après quoi Bonaparte se dirigea vers l'arrière où se tenaient le lieutenant-colonel sir George Bingham, du 53e régiment, destiné à tenir garnison à Sainte-Hélène, lord Lowther, l'Honorable Edmund Byng et un officier d'artillerie dont j'ignore le nom. L'amiral Cockburn lui présenta tous ces personnages. Après quelques questions banales, avisant l'officier d'artillerie, il lui dit : "Je sors moi-même de cette arme" ou quelque chose d'approchant. Comme je me tenais plus loin au pied de l'échelle, je passai inaperçu et ne fus pas présenté. Mais, n'étant pas très éloigné, je vis distinctement Bonaparte de face, et un peu plus

1. The Honourable W. H. Lyttelton, *Some Account of Napoleon Bonaparte Coming on Board HMS* Northumberland, Londres, 1836.

M. Clemens Shorter l'a transcrit littéralement dans son ouvrage *Napoleon and his Fellow-Travellers*.

tard, et à plusieurs reprises, de profil. Il garda tout le temps un air enjoué, je devrais même dire gracieux, s'inclinant légèrement vers ceux auxquels il adressait la parole et ne cessant pas de sourire. Il resta constamment tête nue. Je remarquai que le sommet de sa tête était très dégarni ; ses cheveux de couleur brun roux sont longs et mal coiffés ; et si je peux me permettre cette expression, il était échevelé. Quant à l'expression de sa physionomie, je l'ai trouvée plus subtile que noble. Son regard était un peu égaré, voilé comme s'il avait, avec le temps et les contrariétés, perdu de son éclat primitif.

« Voilà à peu près tout ce qui me frappa à première vue ; j'ajouterai pourtant que son teint était plus que blafard, maladif.

« Quand il se fut retiré dans sa cabine, accompagné par lord Keith et sir George Cockburn, je le perdis de vue pendant près d'une heure et demie et me pris, tout naturellement, à considérer les compagnons de l'Empereur tombé. Le premier qui attira mon attention fut Bertrand, la seule personnalité marquante des quatre principaux personnages de la suite de Bonaparte, bien connu lui-même de l'Europe entière pour sa fidélité à son Maître. Je fus assez déçu, car je ne trouvai en lui rien de grand ou d'extraordinaire ; si je n'avais pas su l'histoire singulière de cet homme, je ne l'aurais jamais remarqué.

« Quant à Montholon, Las Cases et Gourgaud, il ne vaut pas la peine de les décrire. Il est impossible, me semble-t-il, de mettre en scène personnages plus ternes et plus insignifiants. »

D'un observateur qui, sans leur avoir adressé la parole juge à première vue, en quelques minutes, quatre personnages inconnus de lui, on peut qualifier le verdict de sommaire et de présomptueux. Les compagnons de l'exilé n'étaient peut-être pas ceux qui eussent fixé son choix si, quand il fut accablé par l'infortune, il avait pu l'exercer. Mais leurs personnes ne méritaient pas le dédain méprisant de Lyttelton. Il se montre plus indulgent à l'égard des dames :

« Madame Bertrand et Madame de Montholon sont aussi dissemblables que possible d'apparence et de manières. La première qui, à bord du *Bellerophon*, avait montré de la violence, paraissait plus exténuée que calmée. Son regard témoignait de l'irritation et de l'impatience. Elle est grande, élancée, au nez aquilin, et ressemble à lord Dillon, dont elle est, je crois, proche parente[1].

« Madame de Montholon, au contraire, montrait la calme résignation qui convient si bien à son sexe. On ne pouvait s'empêcher de sympathiser avec une infortune si modestement supportée. C'est une jolie femme, à l'air doux et intelligent. »

Ce qui frappe particulièrement Lyttelton, c'est le désespoir des deux officiers polonais qui ne furent pas autorisés à accompagner Napoléon. Il se réjouit d'apprendre quelque temps après, que l'un d'eux, Piontkowski, avait obtenu la permission de le rejoindre à Sainte-Hélène.

« Les jeunes officiers du bord, écrit Lyttelton, furent ensuite présentés à Napoléon. Ce fut une scène assez ridicule, car ils étaient huit et aucun ne savait un mot de français. Ils se contentèrent de regarder Bonaparte en souriant, il leur rendit leur sourire, et après s'être inclinés devant lui, ils se retirèrent, ou plutôt, pour appeler les choses par leur nom, ils s'esquivèrent. C'est alors que Bonaparte m'aperçut, et comme on avait négligé de me présenter à lui, il me demanda d'un ton sévère : “Qui êtes-vous ? – Monsieur le Général, je m'appelle Lyttelton. – Êtes-vous du bord ? – Non, je ne suis pas marin. – Vous êtes donc ici par curiosité ? – Oui, monsieur le Général, je ne connais aucun objet plus digne d'exciter la curiosité que celui qui m'a amené ici.” J'ajoutai : “Nous espérons ne pas vous gêner, monsieur le Général.” Napoléon ne parut pas entendre. Il y eut alors quelques instants de silence, puis, après quelques mots, lord Lowther nous rejoignit. Bonaparte lui posa plusieurs questions, mais voyant qu'il parlait français avec difficulté, ne tarda pas à revenir à moi.

1. La comtesse Bertrand était née Dillon.

« Il m'interrogea sur la chasse au renard, me demanda dans quelle partie de l'Angleterre je demeurais et où j'avais appris à parler si bien le français. Il me questionna ensuite sur divers membres du Parlement, pour la plupart des "Whigs". Apprenant que l'un d'eux, M. Whitbread, s'était suicidé à la suite d'un dérangement d'esprit, "Est-ce ce que vous appelez le *spleen* ?", demanda-t-il, partageant sans doute l'opinion commune des Français qui voient dans le spleen une maladie exclusivement anglaise. "Qui sera son successeur au Parlement ? Ponsonby ? – Non, monsieur le Général, M. Ponsonby est un homme distingué et dont les talents sont de premier ordre, mais je ne crois pas qu'il soit qualifié pour succéder à M. Whitbread. Vous savez, monsieur le Général, qu'il n'est pas si facile de remplacer un grand homme." Sur quoi Bonaparte eut un regard significatif pour me montrer qu'il appréciait ce compliment.

« Au bout d'une demi-heure de conversation, j'éprouvai des scrupules à demeurer plus longtemps dans cette cabine où on nous avait fait entrer pour bien marquer que nous avions le droit de nous y trouver ; mais cette preuve étant suffisamment faite, il eût été incorrect de prolonger la séance qui semblait commencer à importuner l'Empereur détrôné. Je le saluai donc et sortis. »

C'est Napoléon qui, un peu plus tard, rejoint Lyttelton et ses compagnons sur le pont et prend l'initiative de renouer l'entretien.

« Il avait observé, écrit Lyttelton, que les bastingages n'étaient pas recouverts de peinture en maints endroits. "Ce vaisseau, dit-il, paraît avoir été équipé à la hâte. – Il est vrai, monsieur le Général, mais en revanche, c'est un de nos meilleurs vaisseaux. Il est surtout très bon voilier. – On aurait pu envoyer d'autres vaisseaux qui sont en meilleur état ; par exemple le *Chatam*, ou bien le *Tonnant*." J'exprimai le souhait qu'il ne serait pas trop mal logé à bord du *Northumberland* et lui assurai que l'amiral et les officiers étaient désireux de faire tout leur possible pour lui rendre la traversée agréable. Il saisit cette occasion pour revenir sur le traitement peu généreux qu'il recevait de l'Angleterre.

« Vous avez souillé le pavillon et l'honneur anglais en m'emprisonnant comme vous faites. – On n'a violé aucun arrangement avec vous et l'intérêt de la nation demande que vous soyez mis hors d'état de rentrer en France. – Peut-être, alors, ce que vous faites est-il prudent, mais ce n'est pas généreux. Vous agissez comme une petite puissance aristocratique, et non comme un grand État libre ! Je suis venu m'asseoir sur votre sol, je voulais vivre en simple citoyen de l'Angleterre. – Vous avez encore en France de nombreux partisans et vous n'auriez pu vous empêcher de répondre un jour à leur appel. – Non, non, ma carrière est finie. – Vous avez déjà dit cela l'année dernière en partant pour l'île d'Elbe. – J'étais souverain alors, j'avais le droit de faire la guerre ; le roi de France n'a pas tenu sa parole. Je lui ai fait la guerre avec six cents hommes. » Là, nous ne pûmes nous empêcher de rire, tant du piquant de ses paroles que du ton théâtral avec lequel il les exprimait. « J'ai été bien reçu en France, n'est-ce pas ? » Je lui dis que je ne doutais pas de sa popularité en France, mais que je m'étonnais que la conscription ne l'eût pas compromise auprès des paysans. – Ce sont vos préjugés, la France n'est pas épuisée, j'aurais pu lever encore des millions d'hommes. »

« Napoléon déclara ensuite que, s'il avait pu prévoir le traitement qui l'attendait, il se serait rendu plutôt à l'Autriche ou à la Russie. » « Pour l'Autriche, passe, lui dis-je ; mais pour le projet de vous rendre à l'Empereur Alexandre, vous me permettrez d'en douter. (Je savais qu'il avait dit la veille en haussant les épaules, quand lord Keith lui avait parlé de la possibilité d'une reddition aux Russes : “La Russie, Dieu m'en garde !”) Il ne se défendit que mollement sur ce point… Il répéta qu'il aurait pu rejoindre l'armée de la Loire, se trouver à la tête de cent mille hommes et être en mesure, en cas de résistance des alliés, de traiter avec avantage : “Il y aurait eu de quoi capituler.”

« Il renouvela ses plaintes à l'égard de notre gouvernement : “Vous ne connaissez pas mon caractère, vous auriez dû vous fier à ma parole d'honneur. – Oserai-je vous dire franchement ce que je pense ? – Dites. – Je dois donc vous dire que, depuis l'invasion de l'Espagne, il n'y a plus personne en Angleterre qui ne se défie de vos engagements. – J'ai été appelé en Espagne par Charles IV pour l'aider contre son fils. – Mais pas, à ce que je crois, pour placer le roi Joseph sur son trône ? – J'avais un grand système politique, il était nécessaire d'établir un contre-poids à votre énorme puissance maritime ; et d'ailleurs ce n'est que ce qu'ont fait les Bourbons."

« Je ne me rappelle pas, écrit Lyttelton, à quel moment de la discussion Bonaparte me dit ces mots : "Je voulais préparer au Prince Régent l'époque la plus glorieuse de son règne." Mais je me souviens très nettement de ces mots. Je suis dans la même incertitude quant au moment où il dit : "Si vous n'aviez d'autre dessein que d'agir suivant les règles de la prudence, pourquoi donc ne pas me tuer ? c'eût été le plus sûr." Des expressions telles que : "Non, vous avez flétri le pavillon", "Ce n'est pas en user noblement avec moi", "La postérité vous jugera" revenaient, si j'ose m'exprimer ainsi, comme un refrain dans sa chanson. Il y eut dans sa conversation plusieurs autres passages remarquables ; je les transcris comme je me les rappelle sans pouvoir garantir dans quel ordre exact ils se succédèrent.

« Je lui demandai son opinion sur M. Fox. Il me dit : "Je l'ai connu, je l'ai vu aux Tuileries, il n'avait pas vos préjugés. – M. Fox, monsieur le Général, était un zélé citoyen de sa propre patrie, de plus, citoyen du monde. – Il était sincère, il voulait sincèrement la paix, et moi aussi je la voulais ; sa mort empêcha que la paix fût faite ; les autres n'étaient pas sincères."

« Il ne voulut pas me dire ce qu'il pensait de M. Pitt : "Je ne l'ai jamais connu." Et, comme j'insistais, il répéta : "Je n'ai jamais eu affaire à lui."

On parla ensuite de la Russie ; Lyttelton est bien allé à Saint-Pétersbourg, mais ne connaît pas Moscou. À ce nom, Bonaparte me dit avec vivacité : « Moscou ! Ce n'est pas moi qui l'ai brûlé. » – Je n'ai jamais pensé, dis-je, que vous ayez fait la folie de mettre le feu à vos quartiers d'hiver. » Puis je revins à Saint-Pétersbourg et lui dis que j'avais rencontré là-bas beaucoup de gens qui parlaient de lui en termes favorables, trop même pour mon goût à moi, Anglais. – Eh, pourquoi me haïraient-ils ? Je leur ai fait la guerre, voilà tout… Je voulais rétablir la Pologne, c'est une brave nation. » Et comme je lui disais que j'avais entendu faire un grand éloge du prince Poniatowski : « Celui-là, dit-il, c'était le véritable roi de Pologne. »

« Lord Lowther lui dit que j'avais prononcé un discours sur la Saxe. Je l'avouai et déclarai sans ambages qu'à mon avis l'issue de la bataille de Leipzig avait été déterminée par les troupes saxonnes. Il en convint et dit que cette défection soudaine de vingt-cinq mille hommes et de soixante à quatre-vingts bouches à feu se retournant contre lui, bien que ne lui ayant pas été fatale sur le moment, lui fit voir le lendemain que tous ses plans étaient compromis et qu'il allait falloir battre en retraite. »

Quand on en vient au projet d'invasion de l'Angleterre, l'Empereur déclare : « Mon but n'était pas la perte de votre pays, mais son abaissement. » « Il avoua que la flottille dans les ports de la Manche n'était qu'une feinte ; c'est l'escadre de Brest qui, dans son plan, devait opérer le débarquement. »

« Parlant de la Belgique, il convint que nous avions raison de la fortifier ; et quand je lui dis que nous aurions peut-être admis que la France la conservât, à condition qu'elle renonçât à Anvers, il déclara qu'en effet le port d'Anvers était pour l'Angleterre une grave menace. Nous avions, dit-il, une position prépondérante en Europe, mais nous n'avions pas intérêt à nous mêler des affaires du continent. C'est le moment que je choisis pour mettre la conversation, avec le tact dont j'étais capable, sur la bataille de Waterloo, dont je lui dis, sans crainte de l'offenser, qu'à trois ou quatre reprises l'issue avait été douteuse. Bonaparte, l'air plus grave et plus sérieux que d'habitude, déclara : "L'infanterie anglaise est très bonne. – Relativement à la française ? – L'infanterie française est aussi bonne. – À la baïonnette ? – L'infanterie française est aussi bonne à la baïonnette. Beaucoup dépend de la conduite. – Le corps du Génie ? de l'Artillerie ? – Tout cela est bon, très bon. – C'est à vous, monsieur le Général, que nous devons nos progrès dans l'art de la guerre. – Eh ! on ne peut faire la guerre sans devenir soldat, l'histoire de tous les pays le prouve."

« L'état de la France, dit-il encore, est tel qu'on peut l'attendre d'un pays où un roi vient d'être imposé par des armées étrangères. » Il discourut ensuite sur le commerce des esclaves, qu'il déclara « impolitique et très inhumain », puis passant au développement de l'industrie en France sous son règne, il expliqua que les manufactures françaises avaient réussi à produire de très bon sucre avec de la betterave, et à obtenir de l'indigo avec du pastel. Le prix de vente de ces produits était inférieur à celui des matières importées et leur mise en œuvre donnait de l'activité aux usines françaises.

« Pendant toute la durée de notre entretien, écrit Lyttelton, Bonaparte resta debout, sans bouger, face à la poupe. Il était évident qu'il prolongeait sans ennui cette conversation, car il y avait beaucoup de monde sur le pont, parmi lesquelles des personnes de sa suite, qui auraient pu, s'il l'eût désiré, être pour lui autant d'interlocuteurs. Il nous quitta soudain, brusquement, regarda le ciel et nous dit : "Il me semble qu'il fait un peu frais", puis il se dirigea vers sa cabine, en marchant sur la pointe des pieds et en roulant un peu des épaules. Nous le regardions avec étonnement, réprimant avec peine notre envie de rire.

« Au cours de cette conversation, qui ne dura pas moins de deux heures, Bonaparte n'a, à aucun moment, perdu son calme ; il ne fut ni discourtois ni agité. Il s'est parfois exprimé en termes énergiques, mais sans presque élever la voix. Son maintien était paisible et nous remarquâmes qu'il gesticulait fort peu, beaucoup moins que ne le font généralement les Français et les Italiens. Bref, rien dans ses manières n'indiquait de l'emportement ou de la dépression ; il montrait une parfaite maîtrise de soi, parlant avec la même aisance de bagatelles, de questions de haute politique concernant son histoire, ou de faits plus spécialement relatifs à sa présente condition.

« C'est vrai, sa façon de discourir était très vivante ; il mettait de l'agrément dans tout ce qu'il disait et je crois qu'il est impossible de ne pas admirer sa rapidité d'esprit, son habileté et son originalité, ainsi que sa maîtrise de soi qui accompagnait ces agréables et spirituelles qualités.

« Je crois avoir déjà bien montré qu'il n'est ni grossier ni impoli ; mais, d'autre part, il n'a pas employé avec nous de formules cérémonieuses et j'ai remarqué que, pas une fois, il ne m'a appelé "Monsieur" ou dit "Milord" à lord Lowther. Il s'est abstenu à notre égard de toute appellation de courtoisie[1]. »

Si l'on veut bien se rappeler que Napoléon venait de subir la plus cruelle déception de sa vie, il n'est pas surprenant qu'après une semaine d'insomnie et d'épreuves morales inouïes, il soit apparu à certains témoins, physiquement diminué, et même souffrant ; et l'on ne peut qu'admirer, dans de telles circonstances, la force d'âme qui lui permit de sourire à ses ennemis et de leur commander le respect.

1. On se demande pourquoi l'Empereur aurait donné leurs titres à des gens qui l'appelaient « Monsieur » ou « Général ».

TROISIÈME PARTIE

LA TRAVERSÉE DU *NORTHUMBERLAND*

Chapitre I

L'AMIRAL SIR GEORGE COCKBURN

« L'amiral sir George Cockburn était un vieux marin, grand, sec, absolu, susceptible, jaloux à l'excès de son autorité, mais, sous des dehors déplaisants, cachant une véritable bonté de cœur, et incapable d'ajouter à la rigueur des ordres de son gouvernement. »

Thiers trace ce portrait, empreint de bienveillance, mais somme toute exact, du personnage qui fut le premier geôlier du « prisonnier de l'Europe[1] ».

Walter Scott écrivait de son côté : « Autant qu'il lui était permis sans manquer à son devoir, sir George Cockburn s'étudiait à rendre moins pénible la situation de Bonaparte. Les divers auteurs qui ont écrit avec violence sur la conduite tenue par sir Hudson Lowe, ont mentionné celle de sir George Cockburn comme ayant été humaine, honorable et conciliatrice[2]. »

Pourtant, quand il désigna l'amiral pour conduire Napoléon à Sainte-Hélène, et pour l'y garder, lord Bathurst connaissait non seulement ses beaux états de service, la fermeté de son caractère et son parfait loyalisme, mais aussi sa

1. A. Thiers, *Histoire du Consulat et de l'Empire*, t. XX, p. 62.
2. W. Scott, *Vie de Napoléon Bonaparte*, Paris, 1827.

solide antipathie pour « Bonaparte » ; et ce dernier point fut une des raisons de son choix.

Sir George Cockburn, né en 1772, d'une vieille famille écossaise, était entré dans la marine en 1786. Il assista comme lieutenant au siège de Toulon sous les ordres de l'amiral Hood sur le *Victory* et à la bataille du cap Saint-Vincent en 1797. De 1803 à 1808, il servit dans les Indes Orientales et les Indes Occidentales. Nommé contre-amiral en 1812, il commanda une escadre devant Cadix, sur le *Marlborough*, puis participa à la campagne contre les États-Unis d'Amérique, aux batailles de Bladensbury et de Baltimore, et entra avec les troupes britanniques dans la ville de Washington. Décoré de l'Ordre du Bain en 1815, il rentra en Angleterre et allait prendre le commandement de la flotte du Cap au moment de la reddition de Napoléon. C'est alors qu'il reçut la mission qui devait mettre son nom en pleine lumière.

Vice-amiral en 1819, amiral en 1827, il devint en 1841 premier Lord de l'Amirauté. En 1852, à la mort de son frère aîné, il hérita du titre de baronnet, et mourut l'année suivante, chargé d'ans et d'honneurs. Ses impressions sur le voyage de Napoléon furent d'abord publiées à Boston (U.S.A.) en 1833 ; ce n'est que cinquante ans plus tard que fut éditée, en 1888, une nouvelle version de son récit.

Sur le *Northumberland*, au début du voyage, l'amiral était bien décidé à affirmer son autorité et à ne pas permettre au « général » de « faire l'Empereur ». Telle était la consigne donnée par les ministres anglais. Sa première impression est que son prisonnier est « de manières rudes et désagréables » et « de nature fort incivile ». Il s'appliquera à ne le traiter que comme un personnage de haut rang, mais exécutera fidèlement les ordres qu'il a reçus, en lui déniant les égards que l'étiquette eût imposés pour un souverain. « Je ne lui permettrai pas de jouer à l'Empereur, écrit-il, et le plus tôt il l'aura compris, le mieux cela vaudra. » Il affectera de se couvrir devant lui aussitôt après l'avoir salué et donnera la même consigne aux officiers anglais placés sous ses ordres.

Au moment du passage de la ligne, le 23 septembre 1815, il s'opposera formellement à ce que l'Empereur, comme il en avait manifesté le désir, fasse distribuer une centaine de napoléons à l'équipage, « ce qui pourrait bien être une tentative de corruption » et n'autorisera qu'un don de cinq napoléons au maximum. Pour un souverain le cadeau était mesquin et Napoléon préféra ne rien donner[1].

Ces tentatives de « dressage » devaient se heurter très vite à l'indifférence de l'Empereur, à la bonne humeur qu'il manifestait envers tous, à la cordialité même avec laquelle, le soir après dîner, prenant le bras de l'amiral pour arpenter le pont, il racontait à son gardien, vivement intéressé, avec verve et animation, les extraordinaires étapes de sa fulgurante carrière, abordant tous les sujets, expliquant ses projets, commentant les actions majeures de sa vie publique et privée, dévoilant certains dessous de sa politique, se défendant contre les accusations de ses adversaires, se justifiant des actes qu'on lui reprochait en Angleterre comme des « crimes », bref se faisant son propre historiographe, avec un abandon qui ne pouvait que flatter son interlocuteur, en éveillant son intérêt et son admiration.

Devant le rude marin attentif, l'homme de guerre égrenait ses souvenirs : c'étaient la campagne de Russie, l'incendie de Moscou, allumé non pas par ses troupes comme on l'avait dit, mais par les naturels du pays ; puis la débâcle de ses légions dans les steppes glacées ; l'expédition d'Égypte et la vérité révélée sur les pestiférés de Jaffa qu'on l'accusait d'avoir voulu mettre à mort ; ses rapports avec Tippo-Sahib et ses projets sur l'Inde, rêve grandiose mis à néant par son échec devant Saint-Jean-d'Acre ; son projet d'invasion de l'Irlande où il comptait de nombreux partisans ; ses préparatifs contre l'Angleterre, abandonnés pour sa ruée victorieuse contre les empires centraux ; son désir de rendre à la Pologne

1. D'après Montholon (*Récits de la captivité*, Paris, 1847, t. I, p. 139) : « L'Empereur fit donner 500 napoléons à Neptune. Cette manière de faire connaissance fut le signal d'un hourra étourdissant de joie et de cris de Vive l'Empereur ! » Hélas ! il s'agit d'une pure invention de Montholon, et les matelots ne reçurent *rien*.

son indépendance, en élevant une barrière devant l'expansion de l'empire des Tsars ; ses triomphes sur la Prusse, dont la reine venait à lui en suppliante à Tilsitt ; puis le mariage avec la fille des Césars autrichiens, après l'abandon d'un projet d'union avec une princesse russe proposée par Alexandre ; ses efforts après le désastre de Trafalgar pour doter la France d'une marine capable de rivaliser un jour avec la flotte anglaise ; ses appréciations sur ses généraux, au premier rang desquels il plaçait Clauzel, le plus capable, disait-il, de commander des armées.

Revenant à un passé plus lointain, il contait les débuts de sa carrière au siège de Toulon, où son génie avait jeté ses premiers éclairs ; le 13 Vendémiaire qui l'avait mis en vedette aux yeux du Directoire ; les journées de Brumaire, où lui furent ouvertes les portes du pouvoir ; les complots contre sa personne de Georges et de Pichegru. Il ne craignait pas d'évoquer l'affaire du duc d'Enghien, conséquence fatale de la conspiration ourdie contre l'État français ; il n'hésitait pas à démentir la légende suivant laquelle un ordre de sursis à l'exécution du malheureux prince, émanant de lui, serait arrivé trop tard.

Ce qui choqua le plus l'amiral Cockburn dans cette douloureuse histoire, ce fut l'illégalité de l'enlèvement du prince en territoire étranger. « Comment, écrit-il, Bonaparte ose-t-il se plaindre de l'illégalité de sa propre détention après un tel mépris du droit des nations ? »

Mais c'est sur son échec à Waterloo que les propos du captif se faisaient les plus amers ; il avait été si près de tenir la victoire ! Là encore, Cockburn se faisant l'écho d'un bruit répandu par la propagande anglaise et qui trouva des oreilles complaisantes, accuse, dans son récit, Napoléon d'avoir fui le danger. C'est une thèse qu'on retrouve parfois sous la plume des historiens anglais qui reprochent à l'Empereur de ne pas s'être fait tuer sur le champ de bataille avec sa Vieille Garde.

Sur le *Northumberland*, tout cela était conté sans ordre chronologique, suivant l'inspiration du moment et comme à bâtons rompus ; Napoléon parlait sans passion, tel un acteur qui réciterait un rôle et non pas comme le créateur de tant de scènes sensationnelles.

À ces propos de l'Empereur s'ajoutent quelques notes prises, jour par jour, qui donnent une idée de la vie de Napoléon pendant la traversée :

« Le 7 août, après le petit déjeuner, je retournai sur le *Bellerophon* pour la visite des bagages du général et de ses compagnons. Cette exigence suscita chez lui une extrême indignation ; mais, conformément à mes instructions, je fis faire l'inspection de tout ce qui devait être envoyé à bord du *Northumberland*. Toutes les armes furent remises par lui et par les personnes de sa suite. Je retins quatre mille napoléons en or, que je remis au capitaine Maitland pour être envoyés au Trésor anglais. Le transbordement terminé, Buonaparte s'embarqua sur le *Northumberland* avec les personnes suivantes :

« Le Grand-Maréchal comte de Bertrand, madame de Bertrand, trois enfants, une femme de chambre avec son enfant, un domestique mâle,

« Le général comte de Montholon, madame de Montholon, un enfant, une femme de chambre,

« Le comte de Las Cases, son fils, un garçon d'environ 13 ans,

« Le général Gourgaud, onze domestiques,

« soit au total vingt-sept personnes.

« Quand j'eus montré à Buonaparte la cabine qu'il devait occuper seul, je le priai de s'asseoir dans la grande cabine de l'arrière où il reçut les personnes qui venaient lui faire leurs adieux. Je l'y laissai, mais à mon retour je m'aperçus qu'il avait l'intention de garder pour son usage personnel cette grande pièce. Je demandai donc à M. de Bertrand de lui expliquer que ce logement devait rester à la disposition de nous tous et que seule la chambre à coucher que je lui avais assignée devait être considérée comme lui appartenant en propre. Il accueillit cette communication sans protester et avec bonne humeur, et, bientôt après, se rendit sur le pont où il causa avec tout le monde avec beaucoup d'entrain et d'abandon.

« Après avoir dîné et pris du café, il fit encore une courte promenade sur le pont et proposa une partie de cartes ; nous jouâmes au vingt-et-un jusqu'à 10 h 1/2, lui gagnâmes sept ou huit napoléons, et quand il se retira dans sa chambre, il paraissait aussi à son aise que s'il avait vécu toute sa vie à bord.

« 10 août. Je n'ai vu Buonaparte que juste avant le dîner, dans la grande chambre de l'arrière, en train de jouer aux échecs avec le comte de Montholon. Il me sembla qu'il jouait plutôt mal ; son adversaire était certainement plus fort que lui, mais paraissait bien décidé à ne pas battre son ex-Majesté. Ce jour-là, au dîner, le général eut l'impolitesse de se lever de table et de monter sur le pont aussitôt après avoir bu son café, sans attendre que les autres convives fussent servis. Ceci m'amena à demander aux autres de rester assis, de sorte qu'il sortit, suivi seulement de son maréchal, sans qu'on lui prêtât la moindre attention[1].

« 11 août. Le comte Bertrand me dit que le général Buonaparte s'attendait à une tout autre réception de la part des Anglais ; c'est, paraît-il, l'abbé Sieyès qui lui aurait vivement conseillé de se rendre à l'Angleterre, de préférence à toute autre solution.

« 13 août. Je n'ai pas vu beaucoup le général Buonaparte aujourd'hui : il m'a eu l'air de vouloir prendre à nouveau des airs arrogants ; j'ai donc fait exprès de prendre envers lui une contenance plus distante que d'habitude. Nous nous contentâmes d'échanger de banals saluts et des regards hautains.

---

1. Napoléon, qui mangeait vite et n'aimait pas rester longtemps à table, n'admit jamais cette habitude anglaise qui consiste à demeurer un certain temps à table après les repas pour boire du vin. Dans la circonstance présente, Cockburn oublie de dire que, lorsqu'il fit remarquer tout haut que le « général ignorait les règles de la civilité », il s'attira de la part de la comtesse Bertrand une verte réponse : "Vous oubliez, amiral, que celui dont vous parlez a été le maître du monde, et que des rois briguaient l'honneur d'être admis à sa table." – C'est vrai » répondit l'amiral, et le lendemain, il donna des ordres pour que dorénavant Napoléon fût servi plus vite ; les dîneurs durent se lever au moment où l'Empereur quittait la table et rester debout jusqu'à ce qu'il fût sorti de la salle à manger.

« 14 août. Le général et moi sommes restés distants et hautains, quoique parfaitement corrects, du moins, en ce qui le concerne, autant que le lui permet sa nature plutôt rude. Quant à ses compagnons, ils se comportent tout à fait comme s'ils désiraient me donner une bonne opinion d'eux-mêmes.

« 15 août. Le temps a été beau et la mer moins agitée qu'à l'ordinaire, ce qui peut dans une certaine mesure expliquer que le général Buonaparte a été plus sociable et paraissait plus à son aise. Comme c'était aujourd'hui l'anniversaire de sa naissance, je lui ai adressé des compliments et bu à sa santé, politesse qui a semblé lui plaire ; après dîner, j'ai fait avec lui une promenade sur le pont et nous eûmes ensemble une longue conversation. Ce jour-là, il parut de bien meilleure humeur que les jours précédents ; il gagna une grosse somme au vingt-et-un, comme si son anniversaire était pour lui un jour de chance particulière.

« 16 août. Le général Buonaparte, je me plais à le constater, gagne en bonne humeur et en bonnes manières, et, comme je suis toujours disposé à faire la moitié du chemin pour aller à sa rencontre, quand il se conduit avec modération et avec la notion de sa condition actuelle, j'eus encore avec lui une très agréable conversation après dîner.

« 17 août. Dans mon entretien de ce jour avec le général, la seule chose digne d'être rapportée est la remarque qu'il me fit : qu'à 24 ans il était officier général, qu'il avait conquis l'Italie à 25 ans, que, de rien, il s'était élevé, à 30 ans, jusqu'à devenir souverain dans son pays (comme Premier Consul). Si le sort, dit-il, l'avait fait périr le lendemain de son entrée à Moscou, il aurait eu une carrière d'ascensions et de succès ininterrompus sans parallèle dans l'histoire. Quant aux malheurs qui frappèrent plus tard l'armée française, ils eussent plutôt ajouté à sa gloire, car, si inévitables qu'ils aient été, on les aurait attribués bien plus à sa disparition qu'à leur véritable cause.

« 19 août. Voici l'emploi du temps, à peu près invariable, du général Buonaparte depuis qu'il est à bord du *Northumberland* : Il se lève tard (entre 10 et 11 heures), prend son petit déjeuner à la fourchette (viande et vin) dans sa chambre et reste en déshabillé jusqu'au moment où il s'habille pour le dîner, généralement entre 3 et 4 heures de l'après-midi. Il sort ensuite de sa cabine et fait une courte promenade sur le pont ou bien une partie d'échecs avec l'un de ses généraux jusqu'à l'heure du dîner (qui est servi à cinq heures). À table il mange et boit de bon appétit et parle peu. Il préfère les mets très cuisinés et ne touche pas aux légumes. Après dîner, il se promène généralement pendant une heure ou une heure et demie, et c'est pendant ces promenades que j'ai avec lui la conversation la plus libre et la plus agréable. Vers huit heures il quitte le pont, et ensuite nous jouons aux cartes avec lui, ce qui semble l'amuser beaucoup, jusqu'à dix heures, heure à laquelle il se retire dans sa chambre, où je crois qu'il se met tout de suite au lit. Cette vie inactive, avec la quantité de nourriture qu'il prend, me fait craindre qu'il ne jouisse pas de sa bonne santé actuelle pendant tout le voyage ; jusqu'à présent cependant il n'a pas semblé éprouver le moindre malaise.

« 20 août. Aujourd'hui, dimanche, on a célébré le service divin à bord ; j'ai été surpris qu'aucun de mes passagers français n'y ait paru, ne fût-ce que par curiosité. Je n'ai pas vu le général jusqu'à l'heure du dîner. À table, il posa au chapelain plusieurs questions au sujet de la différence entre la religion catholique romaine et la nôtre. En sortant de table, après une courte promenade, il rentra directement dans sa cabine, probablement parce que, ayant observé, le dimanche précédent, que ni moi ni les officiers du navire n'avaient pris part au jeu avec lui, il tenait à respecter nos pratiques religieuses.

« 24 août. M. Veitch, consul de Sa Majesté à Madère, est venu à bord. Buonaparte l'a longuement questionné sur l'île, ses productions, son altitude, sa population, etc. Il s'est promené avec M. Veitch et moi pendant une heure après dîner, puis a regagné sa chambre sans avoir paru à la table de jeu.

« 28 août. Mes passagers français semblaient de mauvaise humeur aujourd'hui, spécialement M. de Bertrand qui paraissait mécontent parce que je n'avais pas voulu l'autoriser à garder de la lumière dans sa chambre pendant toute la nuit. Naturellement je les ai laissés se fâcher à leur guise et, pendant toute la journée, j'ai fait à peu près comme s'ils n'existaient pas. Le général Buonaparte n'a fait qu'une courte promenade après dîner et je lui ai très peu parlé.

« 2 septembre. Tous mes passagers français ont beaucoup souffert du mauvais temps cette nuit. Cependant le général Buonaparte, à ma grande surprise, a paru au dîner et semblait d'assez bonne humeur. »

Le 23 septembre, l'amiral raconte longuement sa discussion avec le comte Bertrand, au sujet du cadeau que l'Empereur désirait faire à l'équipage à l'occasion du passage de la ligne.

Le journal de Cockburn s'arrête à la date du 6 octobre, plus d'une semaine avant l'arrivée du *Northumberland* à Sainte-Hélène. Il y a toutefois ajouté, à la date du 22 octobre, le paragraphe suivant :

« Depuis que le général Buonaparte est à Sainte-Hélène, j'ai été si occupé que je l'ai très peu vu. Je l'avais cependant conduit une fois à Longwood, dont il avait paru satisfait, bien que, depuis lors, il se soit plaint à plusieurs reprises auprès de ses compagnons. Comme il manifestait de la répugnance à revenir loger en ville, où il était en butte à une curiosité importune, j'ai consenti, sur sa demande, et en attendant que les installations de Longwood soient achevées, à le laisser s'installer dans un petit domaine appelé les "Briars", où se trouve un joli jardin avec une grande chambre à l'écart de la maison principale. Il en a pris possession et y passe presque toute la journée. J'ai appris que le soir il rend visite à ses hôtes et y joue avec eux au whist (les enjeux sont des dragées) jusqu'à l'heure où il a l'habitude de se retirer pour la nuit. »

À la lecture de ces pages[1], on ne peut manquer de s'apercevoir que, de la confiance qui lui était témoignée par l'Empereur, résulta pour Cockburn une détente salutaire, car il était difficile de résister à la séduction de Napoléon quand il voulait l'exercer[2].

---

1. Rear-Admiral sir George Cockburn. *Extract from a Diary*, Londres, 1888.

2. Las Cases écrit dans son *Mémorial*, t. I, p. 178 : « L'amiral qui, je crois, sur notre réputation, s'était fort cuirassé au départ, se désarmait insensiblement et prenait chaque jour plus d'intérêt à son captif. »

De plus, au dire de l'amiral, Napoléon était « peu exigeant », facile à contenter, plus qu'aucun autre de ses compagnons. Il avait, quand il le voulait, de la bonne humeur et de l'entrain. L'ascendant du héros s'exerça donc favorablement sur son « requin » comme l'appelait Napoléon qui avoua, après son départ, que « l'amiral ne l'avait jamais vexé avec des bagatelles ».

On peut aussi en croire le témoignage de Marchand, valet de chambre de Napoléon, qui écrit dans ses *Mémoires*[1] :

« L'amiral était un homme de cœur et de probité, mais d'une sévérité de caractère et de tenue qui faisait qu'on était embarrassé de l'aborder. Le soin qu'il prit, à bord, de me demander, toutes les fois que je me trouvais sur son passage, si l'Empereur avait bien ce qu'il lui fallait, me l'avait rendu sympathique et m'avait fait reconnaître que les yeux de cette figure sévère n'étaient pas exempts d'une certaine douceur qui invitait à la confiance. »

Le rôle de Cockburn prit fin à l'arrivée d'Hudson Lowe en avril 1816. Le nouveau gouverneur déclara plus tard[2] que son prédécesseur n'avait pas été pour lui d'un grand secours et qu'au début de leurs relations il avait plutôt cherché à lui créer des difficultés qu'à l'aider dans sa tâche. « Plus tard, ajoutait Lowe, il se conduisit mieux. » Il n'y avait évidemment aucune sympathie entre deux natures si différentes.

À Sainte-Hélène, l'amiral donna quelques réceptions, auxquelles assistaient, avec les notables de l'île et de la garnison, les compagnons de l'Empereur. La comtesse Bertrand, qui se plaisait à parler anglais, lui rendait volontiers visite ; Napoléon le reçut à sa table. Les mesures qu'il édicta pour la sécurité de son prisonnier mécontentèrent les Français, mais leur parurent acceptables quand, dès son arrivée, Hudson Lowe les aggrava sans nécessité.

Vexé à la suite d'un minime incident pour lequel d'ailleurs Napoléon lui avait fait part de ses regrets, Cockburn cessa de voir l'Empereur et quitta l'île le 19 juin 1816

1. Marchand, *Mémoires*, t. II, Paris, 1955.
2. *Journal* du major Gorrequer, Londres, 1969.

sans lui faire ses adieux. De retour en Angleterre, il alla rendre compte de sa mission au Prince Régent et à lord Bathurst et reçut d'eux des témoignages de satisfaction « pour la façon capable, ferme et judicieuse dont il s'était acquitté de la délicate mission dont il avait été chargé[1] ».

Cockburn avait fait, en moins de deux mois, pour aménager le logis de Longwood en vue de l'installation des Français, un très gros effort de constructions nouvelles dont Napoléon lui sut gré. Il ne devait pas être mécontent de son comportement envers les prisonniers, puisqu'il se décerna à lui-même le satisfecit suivant : « Le traitement dont furent l'objet les exilés fera l'admiration de la postérité, aussi bien que celle de tous les témoins impartiaux du moment ».

Sans entrer dans ces perspectives optimistes que certes la postérité ne tarda pas à démentir, on peut affirmer que bien des souffrances eussent été épargnées au captif s'il était resté jusqu'au bout sous la garde de sir George Cockburn.

1. Dr. J. Holland Rose, *op. cit.*

Chapitre II

LE SECRÉTAIRE GLOVER

Le récit de Glover a été considéré comme un double de celui de son chef, car tous deux ont la même chronologie et presque le même contenu ; la narration est parfois faite en termes identiques. Il est certain que l'auteur principal est l'amiral Cockburn, plus proche que son secrétaire de la personne de l'Empereur, et jouissant de confidences qui ne s'adressaient qu'à lui. C'est sous sa dictée que Glover notait au jour le jour les propos de Napoléon qu'il a utilisés dans son propre journal. Ce dernier document, destiné, dit l'auteur, à quelques amis, ne fut publié qu'en 1893. Le mémorial de Cockburn, paru d'abord aux États-Unis en 1833, avait été réédité en Angleterre en 1888.

Ce qui fait l'intérêt du livre de Glover, ce sont donc ses impressions personnelles. En outre, alors que le journal de l'amiral s'arrête à son arrivée à Sainte-Hélène, Glover continue le sien jusqu'à son départ de l'île, neuf mois plus tard.

Son récit[1] est intitulé : *Déportation de Napoléon à Sainte-Hélène* avec le sous-titre suivant : *Récit d'un voyage à Sainte-Hélène, se rapportant principalement aux actions et*

1. Le récit de Glover a été publié en feuilleton par le *Journal des débats* (septembre/novembre 1894). Voir également J. Holland Rose, *Napoleon's Last Voyages*, Londres, 1895.

aux entretiens de Bonaparte, jadis le fléau de l'humanité, et maintenant le détenu de la nation dont la destruction avait été pendant de longues années le but essentiel de son activité.

Quand on a lu ce préambule, on ne saurait s'attendre à une grande sympathie de l'auteur pour le « fléau de l'humanité » dont il va relater les faits et gestes. Il partageait certainement les préventions de son chef contre Napoléon ; mais, dans le courant du récit, il ne manifeste pas de particulière malveillance et s'efforce à l'impartialité.

Après avoir conté l'arrivée de l'Empereur sur le *Northumberland* et les détails de son installation à bord, Glover, sans se contenter de transcrire ce que l'amiral lui dicte, nous donne ses impressions sur le grand homme.

« 8 août. Cet homme qui, tout récemment encore, faisait trembler les nations et dont un signe de tête mettait en mouvement des milliers d'hommes, est tombé de l'état d'Empereur à celui de général avec une souplesse de caractère plus facile à imaginer qu'à dépeindre. Désormais on l'appellera général et, d'après les instructions de notre gouvernement, il aura droit aux mêmes honneurs qu'un officier général britannique en disponibilité.

« 9 août. Il est resté peu de temps à table ; étant monté se promener sur le pont, il garda son chapeau à la main, en regardant autour de lui d'un air sévère si les officiers britanniques restaient également découverts. Mais comme l'amiral, après l'avoir salué, remettait son chapeau sur sa tête, les officiers (qui avaient reçu ses ordres) en firent autant, de sorte qu'aucun Anglais ne resta tête nue, ce qui le vexa certainement, car il se retira dans sa cabine. Ses compagnons[1] restent toujours découverts en sa présence et guettent avec obséquiosité ses moindres mouvements. Pendant la soirée,

1. Parlant des compagnons de l'Empereur, Glover les qualifie de « généraux tombés » et d'« ex-comtesses ». Est-ce de l'ignorance ou de la malveillance ? Si l'Empereur avait abdiqué, les généraux n'en conservaient pas moins leur grade ; leur carrière se poursuivit d'ailleurs sous les régimes qui succédèrent à l'Empire. Quant aux dames, en quoi la captivité de Napoléon pouvait-elle avoir pour effet de leur ôter leurs titres ?

Bonaparte parla peu et parut bouder ; mais cette attitude n'eut pas le pouvoir de rien changer à notre contenance envers lui, et il ne reçut de nous pas plus de marques de respect que n'importe quel autre officier.

« 10 août. Les compagnons de Bonaparte ne lui parlent qu'en lui donnant les titres de Sire et de Votre Majesté, tandis que l'amiral et les officiers l'appellent simplement général. Cependant il est évident qu'on réprime difficilement la tendance qu'on a de lui témoigner des égards particuliers, et aisé de voir l'intérêt et la curiosité des officiers et de l'équipage pour toutes ses actions.

« 11 août. Mauvais temps, forte houle et rafales de vent. Tous nos hôtes ont eu le mal de mer, à part Gourgaud qui a paru au dîner. Bonaparte n'a pas quitté sa cabine de toute la journée.

« 12 août. Temps médiocre, vent d'ouest avec forte houle ; le roulis a empêché les dames de venir déjeuner à table. Vers 3 h. 1/2 Bonaparte a fait son apparition sur le pont, mais le mouvement du bateau contrariait ses évolutions, et c'est en s'appuyant sur le bras du colonel Bingham qu'il se promena pendant une demi-heure. Le général Montholon, le comte Las Cases et les deux dames furent très incommodés par le mal de mer ; cependant tout le monde se réunit à cinq heures pour le dîner, à l'exception du général de Montholon.

« 13 août. Très beau temps, accalmies. Nos hôtes étaient tous au déjeuner et il était évident, par l'appétit qu'ils montraient, qu'ils avaient oublié leurs maux des deux jours précédents. Ce jour-là, Bonaparte me fit voir un volume de vers d'Ossian qu'il apprécie beaucoup dans sa traduction française.

« 16 août. Bonaparte se promena avant et après dîner ; il était de très bonne humeur et posa plusieurs questions au sujet de Sainte-Hélène. Il demanda spécialement s'il y avait dans l'île des familles de distinction, combien il s'y trouvait de dames, et s'il y avait dans l'escadre beaucoup de femmes d'officiers. »

« 25 août. Pendant que nous faisons escale à Madère devant Funchal, il s'éleva un très violent sirocco qui souffla sans discontinuer. Les habitants de l'île, très superstitieux et tremblants pour leurs récoltes, ne manquèrent pas d'attribuer ce fléau à la présence de Bonaparte dans leurs parages.

« 6 septembre. Les vents alizés continuent, et vers quatre heures de l'après-midi, la pluie tomba avec force. À notre grande surprise, Bonaparte, qui paraissait de très bonne humeur, monta sur le pont aussitôt après dîner. La pluie tombait à verse et l'amiral le mit en garde, mais il déclara qu'il pouvait bien affronter la pluie puisque les matelots le faisaient. Il resta donc sur le pont avec Bertrand et Las Cases qui se crurent obligés de lui tenir compagnie, sans cacher leur peu d'enthousiasme pour se faire tremper jusqu'aux os, ce qui ne manqua pas d'arriver. Les trois hommes, inondés, s'empressèrent de se retirer dans leurs cabines. Bonaparte ne sortit plus de la sienne pendant toute la soirée.

« 11 septembre. Bonaparte nous a fait la lecture à haute voix, pendant deux heures, d'un recueil de contes persans qu'il s'amusait à commenter avec de joyeux rires. Il lit très distinctement, beaucoup moins vite qu'il ne parle et avec une certaine emphase. Dans sa conversation, il est parfois difficile de le suivre à cause de la rapidité de son élocution et de son accent particulier. »

Le 15 septembre, Glover énumère les bateaux qui ont quitté l'Angleterre avec le *Northumberland*. Il s'agit de la flottille de dix navires qui composait l'expédition placée sous les ordres de l'amiral Cockburn. Deux d'entre eux étaient affectés au transport des troupes qui devaient fournir la garnison de Sainte-Hélène. Trois de ces navires devaient arriver à destination avant le *Northumberland*, attardé par des calmes plats.

« 21 septembre. Nous avons peu vu aujourd'hui le général Bonaparte, car il a passé la matinée à prendre une leçon d'anglais avec Las Cases. Mais jusqu'à présent il n'a pas essayé de dire un mot en notre langue, et, bien qu'il soit à bord depuis six semaines, il ne peut encore prononcer correctement aucun de nos noms.

« 22 septembre. Sa santé paraît bonne et il a bien meilleure mine qu'à son arrivée à bord. Il est d'une parfaite égalité d'humeur et semble complètement indifférent à son sort. »

En date du 23 septembre, à propos des libéralités projetées par l'Empereur à l'occasion du passage de la ligne, Glover confirme que les matelots ne reçurent rien de lui[1].

Le 15 octobre, le *Northumberland* jette l'ancre devant Sainte-Hélène. « Nous nous amusâmes, écrit Glover, à observer les stupéfiantes falaises rocheuses de l'île, dont l'aspect terrifiant semblait s'accorder avec la pénible impression éprouvée par nos hôtes. »

Le journal se poursuit jusqu'au départ de Glover qui eut lieu le 19 juin 1816. Mais il n'y a plus la moindre date ; le narrateur résume ses impressions sur l'île et ses habitants et, ce qui nous intéresse davantage, sur la prison et sur le prisonnier. « Bonaparte, écrit-il, mène une vie de reclus ; il reçoit peu de visites, bien qu'on ne refuse de laissez-passer à aucune personne respectable ; mais les habitants de Sainte-Hélène ne manifestent pas beaucoup d'empressement pour le voir, après huit mois de séjour, et l'on prononce rarement son nom. En fait, les trois quarts des habitants de l'île ne l'ont jamais vu et ne semblent pas disposés à s'écarter de leur chemin pour cela. Par contre, la curiosité des passagers qui font escale dans l'île en revenant des Indes dépasse toute imagination.

Ici, Glover paraît oublier que l'Empereur ne recevait dans son intérieur que qui bon lui semblait. Les habitants de Sainte-Hélène savaient, eux, que leurs visites donnaient de la contrariété aux autorités anglaises et préféraient s'abstenir.

« Au début, écrit encore Glover, il sembla vouloir mener une vie de société ; il invita quelques personnes à dîner et tenta de mener l'existence d'un gentilhomme anglais ; mais, peu après, il en décida autrement, et, depuis lors, il se

1. Confirmé également par le *Mémorial* de Las Cases et le *Journal* de Gourgaud.

confine dans la société de ses compagnons qu'il tyrannise et dont la servilité est plus abjecte qu'un Anglais qui ne l'aurait pas constatée ne pourrait en avoir l'idée. D'ailleurs il est complètement indifférent à leurs peines, qu'ils endurent pourtant par attachement aveugle à sa personne. »

Glover trace ensuite le portrait physique de Napoléon :

« Sa taille est de cinq pieds sept pouces et demi. Il est vigoureux et plutôt corpulent. Le visage est plein, arrondi et assez gras. Les cheveux sont coupés court, de couleur brun foncé, clairsemés sur le front et toujours mal coiffés. Les sourcils sont courts, les yeux gris clair, plutôt grands, le nez modérément long et légèrement aquilin, la bouche petite, les dents petites et saines, le menton plutôt gras, relevé du bout, ce qui lui donne un aspect caractéristique ; le teint olivâtre, pas de moustache, le cou très court, les épaules larges et arrondies ; le corps épais, les hanches et les cuisses développées, la jambe et le pied bien faits. Sa santé est excellente, bien qu'il ne prenne aucun exercice ; et, comme il mange beaucoup, on peut être surpris que sa force et sa santé ne soient pas diminuées. »

Quant au moral, Glover reconnaît que son caractère est difficile à définir ; mais, curieusement, il est enclin à considérer comme assez exacte la singulière description qu'en donne, dans ses *Mémoires de l'expédition d'Égypte*, l'écrivain Miot de Mélito dont il cite le passage suivant :

« Il connaît assez les hommes pour éblouir les faibles, en imposer aux timides et faire des méchants les instruments de sa puissance ; mais, ceci mis à part, Bonaparte est grossièrement et totalement ignorant. »

Glover ajoute qu'il manque de caractère, qu'il joue à l'enfant gâté, qu'il est dépourvu de toute sensibilité. Pour lui, toutes les religions se valent. « Si je croyais, dit-il, qu'il y eût au monde un seul athée, je dirais que c'est Bonaparte. » Athée ? On peut s'étonner de cette épithète appliquée à Napoléon quand on connaît sa prédilection pour la religion catholique dont il fut le restaurateur en France et dans laquelle son testament déclare qu'il a voulu mourir. Tous ses historiographes se sont posé la question de ses véritables sentiments religieux. Ce n'est pas ici le lieu d'en discuter, encore moins de rien affirmer de positif sur cet aspect si controversé de sa pensée. Pourtant, on inclinerait à croire avec lord Holland[1] que « si sa raison n'admettait pas les dogmes de la révélation, sa sensibilité le portait à condamner l'impiété et à admettre que tout homme au monde, et lui-même par conséquent, pouvait un jour devenir accessible à l'enthousiasme religieux. Il avait plus que de la tolérance, il avait de l'indulgence et du respect pour les idées ascétiques et même pour les pratiques religieuses, s'étant toujours demandé s'il n'admettrait pas un jour leur vérité. »

Après avoir exprimé son anxieuse attente de la relève qui devait amener son retour en Angleterre, où il suivit l'amiral Cockburn, Glover nous offre une description de l'établissement de Longwood et de l'île de Sainte-Hélène :

« La maison de Longwood se trouve à cinq milles environ de la ville de Jamestown ; on y parvient par un chemin qui monte en zigzag pendant trois milles, puis on longe un gouffre d'aspect très sauvage et l'on arrive sur un plateau assez étendu où est situé un domaine qui pourrait être celui d'un gentilhomme campagnard anglais. La maison a été rendue commode et confortable. Les chambres sont petites, mais en comptant les logements des domestiques, il y en a plus de quarante. L'air, à Longwood, est plus frais qu'en tout autre endroit de l'île, à mille sept cent cinquante pieds au-dessus du niveau de la mer. Il est entouré d'une vaste plaine où campent les troupes du 53e régiment. Le sol est planté de gommiers qui, de loin, ont bon aspect ; mais ces arbres rabougris avec leur feuillage d'un vert foncé finissent par fatiguer la vue du fait de leur monotonie. Le terrain de Longwood est entièrement réservé à Bonaparte, à l'exception d'une partie cultivée occupée par une ferme.

« Sainte-Hélène, de par sa situation, sa structure et sa pittoresque configuration, est probablement le plus singulier endroit que puisse observer un navigateur. C'est un climat

1. Lord Holland, *Souvenirs diplomatiques*, Paris, 1851.

tempéré, soumis à l'action continuelle des vents du sud-ouest et à des pluies incessantes. On ne peut pas dire, comme on le prétend généralement, que ce climat soit sain ; les enfants y sont maladifs et les adultes y sont sujets à des maladies de foie qui nous firent perdre beaucoup de nos hommes. Rien ne peut être moins attrayant, que dis-je, plus horriblement sinistre à première vue que ce rocher aride, perdu dans son isolement et qui semble calciné. Il n'annonce rien de riant ni de rafraîchissant. Ce n'est que par contraste qu'on peut y trouver quelques paysages agréables, encore que tout ce que j'ai lu à ce sujet me semble très exagéré. Quand on revient des Indes, on peut à la rigueur y passer quinze jours agréables, mais un séjour d'un mois à Sainte-Hélène serait d'une fastidieuse longueur pour quiconque a l'habitude de vivre en Europe.

« Les habitants sont aimables, obligeants et volontiers hospitaliers, mais comme ils se marient très jeunes et qu'ils ont beaucoup d'enfants, ils ne peuvent pas se permettre de recevoir beaucoup. Les femmes sont vives, agréables et souvent jolies ; quoique manquant d'instruction, elles ne sont pas dépourvues d'agréables qualités. Elles ne se lient pas facilement et il faut habiter le pays depuis un certain temps pour être reçu dans les familles avec une certaine intimité. L'hospitalité de sir George Cockburn l'a rendu très populaire et son départ a laissé beaucoup de regrets dans la population, si j'en juge par la foule qui nous accompagna à l'embarcadère lors de notre départ. »

Insensibilité, dureté de cœur, ingratitude ! D'autres que Glover ont reproché ces défauts à Napoléon. Sans doute l'Empereur n'était pas un tendre, mais s'il revêtait parfois par système le masque trompeur d'une nature inflexible, ce n'était certes pas là le fond même du caractère de celui que tant d'autres dépeignent comme généreux, compatissant, attentif à récompenser tous les mérites et incapable de rancune envers ceux qui l'avaient desservi. On peut donc se demander si les sévères allégations de Glover ne procèdent pas d'une information insuffisante, d'un parti pris systématique ou d'un inexplicable aveuglement.

Chapitre III

LE GÉNÉRAL BINGHAM

En lisant le journal de sir George Bingham, ainsi que ses lettres à sa femme, il est difficile de comprendre la sympathie qu'il inspira à Napoléon et le bon accueil qu'il reçut toujours à Longwood. Sans doute sa bonne éducation et ses dehors avenants donnèrent-ils le change sur ses véritables sentiments qui, eux, s'expriment librement dans ses écrits.

On ne trouve pas sous sa plume de dénigrement systématique, bien que certains de ses jugements aient de quoi choquer ; mais aussi l'on n'y rencontre aucune expansion sincère, pas la moindre trace de cette admiration dont la plupart de ses compatriotes n'ont pu se défendre en présence du grand homme.

On dirait que le narrateur a essentiellement tenu à ne pas être pris pour un féal, en dépit de ses assiduités auprès de l'Empereur et de son entourage.

Toutefois, il n'y a rien à reprocher à ses actes, et c'est ainsi qu'on le représente quelquefois comme un partisan de l'Empereur. Il fallait peu de chose pour donner cette impression. C'était l'avis d'Hudson Lowe qui se méfiait de lui ; mais le gouverneur ne se méfiait-il pas de tous ceux qui n'étaient pas à son entière dévotion ? Lady Lowe, de son côté, considérait aussi Bingham comme étant à la tête des Britanniques qui boudaient sa petite cour.

Sir George Rideout Bingham commandait, à bord du *Northumberland*, le détachement du 53e régiment, auquel allait incomber à Sainte-Hélène la surveillance du proscrit. Peu de temps après son arrivée dans l'île, il reçut le grade de général de brigade et fut investi du commandement de toutes les troupes anglaises composant la garnison. Il se comporta constamment en officier loyal et consciencieux, jusqu'au jour où il donna sa démission, en mai 1820, après avoir demandé à faire partie du Conseil de l'île et avoir essuyé un refus de la part de la Compagnie des Indes.

Il ne fit pas moins d'une quinzaine de visites à l'Empereur, soit seul, soit avec son épouse qui vint le rejoindre à Sainte-Hélène en avril 1816, soit avec des officiers de son régiment. Les exilés le tenaient en grande estime et n'eurent qu'à se louer de ses bons offices. Tous les mémorialistes français attestent que Napoléon le voyait toujours avec plaisir et se plaignait même de la rareté de ses visites, qu'il attribuait à la crainte inspirée par le gouverneur à tous les visiteurs britanniques ; à quoi O'Meara répondait que c'était par discrétion et non par peur que Bingham se tenait à l'écart.

Le journal et la correspondance de Bingham ont été publiés dans divers périodiques, tels que le *Blackwood's Magazine* d'octobre-novembre 1896 et le *Cornhill Magazine* de janvier-février 1901.

Sa première impression, à l'arrivée de l'Empereur sur le *Northumberland*, est peu favorable. « On ne croirait jamais, à le voir, qu'il a été un grand de la terre, ni même un homme hors du commun. » On rend les honneurs à l'amiral lord Keith. « Bonaparte affecte de prendre ce salut pour lui-même. » Est-ce de la naïveté ou de la malveillance de la part de l'Anglais ?

À table, Bingham remarque que Bonaparte se sert souvent de ses doigts plutôt que de sa fourchette. Il est quelque peu scandalisé d'entendre Napoléon parler avec détachement de ces scènes de guerre dont il porte la responsabilité et qui ont fait couler des flots de sang. Il s'étonne de certaines de ses questions sur la géographie de l'Afrique « que n'importe quel Anglais un peu instruit aurait honte d'ignorer ».

Il s'émeut pourtant en racontant qu'un jour Napoléon, se promenant sur le pont du navire, prend appui sur son bras et fait quelques pas avec lui. « Jamais, dit-il, je n'aurais cru que celui que je considère comme un des grands généraux du monde prendrait un jour mon bras comme support. »

Bingham avait assisté, sans toutefois prendre part à la conversation, à l'entrevue de Napoléon avec l'Honorable Lyttelton et lord Lowther, avant le départ du *Northumberland*. Après le dîner, il fut chargé par l'amiral Cockburn d'accompagner son illustre passager. « Il se dirigea, écrit Bingham, vers le gaillard d'avant où les soldats du 53e et les artilleurs étaient installés sur les bout-dehors. Tous se levèrent et se découvrirent quand il passa devant eux. Cet hommage parut ne pas le laisser indifférent. Il me dit qu'il avait servi autrefois dans l'artillerie. "Oui, répondis-je, vous étiez au régiment de La Fère." Sur quoi il me pinça l'oreille en souriant, apparemment satisfait de constater mes connaissances en histoire. »

Le 16 août, Bingham rapporte les propos tenus par Napoléon à l'amiral Cockburn au cours de leur promenade, et y ajoute le commentaire suivant : « Il parla d'abondance ce jour-là, ayant bu, outre ses deux gobelets de bordeaux habituels, une coupe de champagne et de la bière. Il dit qu'il appréhendait que les mesures de rigueur prises à son égard et son exil à Sainte-Hélène n'eussent de graves conséquences ; les populations de France et d'Italie lui étaient si attachées qu'elles pourraient se livrer contre les Anglais à de graves sévices. Il reconnut pourtant qu'avec les Anglais il ne craignait rien pour sa vie, tandis qu'il aurait pu en être autrement avec les Autrichiens et les Prussiens. Il paraît tenir à ses jours ; un de ses valets de chambre couche continuellement dans son appartement, et il ne semble pas, d'après ses propres récits ou par ceux de ses compagnons, qu'il ait été très prodigue de sa vie à la bataille de Waterloo, certainement la plus importante de sa carrière, puisqu'elle décida de son sort. Aucun officier de son état-major n'y fut blessé, tandis que s'ils s'étaient trouvés au plus fort du combat, comme Wellington, il est probable que tous n'auraient pas survécu[1]. »

Plus agréable à entendre est l'amusante anecdote contée par Napoléon et rapportée par Bingham sur l'Impératrice Marie-Louise : « Elle m'était fort attachée, dit-il ; sa tante, la reine de Naples, se trouvant à Vienne, lui demanda un jour pourquoi elle ne rejoignait pas son mari à l'île d'Elbe. "C'est mon désir, répondit-elle, mais ce sont mes parents qui s'y opposent." La reine lui dit alors que, quand on aimait vraiment un homme, quoi qu'en disent les papas et les mamans, rien ne pouvait empêcher de le rejoindre, du moment qu'il y avait des fenêtres à la maison et des draps pouvant servir de corde pour prendre le large.

Bingham cite également la réponse du petit duc de Reichstadt à sa tante qui lui disait : « Maintenant, mon pauvre enfant, votre sort est fixé ; il ne vous reste plus qu'à devenir capucin. – Non, répond l'enfant, je veux être soldat. »

Cockburn avait noté, à la date du 24 août, la visite, à bord, du consul britannique de Madère. Bingham nous apprend que cet agent consulaire, invité à dîner à bord du *Northumberland*, affecta envers Napoléon une désinvolture qui lui déplut. L'Empereur garda le silence jusqu'à la fin du repas, et, quand l'impertinent personnage vint, un peu plus tard, se joindre à la promenade que l'amiral et Napoléon faisaient ensemble sur le pont, Napoléon se retira dans sa cabine.

Ce qui frappe très vite le narrateur, c'est la discorde qui règne parmi les compagnons de l'Empereur. Il assiste à quelques scènes qui lui font dire que « l'envie et la haine sont en eux fortement enracinées. Ils sont divisés en deux camps dont chacun ne fait que décrier l'autre dès que les dos

1. On retrouve ici une fois de plus la légende accréditée en Angleterre par la propagande anti-napoléonienne, d'un Napoléon manquant de courage physique ! Sans remonter à Lodi ni au pont d'Arcole, on sait qu'à Waterloo, l'Empereur, voyant la situation critique de ses troupes, chercha la mort sur le champ de bataille et que son état-major dut l'entraîner de force vers l'arrière.

sont tournés. Cet état de choses fait présager que le séjour de Bonaparte à Sainte-Hélène en sera certainement assombri ».

À l'appui de ses dires, il rapporte, à la date du 27 août, une scène orageuse qui met aux prises Gourgaud et Montholon, ce dernier accusant son camarade de manquer de respect à sa femme. À l'origine de la querelle, il place une discussion d'ordre religieux, provoquée par la proposition d'un prêtre portugais de Funchal, qui, d'après Cockburn, aurait fait offrir à Napoléon de l'accompagner à Sainte-Hélène en qualité de chapelain. L'Empereur ne montra que de l'indifférence, mais les dames insistèrent pour en savoir davantage. La discussion tourna à l'aigre et il s'ensuivit une altercation, assez vive pour que l'amiral crût devoir y mettre fin en se levant de table.

Parmi les Français, le favori de Bingham semble être Gourgaud, le seul auquel il trouve quelque mérite et qu'il juge « un bon officier et un vrai Français ». Quant à Las Cases, il passe son temps à écrire sous la dictée de Napoléon et s'est constitué son professeur d'anglais.

Le journal de Bingham ne se poursuit pas au-delà du 10 octobre. À Sainte-Hélène, c'est par ses lettres à son épouse que l'on connaît la suite de ses impressions. Il lui fait le récit d'un bal magnifique donné par l'amiral Cockburn. À défaut de l'Empereur, ses compagnons y assistent. Madame Bertrand a une toilette splendide, une robe de 500 livres, et madame de Montholon porte un collier qui en vaut le double. On ne se sépare qu'à sept heures du matin et il y a un souper de deux cents personnes.

Mais les critiques continuent : Bertrand est le plus ancien et le plus fidèle serviteur de Napoléon ; les autres ne cessent de se chamailler et ont réussi à l'évincer de la surintendance des locaux qui revenait de droit à sa charge de Grand-Maréchal du Palais.

Le 6 décembre, Bingham rend visite à Napoléon aux « Briars ». Il le trouve en robe de chambre en train de parcourir des journaux anglais. « Il était d'une exceptionnelle bonne humeur, car il estime que plus il y aurait de troubles en France, plus grandes seraient ses chances d'y revenir, car, pensait-il, le gouvernement anglais serait obligé de le rappeler pour mettre fin aux dissensions qui existent dans ce malheureux pays. »

Le 2 janvier, Bingham est invité à dîner à Longwood ; dîner superbe qui ne dure que quarante minutes. Il décrit la magnificence du service et de la vaisselle. « Mais, dit-il, ce dîner fut assez absurde ; les compagnons de Napoléon n'osaient pas élever la voix ; lui-même ne dit pas grand-chose. Il y avait une telle profusion de bougies qu'il régnait dans la salle à manger une chaleur de fournaise. En passant au salon, il me dit : "Vous n'avez pas l'habitude de dîners aussi courts."

Bien des anecdotes défavorables à Napoléon trouvent place, comme à plaisir, sous la plume de Bingham : « L'Empereur a tenu madame Bertrand pendant huit jours à l'écart de sa table, parce qu'il lui reproche de trop se plaire dans la société des Anglais. Cette dame a raconté que Napoléon usait fréquemment envers ses fidèles d'un langage indigne d'un souverain et même d'un homme bien élevé, et qu'il manquait de respect, même aux dames, dans ses moments de colère (il écrit : dans ses accès de rage). »

« Le jour où je lui ai rendu visite, dit-il, pour lui annoncer la prochaine arrivée du nouveau gouverneur, il m'a reçu en robe de chambre ; je n'ai jamais vu une aussi malpropre apparence. »

Le jour de la présentation à Napoléon des officiers du 53e régiment, l'Empereur leur pose « quelques questions absurdes ». Quand Napoléon demandait à des officiers leur âge, leur situation de famille, la durée de leurs services, leurs impressions sur les pays qu'ils avaient visités, et tout cela par pure courtoisie, on s'explique mal cet adjectif « absurde », si l'on ne veut pas y voir une certaine nuance de dénigrement, bien déplacée en pareille circonstance.

Il néglige de relater, ce qui ressort d'une lettre de lady Bingham, qu'à l'issue de la nouvelle audience que l'Empereur accorda aux officiers du même régiment, avant son départ de l'île, il souhaita à ses visiteurs toutes sortes de prospérités et les remercia en termes gracieux de la courtoisie qu'ils avaient montrée envers lui dans l'accomplissement de leur devoir.

Mais là où Bingham se montre réellement scandalisé, c'est à propos de l'affront infligé à l'amiral Cockburn le jour de la présentation à Longwood du nouveau gouverneur. « L'amiral, écrit-il, avait fait tous ses efforts pour lui rendre l'existence aussi confortable que le permettaient les circonstances ; et quand on considère tous les soins qu'il lui avait rendus, tant ici que sur le *Northumberland*, il ne méritait certes pas d'être traité comme il l'a été ce jour-là. »

Bingham fait ici allusion à une scène bien connue de l'histoire de Sainte-Hélène. L'amiral Cockburn, à la veille de quitter l'île, devait présenter à l'Empereur son successeur, sir Hudson Lowe. À l'appel du nom du nouveau gouverneur, celui-ci se précipite vers la porte qui lui est ouverte par l'huissier, sans se préoccuper de savoir si l'amiral le suit. Quand Cockburn veut entrer, l'huissier qui n'a reçu de consigne que pour introduire le gouverneur, lui barre le passage. Cockburn considéra qu'on lui faisait un affront délibéré et se retira sans insister, mortifié et furieux, si choqué de cette scène qu'il s'abstint de prendre congé de Napoléon avant de s'embarquer pour l'Europe quelques jours plus tard.

Napoléon, après avoir ri de la déconvenue de l'amiral, lui fit le jour même présenter des excuses par Montholon pour ce fâcheux malentendu.

« Vous n'avez pas idée, poursuit Bingham, des sales petites intrigues auxquelles s'adonnent ses compagnons et lui-même. Si sir Hudson Lowe n'est pas assez énergique pour ne rien leur céder, on le traitera bientôt de la même manière. »

Il est de fait cependant que Bingham ne recevait de l'Empereur que des marques de bienveillance. Il écrit, en février 1816, quelque temps avant que sa femme ne l'eût rejoint à Sainte-Hélène : « Je suis allé lui faire une visite ; il allait sortir en voiture et me pressa de l'accompagner ; nous fîmes ensemble une promenade d'environ trois milles. Il me demande toujours de vos nouvelles et aujourd'hui, apprenant qu'un courrier venait d'arriver d'Angleterre, il me dit : “Eh bien, le colonel va recevoir des nouvelles de lady Bingham !”

Bingham a peut-être conscience de ne pas mériter les bontés de l'Empereur, car il termine sa lettre du 14 février en écrivant : « Quant à moi, on dit que je suis son favori, bien que je ne comprenne pas quel droit je puisse avoir à ce titre. »

Enfin, dans son dernier courrier, il tient à souligner l'indifférence avec laquelle Napoléon accueillit la nouvelle de la mort tragique de Murat et de Ney. « Du premier il déclara qu'il était un sot qui méritait son sort, il s'était fort mal conduit avec lui. Pour l'autre, il lui avait fait plus de mal que de bien. Il parut donc ne se soucier ni de l'un ni de l'autre. »

Un homme qui confie au papier – et à un papier qui ne devait pas rester enseveli dans ses tiroirs – un tel amas de remarques désobligeantes pour celui qui lui fit toujours bon visage et le traita en ami, ne peut être complètement excusable. N'y aurait-il pas eu quelque hypocrisie dans le cas de sir George Bingham ?

Chapitre IV

LE CAPITAINE ROSS

Le *Northumberland*, qui, pendant son voyage d'Angleterre à Sainte-Hélène, portait la marque de l'amiral Cockburn, était commandé par son beau-frère, le capitaine de vaisseau C. B. H. Ross.

« Le fantomatique capitaine Ross » ; c'est ainsi que J. Holland Rose appelle le digne marin auquel incomba la mission de conduire l'illustre prisonnier à son lieu d'exil.

« Il passa en effet comme une ombre dans les pages de l'histoire, sans doute parce qu'il est fort peu question de lui dans les divers récits de la traversée du *Northumberland*. Raison de plus pour ne pas laisser ignorer la modeste place qu'il a tenue dans son époque, et pour publier sa seule contribution à la littérature du sujet : une lettre unique, adressée à son ami, W. J. Hall, à la Jamaïque[1]. »

Cet officier eut une brillante carrière maritime :

« Charles Bayne Hodgson Ross, dont le père avait déjà servi dans la marine, y entra en 1788 et débuta sur le sloop *Echo* ; en 1793, il était à Toulon parmi les troupes de marine débarquées sur la côte, dans le camp opposé à celui de Napoléon. Il prit part ensuite à l'expédition contre la Corse.

1. Cl. Shorter, *op. cit.*

Lieutenant en 1796 sur le *Saturn*, il fit campagne à Cadix et dans les Indes Occidentales. En 1800, il fit naufrage à Cuba avec la *Diligente*, qu'il commandait ; quatre ans plus tard, devenu capitaine de la *Pique*, il captura, d'après le chroniqueur O'Byrne[1], "cent quarante canons, mille cinq cents prisonniers et quatre navires à l'ennemi". Il fut, de 1812 à 1816, capitaine de pavillon de l'amiral Cockburn, successivement sur le *Marlborough*, le *Sceptre*, l'*Albion* et le *Northumberland*, et se distingua, auprès de son chef, pendant la guerre contre les États-Unis. »

Pendant le séjour du *Northumberland* à Sainte-Hélène, il ne fit nullement parler de lui ; il figure cependant sur la liste de ceux que l'Empereur invita à dîner à Longwood, à la date du 15 janvier 1816. À son retour en Angleterre, il fut décoré de l'ordre du Bain, et, après divers commandements et emplois à terre, à la Jamaïque, à Malte et à Plymouth, devint, en 1837, contre-amiral et commandant en chef de l'escadre du Pacifique, où il avait arboré son pavillon sur le *President*. Il fut promu vice-amiral en 1847.

Las Cases le décrit comme « un homme d'excellentes manières, qui se montra toujours aimable et prévenant pour les exilés ». Lui-même et le capitaine, qui étaient voisins de table, n'avaient guère d'autres sujets de conversation que de boire, à chaque repas, à la santé de leurs épouses respectives.

Ne parlant pas français, Ross eut peu d'entretiens avec Napoléon (dont il orthographie le nom « Bonaparté ») qui apprécia sa discrétion et sa courtoisie.

Ross révèle à son correspondant que son navire n'était pas entièrement prêt à effectuer une aussi longue traversée, mais qu'il avait été choisi par les ministres anglais parce qu'il se trouvait sur place. « Ils étaient si pressés de se débarrasser de Bonaparté qu'on aurait pu croire que leurs vies dépendaient de cette promptitude. »

Il décrit, comme tant d'autres, l'affluence extraordinaire des embarcations qui se pressaient à Plymouth, chargées de

1. O'Byrne, *Naval Biographical Dictionary*, 1849.

milliers de curieux désireux d'apercevoir le captif. Il montre celui-ci quand il se présente à bord du *Northumberland*, saluant l'amiral, se faisant présenter le capitaine et le pressant de questions rapides qui semblent ne pas attendre les réponses.

Ross se dit désappointé par l'apparence de Napoléon qui ne ressemble pas du tout aux portraits qu'il a vus de lui. « Il n'a pas l'aspect de l'homme actif qu'il paraît avoir été. Il est plutôt gras, du genre pot à tabac, la jambe bien faite, mais la démarche assez gauche, due peut-être, dit-il, au mouvement du navire. Il est pâle, a les yeux gris clair, le cheveu gras et brun ; il ressemble en somme à un ecclésiastique peu soigné.

« À bord, on le traite maintenant comme un simple général de haut rang, tandis que ses compagnons, qui ne l'abordent que tête nue, lui prodiguent les titres de “Sire” et de “Majesté”. Il prend ses repas à la table de l'amiral, la quitte aussitôt son repas achevé, suivant la coutume des Français.

« Ses manières sont loin d'être bonnes, sa voix est rude et déplaisante. Il recherche volontiers la conversation, aimant beaucoup à poser des questions.

« Pendant toute la traversée, il se montra de bonne composition, ne donnant jamais d'ennuis à personne. » On a vu plus haut que l'amiral Cockburn était du même avis. Quant aux marins du *Northumberland*, ils furent, comme ceux du *Bellerophon*, conquis par leur illustre passager.

« C'est, disaient-ils, un chic type *(a fine fellow)* qui ne mérite pas son sort[1]. »

« Le voilà maintenant à Sainte-Hélène où j'espère qu'on le tiendra sous bonne garde, écrit Ross qui énumère les mesures de sécurité prises à son endroit sur terre et par mer. Le 53e régiment est campé à un demi-mille de chez lui et il y a des sentinelles tout autour de son domaine. Il ne peut sortir de ses limites qu'accompagné par le capitaine de service. Il y a des patrouilles de dragons, et, la nuit, les piquets de garde se tiennent tout près et tout autour de la maison.

---

1. Lord Rosebery, *op. cit.*

Pour nous autres, aucun vaisseau n'est autorisé à mouiller au port, à moins qu'il n'ait absolument besoin de se ravitailler en eau ou en vivres. On place une garde sur les navires qui sont à l'ancre. Aucun bateau de l'île n'a le droit de sortir après le coucher du soleil. Le couvre-feu est à neuf heures, et l'on ne peut rentrer chez soi qu'avec le mot de passe. Nos navires sont constamment en mouvement, l'un croise sous le vent, un autre en sens opposé. Il en résulte que, tant que le système actuel sera en vigueur, il est quasi impossible qu'il puisse s'évader ; en outre, la place elle-même est puissamment fortifiée.

« À Longwood, il est très bien logé, dans un site agréable et dans des bâtiments qu'on a agrandis et qui comptent maintenant plus de quarante pièces pour son usage et celui de sa suite. Il a deux voitures et douze chevaux, mais sort très peu, rarement avant quatre heures de l'après-midi.

« Il s'occupe à écrire l'histoire de sa vie, se fiant presque entièrement à son excellente mémoire. Cela va lui prendre beaucoup de temps, mais il trouve pour ce travail l'aide précieuse du comte de Las Cases et de son fils. »

Napoléon se montra plus généreux que le capitaine Ross dans le jugement qu'il exprima sur lui : « Ce Ross, dit-il, est un très brave homme. Son équipage doit être heureux d'avoir un commandant tel que lui. »

Ce n'est évidemment pas sur la lettre du capitaine Ross qu'il faudrait compter pour savoir ce que fut la traversée du *Northumberland*. Heureusement les relations, tant des compagnons de l'Empereur – Las Cases, Gourgaud, Mme de Montholon – que des Anglais – Cockburn, Glover, Warden, Bingham – ont révélé tous les détails de ces soixante-dix jours de navigation, en se complétant les unes les autres.

Chapitre V
LE DOCTEUR O'MEARA

Aucun mémorialiste anglais n'a plus contribué que ce chirurgien de la marine britannique, médecin attitré et confident journalier de Napoléon pendant trois ans, à créer le courant irrésistible qui souleva l'opinion mondiale en faveur du captif de Sainte-Hélène et à déchaîner la vague de réprobation qui emporta son geôlier.

Barry Edward O'Meara, né à Cork, en Irlande, commença sa carrière médicale en 1804 comme aide-chirurgien au 62e régiment d'infanterie ; il dut abandonner son poste en 1808 pour avoir accepté, contrairement aux règlements en vigueur, de servir de témoin dans un duel. Il entra alors dans la marine comme chirurgien sur le *Goliath*, puis sur le *Bellerophon*. C'est sur ce navire qu'il fut distingué par Napoléon ; il eut l'occasion de donner ses soins à des compagnons de l'Empereur qui lui en sut gré et conversait volontiers avec lui en langue italienne. Quand le docteur français Maingault, à Plymouth, renonça à suivre l'Empereur à Sainte-Hélène, O'Meara fut sollicité d'entrer au service de Napoléon, ce qu'il accepta après avoir reçu l'agrément de ses chefs. Dans l'île il était logé à Longwood, à proximité immédiate de Napoléon qu'il visitait quotidiennement. On verra plus loin quels furent ses démêlés avec le gouverneur et comment il finit par être rappelé en Angleterre en 1818. Son départ affecta péniblement le proscrit qui l'honorait de sa confiance. Renvoyé du service, il exhala son ressentiment par la publication d'un pamphlet en 1818 et, en 1822, après la mort de Napoléon, par celle de son principal ouvrage, *Une voix de Sainte-Hélène*[1], qui lui valut aussitôt la célébrité. Il épousa par la suite une riche veuve, plus âgée que lui, et mourut à Londres en 1836, âgé de cinquante-quatre ans.

De par ses fonctions et son assiduité auprès de l'Empereur, O'Meara est de loin le plus important des témoins britanniques de la captivité.

Sans doute le public anglais, toujours avide de nouvelles du captif, avait-il déjà accueilli avec intérêt l'ouvrage du docteur Warden dont il sera question plus loin. Mais celui d'O'Meara était l'œuvre d'un des familiers du héros. Elle eut un foudroyant succès, connut de nombreuses éditions et fut à l'origine de la fortune du docteur. Parue en 1822, au lendemain de la mort de Napoléon, c'est l'œuvre d'un partisan déterminé, qui vaut cependant par l'attrait du récit, la vérité des dialogues et la reproduction fidèle des propos de l'Empereur.

Un confrère d'O'Meara, un autre témoin de la captivité, le docteur Henry, chaud défenseur du gouverneur de Sainte-Hélène, juge sévèrement l'ouvrage : « C'est, dit-il, un livre tendancieux et sophistiqué, rempli d'erreurs, plus remarquable cependant par la suppression du vrai que par l'affirmation du faux. »

Ce verdict ne saurait satisfaire le lecteur impartial, car il est aisé de se rendre compte que les faits rapportés par O'Meara, aussi bien que le contenu de ses entretiens avec son illustre patient sont strictement conformes aux récits des mémorialistes français de l'entourage de Napoléon. En outre, par d'autres écrits d'O'Meara, en particulier par son journal privé, on peut constater qu'il ne se faisait pas faute de noter certains faits et certains jugements qui montrent

1. O'Meara, *Napoleon in Exile. A Voice from St. Helena*, 2 vol., Londres, 1822. Traduction française : *Napoléon en exil à Sainte-Hélène*, Paris, 1822.

bien son indépendance d'esprit, mais qu'il n'a pas reproduits dans son livre pour des raisons qui seront exposées plus loin.

Il n'est pas possible de résumer les deux volumes formant ensemble un total de plus de mille pages de l'édition anglaise. Ils relatent, d'août 1815 à avril 1818, les principaux événements de la vie de l'Empereur et de ses compagnons d'exil, les confidences de Napoléon sur maints aspects de son histoire et sur diverses questions de haute politique ; ses jugements sur les figures marquantes de son règne, souverains, hommes d'État, diplomates, chefs militaires, hauts fonctionnaires ; sur ses campagnes et sur ses revers ; enfin et surtout sur les pénibles péripéties de l'antagonisme qui s'établit dès le début entre lui et son geôlier. Les griefs personnels du docteur à l'égard du gouverneur de Sainte-Hélène y tiennent aussi une large place.

On trouve dans cette œuvre considérable l'essentiel de la pensée du proscrit sur les hommes et sur les choses, reproduite avec la véracité d'un Las Cases qui serait dénué d'enflure, avec le naturel d'un Gourgaud sans mise en scène personnelle, avec la franchise d'un Bertrand qui aurait du style, et surtout sans les affabulations d'un Montholon ou d'un Antommarchi.

D'un bout à l'autre de l'ouvrage, c'est vraiment la voix de l'Empereur qu'on entend, tour à tour gaie, railleuse, animée, parfois émue, mais toujours énoncée dans ce style direct et clair qui était le sien. Dans son récit, l'auteur s'est presque complètement effacé devant son illustre interlocuteur. « Le lecteur, écrit-il, verra Napoléon parler, agir et même sentir. » Et il explique comment il recevait ses confidences :

« Napoléon paya, par la confiance dont il m'honorait, le peu de soulagement que je pus lui offrir ; et les relations que ma profession me donnait nécessairement avec lui devinrent bientôt une véritable intimité, s'il m'est permis d'employer cette expression en parlant de mes relations avec un tel homme. Dans sa retraite de Longwood, il oublia bientôt presque entièrement son rang. Il conversait familièrement sur sa vie passée avec ceux qui l'entouraient ; il a tracé les caractères et donné lui-même les détails des anecdotes que je raconte. L'abandon avec lequel il s'exprimait ne peut être conçu que de ceux qui l'ont entendu ; et, bien que dans les choses où sa conduite donnait matière au doute, il penchât naturellement en sa faveur, la vérité paraissait toujours être son guide. Il réussissait particulièrement à tracer un caractère. Son esprit lumineux semblait concentrer ses rayons sur l'objet qu'il voulait définir et en distinguait aussitôt les traits les plus caractéristiques. L'intime connaissance qu'il avait de tous les personnages qui ont figuré en Europe pendant les trente dernières années donnait à ses opinions et à ses observations un intérêt plus qu'ordinaire, et, en effet, pouvait-on puiser à une source plus authentique ? Malgré le laps de temps qui s'est écoulé depuis que les événements dont il s'occupait ont eu lieu, malgré les catastrophes qui avaient dû troubler son esprit, il était étonnant de voir avec quelle facilité il se rappelait toutes les circonstances qui faisaient le sujet de la conversation. Si quelque chose pouvait surprendre davantage encore, c'était l'indifférence avec laquelle il parcourait les libelles dirigés contre lui. »

De ces confidences on aura une idée par ces quelques pages où Napoléon expose sa magnifique confiance dans le jugement de la postérité à son égard ; ses doléances de captif en butte aux vexations de son geôlier ; et où il trace les portraits de quelques personnages célèbres :

« J'ai toujours marché avec l'opinion de cinq à six millions d'hommes. Malgré tous les libelles, je ne crains rien pour ma renommée : la postérité me rendra justice ; la vérité sera connue, et l'on comparera le bien que j'ai fait avec les fautes que j'ai commises ; je ne redoute pas le résultat de l'examen. Si j'eusse réussi, je serais mort avec la réputation du plus grand homme qui eût jamais existé. Dans l'état où sont les choses, quoique j'aie échoué, je serai encore considéré comme un homme extraordinaire. Mon élévation est unique dans l'histoire, parce qu'elle n'est le résultat d'aucun crime. J'ai combattu dans cinquante batailles, que j'ai presque toutes gagnées ; j'ai tracé et fait mettre à exécution un code de lois qui portera mon nom à la postérité la plus reculée.

De rien, je suis devenu par moi-même le monarque le plus puissant du monde : j'ai vu l'Europe à mes pieds. Mon ambition était grande, je l'avoue ; mais elle était froide et causée par les événements et l'opinion des grandes masses : j'ai toujours pensé que la souveraineté repose dans le peuple. En effet, le gouvernement impérial était une espèce de république : appelé à sa tête par la voix de la nation, ma maxime fut : carrière ouverte aux talents sans distinction de naissance ou de fortune ; c'est pour ce système d'égalité que l'oligarchie anglaise me déteste tant. » Et plus loin : « Dans douze cents ans on citera mon nom avec respect, tandis que celui de mes oppresseurs sera oublié ou ne sera connu que pour être chargé d'opprobre et d'infamie. »

« 13 oct. 1816. J'ai vu Napoléon dans son bain. Il se plaignait de mal de tête et d'un malaise en général ; il avait une légère fièvre. Il s'emporta contre l'île et dit qu'il ne pouvait sortir une demi-heure au soleil sans avoir mal à la tête, par suite du défaut d'ombre. “Vraiment, dit-il, il faut une grande résolution et une grande force d'âme pour supporter une existence pareille à la mienne, dans une demeure aussi horrible. Tous les jours de nouveaux coups de stylet au cœur par ce bourreau qui se complaît à faire le mal. Cela paraît être son seul plaisir. Chaque jour il imagine de nouveaux moyens de me tourmenter, de m'insulter et de m'imposer des privations nouvelles. Il veut abréger ma vie en m'irritant tous les jours. D'après ses dernières restrictions, il ne m'est pas permis de parler aux personnes que je rencontre. Cette liberté n'est même pas refusée à des condamnés à mort. On enchaîne un homme, on l'enferme dans un cachot au pain et à l'eau ; mais on ne lui refuse pas la liberté de parler. C'est une vie tyrannique dont on n'a pas encore d'exemple, à l'exception du Masque de fer. Dans les tribunaux de l'inquisition, on écoute un homme dans sa défense ; mais j'ai été condamné sans qu'on m'ait entendu et sans avoir été jugé, au mépris de toutes les lois divines et humaines ; je suis détenu comme prisonnier de guerre en temps de paix, séparé de ma femme et de mon fils. On m'a transporté par la force, ici, où l'on m'impose les restrictions les plus injustes et les plus arbitraires ; on m'ôte jusqu'à la liberté de la parole. Je suis sûr qu'aucun des ministres, excepté lord Bathurst, ne donnerait son consentement à un pareil acte de tyrannie. Son grand soin de tenir tout secret montre qu'il a peur que sa conduite soit connue, même des ministres… Cet homme est venu, qui a l'impudence de prétendre qu'il n'a rien changé aux règlements. Il dit que, s'il vient des étrangers pour me voir, ils ne peuvent parler à personne de ma suite, et qu'ils désirent tous m'être présentés par lui. Si mon fils venait dans l'île, et qu'il exigeât qu'il me fût présenté par lui, je refuserais de le voir. Vous savez que c'était pour moi plutôt une peine qu'un plaisir de recevoir tant d'étrangers, dont quelques-uns ne venaient que pour me regarder comme une bête curieuse ; mais encore était-ce une consolation d'avoir le droit de les voir quand je voulais."

Voici maintenant quelques portraits tracés par Napoléon :

« De tous les généraux que j'ai eus sous moi, Desaix et Kléber ont été ceux qui ont déployé le plus de talent, surtout Desaix, parce que Kléber n'aimait la gloire qu'autant qu'elle lui procurait des richesses et des plaisirs. Desaix, au contraire, aimait la gloire pour elle-même et méprisait toute autre chose. Il ne rêvait que la guerre et la gloire ; les richesses et les plaisirs n'étaient rien pour lui ; il ne leur accordait pas même une pensée. C'était un petit homme d'un air sombre, d'un pouce à peu près moins grand que moi, toujours vêtu avec négligence, quelquefois même ses vêtements étaient déchirés, méprisant les jouissances et les commodités de la vie. Plusieurs fois, en Égypte, je lui fis présent d'un équipage de campagne, mais il le perdait aussitôt. Enveloppé dans son manteau, Desaix se jetait sur un canon et dormait aussi à son aise que sur l'édredon. La mollesse n'avait pour lui aucun charme. Droit et honnête dans tous ses procédés, les Arabes l'avaient appelé le sultan juste. La nature l'avait formé pour être un grand général. Kléber et Desaix furent des pertes irréparables pour la France. Si Kléber eût vécu, l'armée anglaise eût péri en Égypte. »

O'Meara dit à l'Empereur que, d'après ce qu'il avait entendu dire, Murat avait imputé la perte de la bataille de

Waterloo à ce qu'on n'avait pas fait un usage convenable de la cavalerie, et qu'il avait ajouté que, s'il l'eût commandée, les Français auraient remporté la victoire. « C'est très probable, répliqua Napoléon, je ne pouvais être partout ; Murat était le meilleur officier de cavalerie du monde. Il eût donné plus d'impétuosité à la charge. Il ne s'en est pas fallu de beaucoup, je vous assure, que ce jour-là je ne remportasse la victoire. Il fallait enfoncer deux ou trois bataillons, et probablement Murat y serait parvenu. Il n'y avait pas, je crois, deux officiers dans le monde pareils à lui pour la cavalerie, et à Drouot pour l'artillerie. Murat avait un caractère très singulier. Il était capitaine lorsque, il y a vingt-quatre ans, je le pris pour mon aide de camp ; je l'ai fait tout ce qu'il a été depuis. Il m'aimait, je peux même dire qu'il m'adorait. Il était en ma présence comme frappé de respect et prêt à tomber à mes pieds. J'ai eu tort de l'éloigner de ma personne ; car sans moi il n'était rien, et à mes côtés il était mon bras droit. Si j'ordonnais à Murat d'attaquer ou de culbuter quatre ou cinq mille hommes dans une direction donnée, c'était l'affaire d'un moment ; mais si je l'abandonnais à lui-même, c'était un imbécile sans jugement. Je ne puis concevoir comment un homme si brave pouvait être si lâche. Il n'était brave que devant l'ennemi, et là c'était peut-être l'homme le plus vaillant du monde. Son courage impétueux le portait au milieu du danger, couvert de plumes qui s'élevaient sur sa tête comme un clocher, et tout brillant d'or. C'était un miracle qu'il échappât tant il était facile à reconnaître à son costume. Toujours en butte au feu de tous les ennemis, les Cosaques eux-mêmes l'admiraient à cause de son étonnante bravoure. Chaque jour il était engagé dans un combat particulier avec quelques-uns d'entre eux, et ne revenait jamais sans avoir teint son sabre de leur sang. En campagne c'était un véritable paladin, enfin un Don Quichotte ; mais si on le prenait dans le cabinet, c'était un poltron sans jugement ni décision. Murat et Ney étaient les deux hommes les plus braves que j'aie jamais connus.

« Carnot était un homme laborieux et sincère, mais sujet à l'influence des intrigues et facile à tromper. Il a dirigé les opérations de la guerre, sans avoir mérité les éloges qu'on lui a donnés, parce qu'il n'avait ni l'expérience ni l'habitude de la guerre. Il n'a montré que peu de talent pendant son premier ministère ; il a eu avec le ministre des finances et la trésorerie plusieurs querelles dans lesquelles il avait tort. Il quitta le ministère, convaincu qu'il ne pouvait le conserver faute d'argent. Il vota ensuite contre l'établissement de l'Empire ; mais comme sa conduite a toujours été franche, jamais il ne donna d'ombrage ; jamais il ne demanda rien pendant la prospérité de l'Empire ; mais après les malheurs de la Russie, il sollicita de l'emploi et reçut le commandement d'Anvers, qu'il défendit fort bien. Après mon retour de l'île d'Elbe, il fut nommé ministre de l'intérieur, et j'eus tout lieu d'être satisfait de sa conduite. Lors de l'abdication, il a été membre du gouvernement provisoire, mais il fut joué par les intrigants dont il était entouré ; dans sa jeunesse, il passait pour un original parmi ses camarades. Il détestait les nobles, et eut, à ce sujet, plusieurs querelles avec Robespierre qui en avait protégé plusieurs sur la fin. Il était membre du comité de salut public avec Robespierre, Couthon, Saint-Just et autres "bouchers", et ce fut le seul qu'on ne dénonça point. Il demanda ensuite à être jugé, pour sa conduite, avec ceux qu'il voulait bien appeler ses collègues, ce qui lui fut refusé ; mais sa demande de partager le sort des autres lui fit un grand honneur.

« Talleyrand est le plus méprisable des agioteurs ; c'est un bas flatteur, un homme corrompu qui a trahi tour à tour tous les partis, tous les individus. Prudent et circonspect, toujours traître, mais toujours en conspiration avec la fortune, Talleyrand traite ses ennemis comme s'ils devaient être un jour ses amis, et ses amis comme s'ils devaient devenir ses ennemis. Il a du talent, mais il est vénal en toutes choses, on ne peut rien faire avec lui qu'en le payant. Les rois de Bavière et de Wurtemberg m'avaient fait tant de plaintes sur sa rapacité, que je lui retirai le portefeuille. J'appris en outre qu'il avait divulgué à quelques intrigants un secret de la plus haute importance, et que je n'avais confié qu'à lui seul. Lorsque je revins de l'île d'Elbe, il m'écrivit en m'offrant ses services, à la seule condition que je lui pardonnasse et lui rendisse ma faveur. Il argumentait d'après une proclamation dans laquelle je disais qu'il était des circonstances auxquelles il était impossible de résister. Mais réfléchissant que je devais faire quelques exceptions, je le refusai, parce que si je n'avais puni personne, cela aurait excité l'indignation.

« Blücher est un très brave soldat, un bon sabreur. Il est comme un taureau qui ferme les yeux, et, sans voir aucun danger, se précipite en avant. Il a commis mille fautes, et sans des circonstances imprévues, j'aurais pu, différentes fois, le faire prisonnier, lui et la plus grande partie de son armée. Il est obstiné et infatigable, ne craignant rien, et très attaché à son pays ; mais, comme général, il est sans talent. Je me souviens que, lorsque j'étais en Prusse, il dînait à ma table, après s'être rendu, et qu'on le considérait comme un homme très ordinaire. »

L'historien anglais Norwood Young[1], partisan déterminé de la politique du gouverneur, écrit d'O'Meara : « Il est certain que sa position lui rendait difficile, sinon impossible, de concilier sa situation de confident de Napoléon et son devoir d'officier britannique. » En effet, pendant qu'il recueillait les précieuses confidences de l'Empereur, O'Meara, qui n'oubliait pas sa position d'officier anglais, soumis par conséquent à l'autorité du gouverneur, servait d'intermédiaire entre Longwood et Plantation House, sans avoir de scrupule à rapporter à Lowe et à son état-major les renseignements qu'il pouvait recueillir dans l'entourage de Napoléon ; vivement encouragé et même sollicité par « Son Excellence » dans ce rôle d'espion, il correspondait en même temps, à l'insu du gouverneur, avec l'Amirauté de Londres, où ses lettres à son ami Finlaison étaient lues avec intérêt par les ministres anglais et par le Prince Régent lui-même.

Il est piquant de constater que lord Bathurst lisait volontiers les lettres d'O'Meara que lui communiquait Finlaison,

---

1. Norwood Young, *Napoleon in Exile : St. Helena*, Londres, 1915, 2 vol.

bien qu'il sût que le gouverneur en ignorait l'existence puisqu'elles n'étaient pas acheminées par son canal… C'est seulement à la date du 23 janvier 1818 que son secrétaire, Mr. Goulburn, écrit à Lowe pour le mettre au courant de ces informations clandestines, en ajoutant que « lord Bathurst juge prudent de ne rien faire pour risquer d'être privé de la connaissance de cette correspondance ».

Le parrainage de ces autorités ayant convaincu O'Meara qu'il était invulnérable, le docteur évoluait à l'aise dans les méandres de son triple jeu, envoyant à Londres ses courriers truffés d'anecdotes savoureuses, se faisant en même temps dans la garnison de Sainte-Hélène l'avocat des doléances des exilés, tout en rapportant à Hudson Lowe ses entretiens avec les Français. Une lettre du gouverneur à lord Bathurst, citée par Forsyth[1], dévoile le procédé :

« Comme le docteur O'Meara s'entretient très librement avec Bonaparte, j'obtiens de temps en temps de lui de curieuses révélations sur les ruses et les subterfuges employés par le général et dont l'usage est permis à ses inférieurs. »

De la duplicité du docteur un exemple suffira : dans une lettre adressée à sir Thomas Reade, adjoint du gouverneur, il écrit : « Napoléon espère inspirer de la haine pour le gouverneur en disant qu'il a été obligé de vendre sa vaisselle plate pour ne pas mourir de faim. C'est lui-même qui m'a dit que tel était son but. »

On sait depuis longtemps que l'Empereur n'en était pas réduit à vendre son argenterie pour subsister. Dans son esprit, ce geste spectaculaire allait frapper l'opinion européenne en attirant sur lui un mouvement de sympathie pour son dénuement, en quoi il eut un plein succès. Mais si l'on trouve trop machiavélique cette politique de Napoléon, comment qualifier l'abus de confiance dont O'Meara ne craignit pas de se rendre coupable ?

1. Forsyth, *op. cit.*

Le gouverneur, tenaillé par le souci de sa responsabilité, n'avait aucun scrupule à considérer comme un devoir pour tout sujet britannique entrant en contact avec les exilés de lui faire un rapport circonstancié sur ce qu'il avait pu voir ou entendre. Les officiers de service à Longwood étaient invités à écouter aux portes et à regarder par les trous de serrure. Inutile de dire que ces braves gens, qui avaient une autre conception que Lowe de leur honneur d'officier, ne se prêtèrent pas à ses exigences.

O'Meara s'exprime très librement à l'égard du gouverneur dans sa correspondance avec Finlaison. Il écrit notamment :

« Je dois vous avouer que je suis un de ceux qui pensent qu'on en a usé avec Bonaparte d'une grande rigueur inutile, et je sais que telle est l'opinion de tous les officiers de l'île, l'état-major de sir Hudson Lowe excepté… Avec sir George Cockburn, Bonaparte n'eût pas été tourmenté par des restrictions inutiles, futiles et vexatoires. »

Après avoir longtemps amusé le gouverneur avec ses racontars sur la « famille » de Longwood, O'Meara qui, par son contact journalier avec l'Empereur, ne pouvait manquer de subir sa force de séduction – poussé par l'attrait d'un reportage magnifique à offrir au public, comblé de libéralités par Napoléon, peut-être aussi amené à un revirement sincère de ses sentiments qui se développait en même temps que son antipathie pour le gouverneur –, finit par ne plus tolérer les brimades de Lowe, se déroba peu à peu à ses exigences inquisitoriales, et, confiant dans la situation privilégiée que lui valaient ses relations avec l'Amirauté, se croyant assuré de l'avenir, en vint à refuser de continuer à jouer le rôle de « mouton » qu'il n'avait pourtant pas dédaigné jusqu'alors.

De graves griefs survinrent. N'avait-il pas confié par écrit à diverses personnes que le gouverneur lui aurait suggéré de provoquer la mort de Napoléon ?

Dans une lettre à M. J. W. Croker, du 28 octobre 1818, destinée à être mise sous les yeux des ministres, il déclare : « sir Hudson Lowe me fit des observations sur l'avantage qui résulterait pour l'Europe de la mort de Napoléon

Bonaparte, événement dont il parlait d'une manière qui, vu sa situation et la sienne, était particulièrement désolante pour moi. »

Il affirme encore, en présence de M. Hall, chirurgien de la *Favorite*, que, « s'il avait suivi les indications de sir Hudson Lowe, Napoléon serait déjà mort en ce moment et qu'il pensait qu'il ne serait bientôt plus de ce monde[1] ».

Enfin, dans son journal privé, O'Meara écrit, à la date du 15 novembre 1816 : « Hudson Lowe me demanda de lui faire un compte rendu de la santé de Bonaparte. Il me fit observer qu'en le rédigeant je ne devais pas perdre de vue que la vie d'un homme ne pouvait pas être mise en balance avec les malheurs que pourrait amener son évasion ; qu'il ne fallait pas oublier que le général Bonaparte était responsable de la perte de millions de vies et qu'il pourrait l'être encore ; que la vie d'un individu était de peu de poids ; que ma situation était tout à fait spéciale et d'une très grande importance politique. »

Toutes ces affirmations paraissent suspectes, et l'on ne peut, à leur sujet, que tenir pour assez bien fondée l'opinion de Forsyth qui y voit « d'atroces mensonges ». Lowe n'était pas cruel, et, d'ailleurs, la mort de Napoléon ne pouvait que mettre fin à son fructueux proconsulat. Ne dit-il pas lui-même à Montholon, « avec l'accent de la vérité », quand l'Empereur eut expiré : « Sa mort est ma ruine[2] » ? Il semble donc que le docteur irlandais ait forcé la note. On le lui fit bien voir à son retour en Angleterre, quand il s'obstina à répéter ses dires devant les ministres qui, dès lors, n'hésitèrent plus à prononcer sa destitution.

Ce n'est pourtant pas cet incident qui avait provoqué son rappel de Sainte-Hélène. Il était suspect depuis longtemps, mais on hésitait, en haut lieu, à priver le captif de son médecin. Bathurst, aussi bien que Lowe, redoutait d'assumer une telle responsabilité ; devant cette menace, Napoléon avait

1. Dr J. R. Verling, *Journal de Sainte-Hélène* (22 janvier 1819), publié par les *Carnets de la Sabretache*, 1921, traduit par E. Brouwet.

2. Montholon, *Récits de la captivité*, Paris, 1847, 2 vol.

déjà fait entendre des protestations indignées. Le fait est que le rappel du docteur n'intervint, sur l'ordre formel de Lord Bathurst, qu'après l'arrivée de Gourgaud à Londres, où le fantasque général français tint des propos extravagants, d'après lesquels O'Meara, par pure complaisance et sans souci de la vérité, s'efforçait de convaincre les autorités anglaises que son malade était gravement atteint. Après un tel témoignage émanant d'un des compagnons de l'Empereur, il n'y avait plus aucun ménagement à garder. Le docteur fut rayé des contrôles de la Marine.

Dans une lettre du 16 mai 1818 au gouverneur, lord Bathurst précise que « c'est d'après les informations véridiques données par Gourgaud que les rapports établis par O'Meara ont été reconnus mensongers. En conséquence, ce médecin devra cesser tout rapport avec les habitants de Longwood. »

Ce fait indéniable, Forsyth ne le met pas en doute : « Une chose qu'il faut remarquer, écrit-il, c'est que Gourgaud, et non pas Hudson Lowe, fut la cause de la destitution d'O'Meara. »

Dès sa rentrée en Angleterre, le docteur se fit le champion du captif, et publia, en 1819, un pamphlet contenant de très vives attaques contre le gouverneur[1].

C'est un ouvrage, bourré de pièces justificatives, où l'auteur expose différents chefs d'accusation, non seulement contre le gouverneur, mais aussi contre les conditions matérielles de vie faites aux prisonniers. Il signale l'insalubrité de la résidence de Longwood, « une misérable grange exiguë et inconfortable, saturée d'humidité, située en un lieu constamment battu par les vents alizés qui déterminent des brouillards malsains, remplacés, quand le soleil paraît, par une chaleur torride, car les ombrages y font complètement défaut ».

Des considérations d'ordre médical font apparaître, avec l'appui de statistiques, les répercussions d'un climat instable

1. O'Meara, *An Exposition of some of the Transactions that Have Taken Place at St. Helena, since the Appointment of sir Hudson Lowe as Governor of that Island*, Londres, 1819.

et de fréquents changements d'atmosphère sur la santé des résidents exposés à des affections du poumon et du foie. De nombreux cas se sont produits, notamment dans la garnison et dans la population où l'on peut relever un pourcentage anormal de décès. Il oppose cette situation à celle de Plantation House, où le gouverneur jouit d'une belle résidence, dans un site entouré d'un vaste parc et complètement à l'abri des intempéries.

C'est sur la « tyrannie » d'Hudson Lowe que le docteur insiste particulièrement. « Après le départ de l'amiral Cockburn, écrit-il, Lowe changea entièrement les ordonnances établies par son prédécesseur, quoiqu'elles eussent été approuvées par le gouvernement anglais et que les Français en eussent paru satisfaits. » Il relate longuement les aggravations apportées aux consignes des sentinelles, le rétrécissement de la zone limitant les promenades libres des captifs, les entraves mises aux visites qu'ils pourraient recevoir, la pénurie de journaux laissés à leur disposition, la qualité défectueuse de la nourriture ; tous griefs auxquels s'ajoutent les persécutions que le docteur eut à subir personnellement de la part du gouverneur avant son rappel de l'île.

Il est clair qu'O'Meara se plaît à exhaler sa rancœur, tout en cherchant à intéresser l'opinion publique anglaise en faveur de Napoléon et de ses compagnons. Mais l'ouvrage est d'un médiocre intérêt si on le compare à son œuvre principale qui, elle, atteignit ce but avec un énorme succès.

Outre ses deux ouvrages de polémique, parus en 1819 et 1822, on possède d'autres manifestations de sa verve batailleuse : sa correspondance et son journal privé. Ce dernier, impubliable du vivant des contemporains en raison de la liberté de ton qui y règne, et comprenant dix-neuf volumes manuscrits, devint la propriété du *Century Magazine* qui en a publié des extraits en 1900. Le manuscrit original avait été confié par le docteur à Louis Mailliard, secrétaire de Joseph Bonaparte. Les héritiers de Mailliard, fixés aux États-Unis, le cédèrent au *Century Magazine* avec toutes les preuves nécessaires d'authenticité. Ce texte a été considérablement élagué et édulcoré par l'auteur avant d'être utilisé pour la rédaction de la *Voix de Sainte-Hélène*. « Ce faisant, dit son éditeur, il a éliminé une bonne partie de sa couleur littéraire et de son arôme particulier. »

Quant aux lettres adressées à Finlaison, elles sont conservées dans les *Lowe papers* du British Museum ; il faut les lire pour se faire une idée exacte de la personnalité de leur auteur.

Dans une de ces lettres, du 16 mars 1816, le docteur écrit : « L'entourage de Napoléon me donne une idée de ce que pouvait être sa cour de Saint-Cloud au temps de sa toute-puissance. Tout ici est déguisé et tronqué avant de lui être présenté, spécialement par Montholon. Par contre, le Grand-Maréchal Bertrand est, à mon avis, un homme honnête et respectable. »

Sa verve se donne libre cours dans cette correspondance où il note pêle-mêle certaines conversations avec Napoléon qui n'ont pas trouvé place dans son livre, et où il se fait volontiers l'écho des ragots de Longwood. Il suffit d'en citer quelques extraits pour donner une idée de ses préventions contre ses hôtes ainsi que de son goût pour l'anecdote parfois triviale.

Forsyth se refuse, par décence, à citer un texte qu'il commente ainsi :

« À cette époque, la comtesse Montholon, qui se trouvait dans un état de grossesse avancé, faisait, dans l'attente d'une prochaine délivrance, des préparatifs qui étaient pour O'Meara un sujet perpétuel de plaisanteries vulgaires. On se voit obligé de passer sous silence plusieurs passages des lettres de cet individu, car ce serait manquer aux convenances et à la décence que de publier le langage grossier et indigne d'un homme, dans lequel le chirurgien de marine ridiculisait les dames que sa profession l'appelait à soigner. »

Voici quelques-unes de ses aménités :

– Les Français sont les plus grands gloutons et épicuriens que j'aie jamais vus.

– 22 juin 1816. Je n'arrive pas à comprendre comment Napoléon peut encore employer Montholon comme porte-parole, à moins qu'il n'ait envie d'entendre journellement des mensonges.

– 7 juillet 1816. Je reçois les doléances de la comtesse Bertrand à propos de l'animosité du gouverneur contre son mari. Elle déclare que c'est l'Empereur qui force le Grand-Maréchal à écrire des lettres injurieuses, et, quand il se dérobe en disant que de telles lettres ne peuvent que faire empirer leur situation, il le traite de froussard.

– 19 juillet 1816. Montholon et Las Cases poussent l'Empereur contre le gouverneur. C'est Las Cases qui est le principal responsable de la brouille qui existe entre eux.

– 20 juillet 1816. Las Cases parle peu, mais travaille, travaille comme une petite souris à se tailler sa prébende dans un fromage.

– 23 juillet 1816. Madame Bertrand raconte que Madame de Montholon change plusieurs fois de robe dans la journée pour plaire à l'Empereur.

– 24 juillet 1816. Gourgaud et Las Cases travaillent à se nuire l'un à l'autre dans l'esprit de l'Empereur, par jalousie, ou pour d'autres motifs plus graves.

– 1er août 1816. Las Cases voudrait rétablir la coutume de prendre le petit déjeuner en commun, mais les autres ont refusé, parce que, la plupart du temps, il écoute la conversation sans y prendre part, et le soir il la répète à Napoléon en y ajoutant cent mensonges et altérations. C'est pourquoi, disent-ils, nous désirons éviter toute communication avec lui. Mais, ajoute O'Meara, ils se sont bien gardés de lui faire connaître le motif de leur refus.

Mon Dieu, on sait bien que la bonne entente ne régnait pas parmi les habitants de Longwood, exilés, aigris, soumis à une stricte étiquette et se jalousant pour de ridicules questions de préséances. Mais il est pénible de penser que ces discordes s'étalaient devant des Anglais prompts à la critique et aux railleries. Napoléon n'avait-il pas assez de ses propres ennuis et fallait-il que ses amis y ajoutassent par leur désunion et leurs criailleries ?

Tout le journal d'O'Meara n'est pas distillé de la même bile. On y trouve quelques notes, quelques anecdotes qui n'ont pas été retenues dans son œuvre publiée. On y voit avec quelle familière bonne humeur l'Empereur se livrait avec lui à certaines confidences :

– 20 juin 1816. Napoléon me montre une gravure le représentant en train de franchir les Alpes à cheval, un sabre à la main. « Pourquoi, me dit-il en riant, me mettre un sabre à la main ? Est-ce pour tailler les rochers pour me frayer un passage ? »

– 8 juillet 1816. « Le gouvernement anglais, me dit-il, s'est efforcé de dénicher le plus affreux endroit du globe pour m'y placer ; puis il a trouvé un gouverneur digne de cet horrible lieu, car l'homme et le lieu sont aussi laids et repoussants l'un que l'autre.

– 16 juillet 1816. « Si vous vous mariez, O'Meara, choisissez au moins une jolie femme. Si elle ne vous apporte pas de dot, vous aurez au moins quelque chose d'agréable à regarder. »

– 27 juillet 1816. « Il ne m'est jamais arrivé de m'enivrer, sauf une seule fois dans ma vie. J'avais bu trois bouteilles de bourgogne qui m'ont complètement grisé. Ah, ce que j'ai été malade le lendemain ! Je suis resté deux jours comme mort ! »

– 28 juillet 1816. « Je ne suis nullement embarrassé, malgré la vigilance du gouverneur, pour faire passer du courrier en Europe. Je pourrais en envoyer par chacun des navires marchands qui font escale ici. »

– 30 juillet 1816. Il me parle de l'Empereur d'Autriche : « Je le connais bien ; personne au monde ne le connaît mieux que moi. C'est un imbécile, un paresseux sans cervelle et sans cœur. Il est dépourvu de tout talent. Il ignore l'affection, la sensibilité, la gratitude. En fait, les bonnes qualités lui font complètement défaut. »

– 16 août 1816. Après le bal donné à Plantation House en l'honneur de la fête du Prince Régent, Napoléon me questionne sur les commissaires et sur Madame Stürmer. « Quelle était, d'après vous, la plus jolie femme de la soirée ? – Madame Stürmer, répondis-je, et après elle, Betsy Balcombe. » Il fait l'éloge de Betsy et puis me demande si

Madame Stürmer est vraiment jolie, si elle a de belles mains : « À quoi ressemble-t-elle ? Est-ce une femme distinguée ? » Je lui réponds que c'est une jolie brune, que sa figure est agréable, mais qu'elle est de petite taille et qu'elle manque de grâce. Je lui dis aussi que son mari, le baron Stürmer, est jaloux du commissaire russe avec lequel il habitait ; ils vivent maintenant séparés. »

– 26 août 1816. Napoléon me dit : « Je n'ai jamais été homme à m'occuper beaucoup d'affaires d'argent. Je n'ai jamais su exactement ce que je possédais. »

– 26 août 1816. Je lui demande ce qu'il pense des talents militaires du duc de Wellington. « Il mérite certainement, me dit-il, sa réputation de bon général. Il a de la fermeté et du talent, mais il n'a pas eu autant d'occasions que d'autres de faire ses preuves. Il ne s'est pas exercé sur une grande échelle. Il a montré de l'habileté dans la guerre d'Espagne. » Il ajouta : « Il est impossible à un homme de guerre de ne pas commettre d'erreurs ; nous y sommes tous exposés. Le meilleur général est celui qui en fait le moins et il en a certainement fait moins que n'importe quel autre chef d'armée. – Cependant, remarquai-je, on ne peut pas dire qu'il soit votre égal ? – Ma foi, bien sûr, il n'a pas fait tout ce que j'ai fait. Il n'a pas comme moi conquis des royaumes ; mais c'est néanmoins un excellent général[1]. »

– 26 août 1816. « Savez-vous que le *Times*, qui touche actuellement six mille francs du gouvernement français, m'a proposé, en pleine guerre, d'écrire pour moi et d'insérer tout ce que je voudrais ? D'autres journaux anglais m'ont fait des propositions analogues. »

Commencé le 8 avril 1816, le journal d'O'Meara s'arrête malheureusement à la date du 17 février 1817 ; le reste a été égaré. Peut-être ses critiques eussent-elles été amoindries

1. On peut se demander si ce jugement, plutôt favorable au duc de Wellington, a été réellement prononcé par l'Empereur tel que le rapporte O'Meara, et pourquoi le docteur ne l'a pas inséré dans son principal ouvrage, où Wellington est, à plusieurs reprises, assez maltraité par Napoléon. O'Meara, *op. cit.*, p. 126.

après que les subsides de l'Empereur eurent amené le docteur à des sentiments plus favorables à sa cause.

On a plaisir à lire, à la date du 7 septembre 1816, une page touchante, une vision dont le clair-obscur offre une image pathétique du grand homme :

« Napoléon était assis dans sa petite chambre à coucher, éclairée par une seule bougie ; mais un feu de bois brûlait dans la cheminée ; et les flammes, tantôt brillant d'un vif éclat, tantôt réduites à un état de semi-obscurité, donnaient une singulière et mélancolique apparence à la silhouette de Napoléon assis devant l'âtre, ses mains croisées sur ses genoux, en train sans doute de rêver à sa grandeur passée. »

En somme, clairvoyant, subtil, bon conteur, mais vénal, hypocrite et vulgaire, O'Meara ne mérite pas le « world's applause », les « applaudissements de l'univers » que lord Byron lui a décernés. Mais quelque répulsion qu'inspirent ses palinodies, il n'en reste pas moins un des premiers et des plus efficaces créateurs de la légende napoléonienne.

Chapitre VI

LE DOCTEUR WARDEN

« Tout son livre est pavé d'impostures », écrivait la *Quarterly Review*, organe violemment anti-napoléonien du parti au pouvoir, quand parurent en 1816 les *Lettres du* Northumberland[1].

C'était l'œuvre du chirurgien du *Northumberland*, un Écossais, le docteur William Warden, qui fit le voyage de Plymouth à Sainte-Hélène avec Napoléon et résida ensuite dans l'île jusqu'au 19 juin 1816.

Il était né à Alyth, dans le Forfarshire, en 1777, d'une famille attachée à la cause des Stuarts. Il commença des études médicales et entra dans la marine dès 1795 sur la *Melpomène*. Il fut titularisé comme chirurgien trois ans après. Il prit part à plusieurs engagements sur mer, notamment à l'expédition contre Copenhague, en 1801, sur l'*Alcmène*, puis au combat naval contre la frégate française *Didon*, où il fut grièvement blessé. En 1812, il accompagna le contre-amiral Cockburn dans la guerre contre les États-Unis et fit partie des troupes qui entrèrent à Washington. Après cette campagne, il suivit son chef sur le *Northumberland* et à

1. W. Warden, *Letters from the* Northumberland *and St. Helena*, Londres, 1816. Une traduction française de cet ouvrage a paru dans le *Recueil de pièces authentiques sur le captif de Sainte-Hélène*, tome II, 1821-1825.

Sainte-Hélène. Rayé des contrôles de la marine après la publication de son livre, il y fut plus tard réintégré. Il mourut en 1849, à l'âge de soixante-douze ans.

Dès son retour de Sainte-Hélène, il s'était empressé de monnayer les précieux renseignements qu'il avait, avec une inlassable curiosité, recueillis de l'Empereur et de ses compagnons, avec lesquels, comme il l'écrit lui-même, « il avait vécu dans une sorte d'intimité. » Le Grand-Maréchal Bertrand, Las Cases, Montholon s'étaient volontiers prêtés à répondre à des questions qui leur faisaient pressentir tout l'intérêt qu'allaient prendre désormais les Anglais aux faits et gestes de leur illustre captif.

La moisson engrangée déferla sous forme de lettres adressées à sa fiancée, miss Hutt, et fut livrée au public au début de 1817. Les détails donnés par l'auteur sur le comportement, l'emploi du temps et les propos de l'Empereur pendant son séjour à bord ne diffèrent pas des récits de l'amiral Cockburn et de son secrétaire Glover. Cependant les lettres de Warden fournissent quelques détails caractéristiques de son optique personnelle :

« À bord du *Northumberland*, dès onze heures du matin, nous étions préparés à recevoir Napoléon. Lord Keith, inspiré par une noble délicatesse, refusa de recevoir les honneurs affectés à son grade : il les céda à l'ex-Empereur, dont les titres pompeux venaient de s'éteindre avec le pouvoir qui les donne. Le rang de général fut le seul qu'il put exiger d'un gouvernement qui ne lui en avait jamais reconnu d'autre. Une garde de soldats de marine, commandée par un capitaine, formait la haie sur le gaillard pour le recevoir, avec ordre de lui présenter les armes et de faire trois roulements. Ce sont les honneurs qu'on rend aux officiers généraux au service de l'Angleterre !

« À l'approche du canot, on reconnut aisément Napoléon par sa ressemblance avec les nombreuses gravures à son image, lesquelles décorent presque toutes nos boutiques... Le silence le plus profond régnait à bord lorsque le canot accosta le vaisseau. On voyait peint sur toutes les figures un mélange de gravité et d'anxiété, qui, au jugement des observateurs, ajoutait à la solennité du cérémonial. Le comte Bertrand monta le premier, et, après avoir salué, se retira un peu en arrière pour faire place à celui qu'il considérait toujours comme son maître et à la présence duquel il croyait devoir témoigner l'hommage du profond respect qu'elle lui inspirait. Dans ce moment l'équipage respirait à peine.

« Lord Keith quitta le canot le dernier ; et je ne saurais donner une plus haute idée de l'attention soutenue qu'inspirait Napoléon, qu'en remarquant que Sa Seigneurie, quels que soient son rang et sa réputation, ne fit aucune sensation et fut à peine aperçue au milieu de gens qui lui étaient subordonnés et qu'elle devait primer plus encore par son titre d'amiral de la flotte de la Manche, que par son grand uniforme et par les décorations dont il était revêtu.

« Napoléon portait l'uniforme d'un officier général d'infanterie : habit vert, les revers blancs, veste, culotte et bas de soie blancs, avec des souliers à boucles d'or de forme ovale. Il était décoré d'un cordon rouge, avec un crachat, et de deux ordres suspendus à sa boutonnière : celui de la couronne de Fer, et l'étoile de la Légion d'Honneur. Sa figure était pâle, sa barbe négligée. L'on voyait au premier aspect qu'il n'avait pas joui dans la nuit précédente d'un sommeil tranquille. Son front est légèrement ombragé de cheveux noirs, ainsi que sa tête qui est grosse et aplatie. Les cheveux qu'il a par-derrière sont fournis, et je n'en ai pas vu un seul de blanc. Ses yeux, de couleur grise, sont toujours en mouvement ; il les porte rapidement sur tous les objets qui l'environnent. Il a les dents belles et régulières, le cou très court et les épaules parfaitement proportionnées. Au total, sa personne, quoique chargée d'embonpoint, présente des formes agréables.

« Le premier jour de son arrivée, notre illustre passager montra un très grand appétit : il fit un dîner copieux, largement arrosé de vin de Bordeaux. Il passa la soirée sur le gaillard d'arrière, où les musiciens du 53e régiment lui donnèrent un concert. Lui-même demanda le *God save the King* et le *Rule Britannia*. Par intervalles il causa avec les officiers du navire qui parlaient français. Je remarquai qu'en pareille occasion, il gardait invariablement une attitude imposante, telle que celle qu'il avait sans doute aux Tuileries, lorsqu'il donnait audience à ses maréchaux et à ses ministres. Il ne dérange ses mains de leur place habituelle, les poches de son habit, que pour prendre sa tabatière. Je remarquai avec une attention toute particulière qu'il n'offrait jamais de tabac à personne, ce que j'attribuai à l'étiquette attachée au rang éminent qu'il avait occupé.

« Le troisième jour, nous le vîmes presque constamment sur le pont, et il parut avoir soigné sa toilette plus que de coutume. Les officiers ne lui témoignent pas plus de respect qu'ils ne font à des personnes de leur rang, et il paraît n'en pas exiger davantage. Il se contente apparemment des hommages que les gens de sa suite lui rendent. Ils ne paraissent jamais devant lui que découverts ; et en promenant ses regards sur le cercle qu'ils décrivent autour de lui, il peut se croire encore à Saint-Cloud.

« Le jour suivant, quoiqu'il ventât bon frais, et que nous fussions ballottés, Napoléon vint sur le pont dans l'après-midi et s'amusa à questionner le lieutenant de quart : il lui demanda combien de nœuds le vaisseau filait à l'heure ; si la mer deviendrait plus calme ; quel était le vaisseau étranger qui se trouvait à l'avant du *Northumberland*. Voulait-il prouver par là que rien n'échappait à ses observations ? Mais je ne pus m'empêcher de sourire, en voyant celui qui avait marché d'un pas si ferme sur tant de pays soumis chanceler sur le pont d'un vaisseau et prendre le bras du premier venu pour éviter une chute ; car il n'avait pas encore le “pied marin”.

« Sa conversation en tout temps consiste presque toujours en questions, qu'il a soin de poser de manière à ce qu'on ne lui en adresse point à lui-même. Il ne permettrait pas qu'on usât de cette liberté, chose pourtant assez commune en conversation. Je conçois aisément que lorsqu'il était sur un trône devant lequel personne n'osait parler à moins qu'il ne l'ordonnât, il ait pu prendre cette habitude de questionner sans cesse ; mais qu'il l'ait conservée dans sa chambre, sur le gaillard ou pendant ses promenades sur le pont d'un vaisseau, où il est lui-même subordonné au capitaine qui le commande, c'est ce qui m'étonne[1].

« Dans l'après-midi, Napoléon demeura sur le pont plus longtemps que de coutume ; il avait l'air extrêmement inquiet. Toutes ses questions avaient rapport aux progrès que nous faisions dans notre voyage, et montraient qu'il lui tardait d'arriver à Sainte-Hélène. Accoutumé à de violents exercices, il se trouvait sans doute incommodé de se voir resserré dans l'espace étroit d'un vaisseau.

« Napoléon s'informait volontiers de ce qui regardait l'artillerie anglaise ; il s'adressa pour cela au capitaine d'artillerie du bord, qu'il trouva en état de répondre à ses nombreuses questions. Quand il est entré au service, l'artillerie était son arme ; le sujet sur lequel il prenait des informations devenait donc par là plus intéressant, car si peu de temps s'était écoulé depuis ses premières armes qu'il pût apprécier à ses dépens notre tactique dans cette partie de l'art de la guerre.

« Descendant jusqu'aux plus minutieux détails du service, il s'informa de la discipline des sous-officiers, des bombardiers, des mineurs et des simples soldats. Il n'oublia pas l'éducation des cadets, et il demanda particulièrement s'ils avaient des professeurs de mathématiques, de physique, de chimie, etc. Vous aurez pu remarquer que notre illustre passager ne fait pas de questions au hasard ; il les adresse aux personnes que, par leurs emplois, il suppose les plus capables de lui répondre d'une manière satisfaisante ; ou, ce qui est plus probable, la physionomie des personnes qu'il rencontre lui suggère le sujet de ses interrogations. Comme sa curiosité s'attache particulièrement à pénétrer les secrets de l'emploi qu'occupe la personne à laquelle il parle, il pourrait bien lui prendre fantaisie de s'adresser à moi, car il paraît qu'il ne dédaigne pas la médecine.

1. Les portraits tracés dans le présent ouvrage devant avoir au moins le mérite de la ressemblance, nous nous interdisons de passer sous silence les réflexions naïves ou saugrenues du bon docteur Warden.

« Le service divin, célébré à bord comme il est d'usage de le faire sur tous les vaisseaux de Sa Majesté britannique, fournit matière à une discussion sur la religion, entre les personnes de la suite de Napoléon. Nous apprîmes d'eux que ce prince avait, après son dîner, parlé de matières religieuses ; il est inutile de vous faire part de ses opinions à ce sujet, il suffira de dire qu'elles étaient d'une philosophie tolérante. Une circonstance néanmoins mérite observation : c'est qu'il dit que le respect qu'il avait montré pour le culte musulman, lors de son séjour en Égypte, n'avait été qu'un acte de politique, une affaire du moment. On appuya fortement sur cette assertion, parce qu'on savait combien l'on avait été indigné en Angleterre lorsqu'on avait appris que Napoléon s'était déclaré musulman.

« Les exilés s'efforcèrent aussi de détruire l'opinion qu'ils nous supposaient relativement à Napoléon, qui, dit-on, n'a pas pour les dames cette galanterie sans laquelle les Français comptent pour peu toute générosité, toute vertu héroïque. Une telle opinion, disaient ses zélés compagnons, si elle existait parmi les Anglais, serait dénuée de fondement. Entre autres preuves qu'ils donnèrent pour nous persuader qu'il avait le cœur sensible, ils assurèrent qu'il était tendrement attaché à Marie-Louise, et qu'un doux regard de cette princesse suffirait pour obtenir tout de lui.

« Notre grand homme passe rarement un jour sans s'informer de la santé de l'équipage et de l'espèce de maladie qui règne parmi les matelots, ainsi que des remèdes qu'on leur administre. Il a quelque raison d'être fier de sa santé ; et quand l'on considère sous combien de climats il a été exposé, quels sont les travaux auxquels il s'est livré depuis vingt-cinq ans, cette santé dont il a toujours joui et dont il jouit encore excite la surprise et l'admiration. Il déclare que dans tout le cours de sa vie, il n'a eu besoin que deux fois d'avoir recours à la médecine. Dans la première, il se purgea ; à la seconde, attaqué d'une affection pulmonaire, on lui appliqua un vésicatoire. M. O'Meara, son chirurgien, parle de son tempérament avec admiration ; il dit que son pouls n'excédait jamais soixante-deux pulsations par minute. Il convient lui-même qu'il est très emporté, mais que la violence de sa colère passe rapidement, et qu'il recouvre presque aussitôt son sang-froid habituel. Je n'ai jamais entendu dire qu'en parlant de sa constitution et de l'état vigoureux de sa santé il eût calculé les probabilités d'une longue vie.

« La cérémonie du passage de la Ligne, jubilé des marins de toutes les nations, est si connue qu'il serait superflu d'en décrire les particularités ; quoique dans cette occasion on ajoutât beaucoup de choses au cérémonial accoutumé ; et il faut avouer que les Français se prêtèrent de bonne grâce à la licence que prennent les matelots dans ces saturnales nautiques. Le Neptune et l'Amphitrite du jour n'eurent pas non plus lieu de se plaindre. Ils étaient assis dans un canot plein d'eau ; leur trône était un baquet et leur sceptre une gaffe. Ils étaient environnés de Tritons, c'est-à-dire de cinquante à soixante matelots choisis parmi les plus beaux de l'équipage, nus jusqu'à la ceinture et barbouillés de différentes couleurs : chacun d'eux portait un seau plein d'eau de mer pour arroser plus ou moins les sujets du dieu des ondes salées. On peut s'imaginer jusqu'où l'on pousse la licence, lorsqu'on apprendra que le capitaine Ross, commandant du vaisseau, reçut lui-même un de ces seaux d'eau, et qu'il ne se fâcha pas. Bertrand, Montholon, Gourgaud et Las Cases, avec tous les domestiques, se présentèrent devant le puissant mais temporaire Neptune, et reçurent leur part des ablutions. Les dames, placées sur un endroit élevé, jouirent d'un spectacle qui sembla les amuser beaucoup. Neptune, cependant, fut un peu désappointé de ne point voir paraître Napoléon, qui d'ailleurs reconnut sa souveraineté en lui envoyant un tribut[1].

« Je reviens au personnage qui fait l'objet de votre curiosité, parce que j'aurai l'occasion de vous le faire mieux connaître : il a la figure peu commune, large, pleine et pâle, mais qui est loin d'accuser une mauvaise santé ; dans la

1. Voir notes pp. 111 et 125.

conversation, le jeu des muscles ne se fait que peu ou point sentir ; et hormis ceux qui font mouvoir la bouche, tout semble fixe, son front est parfaitement uni. Quelqu'animé que soit Napoléon dans une conversation, sa contenance ne change point. Quand il veut appuyer fortement son opinion, il fait quelquefois un geste de la main ; et, s'il était question d'un petit-maître, je pourrais attribuer l'usage fréquent qu'il en fait à la petite vanité d'étaler la beauté remarquable de la sienne. Il sourit quelquefois, mais je crois qu'il rit rarement. Je n'ai jamais observé que, quand tout le monde riait autour de lui, il se fût jamais abandonné à cette agréable effusion.

« J'ai remarqué que notre illustre hôte, lorsqu'il joue aux cartes, ne fait pas beaucoup attention à son jeu, et qu'il perd son argent avec indifférence. Il lui arrive souvent de ne pas bien compter ses points, mais presque toujours à son désavantage. Aux échecs, à la vérité, jeu scientifique, et qui est considéré comme faisant une image de la tactique militaire, il apporte beaucoup plus d'attention. Je crois m'être aperçu que Montholon, lorsqu'il joue avec lui, a soin de se laisser battre.

« Après avoir passé la Ligne, les vents du sud-ouest nous obligèrent à traverser le golfe de Guinée, avant que nous puissions porter le cap sur Sainte-Hélène. Au coucher du soleil, le 14 octobre 1815, ses derniers rayons nous laissèrent entrevoir le pic de Diane, point culminant de l'île. Le jour mémorable qui devait être le premier de l'exil de Napoléon commença à paraître… Tandis que Napoléon examinait la ville de Jamestown, j'épiais sa contenance avec la plus grande attention : il ne parut nullement affecté. Il regardait l'île avec cette curiosité tempérée qu'éprouve tout homme qui se trouve pour la première fois dans un endroit inconnu. Je saisis cette occasion pour affirmer que, depuis son départ, sa sérénité, au moins apparente, n'a jamais été altérée ; il a constamment conservé la simplicité de ses manières ; je ne sache pas que personne lui ait entendu proférer une parole brusque, ou lui ait surpris un regard mécontent. Les dames, à la vérité, parurent consternées au premier aspect de leur cage rocailleuse ; toutefois leur conduite, en cette occasion, fut plus courageuse qu'on n'avait sujet de s'y attendre. »

Quand l'Empereur est provisoirement installé aux « Briars », il reçoit à deux reprises la visite de Warden. Le docteur raconte ainsi ces deux entrevues :

« Napoléon était étendu sur un sofa dans sa chambre et me parut souffrir beaucoup de la chaleur. Il s'était, me dit-il, promené dans le jardin ; mais vers midi l'élévation de la température l'avait contraint de se réfugier sous son toit. Il me parut fort gai, me remercia de ma visite et s'informa de la santé des officiers du *Northumberland*. Après quelques questions générales sur les restrictions qu'on mettrait à l'égard des visites qu'il recevrait, il dit : "Je vois qu'il y a des forces considérables dans l'île, et plus peut-être que ses produits ne peuvent en nourrir. Qui donc a pu porter votre gouvernement à envoyer ici le 53e régiment ? Il y avait certainement assez de troupes pour me garder ; mais c'est votre habitude, à vous autres Anglais, de prodiguer l'argent." À ses observations, je répondis que lorsqu'on avait adopté une mesure, il convenait d'employer tous les moyens nécessaires à son exécution. Peut-être pensez-vous que je risquais de m'attirer la disgrâce de Napoléon par une telle réponse ; mais la manière dont il la reçut me convainquit qu'il préférait cette franchise à un compliment que j'aurais balbutié.

« Lors de ma seconde visite, en novembre, je rencontrai Napoléon dans le jardin. Il descendait au milieu des rochers avec ses bottes militaires. Il m'aborda avec un mélange apparent de plaisir et de surprise, et me reprocha aimablement ma longue absence. Sur deux quartiers de roc était une planche grossièrement travaillée et qui servait de siège. Après en avoir ôté la poussière avec les mains, le général s'assit et m'invita à prendre place à côté de lui. Autour de l'endroit où nous étions assis, l'on ne voyait que des rochers entassés les uns sur les autres et qui s'élevaient à plusieurs centaines de pieds au-dessus de nos têtes, tandis qu'un abîme d'égale profondeur était à nos pieds. Tandis que j'examinais ces belles horreurs, Napoléon me dit en souriant : "Eh bien ! qu'en pensez-vous ? croyez-vous que vos compatriotes m'aient traité généreusement ?" À cette question, écrit Warden, je n'avais d'autre réponse à faire que de n'en faire aucune. »

Assurément, ce silence, sans compromettre l'interpellé, peut avoir été interprété comme une approbation.

« En cette occasion, comme en toutes celles où j'ai été témoin de ses conversations, il s'est conduit avec une aisance, une gaieté admirables ; j'ajouterai même une familiarité qui ferait croire qu'il avait oublié son ancienne élévation. (...) Il voit souvent la famille de M. Balcombe, où il est toujours accueilli avec respect et où il se conduit avec ces manières aimables qui répandent la confiance et la gaieté. Depuis que le sort l'a jeté au milieu de ce cercle domestique, une seule chose lui a singulièrement déplu : c'est la présence d'un capitaine chargé de le surveiller continuellement et qui répond de sa personne. Cela a occasionné des remontrances de sa part, mais l'amiral n'a pas cru devoir y obtempérer.

« Lorsque Napoléon s'établit à Longwood, on lui assigna certaines, limites pour y prendre de l'exercice, et des sentinelles furent placées de distance en distance. Tant qu'il ne sort pas de l'enceinte tracée, on n'exerce pas d'autre surveillance sur lui ; mais lorsqu'il la dépasse, un officier de service doit l'accompagner. Cette dernière circonstance lui est tellement à charge qu'il s'est restreint à ne prendre quelque exercice qu'aux environs de son habitation. »

Pendant les neuf mois que le docteur passa à Sainte-Hélène, il fut reçu à diverses reprises à Longwood, eut l'occasion de donner ses soins au général Gourgaud atteint de dysenterie et fut même invité à la table impériale :

« Ce prince m'accueillit avec une extrême bonté. Il jouait aux échecs avec Bertrand ; je me plaçai derrière son fauteuil comme pour voir son jeu, après quoi il continua sa partie. Il y avait peu de conversation dans l'appartement, et encore se faisait-elle à demi-voix et à l'oreille, sans doute par respect ; peu accoutumé à de pareilles manières, lorsqu'on me faisait des questions, j'y répondais, à mon ordinaire, très haut. (...) Peu de temps après, on vint avertir qu'on était servi. Montholon me dit à voix basse que ma place était marquée entre l'Empereur et le Grand-Maréchal. Voilà des honneurs ! Contemplez, je vous prie, votre humble ami, l'homme qui ne chercha jamais à s'élever, contemplez-le, dis-je, au faîte des grandeurs ! Je remarquai un fauteuil vide, qui, probablement, indiquait la place de Marie-Louise. Près de chaque couvert il y avait une bouteille de vin de Bordeaux et une carafe d'eau : mais pendant le dîner on ne porta aucune santé ; et si vous ne buviez pas, c'était tant pis pour vous, parce que le vin disparaissait avec les plats. Je n'ai jamais rien vu de comparable au service de porcelaine dont on fit usage. La vaisselle d'argent est massive et surchargée d'aigles. Le service d'or parut au dessert. Le dîner dura une heure et mon hôte me fit tant de questions qu'occupé à chercher des réponses, je savais à peine ce que je mangeais ou ce que je buvais. J'éprouvai du soulagement quand les questions cessèrent, car elles commençaient à être trop compliquées pour ma philosophie. Lorsque Napoléon nous eût quittés, Las Cases me dit en plaisantant : "Ma foi, ce jour-ci a été le jour aux questions, je crains bien que ce n'ait été un supplice pour vous d'avoir dîné avec nous, car c'est subir un interrogatoire ; au reste vos réponses lui ont fait plaisir, sans cela il ne vous eût pas tant questionné."

Warden raconte ensuite les visites de l'Empereur à ses voisins immédiats, de petits fermiers qui lui font le meilleur accueil : « Lorsqu'il fait de l'exercice à cheval, il se dirige vers un vallon encaissé, où la végétation prodigieuse abonde en pâturages. La route est étroite et solitaire ; et, par une inspiration poétique et sentimentale, il lui a donné le nom de Vallée du Silence. Au haut de ce sentier, l'œil est réjoui et même étonné d'y trouver l'habitation d'un fermier. Là, arrêté, Napoléon eut la fantaisie de faire une visite à l'honnête propriétaire. Heureusement pour lui la famille fut surprise, car la crainte d'une telle visite aurait pu lui faire prendre la fuite. Le fermier, maître Legg, un bon et simple paysan, trouva Napoléon à sa porte et le pria de descendre de cheval. Ce prince accepta et, accompagné de Las Cases, il entra, s'assit et, à son ordinaire, commença ses questions :

« Avez-vous une femme ? – Oui, monsieur l'Empereur ! – Et des enfants ? – Six. – Combien de terre possédez-vous ? – Cent acres. – Sont-ils tous cultivables ? – À peu près la moitié. – Combien cela vous rapporte-t-il ? – Pas beaucoup ; cependant, depuis votre arrivée, monsieur l'Empereur, cela va un peu mieux. – Oui ? et comment cela ? – Parce que vous saurez, monsieur l'Empereur, que nous ne cultivons pas de blé dans cette île et qu'il faut que nous vendions promptement tous nos herbages. Nous étions jadis obligés d'attendre l'arrivée d'une flotte pour nous en débarrasser, et quelquefois ils se gâtaient ; mais à présent, monsieur le Général, tout se vend sur-le-champ. – Où est votre femme ? – La sotte ! elle s'est effarouchée, car je vois que tous mes enfants se sont enfuis. – Envoyez-les chercher, et présentez-les moi. Avez-vous de bonne eau ? – Oui, monsieur l'Empereur, et du vin aussi, tel que le Cap peut en fournir. » Pendant ce temps-là, les craintes de la bonne fermière s'étaient dissipées, et son mari l'engagea à se présenter. Elle entra en donnant des marques d'un profond respect et d'un grand étonnement. Napoléon, Las Cases, le fermier et sa femme formèrent une partie carrée, se mirent à table et burent chacun un verre de vin du Cap, après quoi Napoléon prit congé.

« Le bon fermier et sa famille avaient été mis tellement à leur aise par les manières affables de leur hôte, que la visite suivante ne les intimida nullement, et que, jusqu'aux petits enfants, tous exprimaient le désir de le revoir.

« Mais, poursuit Warden, il y a dans ce quartier un autre fermier, nommé Robinson, qui, comme son voisin Legg, possède un jardin potager de plusieurs acres, divisés par des murs de terre, ornés d'aloès et de fusain. Là, comme dans la première habitation, la simplicité de la vie champêtre se montre sous ses couleurs naturelles ; mais il y avait dans ce milieu une fleur d'une beauté peu commune, une très jolie personne, fille du propriétaire : même en Angleterre, on l'eût trouvée belle. Soit que les innocentes mœurs de ces honnêtes gens, ou les charmes de la nymphe rustique ou le contentement qui régnait en ce lieu eussent des charmes pour Napoléon, le fait est qu'il rendit de fréquentes visites à la ferme, et que les parents de Robinson, qui demeuraient à la ville, le prévinrent de prendre garde à sa fille. Elle reçut en conséquence l'ordre de ne point paraître lorsque le grand personnage viendrait à la ferme. Napoléon s'aperçut bientôt de ces précautions et n'y retourna plus[1]. »

Il est à peine besoin de faire remarquer que ces idylles champêtres n'ont pas eu le docteur pour témoin ; ce sont les récits de Las Cases qui font le plus clair de sa documentation. Il fut cependant reçu à Longwood chez les compagnons de l'Empereur, et même par Napoléon lui-même qui l'estimait pour ses manières affables. Il continue la narration de ces entrevues :

« En entrant dans sa chambre, je vis devant moi un sofa, et en avançant, aperçus Napoléon qui y était couché. Des jalousies interceptaient les rayons du soleil, et devant lui il y avait une table couverte de livres, tous richement reliés. La chaleur l'avait forcé d'ôter son habit et sa veste. Dès qu'il m'aperçut, il se leva et s'écria en anglais avec vivacité et de la meilleure humeur du monde : "Ah ! Warden, comment vous portez-vous ?" Je m'inclinai pour toute réponse ; il me tendit la main en disant : "J'ai la fièvre." Je lui tâtai le pouls et je m'aperçus, par la régularité des pulsations et par l'hilarité de sa figure, qu'il plaisantait. Je lui dis que je souhaitais de grand cœur que sa santé fût toujours la même. Il me donna un petit coup sur la joue avec le dos de la main et me pria de m'avancer, ayant quelque chose à me dire. Je le complimentai de nouveau sur l'état de sa santé, ainsi que sur ses progrès dans la langue anglaise. "Je jouis certainement, dit-il, d'une bonne santé et l'attribue au régime que j'ai adopté. J'ai tant d'appétit que je pourrais manger à toute heure de la journée, mais je

1. Miss Marianne Robinson, que les habitants de Longwood avaient surnommée la Nymphe de la Vallée, épousa en 1817 un capitaine de marine marchande, M. Edwards, qu'elle vint présenter à l'Empereur avant de quitter l'île avec son mari.

m'en tiens à mes repas, et les finis toujours avant d'être rassasié. Outre cela, comme vous le savez, je ne bois jamais de vin pur. Quant à la langue anglaise, je m'y suis appliqué, je lis maintenant vos journaux avec facilité, et j'avoue qu'ils m'amusent. Ils sont parfois inconséquents et souvent injurieux.

« Je lui observai qu'il faisait trop peu d'exercice pour conserver la santé. Il répliqua : "Mes promenades à cheval sont, à la vérité, trop restreintes ; mais être accompagné par un officier m'est si désagréable que je dois me contenter du peu d'espace qu'on me laisse. Vous connaissez, me dit-il, l'île de Sainte-Hélène et concevez qu'une sentinelle placée sur l'une ou l'autre de ces montagnes peut me voir depuis ma sortie de cette maison jusqu'à ce que j'y rentre. Si un officier ou un soldat ne tranquillise pas votre gouverneur, que n'en place-t-il une dizaine, une vingtaine ou même une compagnie tout entière ! Qu'ils ne me perdent jamais de vue, mais qu'on ne me fasse pas accompagner dans mes promenades par un officier."

« Êtes-vous physionomiste, me demanda-t-il, pouvez-vous juger en observant la figure d'un homme, s'il a du talent ? – Tout ce que je peux dire sur cela, Général, c'est que je connais parfaitement si une figure me plaît ou non. – C'est cela ; vous l'avez trouvé. Avez-vous observé la figure de sir Hudson Lowe ? – Oui. – Et qu'est-ce qu'elle promet ? – Si je dois dire la vérité, j'aime beaucoup mieux celle de lady Lowe. » Il se mit à rire, et moi, je cherchais les moyens de me débarrasser d'un sujet épineux. Il ne m'en donna pas le temps, et se mit à faire des comparaisons entre son ancien et son nouveau gardien, mais avec une plaisanterie si fine, avec une succession d'idées si rapide que je ne pus pas très bien comprendre tout ce qu'il disait.

« Quand j'allai pour la dernière fois à Longwood prendre congé de Napoléon, il se leva et me dit : "Je vous souhaite santé et bonheur, un heureux voyage vers votre patrie, où j'espère que vous retrouverez vos amis en parfaite santé et prêts à vous recevoir."

Tout au long de l'ouvrage, de longues pages sont consacrées aux propos de Napoléon sur divers sujets de politique et d'histoire, tels que : son abdication, l'accueil qu'il a reçu de l'Angleterre, ses campagnes d'Égypte, d'Espagne, de Russie et la bataille de Waterloo ; son projet d'invasion de l'Angleterre ; la conspiration de Georges et de Pichegru ; l'exécution du duc d'Enghien ; l'épisode des pestiférés de Jaffa ; enfin des jugements sur les maréchaux de l'Empire, et même des discussions sur la médecine avec Warden et sur la religion anglicane avec le chapelain du *Northumberland*. Dans ces discours, Napoléon s'appliquait, avec de solides arguments, à réfuter les calomnies des journaux anglais sur maints épisodes de son règne.

Le principal tort du narrateur est de présenter la plupart de ses notes comme si elles avaient fait l'objet d'entretiens personnels avec son illustre interlocuteur, alors qu'il les recueillait, en fait, le plus souvent de la bouche des compagnons de l'Empereur.

Warden, qui était en contact fréquent avec les exilés, recueillit une abondante matière pour son livre. Il fut le premier en date des mémorialistes de la captivité. Cette priorité valut à son ouvrage un foudroyant succès de librairie, et à lui-même, sa destitution de médecin de la marine ! Les milieux gouvernementaux éprouvèrent un tel mécontentement de cette publicité faite à « Bonaparte » que le docteur fut « sacqué », mais le public s'arracha plusieurs éditions de son livre.

À Sainte-Hélène, où les exilés purent le lire, en mars 1817, les avis furent partagés : l'Empereur, qui estimait l'auteur pour sa courtoisie, y trouva, « parmi beaucoup de choses ridicules[1] », matière à lui servir en Angleterre, d'utile propagande. Immédiatement il prit l'ouvrage comme tremplin pour renforcer sa position, et, sous couleur de réfuter les erreurs de fait qui y fourmillent, pour faire entendre sa propre voix, en lançant sur l'Europe ses *Lettres du Cap*,

1. Gourgaud, *Journal de Sainte-Hélène*, Paris, 1899. Réédité avec des notes d'Octave Aubry, Paris, 1944.

où, reprenant, chapitre par chapitre, l'œuvre de Warden, il exposait sa propre version des événements qui y sont rapportés et des propos que l'auteur lui y fait tenir.

Parmi les compagnons de l'Empereur, Bertrand, dont l'auteur faisait, ainsi que de toute sa famille, un éloge sans restrictions qu'on sent commandé par une sincère sympathie, estima aussi que le livre « ferait du bien en Angleterre à la cause des exilés ». Mais madame de Montholon et Gourgaud égratignés par le narrateur, l'une comme « faible et irrésolue », l'autre comme « fanfaron », en furent outrés et traitèrent l'ouvrage de « libelle ». Quant à Las Cases, il écrit : « J'avais donné au docteur Warden des éclaircissements sur des faits historiques concernant l'Empereur, sur lequel il me semblait vouloir écrire ; j'ai vu avec regret dans son ouvrage qu'il avait tout à fait négligé les observations et les redressements que je m'étais permis, et surtout étrangement défiguré les communications que je m'étais plu à lui donner[1]. »

Mais le dernier mot a été dit par Napoléon, parlant à O'Meara :

« Warden est un homme qui a de bonnes intentions, et le fond de son ouvrage repose sur des faits véritables ; mais il a mal compris ce qu'il a entendu. Il a commis plusieurs erreurs par une fausse interprétation. Warden n'entend pas le français. Il a tort de me faire parler comme il l'a fait, car, au lieu de dire que ma conversation lui a été transmise par un interprète, il arrange les choses comme si je lui eusse parlé à lui-même et qu'il n'eût pu me comprendre ; par conséquent, il a mis dans ma bouche des expressions indignes de moi et tout à fait hors de mon style[2]. »

Très critiqué par certains historiens, « le livre de Warden, écrit M. Clemens Shorter, est un ouvrage intéressant et, somme toute, exact[3] ».

L'homme était cordial, courtois et bienveillant. Il écrit en terminant son ouvrage : « J'avais toujours été traité avec tant

1. Las Cases, *Mémorial de Sainte-Hélène*, t. III, p. 353.
2. O'Meara, *op. cit.*
3. Cl. Shorter., *op. cit.*

d'égards et tant d'affection par le général Bertrand, M. de Las Cases et par toutes les personnes de la suite de Napoléon, qu'en prenant congé d'eux tous pour rentrer en Angleterre, je ne pus réprimer mon émotion. »

Ce sentiment de reconnaissance dont il faut lui savoir gré n'allait pas jusqu'à son inféodation au parti des exilés, car dans une lettre qu'il adressait à sa fiancée, le 17 mars 1816, on peut lire : « Vous me dites que je vais devenir un des leurs ? Non, non, jamais ! mais, bien certainement, j'aurais une belle occasion d'en être, car je ne suis pas en médiocre faveur. » Cette énergique dénégation avait-elle pour but de rassurer le loyalisme de la jeune fille ? Après tout, elle était peut-être tory !

Somme toute, avec ses défauts, en dépit de la suffisance qui porte parfois l'auteur à se considérer comme un interlocuteur privilégié de l'Empereur, compte tenu aussi de son ignorance du français qui a pu lui faire mal entendre certains propos, Warden fit œuvre utile, car son ouvrage fut le premier à déterminer en Angleterre un certain courant de sympathie pour Napoléon.

Dans cette voie, il fut le précurseur d'O'Meara, et il est curieux de constater que c'est à deux chirurgiens de la marine anglaise – l'Écossais et l'Irlandais – que revient l'honneur d'une cure réussie de la phobie anti-napoléonienne des Britanniques.

QUATRIÈME PARTIE

À SAINTE-HÉLÈNE

Chapitre I

LES VISITEURS DE LONGWOOD

« Si Sainte-Hélène rappelle de cruels souvenirs aux Français, bien plus cruels encore sont ceux que ce nom éveille parmi nous. »

Lord ROSEBERY, *La dernière phase.*

Arrivé à Sainte-Hélène après une traversée de soixante et onze jours, le 15 octobre 1815, Napoléon débarqua le surlendemain, et, après une nuit passée à Jamestown, la seule bourgade de l'île, dans un logis de fortune, se rendit à Longwood pour visiter une demeure située sur un haut plateau exposé à tous les vents, où l'amiral Cockburn avait choisi pour lui l'établissement qui devait lui servir de résidence.

Au retour, il s'arrêta auprès d'une oasis de verdure au milieu des rochers dénudés et demanda à s'y installer plutôt que de retourner en ville. C'était le cottage des « Briars », propriété de l'hospitalière famille Balcombe. Il y vécut pendant deux mois dans un pavillon isolé composé d'une pièce et d'un grenier, en attendant que sa demeure définitive fût agrandie et aménagée.

Le 10 décembre il alla, avec toute sa suite, s'installer à Longwood, sans se douter qu'il ne devait plus en sortir vivant.

Il n'y a pas à insister ici sur ce que fut cette captivité de plus de cinq années, bien connue aujourd'hui dans ses moindres détails apparents ; nous disons apparents, car ainsi que le donne à penser le médecin-général Brice[1] :

« Ce qu'on sait de précis sur Sainte-Hélène s'est passé en surface ; mais à côté des faits que relatent les comptes rendus, les lettres ou les Mémoires, il y eut un travail souterrain qui mit en œuvre des ressources dont le secret ne sera jamais entièrement dévoilé. »

On connaît presque jour par jour, en effet, l'emploi du temps des exilés, leurs lectures, leurs promenades, leurs passe-temps, les menus même de leurs repas ; et hélas, aussi leurs querelles, si préjudiciables au repos moral de l'Empereur. « Tous, écrit Viel-Castel, semblaient éprouver quelque adoucissement à leurs maux en entretenant l'exaspération de Napoléon au lieu de s'efforcer de la calmer[2]. »

Mais il est difficile de se représenter ce qu'il put y avoir, dans le cercle étroit de Longwood, d'intrigues, de projets, d'espérances, de correspondances clandestines, dont nul officiel ne sut rien et qu'aucun mémorialiste n'a jamais rapportés.

En consultant les écrits des témoins qui ont approché l'Empereur, il convient de ne pas se départir d'une extrême prudence dans le contrôle des textes, car, ainsi que l'écrivait en 1915 un historien anglais digne de foi[3] :

« Peu d'épisodes de l'histoire moderne ont à ce point déconcerté la recherche diligente de la vérité sur la captivité de Napoléon. Et cela, non pas tant par manque de matériaux que par le peu de confiance qu'on peut leur attribuer. L'atmosphère est si chargée d'inventions, de calomnies, de ragots, de scandales que le chercheur le mieux armé en vient, peu à peu et inconsciemment, à se trouver démoralisé et à rejeter finalement le bouclier de son impartialité. »

On s'accorde à reconnaître que l'aspect sauvage de l'île de Sainte-Hélène, ceinturée d'énormes rochers et de forteresses hérissées de canons, sa faible superficie, son climat dissolvant étaient peu propres à atténuer pour l'exilé la rigu-

1. R. Brice, *Les Espoirs de Napoléon à Sainte-Hélène*, Paris, 1938.
2. Viel-Castel, *op. cit.*
3. G. L. de St. M. Watson, *The Story of Napoleon's Death Mask*, Londres, 1915.

eur de son sort. Alors que l'île présentait dans quelques-unes de ses parties quelques riantes vallées et certaines résidences pourvues de beaux ombrages, il régnait sur le haut-plateau de Longwood, perpétuellement balayé par le vent du sud-ouest, arrosé d'averses soudaines, exposé par beau temps à un soleil implacable que ne tempérait point l'illusoire écran de quelques maigres gommiers, une température inégale, soumise à de brusques variations et à des brouillards qui décourageaient les promeneurs.

En dépit de certaines améliorations apportées par l'amiral Cockburn, le médiocre logis du proscrit, une ancienne ferme composée de baraques exposées aux intempéries et infestées de rats, était une demeure bien indigne de celui qui avait eu des palais à sa disposition. Mais Napoléon, indifférent aux commodités matérielles de l'existence, sut garder dans ce cadre mesquin sa dignité de souverain, ne cessa jamais de revendiquer le titre impérial qu'on lui contestait, et imposa à ses fidèles une étiquette conforme aux règles protocolaires des Tuileries et de Saint-Cloud. C'est de quoi s'étonnaient souvent ses visiteurs, surpris de trouver, dans ce qui n'était, en fait, qu'une prison, des chambellans en grand uniforme, des huissiers galonnés et des dames d'honneur.

Il est bien peu d'entre eux qui n'aient tenu à conserver le souvenir d'une entrevue souvent anxieusement désirée ; c'est ce qui explique l'abondance des textes auxquels on peut encore se référer à l'heure actuelle ; aucun n'est indifférent, car chacun projette une vision particulière sur un aspect de l'Empereur. En les confrontant, on arrive à se former, tant bien que mal, une opinion moyenne de l'image qui devrait fixer pour la postérité la figure du grand captif.

Napoléon ne répugnait pas à recevoir des visites ; il lui plaisait même, devant des auditeurs intéressés et attentifs, d'exercer ce pouvoir de fascination dont il se savait doué, pour capter leur admiration ou leur bienveillance. Mais, tout naturellement, il tenait à choisir lui-même ceux qu'il admettait à l'honneur de sa présence et de sa conversation ; il n'eût jamais admis que le gouverneur le montrât, comme un phénomène de foire, aux visiteurs de marque dont il tenait à satisfaire la curiosité.

Bien entendu, c'est surtout à ceux dont il espérait qu'une fois rendus en Angleterre ils seraient pour lui d'utiles propagandistes qu'il tenait à en fournir l'occasion. Eux partis, il cherchait à connaître l'impression qu'il avait pu leur laisser, et il y eut tels cas où le succès ne répondit pas à son attente.

La règle immuable pour être reçu était que les demandes d'audience fussent adressées au général Bertrand, en tant que Grand-Maréchal du Palais, et, si elles étaient agréées, que l'entrevue se déroulât avec un certain cérémonial calqué sur celui de son ancienne cour.

Il n'était si mince seigneur qui ne briguât l'honneur de lui être présenté. Un capitaine de navire marchand n'hésitait pas à déclarer « qu'il abandonnerait volontiers tout le bénéfice financier de son voyage pour l'apercevoir seulement ». Un autre jurait que « s'il n'obtenait pas cette faveur, il n'oserait jamais se présenter devant sa femme en rentrant chez lui ».

Lord Bathurst ne voyait pas d'un bon œil les visites reçues par Napoléon. « Il eût voulu, écrit Viel-Castel[1], qu'on y mît des restrictions, son esprit soupçonneux ne les jugeant pas exemptes d'inconvénients et de dangers. S'il ne les prohibait pas d'une manière absolue, ce n'était pas par égard pour Napoléon, ce n'était pas pour lui ménager quelques distractions à son douloureux exil. Voici l'étrange raison qu'il donnait à sir Hudson Lowe de sa tolérance : « Il serait dur et il paraîtrait suspect de ne pouvoir accorder satisfaction à la curiosité qu'on éprouve naturellement de voir un homme aussi extraordinaire. »

Il s'agissait en somme pour le noble lord d'exhiber Napoléon comme une bête curieuse aux amateurs de célébrités aisément accessibles. Mais celui qui avait été l'arbitre des rois n'était pas homme à se prêter à de telles vues, et sut toujours, quand il lui plut, laisser derrière sa porte les importuns ou les simples curieux, si haut placés qu'ils fussent.

1. Viel-Castel, *op. cit.*

C'est ainsi qu'au lendemain de l'arrestation de Las Cases, le 26 novembre 1816, Napoléon, déprimé et souffrant, fit répondre à sir Thomas Strange, juge à la Cour suprême de Calcutta, qui avait sollicité une audience dans les formes exigées : « Dites au gouverneur que ceux qui sont dans la tombe ne reçoivent pas de visites, et ayez soin que le juge soit informé de ma réponse. » Le 5 mai 1820, le major Sackville et les dames qui l'accompagnaient ayant négligé d'adresser leur demande au Grand-Maréchal, ne furent pas admis non plus à voir l'Empereur.

Quant au gouverneur, il eût souhaité être le seul dispensateur des autorisations de visite à Longwood, et voyait avec contrariété la nécessité de solliciter des audiences par le canal du Grand-Maréchal. Qu'on lui imposât ces formalités lui semblait une atteinte à son autorité. Il voyait avec appréhension qu'on recevait des visiteurs susceptibles d'emporter de Sainte-Hélène des impressions trop favorables au captif ou de critiquer le traitement qu'il lui faisait subir. Il s'employait donc souvent à contrarier les vœux de personnes jugées trop prévenues en faveur de « Bonaparte », et s'appliquait à les questionner après leur visite, pour essayer de combattre la bonne impression qu'ils avaient pu en rapporter. Il manifestait une rage froide quand son prisonnier refusait, sous un prétexte quelconque, de recevoir un visiteur envoyé par le gouverneur.

Tel fut le cas, le 5 janvier 1818, pour le gouverneur de l'île de France, de passage à Sainte-Hélène ; ce grand personnage, nommé M. Farquhar, ayant sollicité avec insistance un laissez-passer pour Longwood, Bertrand lui fit répondre que l'Empereur, très contrarié et malade, ne désirait recevoir personne. Cette rebuffade affecta vivement le demandeur et provoqua chez Hudson Lowe une vive colère. Le 26 janvier 1820, sir Charles Somerset, gouverneur du Cap, se vit également refuser une audience qu'il espérait beaucoup. Le gouverneur, outré, se répandit en invectives contre son prisonnier.

Dans son comportement vis-à-vis de Napoléon, le premier faux pas de Lowe fut l'invitation à dîner qu'il adressa, peu de temps après son arrivée, au « général Bonaparte », pour rencontrer la comtesse Loudon, femme du gouverneur général des Indes, qui était de passage dans l'île avec une nombreuse suite. « Ne répondez pas, c'est trop bête ! », dit l'Empereur à Bertrand. Lowe ne s'était pas rendu compte de l'inconvenance de cette démarche, et Napoléon eut tôt fait de comprendre que le gouverneur souhaitait faire sa cour à lady Loudon en lui exhibant l'illustre captif. Lowe ne comprit pas la leçon et se mit en colère, mais la comtesse, plus fine, trouva que c'était Napoléon qui avait raison.

L'Empereur invitait volontiers à venir le voir ou même à s'asseoir à sa table les habitants de l'île, officiels, particuliers, marins ou soldats, qui lui étaient sympathiques et dont il appréciait la compagnie pour leurs manières civiles et pour la déférence qu'ils lui témoignaient.

Il reçut en corps les officiers du 53ᵉ et ceux du 66ᵉ, à leur départ et à leur arrivée. Quand il s'agissait d'une société assez nombreuse, on introduisait d'abord le chef de la troupe ou le personnage le plus marquant de la société, auquel il réservait un entretien de quelque durée, puis les autres visiteurs, qui étaient reçus ensemble et faisaient cercle autour de lui.

Les audiences se déroulaient dans le salon de Longwood, parfois dans le jardin, après que les visiteurs avaient attendu, dans la salle de billard, leur convocation.

Napoléon questionnait beaucoup, écoutait à peine les réponses, et se plaisait parfois à égayer l'entrevue par quelques saillies qui avaient un certain succès. Quelques-unes pourtant étaient d'un goût discutable, et quand il disait, par exemple, à un intendant militaire : « Volez-vous beaucoup ? », ou, à un médecin : « Combien avez-vous tué de malades ? », le cercle des assistants pouvait rire, mais l'interpellé ne devait pas apprécier beaucoup ce genre de plaisanterie.

Assez nombreuses au début de la captivité, les visites, soit qu'elles fussent contrariées par Lowe, soit que vers la fin de sa longue épreuve, l'Empereur, souffrant et désabusé, n'en attendît plus rien de bon, se raréfièrent bientôt, puis cessèrent presque complètement. De 1818 à la fin, on n'en relève plus qu'une seule, en avril 1819. La liste complète des visiteurs de Longwood a été dressée par le docteur A. Chaplin[1]. On y retrouve plusieurs fois les mêmes noms de ceux, très rares, qu'on pourrait appeler les « favoris » de l'Empereur ; mais l'ensemble ne constitue pas une bien longue nomenclature.

Une visite à laquelle il est difficile de croire, c'est celle de miss Susanna Johnson, belle-fille du gouverneur. D'après Montholon[2] elle se serait présentée en curieuse à Longwood : Napoléon, l'apercevant, l'aurait galamment reçue et, après lui avoir fait visiter son jardin, lui aurait offert une rose.

Aucun autre mémorialiste de Longwood ne raconte cet aimable épisode ; et, comme il ne faut consulter Montholon qu'avec beaucoup de circonspection en raison de son goût pour l'affabulation, il est préférable de s'en tenir à la note transcrite par le capitaine Nicholls[3] dans son journal à la date du 23 décembre 1819 : « Le gouverneur et ses deux belles-filles désiraient apercevoir le général Bonaparte, mais il ne parut pas disposé à leur en fournir l'occasion. » Ajoutons que, d'après R. C. Seaton[4], miss Lowe, demi-sœur de miss Susanna, a formellement déclaré qu'il s'agissait d'une pure invention, une telle visite étant impossible.

Le baron de Stürmer donne une vue générale assez exacte de l'état d'esprit des visiteurs : « Les voyageurs qui sont admis à l'audience de Napoléon en sortent enchantés de l'accueil qu'on a daigné leur faire, et pleins d'admiration et d'enthousiasme pour le grand homme. Ceux mêmes qui le surveillent briguent un mot, un regard, et tirent vanité des moindres faveurs qu'on veut bien leur accorder. »

---

1. A. Chaplin, *op. cit.*
2. Montholon, *Récits de la captivité*, t. II, p. 401.
3. Capt. Nicholls, *Journal de Sainte-Hélène*, traduction française E. Brouwet, dans les *Carnets de la Sabretache*, 1921.
4. R. C. Seaton, *op. cit.*

Chapitre II

LES RÉVÉLATIONS DU MAJOR GORREQUER

Pendant les cinq années du séjour de sir Hudson Lowe à Sainte-Hélène, il y eut, à côté du gouverneur, sous son toit, dans ses bureaux, son aide de camp, un célibataire de trente-cinq à quarante ans, qui, au dire de l'éditeur de son journal[1], avait « l'œil le plus aigu pour saisir les événements, l'oreille la plus fine pour capter les rumeurs, le nez le mieux fait pour flairer les scandales ».

Il s'agit du major Gideon Gorrequer, un militaire de carrière, qui, né en 1781, était entré au service à l'âge de seize ans. Enseigne au 18e régiment d'infanterie en 1797, il devint lieutenant en 1798, capitaine en 1804 et major en 1814. C'est en Sicile qu'il fit la connaissance d'Hudson Lowe qui apprécia ses services et, au moment de partir pour Sainte-Hélène, lui demanda de le suivre en qualité d'aide de camp. Il prit donc passage sur le *Phaeton* avec le gouverneur et arriva dans l'île le 14 avril 1816.

En 1826, Gorrequer obtint le grade de lieutenant-colonel dans lequel il termina sa carrière militaire. Retraité, il vécut à Londres, où il mourut subitement en juillet 1841, d'une affection cardiaque, sans avoir rien publié de son vivant.

1. J. Kemble, *St. Helena, Gorrequer's Diary*, Londres, 1969.

À Sainte-Hélène, Gorrequer, aide de camp du gouverneur, remplissait, en outre, les fonctions de secrétaire militaire que le titulaire du poste, le colonel Wynyard, lui abandonnait volontiers. « Il fut, dit son éditeur, sans conteste l'homme qui eut le contact le plus étroit et la connaissance la plus intime de sir Hudson Lowe pendant son gouvernement de Sainte-Hélène. » Parlant et écrivant couramment le français et l'italien, travailleur acharné, observateur caustique des hommes et des choses, en relations fréquentes avec les exilés de Longwood, il se délassait le soir, après des journées bien remplies, dans la petite chambre mal meublée qu'il occupait dans les communs de Plantation-House, à confier à son journal intime ses déboires et ses rancunes. Il devait ainsi laisser à la postérité, sans s'être jamais soucié d'elle, un recueil de notes prises au jour le jour, où il se faisait le narrateur, non seulement des événements dont il avait professionnellement à connaître, mais de ses griefs personnels à l'endroit des personnes de son entourage, et spécialement de son chef, avec une verve et une acuité de jugement qui font de son journal un recueil d'anecdotes précieuses pour la connaissance de l'environnement hélénien.

La rédaction en est négligée, sans apprêt, presque sténographique, truffée d'abréviations, de mots italiens et français, comme pour dérouter le lecteur ; les noms propres sont presque toujours déguisés sous de pittoresques sobriquets, dont quelques-uns ont résisté à toute tentative d'identification. Le texte comporte trop de détails oiseux pour mériter une traduction intégrale ; il abonde en récriminations personnelles sur des détails de ménage sans grand intérêt ; mais on peut en extraire des révélations inattendues, des jets de lumière sur des points controversés de l'histoire, et l'ensemble prend toute sa valeur en ce qu'il éclaire sinistrement la figure du gouverneur de Sainte-Hélène et découragera ses thuriféraires, s'il en reste ; ce qui a permis à M. Gilbert Martineau, le distingué consul de France à Sainte-Hélène, qui en a publié de savoureuses citations[1], d'écrire avec pertinence qu'« à ceux qui pourraient encore être tentés de ménager Hudson Lowe, le major Gorrequer a rendu la tâche incommode[2] ».

On peut regretter que ce journal ne commence qu'à la date du 3 juin 1817, soit plus d'un an après l'arrivée du major à Sainte-Hélène. Il eût été intéressant de connaître ses commentaires des événements tels que les entretiens de Napoléon avec Hudson Lowe, ou l'arrestation de Las Cases.

Gorrequer a des rapports fréquents avec le personnel de Longwood qui ne semble pas lui avoir jamais manifesté d'hostilité. Lui-même se montre généralement courtois, compréhensif, désireux d'arranger les choses, sans cesser d'être scrupuleux dans l'exécution de ses consignes. Il plaint Napoléon ; et quand Hudson Lowe déclare que « Bonaparte mérite plus de mépris que de pitié », il fait observer qu'« un homme qui s'est confié à la générosité de la nation anglaise et qu'on a exilé à Sainte-Hélène au lieu de l'accueillir en Angleterre mérite tout de même qu'on ait quelques égards pour lui ».

Le gouverneur, toujours méfiant, même vis-à-vis de ses plus proches collaborateurs, le soupçonne souvent de montrer trop d'indulgence pour les prisonniers :

« Lowe me reproche, écrit Gorrequer le 26 octobre 1818, à propos des comptes rendus que je lui fais de mes visites à Longwood, d'écrire tout ce qu'on me dit et surtout ce qui est favorable aux Français, sans mentionner mes propres réponses. » Le 9 décembre 1818 : « Lowe, me parlant des Anglais, tels que l'amiral Malcolm et le docteur O'Meara qui trouvent trop dures les restrictions imposées aux prisonniers, me regarde avec défiance, comme s'il me soupçonnait d'être de leur avis. »

« Le 12 mai 1821, après la mort de Napoléon, je rends visite au général Montholon pour l'examen des papiers du

1. G. Martineau, *La Vie quotidienne à Sainte-Hélène*, Hachette, 1966.
2. G. Martineau, « Un nouveau témoin de Sainte-Hélène », *Revue de l'Institut Napoléon*, juillet 1971.

défunt. À mon retour, Lowe s'étonne que je sois resté si longtemps avec les Français et me soupçonne d'avoir reçu une tabatière en or, ou de l'argent, ou un objet quelconque, comme « cadeau d'adieu ».

Quels sont les véritables sentiments du major vis-à-vis des prisonniers ? Il ne le laisse pas entrevoir dans son journal, sinon dans l'intervention signalée plus haut ; mais Gorrequer, dont on ne peut suspecter ni la probité ni le loyalisme, était, au dire de Stürmer, un « finaud » qui ne laissait rien transparaître de ses sentiments intimes.

Il a un certain mérite à prendre une position de conciliateur, car il n'ignore rien de la haine du gouverneur pour « Bonaparte », haine qui éclate presque à chaque page du journal et se traduit par les plus grossières injures à l'adresse du captif et de son entourage. C'est par le journal de Gorrequer qu'apparaît enfin de façon concrète l'animosité du gouverneur contre son illustre prisonnier :

Le 13 février 1818 : « Ces gens de Longwood sont un ramassis de gredins et de canailles ! La seule manière de les traiter comme ils le mériteraient serait de les enfermer tous séparément dans quelque donjon. Mais, ajoute Lowe, puisqu'il semble que l'opinion publique veut voir Bonaparte attaché avec des chaînes d'or et de soie, je suis bien obligé d'en tenir compte. »

Le 18 février 1818 : Après lecture des papiers du général Gourgaud qui va quitter Sainte-Hélène, Lowe s'écrie : « Quelle crapule que notre Voisin ! » Le « Voisin », c'est le sobriquet sous lequel l'état-major de Lowe désignait Napoléon.

Le 1er mai 1818 : « Peu m'importe que le Voisin meure ou non. »

Le 14 juillet 1818 : Commentant une lettre de Las Cases où il est question de la famille impériale : « Quelle bande de coquins et de canailles ! Cela me rend malade de lire de telles sottises ! »

Même date : « Lowe retient pendant deux ou trois semaines une lettre de lady Holland à la comtesse Bertrand avant de la remettre à Longwood ; elle témoigne trop de sympathie pour elle et pour sa famille ; elle lui offre même d'accueillir chez elle les enfants Bertrand si on se décide à les envoyer en Angleterre pour y faire leurs études. »

Le 9 décembre 1818 ; Lowe, ayant lu dans un journal français un récit fictif de l'évasion de Napoléon, dit à Gorrequer : « Cette histoire montre bien la nécessité d'empêcher autant que possible toute communication ou visite. »

Le 18 janvier 1819 : « Il donnera des ordres pour que les compagnons du Voisin ne portent plus de cocardes tricolores ; et s'ils quittent Longwood en les portant, il veillera à les faire arracher de leurs chapeaux, car cela encourage les amis qu'ils ont ici. »

Le 2 avril 1819 : « Le gouvernement a fait une grosse erreur en autorisant le Voisin à venir ici avec une si nombreuse suite. En fait, il ne devrait y avoir personne. Tout ce qu'on peut me reprocher est de le traiter avec trop de mansuétude. »

Le 28 janvier 1820 : Le Voisin ayant refusé de recevoir la visite de Lord Charles Somerset, Lowe exhale sa rage : « Je ne lui permettrai pas de prendre de tels grands airs, de faire l'important. S'il refuse encore de répondre quand on lui annonce une visite, je donnerai à n'importe qui l'autorisation d'aller se promener dans son jardin et autour de sa maison. »

Le 17 avril 1821 : Quelques jours avant la mort de l'Empereur, Gorrequer rapporte ces propos de Lowe : « Si l'on s'imagine que je vais prendre des ménagements parce qu'il est mourant, on se trompe bien. Il sait très bien ce que j'ai toujours pensé de lui, et ce n'est pas parce qu'il est à l'article de la mort que je modifierai ma conduite à son égard. Le diable m'emporte si j'agis autrement ! »

Au lendemain de la mort de Napoléon, Gorrequer note cette réflexion de Lowe : « Je ne considère pas Napoléon comme un homme de talent ou de jugement supérieurs. En fait, je le trouve vraiment médiocre. » La comparaison s'impose entre ce jugement cocasse et celui du colonel Neil Campbell, chargé de surveiller Napoléon à l'île d'Elbe, qui déclarait à lord Holland[1] que « les talents de Bonaparte ne lui paraissaient pas supérieurs à ceux qu'on demanderait à un sous-préfet. »

Telles sont les réactions des oisons à qui l'on a donné un aigle à garder !

Gorrequer, à qui rien n'échappe, confirme, en date du 17 mai 1821, qu'à force d'insistance et de « rage », Lowe obligea les docteurs Shortt et Arnott à modifier les conclusions du procès-verbal d'autopsie, pour étayer la thèse du gouverneur qui ne voulait pas admettre qu'on fît état d'une altération du volume du foie constatée par eux, car cela eût prouvé que la nocivité du climat de Sainte-Hélène était pour quelque chose dans la maladie du captif. Le témoignage de Gorrequer confirme la fraude.

D'ailleurs c'est à tous ceux qui ne secondent pas sa politique que Lowe s'en prend : aux officiers anglais trop indépendants, aux Commissaires des Puissances Alliées qu'il trouve trop curieux, à l'amiral Malcolm qui est un « favori » de Longwood... Il serait fastidieux de répéter toutes les grossièretés qu'il leur dispense. Le digne amiral, sir Pulteney Malcolm, qui a conquis par son tact et sa droiture les bonnes grâces de l'Empereur, est traité de « scélérat », d'« espion » et de « traître ». « Le mal qu'il a fait ici, dit Lowe, est incalculable. »

Les commissaires, eux, sont des « zéros » ; « tout ce qu'ils ont à faire est de vivre du mieux qu'ils pourront en se contentant d'empocher leurs traitements. » « Ils mériteraient des coups de pied au derrière quand ils osent se présenter chez moi après avoir eu des entretiens avec les compagnons de Bonaparte. » Une scène violente, exactement rapportée par Gorrequer, éclate le 31 juillet 1818, entre le gouverneur et le Commissaire autrichien, où ce dernier en profite pour dire à Lowe ce qu'il pense de lui : « Vos yeux sont étincelants de colère. Ah Dieu ! Je voudrais pouvoir envoyer votre portrait à votre gouvernement.

1. Lord Holland, *op. cit.*

Vous me traitez comme un chien. On ne peut pas entrer en discussion avec vous ; vous vous emportez dès le premier moment. »

Le commissaire russe, le comte de Balmain, est le plus maltraité parce que le plus perspicace. « Cette canaille est capable de tout ; c'est un gredin plein de hargne ! » ; « Je pourrais le discréditer dans l'Europe entière ; je lui briserai les reins dans le monde entier » ; « Je le considère comme un des plus grands scélérats qui aient jamais existé » ; « c'est un gredin perfide sans honneur ni droiture ; un menteur qui affirmerait n'importe quoi s'il était sûr de ne pas être immédiatement démenti. » Il est vrai que le ton change quand, vers octobre 1819, Balmain se met à courtiser la belle-fille du gouverneur, miss Charlotte Johnson, qu'il épousera d'ailleurs le 26 avril 1820. Il deviendra alors, suivant lady Lowe, « le seul vrai gentleman de l'île », qu'il quittera d'ailleurs aussitôt après le mariage.

Quant au commissaire français, le marquis de Montchenu, vieil émigré passablement ridicule, Lowe n'a pour lui que sarcasmes et invectives. Apprenant que la Cour de France a demandé à son représentant de « voir les choses de plus près », le gouverneur s'emporte et menace : « Qu'il ne s'avise pas de me parler ou de m'écrire à ce sujet ! Ce serait vite réglé. Je n'ai cure de sa Cour, ni d'aucune autre ; et personne n'a à se mêler de ce que je fais ici. » Gorrequer est le témoin de ces violentes sorties, mais, au risque de déplaire, se garde bien de manifester son opinion personnelle. On lit dans son journal, à la date du 14 avril 1819, la note suivante : « Quand il me demandait, avec un regard qui ne présageait rien de bon, si je ne trouvais pas que les gens de Longwood, ou les commissaires, étaient des chenapans ou des vauriens, je gardais INVARIABLEMENT le silence. »

Bien entendu, la bête noire de Lowe, c'est le docteur O'Meara. Il y eut à Plantation House, entre les deux hommes, en présence de Gorrequer, des scènes orageuses où le gouverneur n'a pas le beau rôle. Les notes de Gorrequer confirment que dans ce différend les partisans d'O'Meara étaient nombreux parmi les officiers et marins de Sainte-

Hélène, tandis que la conduite du gouverneur était généralement blâmée.

L'Empereur comptait de nombreuses sympathies parmi la garnison de Sainte-Hélène. On en trouve mainte confirmation dans le journal de Gorrequer, qui signale le fait sans en marquer ni surprise ni réprobation. Le 1er mai 1818 : « Le fait est, dit Lowe, qu'il y a ici un sentiment général de sympathie pour Bonaparte qui est scandaleux. Il les possède tous, et l'amiral lui-même[1] penche de ce côté. » Le 13 août 1818 : « O'Meara répète qu'il est honteux de traiter si mal un aussi grand homme, et tous les officiers qui l'écoutent font chorus. » Le 30 avril 1821 : « L'affection et l'admiration des officiers du 20e pour le Voisin est absolument inexplicable, dit lady Lowe, et s'il avait vécu plus longtemps, si le 20e était resté où il est actuellement, Dieu sait ce qui aurait pu arriver ! » Le 5 juillet 1821 (deux mois après la mort de l'Empereur), au mess des officiers du 20e, un toast est porté en l'honneur du « Voisin ». L'officier de service à Longwood, le capitaine Lutyens, avait reçu des observations du gouverneur parce que ce galant homme témoignait des égards à Napoléon et à son entourage et qu'il était « soupçonné de chercher à servir d'intermédiaire entre son régiment et Bonaparte ».

On connaît par le journal de Gorrequer tous les potins de la garnison et de Plantation House, les habitudes d'intempérance de lady Lowe, ses flirts, sa vanité, son mépris pour son entourage, ses scènes avec son mari dont elle dit « regretter de l'avoir épousé, ce qu'elle n'eût jamais fait si elle avait pensé avoir des enfants de lui ». Gorrequer rapporte (4 janvier 1818) son affreuse réflexion à propos de deux petits portraits du Roi de Rome, apportés dans l'île par un certain M. Barber, désireux de les offrir à l'Empereur. Gorrequer déclare que Napoléon serait bien heureux de les recevoir. « Pour moi, dit-elle, je ne voudrais rien lui donner

1. L'amiral Plampin qui avait remplacé sir Pulteney Malcolm dans le commandement de la flottille anglaise de Sainte-Hélène et qui partageait les vues du gouverneur à l'égard de Napoléon.

qui puisse lui faire plaisir. Ces portraits ne feraient qu'ajouter à son orgueil et à sa vanité ! » Si incroyable que cela puisse paraître, Lowe s'opposa à la remise des portraits et Napoléon ne les vit jamais. « On est honteux pour elle », dit Gorrequer après une scène particulièrement violente.

Le 2 octobre 1820 : « Donna (lady Lowe) se moque salement du Voisin pour sa manie de pincer le nez des gens ; ce serait dangereux, dit-elle, en Angleterre où les rhumes de cerveau sont si fréquents. »

Le 26 mars 1820 : « Sultana (autre sobriquet de lady Lowe) apprend à son petit garçon (fils d'Hudson Lowe) à porter le toast suivant : Dieu aide le Roi ! Dieu sauve la Reine ! Et damne le Voisin ! »

À la lecture de Gorrequer, on constate que le « panier de crabes » du camp anglais ne le cède en rien à celui de la « famille » de Longwood : rivalité de préséances, jalousies, intrigues, recherches de faveurs, toutes ces querelles excitent sa verve et tiennent dans son journal une assez large place. Son antipathie pour l'épouse du gouverneur dément le portrait plutôt favorable qu'ont tracé d'elle de nombreux mémorialistes, tant anglais que français. Il semble que ce sentiment ait été réciproque, car, à plusieurs reprises, Gorrequer en rapporte, d'un cœur ulcéré, les manifestations.

Mais c'est à la personne d'Hudson Lowe que Gorrequer réserve ses traits les plus acérés : sur ses méthodes de travail, sa mauvaise humeur perpétuelle, ses soupçons de tout ce qui l'entoure et lui porte ombrage, ses grossièretés de langage envers ses subordonnés, ses bévues qu'il faut tenter de réparer, l'âpreté des notes adressées à Longwood qu'il faut atténuer, il est intarissable. Mach (c'est sous ce nom, diminutif de Machiavel, qu'il est désigné dans le journal) lui fait recommencer plusieurs fois la rédaction d'un texte qui, après de nombreuses corrections, en revient à la version primitive élaborée par Gorrequer ; il lui réclame des papiers importants qu'il affirme lui avoir confiés et qu'il retrouve invariablement le lendemain dans sa poche ou dans son tiroir. « Il a une aversion mortelle pour tout ce qui est clair, concis, explicite, soit en écrits, soit en paroles ; toujours quelque arrière-pensée, quelque chose de douteux qu'il faut modifier, supprimer ou conserver suivant ses sautes d'humeur. Oh ces tergiversations ! »

Ces doléances se retrouvent dans le journal avec une régularité presque fastidieuse. Un jour, Gorrequer, excédé, après une scène violente où Lowe « jure comme un charretier de Billingsgate » déclare que « ses nerfs sont à bout et sa santé menacée ». Il ne songe plus à railler son persécuteur, et c'est le cri d'un souffre-douleur qui s'exhale avec cette plainte : « Les seuls moments de tranquillité que j'aie, c'est quand il s'absente pour aller en ville. Son aspect me fait l'effet d'une drogue et me donne la nausée. » Le 21 février 1819, Gorrequer, à bout de nerfs, offre sa démission et quitte le bureau du gouverneur qui, sous un futile prétexte, lui a fait des observations sur un ton particulièrement injurieux. Lowe, penaud, se voit obligé, pour conserver son collaborateur, de lui faire des excuses embarrassées.

L'alter ego, l'âme damnée de Lowe, l'adjudant-général, sir Thomas Reade, est désigné par divers sobriquets, dont celui qui apparaît le plus souvent est « Nincumpoop » (le benêt), en abrégé « Ninny ». Gorrequer le déteste presque à l'égal du gouverneur. Ce personnage, sous des dehors doucereux, était le plus haineux adversaire des Français, poussant son chef à appliquer des mesures plus sévères à leur égard, et profitant de ce que ses fonctions lui donnaient la haute main sur la police de l'île pour organiser autour de Longwood un réseau d'espionnage. « Je ne sais pas, confie un jour Lowe à Gorrequer, comment Reade se procure tous ces renseignements, mais rien ne lui échappe. » Le gouverneur n'ignorait pas cependant qu'un des informateurs de son adjoint était un militaire anglais dont l'épouse, maîtresse d'un des valets de Napoléon, tirait de ce domestique bavard des renseignements qu'elle s'empressait de répéter à son mari qui les rapportait à Reade. Gorrequer ne dit pas si le mari savait de quelle manière elle se les procurait.

« Pour atteindre son but, écrit encore le major, ce type-là ferait bon marché de la vie d'un homme. »

Le 15 septembre 1820 : L'ascendant de Reade sur son chef est tel que Sultana (lady Lowe) lui dit : « C'est vous qui êtes ici le gouverneur ; Mach (Lowe) n'est que votre délégué ; quant à moi, je suis un zéro. »

Bien entendu, Reade est redouté et détesté par les officiers de la garnison. Il ne se départ jamais des propos les plus malveillants pour les exilés, affirme jusqu'à la fin que la maladie de Napoléon est feinte, et, quand l'Empereur agonise, répète à son entourage que « les compagnons de Bonaparte sont enchantés de le voir mourir ».

Le personnage décrit par Gorrequer est déjà assez noir pour qu'on hésite à rapporter les propos que lui prête Montholon, au moment du refus de l'Empereur de donner audience au juge Strange ; Reade aurait dit : « Si j'étais le gouverneur, je mettrais à la raison ce chien de Français. Je le séparerais de ses amis qui ne valent pas mieux que lui. Je lui ôterais ses livres. En fait, il n'est rien qu'un misérable hors-la-loi, et c'est comme tel que je le traiterais. Par Dieu ! ce serait rendre un grand service au roi de France que de le débarrasser de cet individu. On a été bien lâche de l'envoyer ici au lieu de le traduire en cour martiale[1]. »

Cette scène est bien racontée par O'Meara à la même occasion et à la même date (12 décembre 1816) quoique en termes sensiblement moins violents[2].

Le journal du major Gorrequer raconte, à la date du 16 décembre 1820, l'anecdote suivante :

Miss Susanna Johnson, se trouvant en visite chez la comtesse Bertrand, se vit offrir le fauteuil qui servait de siège habituel à Napoléon, honneur que sa timidité lui fit décliner. Quand elle raconta la scène à sa mère, lady Lowe lui donna tort, déclarant qu'elle avait manqué de tact et qu'elle aurait dû accepter. Elle-même avait fait une visite à la comtesse, avait été accueillie dans le « saint des saints » et s'était volontiers assise sur le fauteuil de Napoléon ; tout

1. Montholon, *Récits de la captivité*, Paris, 1847, 2 vol.
2. O'Meara, *op. cit.*

ce qui appartenait à un tel homme, dit-elle, offrait un intérêt exceptionnel. Lowe intervint alors, approuva chaudement sa belle-fille, trouvant sa conduite toute naturelle et disant qu'elle n'aurait pu agir mieux qu'elle ne l'avait fait. Il s'ensuivit une querelle entre les deux époux qui se termina par le brusque départ de lady Lowe. Elle sortit dédaigneusement de la pièce en jetant à son mari un regard de mépris. Celui-ci, dit Gorrequer, devint blanc comme un linge ; ses lèvres tremblaient de rage et de ressentiment, mais en même temps, il avait dans la physionomie une expression d'humiliation, comme s'il sentait qu'il avait mérité les reproches de sa femme.

Lady Lowe et ses filles n'eurent jamais l'occasion d'être reçues par l'Empereur ; mais elles rendaient visite à la comtesse Bertrand, « la pauvre Madame Bertrand », comme l'appelaient les Anglais qui compatissaient à son triste sort.

On sent, à la lecture du journal de Gorrequer, combien le major doit se sentir soulagé quand il y a consigné, pour lui seul, ses phrases vengeresses à l'égard de ses supérieurs hiérarchiques. Pas un instant on ne se prend à douter de sa sincérité ; il n'est ni jaloux, ni aigri, ni exagérément ambitieux. Il n'écrit que pour lui-même, sans penser un instant que ces notes personnelles pourraient un jour affronter le jugement du public. Sans doute il doit souffrir d'être subordonné à des gens auxquels il se croit, à juste titre, supérieur. « Du trio inséparable, Lowe, Reade, Gorrequer, écrit l'historien G. L. de St. M. Watson[1], c'est ce dernier qui est le seul gentleman. » C'est aussi l'avis d'un autre historien, sir Lees Knowles[2] qui écrit : « Gorrequer resplendit si on le compare à sir Hudson Lowe et à sir Thomas Reade. »

C'est peut-être cette qualité de « gentleman » qui donne leur vraie valeur à ces écrits, impubliables du vivant de l'auteur, longtemps cachés dans les tiroirs d'un héritier inquiet de ses audaces, puis dans les archives de la Chancellerie anglaise jalousement fermées au public, avant de voir

1. G. L. de St. M. Watson, *A Polish Exile with Napoleon*, Londres, 1912.
2. Sir Lees Knowles, *Letters of Captain Englebert Lutyens*, Londres, 1915.

le jour tout récemment et d'être publiées, en 1969, par M. J. Kemble[1] qui a ainsi rendu un inappréciable service aux chercheurs de l'histoire hélénienne.

Avant cette publication, on ne connaissait de Gorrequer que quelques lettres[2] où se trouve un avant-goût du journal. Dans l'une d'elles, du 8 octobre 1816, adressée à l'un de ses amis, le lieutenant-colonel Fergusson, il commence par décrire la vie qu'il mène à Sainte-Hélène : « Un drôle de pays, je vous assure ; tout y est le contraire de partout ailleurs : la verdure et les parties cultivées se trouvent au sommet des montagnes, tandis que les régions les plus basses ressemblent à des blocs de fonte. Le vent souffle continuellement dans la même direction et il y pleut sans cesse. Les rivages de l'île sont d'affreux précipices sans aucun ancrage. Bonaparte l'appelle l'Île de la Désolation et dit (avec raison) que c'est à la fois le plus aride et le plus humide endroit de l'univers. »

Gorrequer en vient ensuite à ses rapports avec les Français : « Le vieux "Bony" a été d'humeur morose ces derniers temps ; il ne voit personne. Il a eu avec le gouverneur plusieurs entretiens tumultueux qui ont abouti à une rupture complète. Nous allons devoir renvoyer quatre des personnes de sa suite et imposer aux autres des restrictions plus dures, ce qui va empirer la situation de Nap. Il est devenu gras comme un boucher avec un double menton. J'ai pas mal de difficultés avec l'équipe de Longwood, pour laquelle je suis constamment chargé de toutes les missions désagréables, ce qui ne se termine jamais plaisamment. Je ne veux pas vous en dire plus long sur ce sujet, de crainte de mécompte, car si j'étais découvert, je pourrais m'attendre aux pires désagréments. »

Le 31 octobre 1817, Gorrequer écrit au même correspondant :

---

1. J. Kemble, *op. cit.*
2. Publiées par le *Cornhill Magazine*, février 1901.

« Je n'ai pas vu le vieux "Bony" depuis plus de douze mois, c'est-à-dire que je ne lui ai pas parlé, puisqu'il a pris notre chef en aversion ; je l'ai seulement aperçu par hasard dans son jardin. Il est de très mauvaise humeur et je ne pense pas qu'il puisse en être autrement tant que les autorités actuelles demeureront ici. Dernièrement il a fait quelques sorties, sans s'éloigner de plus de deux cents mètres de sa demeure ; ce qu'il n'avait pas fait depuis plusieurs mois, tant il est résolu à risquer les conséquences de sa réclusion et de son manque d'exercice, plutôt que de se promener ou de monter à cheval tant que les restrictions dont il se plaint resteront en vigueur. Cette obstination a entraîné des symptômes de maladie qui ont inquiété son entourage. On croit que le foie est atteint ; ses jambes étaient enflées et on craignait de l'hydropisie. Ces malaises et l'insistance de son médecin l'ont incité à prendre l'air de temps en temps, comme je vous l'ai dit plus haut. Il a fait faire de nouvelles propositions et demandé le rétablissement des consignes primitivement fixées par l'amiral Cockburn ; et comme on ne lui accordait qu'une partie de ses demandes, au lieu de se contenter de cette concession, il est revenu à sa décision de ne pas bouger tant qu'il n'aura pas obtenu ce qu'il réclame. S'il persiste dans cette décision, sa santé n'y résistera pas de longues années. Il est impossible qu'un homme de sa corpulence, qui avait autrefois tant d'activité physique, échappe à de dangereux désordres s'il persiste à mener ce genre de vie, sans compter qu'il passe ses journées et une bonne partie de ses nuits à lire et à écrire. »

Gorrequer termine sa lettre en se disant accablé de travail, obligé de prendre sur ses heures de sommeil pour faire sa correspondance : « Quelle joie quand je pourrai tourner le dos à tout cela ! » Puis il recommande à nouveau à son correspondant la plus grande discrétion sur les confidences qu'il lui a faites au sujet de Napoléon, « car si on se doutait que j'ai dit un mot de tout cela, cela pourrait entraîner pour moi les pires conséquences ; il faut être diablement discret ici, je vous assure ». Et il signe pour plus de sûreté : « Vous savez qui. »

On peut s'étonner de ne trouver dans le journal du major, à la date du 5 mai 1821, aucune notation sur la mort de l'Empereur ; il dut certainement régner ce jour-là dans l'île une activité intense. La très longue note qui figure à cette date dans le journal fait allusion à des faits postérieurs et a donc dû être rédigée plus tard. Gorrequer y signale, entre autres, la conduite hypocrite de Lowe, qui, après avoir désigné le capitaine Crokat pour porter à Londres la nouvelle de la mort du captif, propose à Gorrequer de lui confier cette mission ; mission lucrative puisque le messager fut promu au grade supérieur et reçut une gratification de cinq cents livres. Naturellement Gorrequer perce à jour la fausseté du gouverneur et ne peut que refuser une mission qu'un autre a déjà reçue.

Qu'on ne l'accuse pourtant pas d'indifférence à l'égard de l'événement capital qui vient de se produire. On possède, datée du 6 mai 1821, une très longue lettre[1] continuée les jours suivants, adressée au général sir George Bingham, où sont relatées avec de minutieux détails, la mort, l'autopsie et les funérailles de Napoléon. Elle n'apporte aucune révélation nouvelle, mais le ton général de ce précieux document mérite qu'on en cite quelques courts extraits :

« Il est mort virilement, noblement, sans plainte ni murmures, sans invectives, ni lamentations, ni remords. Il a reçu l'extrême-onction avant de mourir. De six heures du matin à six heures du soir, dans la journée d'hier, tous ses compagnons, du plus grand au plus humble, entouraient son lit dans un profond silence, jusqu'à l'instant de sa fin.

« On a pris de lui quelques croquis, mais tous sont bien au-dessous du modèle. Je n'ai jamais vu une tête aussi belle (c'est le mot) que la sienne en cet instant. Toute la chair superflue, la couleur olivâtre de son teint avaient disparu et ne laissaient voir que ses harmonieuses proportions, telles qu'elles avaient pu être douze ou quinze ans plus tôt. Plusieurs de ceux qui l'ont vu s'accordent à dire qu'il ne

1. Publiée par le *Cornhill Magazine*, février 1901.

paraissait pas plus de quarante ans, et c'est certainement exact – moins peut-être, à mon avis. Ses cheveux avaient gardé leur couleur brun foncé et on ne voyait sur sa figure ni ride, ni la moindre trace de flétrissure.

(...) « Après l'autopsie, ses serviteurs le revêtirent de son uniforme de colonel de chasseurs de la Garde impériale, son sabre au côté, son chapeau à cocarde, ses bottes, ses éperons, son manteau richement brodé d'argent étalé sous son corps. C'est celui-là même, mais légèrement usé, qu'il portait à la bataille de Marengo et qu'il emportait dans toutes ses campagnes.

« Sur son lit de parade, tous les officiers, les habitants les plus respectables de l'île et une grande partie de la troupe du 20e régiment furent admis à le voir. Tous ceux qui en firent la demande eurent accès à la chambre mortuaire, avant et après la mise en bière. D'autres croquis furent encore faits, mais de tous les dessinateurs qui tentèrent de capter sa ressemblance, aucun ne m'a paru avoir vraiment réussi. »

Gorrequer ne quitta Sainte-Hélène que le 25 juillet 1821 et eut encore plusieurs fois maille à partir avec Lowe, qu'il accuse de ne rien faire pour favoriser son avancement.

Ce n'est pas dans les documents officiels des « Lowe papers » où il se montre un fonctionnaire intelligent et consciencieux, qu'on peut déceler sa véritable personnalité ; par contre, on est obligé de considérer avec sympathie, dans ses écrits privés, et en particulier dans son journal, la révolte d'un esprit indépendant et d'une âme loyale contre la tyrannie d'une autorité méprisée.

Chapitre III

LES OFFICIELS

LE COLONEL WILKS

Le colonel Mark Wilks résidait à Sainte-Hélène depuis deux ans et y représentait la Compagnie des Indes, concessionnaire de l'île depuis plus de deux cents ans.

Cet homme de 55 ans, de haute culture intellectuelle, à la fois savant et lettré, avait passé la plus grande partie de sa carrière aux Indes où il avait exercé des fonctions diplomatiques avant d'être nommé résident à Mysore. Il était l'auteur d'une *Histoire de l'Inde méridionale*, parue en 1810 avec succès.

« C'était, écrit Mrs. Younghusband[1], un bel homme de haute taille, aux cheveux blancs bouclés, dont la physionomie commandait le respect et qui avait les manières distinguées d'un homme de cour. Jamais, depuis qu'elle était possession anglaise, l'île de Sainte-Hélène n'avait été gouvernée par un homme plus éclairé, plus sage, plus affable, et qui eût mieux su que lui s'attirer l'affection de tous. » Ses administrés pour lesquels il avait réalisé de notables améliorations dans leur niveau de vie, grâce à de sages

1. *Souvenirs de Sainte-Hélène*, par une dame, *Blackwood's Magazine*, 1834.

mesures en faveur de l'agriculture, avaient pour lui un véritable culte.

Il est probable que les ministres anglais l'avaient jugé de caractère trop modéré pour lui confier la garde du captif, car, jusqu'à l'arrivée de son successeur, il dut en laisser le soin à l'amiral Cockburn et se consacrer à ses fonctions d'administrateur, dans lesquelles il était secondé par un Conseil composé de notabilités de l'île. De l'avis du duc de Wellington : « Si le gouverneur Wilks avait conservé son poste, l'histoire de la captivité de Napoléon aurait pu être écrite d'une manière toute différente. » Il est certain, en effet, que, sans manquer en rien à ses devoirs, ce « gentleman » accompli eût été pour Napoléon un gardien compréhensif et bienveillant.

Il eut, à trois reprises, l'occasion d'approcher l'Empereur qui le jugea, du premier abord, comme un interlocuteur capable de lui plaire et de l'intéresser.

Une première présentation eut lieu sur le *Northumberland*, avant que l'Empereur n'eût débarqué. La conversation roula surtout sur la géographie et sur les ressources de l'île, que le gouverneur s'efforça de décrire sous les aspects les moins rebutants.

Deux autres entrevues suivirent : les 20 janvier et 20 avril 1816, la dernière constituant la visite d'adieux du colonel avant son départ pour l'Angleterre.

On ne trouve pas sous la plume de Wilks de portrait physique ou moral de Napoléon, mais une narration fidèle des deux derniers entretiens qu'il eut avec lui[1].

Au cours du premier, il n'est question que de sujets étrangers à l'île et à la situation du prisonnier ; on aborde en particulier des matières scientifiques, où Napoléon trouve un partenaire digne de lui donner la réplique. On commence par parler de médecine, car le colonel avoue qu'il souffre de la

1. En janvier 1901, la *Monthly Review* a publié sous le titre « Colonel Wilks and Napoleon » les notes prises par le gouverneur après chacune de ses deux entrevues avec l'Empereur. Il n'en existe pas, à notre connaissance, de traduction française.

goutte et énumère les remèdes qu'il emploie ; mais Napoléon se montre très sceptique sur l'art de guérir et considère un peu les médecins avec les yeux de Molière. De là on en vient à parler de chimie et de la valeur relative des grands chimistes de France et d'Angleterre, en citant Cavendish, Davy, Lavoisier… À propos des manufactures françaises et anglaises qui ont transporté récemment le siège de leurs activités aux États-Unis d'Amérique, l'Empereur dit prophétiquement « que dans cent ans ce pays aura changé la face du monde ; il s'enrichira par nos folies ». Wilks, qui est de tendances libérales, confesse que « c'est à la folie et à l'égoïsme de l'Angleterre qu'il doit d'exister aujourd'hui. – Il y fût arrivé tôt ou tard, répond l'Empereur ; il vient un moment où l'enfant, devenu homme, rejette la tutelle de ses parents. » Il ajoute : « Ne craignez-vous pas qu'une expérience analogue se produise à votre détriment aux Indes ? » Et le gouverneur qui possède à fond le sujet, explique que la politique anglaise s'abstient de toute tendance à la colonisation et interdit aux Anglais de posséder de la terre. Il n'existe pas aux Indes de velléités d'indépendance, car, bien que les intellectuels de ce pays n'apprécient pas la tutelle anglaise, le peuple qui y rencontre plus de justice et de bienveillance qu'avec ses anciens maîtres s'en accommode fort bien.

Comme Napoléon demande à son interlocuteur s'il a eu connaissance de sa correspondance avec Tippo-Sahib, le gouverneur répond négativement. En homme bien élevé, il n'ose avouer à Napoléon que sa lettre au sultan de Mysore a été interceptée par la Sûreté anglaise et que, par conséquent, aucune réponse n'a dû y être faite.

L'examen des ressources artistiques et scientifiques de l'Inde ramène la conversation sur la chimie. Napoléon en profite pour rappeler l'impulsion qu'il a donnée à l'industrie française en l'amenant à faire de l'indigo avec du pastel et à tirer de la betterave du sucre, coûtant moins cher que le sucre de canne et ayant aussi bon goût. Observant un sourire sur les lèvres de Wilks, « Je sais, dit-il, qu'en Angleterre on se gausse du sucre de betterave, mais j'en use moi-même et je vous assure qu'au point de vue goût il n'y a aucune différence ».

Après une heure et demie de conversation, Wilks, craignant d'importuner son hôte, prit poliment congé, « sans demander, dit-il, ce qu'il eût fait s'il était resté plus longtemps, si le souci de s'affranchir d'importations étrangères ne conduisait pas fatalement un pays au déclin de sa puissance maritime ».

La dernière entrevue eut lieu le 20 avril 1816. La veille, Wilks avait été désagréablement impressionné par une visite du général Bertrand, venu le prier de transmettre une lettre de l'Empereur au Prince Régent, à l'insu du nouveau gouverneur. Wilks, si complaisant fût-il, était le dernier homme qui pût accepter une telle dérogation aux règlements établis. Il le fit comprendre à son visiteur, puis à Las Cases, conseillant vivement aux Français de ne pas s'engager dans une voie qui ne pourrait que leur nuire, et les assurant que toute réclamation de leur part, remise au gouverneur, serait par lui transmise en haut lieu, même dans le cas où elle le mettrait personnellement en cause.

L'histoire de Longwood abonde en tentatives de ce genre qui, parfois, trouvaient des complaisances. Mais le sentiment du devoir chez le colonel Wilks répugnait à toute compromission. Il est regrettable qu'on ne l'ait pas compris.

L'entrevue du lendemain qui dura deux heures ne fut nullement assombrie par cet incident. Napoléon n'y fit qu'une discrète allusion, en déclarant à son visiteur qu'il était sur le point de revenir de la bonne opinion qu'il avait toujours conçue de la fière indépendance du caractère anglais. Il ne constate plus chez eux qu'une obéissance passive et une crainte de l'autorité qui confine à la servilité ; à quoi Wilks répond que les Anglais tirent de la fierté de leur crainte d'enfreindre les ordres reçus ; que la discipline militaire exige une obéissance inconditionnelle ; « mais, ajoute-t-il, voyez-nous quand nous sommes en civil, et vous pourrez constater que nous n'abdiquons en rien notre indépendance de caractère ».

Et comme Napoléon lui parle avec indignation de la coutume « horrible et cruelle » des châtiments corporels, dont il a vu un exemple sur le *Northumberland*, Wilks déclare que c'est « un mal nécessaire » indispensable avec les troupes anglaises pour obtenir une stricte discipline. « Mais, dit l'Empereur, l'obéissance des soldats anglais sous la contrainte des châtiments corporels ne peut être comparée à celle qu'on obtient de la troupe en faisant appel au sentiment de l'honneur. » Pour lui, il a toujours préféré susciter l'espoir plutôt que la crainte et il a obtenu d'excellents résultats, non seulement avec les troupes françaises, mais aussi avec les Italiens et les Allemands.

La discussion se poursuit pendant quelques instants, puis Wilks, sachant que Napoléon écrit son histoire, lui demande s'il pourra la lire un jour. « Pas de sitôt, répond Napoléon, c'est un trop gros ouvrage ; et d'ailleurs il ne pourra être publié qu'après ma mort ; pour le moment je dévoile trop de choses. On ne peut pas toujours dire la vérité à la face des gens ; j'ai vu le monde tel qu'il est et tel qu'il veut paraître ; je montrerai ces deux aspects : ce que sont les hommes quand ils jouent la comédie, et quand ils ne savent pas qu'on les observe. Le monde a encore besoin de leçons, il n'est toujours que dans l'enfance. »

Fort galamment, le colonel répliqua : « Voilà des milliers d'années que le monde est à l'école et l'on voit chaque année qu'il a encore beaucoup à apprendre. La courte période de votre vie, racontée par vous-même, équivaudra à l'expérience de plusieurs siècles. »

Sans transition l'Empereur passe à un autre sujet : « Je trouve excessivement brutale, dit-il avec véhémence, la conduite des autorités navales de Sainte-Hélène à l'égard des bâtiments étrangers qui viennent mouiller dans le port. Dernièrement, le *Northumberland* a tiré le canon contre un navire marchand, et je sais que le capitaine a déclaré qu'il préférait être coulé bas que de ne pouvoir s'approvisionner en eau. » Wilks, un peu embarrassé, répond que sans doute les règlements sont sévères, mais que l'incident a dû être rapporté avec quelque exagération et qu'il s'agit vraisemblablement d'un malentendu. « Notre marine, ajoute-t-il, n'est pas réputée pour la douceur de ses manières. Ce qu'on lui demande, c'est de servir convenablement nos desseins. »

Puis, Napoléon revient à son sujet de prédilection qui, évidemment, est d'ordre militaire : les officiers de l'armée et de la marine anglaises sont trop jeunes pour commander à des vétérans.

« N'est-ce pas ce que vous avez fait vous-même, rétorque Wilks, en nommant de très jeunes généraux ? – Oui, dit l'Empereur, mais ces promotions n'étaient accordées qu'au mérite personnel, sans aucune considération de rang social. D'ailleurs, j'ai étudié votre constitution ; ce n'est pas celle d'un pays libre et appuyé sur le peuple. Je vous certifie qu'au zénith de ma puissance j'ai subi l'influence de l'opinion publique beaucoup plus que ne le font vos hommes d'État dans un pays qui s'enorgueillit d'être celui de la liberté. Au fond, votre gouvernement est essentiellement aristocratique. – C'est ce que dit l'opposition, réplique Wilks, mais n'oublions pas que tout parti change d'optique quand il arrive au pouvoir. C'est la tendance générale des hommes politiques de s'assurer le plus de puissance qu'ils le peuvent. »

Napoléon, saisissant l'allusion à son propre cas, sourit et poursuit : « Je l'admets, sans pouvoir approuver votre système social qui érige une barrière infranchissable entre ceux qui infligent de mauvais traitements et ceux qui les subissent.

– Il ne faut pas comparer, fait remarquer Wilks, deux situations très différentes. Ce qui distingue avant tout les êtres humains, c'est l'éducation. Votre système de conscription recrute des gens dont l'instruction première leur permet d'accéder à des postes de commandement, tandis que nos soldats sont, pour la plupart, des illettrés. D'ailleurs, ajoute-t-il, ne croyez pas qu'il s'agisse d'une barrière infranchissable. Dans ma petite garnison de Sainte-Hélène, je pourrais vous montrer une trentaine d'officiers qui sont sortis du rang.

– Eh bien, dit Napoléon, bien que vous soyez un excellent avocat de la tyrannie, je vois que vous agissez vous-même autrement. Vous avouez donc qu'on peut obtenir obéissance et dévouement sans recourir à des châtiments corporels ?

– C'est un fait, dit le colonel, que dans la première année de mon gouvernement je les ai diminués de moitié, et cela a continué depuis.

– Vous voyez bien, conclut Napoléon, que la qualité de vos hommes s'est trouvée nettement améliorée, et que tout le monde ici applaudit aux résultats que vous avez obtenus. »

Ce long entretien, dans lequel Las Cases avait servi d'interprète se déroula en présence des comtesses Bertrand et Montholon, de Mrs. Younghusband et de la ravissante fille du gouverneur, miss Laura Wilks, dont le charme lui valut un aimable compliment de Napoléon.

Pendant la conversation, les deux Anglaises prirent hâtivement des notes qui ont été publiées en 1834 par le *Blackwood's Magazine*.

D'après Las Cases[1] « le gouverneur se retira, saisi, confondu, ébloui ». Même si on tient compte que le petit chambellan était fort sujet à l'hyperbole, et que Wilks était la politesse même, on peut admettre que cette confrontation ne fut pas pour déplaire au dernier nommé.

LE LIEUTENANT-COLONEL SKELTON

Le lieutenant-colonel Skelton, sous-gouverneur de Sainte-Hélène pour le compte de la Compagnie des Indes, était l'adjoint du colonel Wilks, gouverneur de l'île. Il habitait avec sa femme Longwood-House où, le 18 octobre 1815, le ménage reçut Napoléon, venu, en compagnie de l'amiral Cockburn, visiter sa future demeure.

Les Skelton firent à l'Empereur un déférent accueil, l'invitèrent à déjeuner dans ce logis qui allait devenir le sien, et, par la suite, furent à plusieurs reprises reçus par lui et invités à sa table.

1. Las Cases, *Mémorial de Sainte-Hélène*, t. III, p. 88.

Mrs. Skelton, femme intelligente et distinguée, parlait couramment le français et se montrait compatissante aux peines des exilés. « Votre sort est si affreux ! », disait-elle à Gourgaud, quand le triste célibataire qu'il était lui faisait confidence de ses sentiments pour la jolie fille du gouverneur Wilks.

De par ses fonctions, Skelton n'avait à intervenir en rien dans la garde du prisonnier. Lui et sa femme furent traités par l'Empereur en amis jusqu'au jour de leur départ, en mai 1816, et par là même furent suspects à Hudson Lowe qui les soupçonna d'avoir emporté une correspondance clandestine à destination de l'Europe. Il est probable que ce dernier soupçon n'était pas sans fondement.

Cet aimable ménage, « le seul de l'île, écrit Las Cases, qui ait eu pour nous des égards constants et des politesses ininterrompues », n'a pas laissé de souvenirs écrits, mais il mérite de ne pas être oublié quand on recense les témoins anglais qui témoignèrent à l'exilé une sympathie agissante.

MR. THOMAS H. BROOKE

Sous le régime de la Compagnie des Indes, Mr. Thomas H. Brooke était à Sainte-Hélène un personnage important de l'administration civile. Ses fonctions de Secrétaire du conseil se poursuivirent sous le gouvernement d'Hudson Lowe auquel il succéda par la suite comme gouverneur intérimaire. Toute sa carrière administrative se déroula dans l'île ; il fut, en particulier, le zélé collaborateur de Lowe dans l'élaboration des mesures qui aboutirent à l'abolition de l'esclavage à Sainte-Hélène, et contribua à en assurer le complet succès.

Il était l'auteur d'une *Histoire de Sainte-Hélène* que Napoléon lut avec intérêt pendant la traversée du *Northumberland*. Il fut un des premiers témoins de l'arrivée de l'Empereur dans l'île, mais n'eut aucun rôle à jouer dans sa détention. Il eut l'honneur d'être reçu à Longwood le 7 janvier 1816, avec diverses autres personnalités de l'administration civile.

Gorrequer le dépeint comme un personnage timoré, fasciné par le maussade gouverneur qui le « traitait brutalement » et ne se gênait pas, lorsqu'il avait le dos tourné, pour lui appliquer des épithètes malsonnantes. Peut-être Brooke voyait-il trop dans le jeu de Lowe, car il déclare un jour au major que si le gouverneur ménage tant l'amiral Plampin, malgré sa conduite scandaleuse qui défraie la chronique de l'île, c'est pour avoir en lui un allié dans son camp, à opposer aux partisans de l'amiral Malcolm, en qui il voit un adversaire redoutable pour son autorité.

Quoi qu'il en soit, Brooke se tint à l'écart des intrigues et se borna à exercer sa magistrature, sous un contrôle dénué de bienveillance.

M. Clemens Shorter[1] a publié, en 1910, trois lettres de ce personnage, lettres parues antérieurement dans la revue *The Sphere* en 1904. Elles se rapportent à l'arrivée de l'Empereur à Sainte-Hélène, à une visite que Brooke lui fit aux « Briars » et à un récit circonstancié de ses obsèques.

La première, datée du 18 octobre, est écrite trois jours après l'arrivée du *Northumberland*. « Nous ne sommes pas encore revenus de notre surprise, écrit-il, à l'annonce de la prochaine venue de Napoléon Buonaparte. Dès que le vaisseau eut jeté l'ancre, le dimanche 14, je suis monté à bord avec un message du gouverneur pour l'amiral, mais je ne vis pas le grand homme. Sir George Cockburn vint immédiatement chercher le colonel Wilks avec lequel il eut un long entretien, puis tous deux se rendirent à bord et le gouverneur fut présenté à cet homme extraordinaire. Il habitera Longwood, mais comme il a montré de la répugnance à attendre sur le bateau qu'on a fait à son futur logement les aménagements nécessaires, on a mis à sa disposition une maison en ville, où il s'est installé hier à la tombée de la nuit. On n'avait jamais vu à Sainte-Hélène une foule

1. Cl. Shorter, *Napoleon in his Own Defence*, Londres, 1910.

aussi dense que celle qui se pressait au débarcadère pour le voir. »

C'est une manifestation de curiosité comparable à celles qui se produisirent à Torbay et à Plymouth, à l'arrivée du *Bellerophon*, mais, cette fois, l'Empereur, au lieu de s'y prêter avec la même complaisance, montre de la contrariété à l'idée de traverser les rangs de ces badauds qui ne sont pas venus pour l'acclamer. Quand il débarque, au crépuscule, sous la protection d'un service d'ordre qui tient la foule à l'écart, celle-ci se rassemble autour de la maison où il va loger, dans l'espoir de le contempler, mais sans manifester autre chose que la déception qu'elle éprouve à n'y pas réussir.

Brooke, lui, se présente aussitôt devant la maison Porteous, où est logé Napoléon :

« Je rencontrai l'amiral sur la porte. “Entrez, me dit-il, voulez-vous voir Buonaparte ?” ; et aussitôt il demanda à Bertrand de m'annoncer en qualité de secrétaire du gouvernement et d'historien de Sainte-Hélène. Je fus présenté protocolairement à Buonaparte qui m'accueillit debout. Ses premiers mots furent : “Ah ! l'auteur de l'*Histoire de Sainte-Hélène* ; je l'ai lue pendant la traversée.” Il me demanda si j'étais né ici. “Non, monsieur, répondis-je, je suis natif d'Irlande. – Ah ! et depuis combien de temps êtes-vous ici ? – Vingt-trois ans. – Êtes-vous marié ? – Oui, monsieur. – Vous avez sans doute épousé une créole ? – J'ai épousé une personne née dans l'île, mais de parents anglais. – Ah ! Est-ce que le gouverneur loge en ville ou à Plantation House ?” Après lui avoir répondu, je lui dis mon espoir qu'il pût trouver l'île, dans ses paysages intérieurs, d'un aspect moins déplaisant qu'elle ne lui était apparue à première vue ; puis, après quelques mots, le voyant pensif et silencieux, je le saluai et pris congé de lui, non sans qu'il m'eût chargé de ses salutations pour le gouverneur. Ainsi se termina ma première visite à Napoléon. »

Dans une seconde lettre, datée du 3 janvier 1816, Brooke raconte une visite qu'il a faite à l'Empereur aux « Briars », où la famille Balcombe, dit-il, témoigne à son hôte illustre des égards auxquels il se montre sensible. Napoléon reçoit son visiteur sur la pelouse, lui fait le meilleur accueil et le harcèle de questions sur le passé et le présent de l'île. Il veut savoir quels en sont les principaux établissements, s'il reste des descendants des premiers colons français de religion protestante, quel est le chiffre de la population, celui des esclaves, du bétail, combien l'île compte de domaines, quel est l'état de l'agriculture, etc. Il s'intéresse aussi à la petite propriété de son visiteur avec tant de curiosité que Brooke finit par lui dire « qu'il l'honorerait beaucoup en venant la visiter quand il lui plairait, ce qui sembla lui faire grand plaisir ».

Brooke rapporte à son correspondant une anecdote bien caractéristique des idées que certains Anglais se faisaient de Napoléon ; celui-ci offre des bonbons aux invités de la famille Balcombe ; une dame Pritchard, après en avoir mangé quelques-uns, se rappelle tout à coup l'histoire des pestiférés de Jaffa (un des grands griefs des Anglais à l'égard de Napoléon), se demande avec effroi si elle n'a pas été empoisonnée, et réclame un vomitif. Tout le monde éclate de rire, tant, que la dame elle-même, gagnée par la contagion, se rassure et, confuse, renonce à demander de l'émétique.

Sans transition, la lettre se poursuit ainsi : « Buonaparte s'est installé à Longwood le 10 décembre. Il a beaucoup insisté auprès de sir George Cockburn pour obtenir l'adoucissement des restrictions qui lui sont imposées, particulièrement l'obligation d'être accompagné par un officier anglais chaque fois qu'il veut sortir de ses limites. Mais voyant que l'amiral, sans d'ailleurs perdre sa bonne humeur, lui opposait une réponse négative, il rit et se soumit de bonne grâce. Il demande aussi qu'on l'appelle Empereur. Il semble s'intéresser aux travaux de ferme, et, l'autre jour, il s'est amusé à labourer jusqu'à ce qu'il fût fatigué. On lui a donné la calèche apportée par le colonel Wilks et quatre chevaux provenant du Cap. Il attendait avec impatience cet équipage, et il ne l'eut pas plutôt reçu qu'il s'empressa de se faire promener par ses postillons tout autour du bois, en riant de plaisir.

« J'ai vu la comtesse Bertrand plusieurs fois depuis ma dernière lettre. Elle est de nature aimable et simple et ne manque pas de sensibilité. Je crois qu'elle est en très bons termes avec Mrs. Skelton, qui est une femme très intelligente. J'ai beaucoup parlé avec madame Bertrand l'autre jour à Plantation House, à un dîner où je me trouvais son voisin de table. En grande toilette, elle est fort élégante dans une salle de bal, et si elle avait un peu plus d'embonpoint, on ne manquerait pas de la trouver fort belle. »

12 mai 1821. Plus de cinq ans ont passé. Le décor change. Maintenant c'est une scène de deuil. Brooke a été convoqué avec d'autres notabilités de l'île et plusieurs médecins, pour constater le décès du glorieux prisonnier. Admis dans la chambre mortuaire, il est saisi par le spectacle du héros reposant sur son lit de mort, un crucifix sur la poitrine, le portrait de son fils sur une table auprès de lui. « C'est le plus beau visage que j'aie jamais vu », écrit-il. Il note son expression calme et paisible ; il croit voir comme un sourire sur les lèvres du défunt transfiguré. « Ses mains, ajoute-t-il, étaient d'une si rare beauté que tous les assistants en étaient frappés et parfois se récriaient d'admiration. » Enfin, sa lettre se termine par une minutieuse description des funérailles solennelles, dont tous les témoins sans exception s'accordent à dire combien elles furent émouvantes.

Dix-neuf ans plus tard, Brooke devait être l'un des habitants de Sainte-Hélène qui purent assister à l'exhumation de l'Empereur et contempler sa dépouille mortelle merveilleusement préservée.

Il mourut à Plymouth en 1849, à l'âge de soixante-quinze ans.

LE MAJOR HODSON

C'était un hercule de six pieds de haut, portant la toge et l'épée, car il occupait dans la magistrature locale les fonctions de juge-avocat, et, dans la milice de Sainte-Hélène, le grade de major. Il habitait non loin des « Briars » et eut l'occasion, dès l'arrivée de Napoléon chez les Balcombe, de lui rendre service en lui procurant la collection de l'*Annual Register*, en vue de ses recherches historiques.

Une unique lettre, datée du 7 février 1816, et dont on ne connaît pas le destinataire, donne ses impressions sur l'Empereur :

« Son logement aux "Briars" est plutôt exigu, d'autant qu'il y est accompagné du comte de Las Cases et du fils de celui-ci. On vient de lui monter une grande tente qui pourra lui servir de salon.

« Son emploi du temps, qui varie peu, n'a rien de déplaisant : il déjeune à midi, se promène de quatre à six heures dans le jardin qu'on a soin de lui laisser, à ce moment de la journée, pour son usage personnel ; de sept à huit heures, il arpente la pelouse qui est devant la maison, en compagnie des filles de son hôte. Ces demoiselles sont très gaies et parlent français, ce qui le divertit beaucoup. Après son dîner qui a lieu à sept heures, il va souvent rendre visite aux Balcombe et jouer aux cartes avec eux, s'il n'y a pas trop de monde. Du petit déjeuner jusqu'à quatre heures de l'après-midi, il est occupé à écrire sa vie, avec l'aide de ses compagnons et spécialement de Las Cases qui est un habile homme, parlant très bien l'anglais.

« Ayant été invité à dîner chez les Balcombe, je lui fus présenté dans la soirée et jouai aux cartes avec lui ; il joue mal et je le battis. Il me posa un grand nombre de questions, s'étonna de ma haute taille et me dit qu'il m'avait aperçu de loin dans mon jardin avec ma femme et mes enfants. Je lui dis que je serais très honoré de recevoir sa visite dans mon petit cottage.

« Je suis surpris qu'un aussi grand homme s'intéresse autant à des bagatelles ; comme beaucoup de Français, il se distrait avec des amusettes et des bêtises. Pendant que nous jouions aux cartes, il me fit admirer sa tabatière et m'offrit une prise de son tabac qui était abominablement mauvais. Il se servait, pour marquer les points, d'une pièce d'or à son effigie ; il me la montra, se plaça de profil et parut ravi quand je lui dis combien je la trouvais ressemblante.

« Il ne sort jamais des “Briars”, ne pouvant se résoudre à se promener avec l'escorte de l'officier anglais qui ne quitte pas la maison depuis sa venue ici[1]. Pourtant, un soir, en se promenant jusqu'au mur de clôture de la propriété, qui borde la route, il vit que j'étais seul chez moi avec ma famille, et se risqua à descendre, accompagné de Las Cases. Naturellement, je vins à sa rencontre et le menai chez moi. Il entra dans la maison, regarda tout, se promena dans le jardin, loua toute la propriété, fit à mon épouse de nombreux compliments et s'intéressa beaucoup aux enfants, notamment au plus jeune de mes fils (qui, de fait, est un bel enfant), le trouva très beau et sûrement, dit-il, le plus espiègle de tous, en quoi il avait deviné juste. Ils restèrent un bon moment avec nous ; puis, comme la nuit tombait, je leur prêtai à tous deux des chevaux pour rentrer aux “Briars” ; les domestiques qui les accompagnaient furent gratifiés de quelques napoléons.

« Il monte à cheval presque tous les jours, tout autour de Longwood et dans les vallées voisines jusqu'à la propriété de miss Mason, et revient par le chemin des Huttes. Il est très rude cavalier, dans n'importe quel terrain. S'il veut gagner le sommet d'une colline, il l'attaque directement, empoigne la crinière de sa monture, et, à grand renfort d'éperons, fait l'ascension au galop, au grand déplaisir de ceux qui l'accompagnent. Il lui faudra bientôt d'autres chevaux.

« Dans ses promenades, il aime parler aux esclaves, leur donne des pièces d'or et a, en fait, conquis leurs bonnes grâces. Il déplore leur condition d'esclavage et les encourage, ceux du moins qui ont quelque prétexte pour le faire, à réclamer leur émancipation. Aussi, depuis lors, le bureau de police examine tous les jours avec attention cet état de choses.

« Il voit peu de gens, fait peu d'invitations à Longwood ; il y en a eu trois ou quatre pour des officiers supérieurs du

1. Le capitaine Greatly.

53e. L'amiral a dîné une seule fois chez lui ; j'étais au nombre des convives, ainsi que Maria. J'ai accepté avec joie, mais j'ai eu de la peine à convaincre ma femme de m'accompagner. »

Outre le ménage Hodson, les autres invités étaient l'amiral Cockburn et le major Fehrzen, du 53e régiment. Hodson raconte longuement ces agapes qui firent sur lui une vive impression. Sa femme, la « belle, bonne et douce Maria », comme la nomme Las Cases, eut la place d'honneur, à la droite de l'Empereur, qui lui témoigna les plus aimables attentions, et lui offrit les mets les plus succulents de sa table.

« La cuisine, écrit Hodson, était extraordinairement délectable et la pâtisserie surpassait tout ce que j'ai vu dans ce genre. La vaisselle et les couverts étaient en or et en argent, la porcelaine d'une élégance et d'une richesse dont je n'aurais pu avoir aucune idée. Les serviteurs étaient vêtus de livrées entièrement brodées d'argent, et l'on aurait pu les prendre pour autant de généraux, y compris six soldats anglais que l'amiral avait mis à la disposition de Napoléon pour aider au service.

« L'homme prend vraiment un plaisir d'enfant à ces amusettes, et il serait facile de le contenter, lui et ses compagnons, en leur envoyant de temps en temps quelques belles choses de ce genre, comme par exemple, une voiture neuve, ou encore des chapeaux à cocarde, dont les Français raffolent *(sic)*.

« Pour moi, j'étais placé entre la comtesse Bertrand et Las Cases et, comme tous deux parlent anglais, je me sentais tout à fait à mon aise. Las Cases est le favori de l'Empereur et parle plus que les autres qui semblent craindre d'ouvrir la bouche, chuchotent plutôt qu'ils ne parlent et se bornent à répondre aux questions qu'il leur pose. On dirait que leur vie dépend de ses sourires, et dès qu'il a l'air mécontent, les voilà plus bas que terre. »

Hodson, que Napoléon avait surnommé Hercule, était un excellent homme, serviable, prévenant, mais un grand personnage, un juge ! C'est ce qui explique sa réflexion sur les bagatelles qui amusent les Français. Et de quoi auraient-ils pu s'amuser à Sainte-Hélène, sinon de bagatelles ? Le major-juge aurait pu mettre dans sa balance quelques inconvénients qui compensaient cette légèreté[1].

LE RÉVÉREND VERNON

Il est difficile de se représenter la vie de société dans un cercle aussi étroit que celui de Sainte-Hélène, où exilés français, autorités militaires, fonctionnaires civils, commissaires étrangers, garnison, habitants de l'île, coupés du monde extérieur, habitaient comme en vase clos dans leurs petites communautés.

La chronique locale abonde en commérages, intrigues, voire en scandales. Les passions bouillonnaient dans ce petit univers volcanique, où l'ennui régnait et où le climat n'avait rien de sédatif.

À Longwood, entre les compagnons de l'Empereur, où, seul le grave Bertrand vivait sagement un peu à l'écart avec sa famille, essayant d'apaiser des querelles qui exaspéraient Napoléon, la discorde régnait. Le heurt des caractères, des rivalités féminines, une cohabitation de tous les instants dans des locaux misérables engendrèrent des ragots, des médisances, des jalousies et allèrent jusqu'à des provocations en duel.

À Plantation House, sous l'autorité capricieuse du gouverneur, sévissaient aussi les intrigues, les courses à l'avancement, les scènes, dont le journal du major Gorrequer ne nous cache rien. Dans la gent féminine, les sympathies et les antipathies se nouent et se dénouent au gré des caprices de la fantasque lady Lowe, autoritaire, assoiffée d'honneurs.

Parmi les femmes d'officiers qui sont reçues chez le gouverneur, soit dans de grandes réceptions, soit en privé, il se trouve aussi des rivalités de préséance, de l'envie, des plati-

1. La lettre du major Hodson a été publiée par Cl. Shorter dans son ouvrage *Napoleon in his Own Defence*.

tudes à l'égard de la maîtresse de maison et, naturellement, des commérages. L'une d'elles, ayant dénoncé la conduite légère d'une autre, fut poursuivie en justice et dut payer une forte amende.

Quant aux jeunes filles, elles font, comme beaucoup de leurs pareilles, assaut de coquetterie et se jalousent entre elles.

Mais tout cela est-il bien particulier à Sainte-Hélène et n'est-ce pas le lot de presque toutes les sociétés humaines, vivant sans aucune ouverture sur un univers lointain ?

On pourrait croire cependant que, dans le personnel ecclésiastique anglican, l'entente aurait pu régner entre gens de bonne volonté et de vocation pacifique. Nullement. La chronique locale fait état d'une rivalité déclarée entre deux d'entre eux, dont l'un, le Révérend Boys, homme d'un certain âge, très rigoriste et quelque peu sectaire, n'hésitait pas à flétrir, du haut de la chaire, la conduite scandaleuse du second personnage de l'île, l'amiral Plampin, parce qu'il vivait avec une concubine amenée d'Angleterre et l'autre, le révérend Vernon, sensiblement plus jeune et d'esprit plus libéral.

Avant l'arrivée des prêtres catholiques envoyés par le cardinal Fesch, à la demande de Napoléon, les Français eurent, à plusieurs reprises, recours aux pasteurs de la religion réformée : à Vernon, pour baptiser la petite Hélène de Montholon, née le 18 juin 1816 ; et le petit Arthur Bertrand, né le 17 janvier 1817 ; et à tous deux ensemble pour les obsèques de Cipriani, le maître d'hôtel de l'Empereur, enlevé par une crise intestinale foudroyante le 26 février 1818.

C'est à cette dernière occasion qu'éclata un vif dissentiment entre les deux ecclésiastiques. Napoléon, pour le remercier de ses services, avait, sans en faire informer le gouverneur, fait présent à Boys d'une tabatière. Lowe, l'ayant appris par les bavardages de Vernon, exigea que le destinataire renvoyât l'objet. Cette histoire insignifiante prit des proportions démesurées, comme tout incident de ce genre survenant dans l'île.

Boys était la bête noire des autorités de Sainte-Hélène, Vernon jouissait par contre de la sympathie du gouverneur et de son épouse.

Gorrequer, dans son journal, flétrit la conduite « méprisable et scandaleuse » du jeune pasteur dans « l'affaire de la tabatière » et estime que tous les torts furent de son côté.

Dans les souvenirs qu'il a laissés sur Sainte-Hélène[1], Vernon ne fait naturellement aucune allusion à ses démêlés avec son confrère, mais raconte, avec une certaine verve, quelques anecdotes sur les habitants de Longwood :

Avant de faire baptiser sa fille par un hérétique, Montholon hésite : « Ne sera-t-elle pas protestante ? » Vernon le rassure. L'Empereur, consulté, affirme : « À coup sûr, elle sera protestante. » Et Vernon de dire en souriant : « L'Empereur est un habile général, il possède d'immenses connaissances et des talents transcendants ; mais pardonnez-moi si j'ose dire que, dans ce cas particulier, il fait erreur. » L'enfant fut baptisée, mais les Français saisirent cette occasion pour charger le révérend d'exprimer au gouverneur leur désir qu'un prêtre catholique leur fût envoyé. Vernon parut surpris de les voir réclamer les moyens de remplir leurs devoirs religieux : n'avaient-ils pas, lors de leur passage à Madère, refusé l'offre d'un prêtre portugais en disant : « Envoyez-nous plutôt un cuisinier. » Tous alors se récrièrent, affirmant que cette histoire était entièrement inventée, assurant qu'aucun d'eux ne se serait rendu coupable d'une pareille incongruité. Vernon se déclara heureux de voir que tels étaient leurs sentiments et s'acquitta consciencieusement de sa mission.

De madame de Montholon, il écrit : « Je la vis dans sa chambre à coucher. Elle me reçut fort gracieusement, demanda à voir quelles prières j'allais réciter pour la cérémonie du baptême ; elle ne parlait pas anglais, mais le comprenait parfaitement. Elle parut satisfaite de voir que nos prières étaient les mêmes que celles de l'Église catholique et ne fit plus d'objection. C'était une personne gaie et

1. Bowater T. Vernon, *Trifles from St. Helena*, 1848. Non traduit en français.

aimable avec laquelle je m'entretins, pendant que son mari préparait une note pour me permettre d'inscrire, sans erreur de nom, l'acte de baptême sur le registre de la paroisse. »

Après la cérémonie, Vernon eut l'occasion de voir, par la fenêtre, Napoléon, « cet intéressant personnage », en train de déballer dans le jardin une caisse de livres qu'il venait de recevoir. « Voilà l'Empereur, lui dit Montholon, regardez-le sans crainte, il sait que vous êtes ici et ne se formalisera pas. » « Ce fut, dit le pasteur, un curieux spectacle, plus intéressant qu'aucun auquel j'aie jamais assisté. Napoléon semblait impatient de voir ses livres ; il examinait rapidement chacun d'eux. Quand l'un ou l'autre lui déplaisait, il le jetait sur le sol. Ceux qu'il préférait lui arrachaient des exclamations de joie ; il les entassait dans des corbeilles qu'on lui présentait. Lui-même déchirait les emballages, de sorte qu'en peu de temps, il était environné d'un tas de papiers qui montait jusqu'à ses genoux. On emporta les paniers remplis de livres vers son appartement, où, à mon grand regret, il les suivit, ce qui mit fin à cette intéressante scène qui avait duré environ vingt minutes. »

Vernon rapporte aussi un bon tour joué par Napoléon au capitaine Poppleton, l'officier d'ordonnance qui avait la consigne de l'accompagner dans ses promenades hors des limites. Un jour que le captif suivait à cheval un sentier de chèvre longeant un précipice, il lui prit fantaisie de piquer des deux sans crier gare et d'échapper à la vue de son gardien, lequel, affolé, alla rendre compte que « le général avait disparu ». Ce fut une chaude alerte, mais Napoléon rentra chez lui le soir après une longue chevauchée[1].

---

1. Cette escapade, cependant, se retourna contre l'Empereur, car elle aboutit à faire renforcer la surveillance dont il était l'objet. Napoléon avait de l'estime pour Poppleton et lui dit un jour : « Si vous n'étiez pas mon geôlier, capitaine, je vous inviterais volontiers à dîner avec moi. » À son départ de Sainte-Hélène, Poppleton reçut de Napoléon, avec ses compliments, une tabatière en or. On peut lire aujourd'hui encore sur la tombe de Poppleton cette inscription qu'y fit graver sa famille : « Il fut chargé de la garde de Napoléon, qui l'honora de son estime. »

Vernon fait un vif éloge du Grand-Maréchal Bertrand, de son désintéressement, de son honorabilité et de son attachement à la personne de l'Empereur. On peut remarquer à ce sujet qu'il est bien peu de mémorialistes de Sainte-Hélène qui n'aient tenu à exprimer la même estime pour ce bon serviteur, à l'exception, bien entendu, du gouverneur et de son état-major, qui se heurtèrent toujours à sa dignité et à son sens du devoir.

La maladie, la mort et les funérailles de l'Empereur donnent lieu, bien entendu, à des commentaires de Vernon. Il va voir le défunt sur son lit de mort. « Je pris, écrit-il, sa main droite un instant dans la mienne. Elle était remarquablement petite et délicate ; en fait, on aurait pu la prendre pour la main d'une femme qui l'aurait soignée avec amour. »

Vernon se dit frappé du changement d'attitude qui se manifesta chez les compagnons de Napoléon après la mort de leur maître. « Autant ils étaient froids, réservés, formalistes, autant ils devinrent aussitôt sociables, gais, communicatifs. Il semblait qu'on leur eût ôté un poids accablant pour leur esprit, qu'ils fussent libérés d'une contrainte qui les rendait souvent moroses et insociables. » Il attribue avec juste raison ce changement à la perspective d'un prochain départ qui terminera leur exil volontaire de cinq années, « sans qu'on puisse faire le moindre reproche à la fidélité de leur dévouement à la grandeur tombée ».

Le pasteur raconte ensuite que, lors de l'exposition publique qui fut faite, après les obsèques de l'Empereur, des objets lui ayant appartenu, il admira beaucoup un mouchoir brodé de la lettre N surmontée d'une couronne impériale. « Comme j'aimerai l'avoir, dit-il à l'un de ses camarades. – Eh bien, mettez-les dans votre poche ! – Tu ne voleras point ! », répliqua Vernon en s'éloignant. Peu après, en revenant au même endroit, il constate que le mouchoir a disparu. « Quelqu'un de moins scrupuleux que moi avait passé par là. »

L'abbé Vignali, qui officia aux obsèques de l'Empereur, s'opposa à ce que Vernon prît place à ses côtés dans le cortège funèbre, car, dit-il, je risquerais l'excommunication. « Naturellement, dit Vernon avec bonhomie, je n'insistai pas. »

Après l'inhumation, on couvrit la tombe avec une large dalle de pierre qui heurta et fit tomber un gros morceau de l'écorce d'un des arbres voisins. Vernon s'en empara, disant à la comtesse Bertrand qu'il le garderait comme une relique. « Mais, raconte-t-il, un étranger, tremblant d'émotion, me supplia, d'une voix entrecoupée, de lui en donner un petit morceau. Il accourait hors d'haleine, d'un vaisseau à l'ancre et n'avait pu arriver qu'à la fin de la cérémonie. Je lui découpai un tiers environ du morceau d'écorce et le lui remis. Il y attachait, j'en suis sûr, un très grand prix, car il me remercia avec effusion. »

Parlant de l'habitation qu'occupait Napoléon, Vernon admet qu'« elle n'était pas digne de lui » et en donne pour preuve l'énorme dépense occasionnée par la construction de la nouvelle demeure qu'on préparait pour lui. « Quant au climat de Longwood, écrit-il encore, il passe pour être le plus mauvais de l'île. Il était sans doute très exposé aux forts vents du sud-ouest et chargé d'humidité. Pour des Français, je l'avoue, les brouillards épais et les vents froids ont dû être très éprouvants, mais c'étaient là des inconvénients auxquels il était impossible de remédier. Quand il faisait mauvais temps, l'Empereur faisait les cent pas dans la salle de billard, s'amusant parfois à des carambolages. Il lisait aussi beaucoup. Parmi les livres que lui avait envoyés le Prince Régent, il y avait une *Vie de Marlborough*[1] dont il admirait les talents militaires. Quelques jours avant sa mort, il en fit présent à la bibliothèque du 20e régiment[2].

« Les Français se livraient à une série de manigances, à dessein d'augmenter les dépenses du gouvernement anglais. Au début, on les avait approvisionnés sans compter ; mais l'incroyable consommation de vins, de liqueurs et autres marchandises coûteuses fit modifier les premiers arrangements.

1. Ce n'est pas le Prince Régent, mais sir Arthur Spencer qui, lors de son passage dans l'île, avait fait ce cadeau à Napoléon.

2. Voir plus loin le chapitre consacré au capitaine Lutyens, p. 297.

Après enquête, on dut constater que d'énormes quantités de vivres avaient été gaspillées. Quand on demanda à Bertrand de faire une estimation de tout ce qui serait nécessaire et suffisant, les Français considérèrent qu'on les insultait et qu'on les tyrannisait ; l'Empereur pouvait-il être réduit à la ration d'un simple soldat ? Sir Hudson Lowe fut donc amené à fixer lui-même la quantité des approvisionnements, et il le fit sur une échelle large et libérale. »

Plus loin, le narrateur fait bonne justice, avec preuves à l'appui, de la légende d'une tempête qui aurait dévasté l'île le jour de la mort de Napoléon.

Il raconte aussi de nombreuses anecdotes sur la vie à Sainte-Hélène : sur les Commissaires et, en particulier, sur le marquis de Montchenu, « un beau spécimen de l'ancien régime, un vieux gentilhomme corpulent, coiffé à l'ancienne mode avec une longue queue… Il valait la peine de le voir, monté sur son cheval noir à l'ample crinière. Aucun professeur de maintien n'aurait pu avoir plus correcte attitude. Ses menues pratiques de galanterie n'étaient pas très conformes au goût anglais, mais on les tolérait à cause de sa bonne humeur. C'était ce qu'on appelle un « bon vivant ».

Vernon conte encore l'histoire amusante d'un simulacre de combat naval, organisé par le capitaine d'un croiseur pour le seul plaisir de lady Lowe, sans en référer à quiconque, pas même à l'amiral commandant la base. Un tintamarre de canonnade éclate en pleine nuit, semant l'épouvante dans la population. La garde civile accourt de toutes parts en uniforme, les régiments sont alertés, les canonniers courent à leurs pièces ; l'amiral lui-même, qui loge aux « Briars », accourt pour rejoindre son poste de commandement. Le bruit court qu'une frégate américaine a ouvert le feu pour attaquer l'île et délivrer Napoléon. Tout finit par s'arranger quand on découvre la cause de cette chaude alerte, et chacun rentre chez soi.

Après maintes autres historiettes assez pittoresques, Vernon termine ses souvenirs par un vif éloge de sir Hudson Lowe, dont il approuve sans réserve les mesures prises pour assurer la garde de son prisonnier, car, dit-il, « en dépit de toutes les précautions prises, la correspondance des Français avec l'extérieur ne cessa jamais ».

Chapitre IV

LES DAMES

MRS. ABELL (BETSY BALCOMBE)

En 1848, une dame d'un certain âge, Mrs. L. E. Abell, écrivit, à la sollicitation d'un éditeur et sur les instances de ses amis, ses souvenirs sur Napoléon[1]. Quoique tardifs, les récits de celle qui était en 1815 la petite Betsy Balcombe gardent une fraîcheur qui évoque l'oasis que fut pour l'Empereur, dans les aridités de sa captivité hélénienne, le séjour de sept semaines qu'il fit aux « Briars », où ses hôtes, de braves gens dont il conquit aussitôt la sympathie et qui furent toujours ses partisans déclarés, l'accueillirent avec déférence et bonté. Betsy et sa sœur Jane, de deux ans plus âgée qu'elle, étaient deux fillettes de treize et quinze ans, la première espiègle, étourdie, irrévérencieuse, l'aînée plus posée et assez naïve.

1. Mrs. L. E. Abell, *Recollections of the Emperor Napoleon during his First Three Years of his Captivity of the Island of St. Helena*, Londres, 1848. Réédité en 1853 et 1873. La revue *The New Century Magazine* avait auparavant publié les premiers chapitres de l'ouvrage, en 1843. Une traduction française, avec une introduction et des notes, en a été faite par M. Le Gras en 1898, sous le titre : *Napoléon à Sainte-Hélène*.

L'Empereur, qui aima toujours les enfants, montrait une indulgence sans bornes pour leurs facéties. Éblouies d'abord par son prestige, elles s'apprivoisèrent très vite, et, comme elles parlaient passablement le français, l'intimité se prolongea, même quand Napoléon fut installé à Longwood, où il les recevait volontiers avec leur famille, les comblant de gâteaux et de sucreries. Bien entendu, ces relations déplurent à Hudson Lowe dont les tracasseries aboutirent au départ des Balcombe qui s'embarquèrent en mars 1818, comblés des bienfaits de l'Empereur.

Le livre de Mrs. Abell est fait des souvenirs personnels de son enfance et aussi, dans sa deuxième partie, de quelques lectures faites sans doute pour rafraîchir sa mémoire et lui donner l'occasion de conter de nombreuses anecdotes, en dehors de celles dont elle fut l'héroïne, ces dernières étant les plus typiques de son récit.

Ayant conservé la douce souvenance de l'habitation familiale où elle avait passé ses jeunes années, la description qu'elle en fait vaut d'être retenue, puisqu'elle permet de connaître les lieux où l'Empereur habita pendant près de deux mois.

« Notre cottage était construit sur le plan des bungalows de l'Inde, c'est-à-dire peu élevé et toutes les pièces au rez-de-chaussée. Son seul charme lui venait de sa situation en ce coin de verdure isolé, au milieu de rochers dénudés ; on aurait dit un Eden tombé tout fleuri au sein d'un désert. Une magnifique avenue de figuiers banians y conduisait ; elle était elle-même flanquée à droite et à gauche de laquiers gigantesques, entremêlés au hasard de grenadiers et de myrtes ; une allée de grenadiers, hauts de trente à quarante pieds, se dirigeait vers le jardin. Enfin un épais fouillis de roses blanches, assez semblables à nos églantiers, lui avait valu son nom[1]. » (...) « Je revois encore dans mes rêves ces bosquets de myrtes, ces orangers au feuillage d'un vert brillant, aux fleurs embaumées, aux fruits d'or. Notre jardin

1. *The Briars* : les ronces, les églantiers.

où mûrissaient en abondance tous les fruits des tropiques et à profusion différentes variétés de raisins, des citrons, des goyaves, des oranges, des figues, des mangues produisait, outre ce qui était nécessaire à la maison, un revenu annuel de cinq à six cents livres sterling.

« La nature, comme jalouse de la beauté de notre cottage, l'avait entouré de barrières infranchissables. À l'est, par un précipice aux pentes raides, absolument inaccessibles ; au sud par une haute et sombre montagne, le Peak-Hill, tandis qu'à l'ouest, il était protégé par une cataracte qui offrait à elle seule un spectacle peu ordinaire et, sous ces climats brûlants, un voisinage d'une inestimable valeur. Du côté le plus rapproché de l'habitation, la ligne de défense était constituée par une haie vive d'aloès épineux : obstacle infranchissable au travers duquel n'eût pu pénétrer aucun être vivant. »

Voilà le décor planté : le héros ne va plus tarder à paraître.

« Nous habitions depuis quelques années déjà notre vallon pittoresque et solitaire quand notre petite île fut soudain réveillée de sa torpeur en apprenant qu'elle allait devenir prison d'État pour Napoléon Bonaparte. Cette nouvelle nous arriva en octobre 1815. Je me souviens parfaitement de la stupéfaction générale avec laquelle on accueillit l'annonce de la captivité de Napoléon parmi nous ; personne ne voulait y croire. J'éprouvai tout d'abord une épouvante extrême, j'eus le pressentiment que quelque terrible malheur nous menaçait tous. Les idées les plus anciennes que je m'étais faites de Napoléon me le représentaient comme “un grand ogre”, un géant avec un gros œil rouge et flamboyant au milieu du front, des dents longues et saillantes hors de la bouche, avec lesquelles il déchiquetait et dévorait les petites filles qui n'étaient pas sages. En grandissant, mes idées s'étaient modifiées ; mais ma terreur, pour ne plus être enfantine, n'en subsistait pas moins. Dans ma pensée, le nom de Bonaparte évoquait toutes les scélératesses et toutes les horreurs. Ces idées étaient celles de la majorité du peuple anglais. Les journaux de l'époque qui le peignaient comme un démon avaient été les propagateurs de telles idées. »

Le 18 octobre, Napoléon va visiter Longwood avec l'amiral Cockburn et s'arrête au retour devant les « Briars ». Cette oasis de verdure attire son attention ; il demande à y rester plutôt que de retourner en ville.

« Le même jour, écrit Betsy, les docteurs O'Meara et Warden étant venus nous rendre visite, on les accabla de questions sur Bonaparte, son physique, ses manières. Ils nous le dépeignirent comme un homme courtois et fort aimable qui nous plairait beaucoup. Et, bien qu'en nous quittant ils nous eussent affirmé de nouveau que notre opinion sur Bonaparte changerait absolument dès que nous l'aurions vu et que nous aurions causé avec lui, je ne pus, malgré leurs belles paroles, m'empêcher de penser à lui sans crainte et même sans frisson.

« J'ai encore présente à ma mémoire, avec une netteté, une lucidité extraordinaires, l'impression mêlée de terreur et d'admiration que je ressentis en contemplant pour la première fois cet homme qu'on m'avait tant appris à craindre.

« Le cheval qu'il montait était superbe et d'un noir de jais ; il s'avançait d'une fière allure, coupant de ses fers notre belle pelouse, tendant et penchant le cou, mordant son frein ; il me parut bien digne de porter celui qui avait dominé presque toute l'Europe.

« Napoléon à cheval avait un air noble et imposant ; cette position augmentait sa stature et compensait ainsi tout ce qui lui manquait, pour me le montrer comme l'être le plus majestueux que j'eusse jamais vu. Son habit était vert, orné d'une étoile éblouissante ; la selle et la housse de son cheval étaient de velours cramoisi richement brodé d'or.

« Napoléon était d'une pâleur de mort. Cependant ses traits, malgré leur froideur, leur impassibilité et quelque chose de dur, me parurent d'une grande beauté. Dès qu'il eût pris la parole, son sourire enchanteur et la douceur de ses manières firent évanouir jusqu'au moindre vestige de la crainte que j'avais jusque-là éprouvée. Pendant qu'il causait, je pus tout à loisir examiner ses traits : je ne me souviens pas d'avoir jamais vu une physionomie plus remarquable et plus frappante. Les portraits qu'on a faits de Napoléon donnent de lui une idée assez exacte ; mais ce que nul pinceau ne saurait reproduire, c'est son sourire, c'est l'expression de son regard : tout ce qui, précisément, constituait son charme fascinateur. Les cheveux, d'un brun foncé, étaient aussi fins, aussi soyeux que ceux d'un enfant ; ils l'étaient même un peu trop pour un homme, ce qui le faisait paraître légèrement chauve. Il avait les dents noires ; j'ai su plus tard que cela provenait de son habitude de manger du jus de réglisse, dont il avait toujours une provision dans sa poche. Il avait la main la plus potelée et la plus jolie du monde, avec des fossettes aux jointures, comme celle d'un petit enfant, et cependant les doigts étaient effilés et les ongles parfaits.

« Napoléon parut enchanté de notre cottage et manifesta vivement son désir d'y habiter. Sir George Cockburn, à qui mon père avait déjà offert de lui céder quelques pièces, s'empressa de nous déclarer que, puisque la situation plaisait tant au “général” Bonaparte, il y renonçait en sa faveur. Il fut donc convenu qu'il serait notre hôte jusqu'à ce que l'habitation de Longwood fût en état de le recevoir. »

Ce séjour aux « Briars », en dépit de l'exiguïté des locaux, devait être pour l'Empereur un havre de tranquillité au sein de la famille Balcombe toujours déférente à son égard. Très vite, les jeunes filles deviennent familières, Betsy surtout à qui Napoléon pardonne toutes ses facéties et se prête avec bonne grâce à ses farces de gamine : un jour, c'est son épée dont elle s'empare, en faisant mine de le vouloir occire ; une autre fois, elle place tout auprès de lui un gros chien de Terre-Neuve qui s'ébroue en sortant de l'eau et l'arrose copieusement ; elle lui pousse le coude pendant qu'il manie de la cire à cacheter brûlante, lui dérobe ses papiers sur sa table de travail « pour connaître tous ses secrets », le bouscule à le faire tomber… Après chacune de ces incartades, Betsy est grondée et punie par son père, et c'est Napoléon qui, invariablement, vient demander sa grâce. Il faut dire que l'Empereur, quoique tendre et paternel, aime aussi à plaisanter, à taquiner. Il se divertit à tricher quand il joue aux cartes avec elle, lui joue des tours, ce qui ne l'empêche pas de « laisser voir ses qualités réelles de bonté et de sensibilité naturelles ».

« Je n'ai jamais connu personne, écrit Betsy, qui se prêtât mieux que Napoléon à la plaisanterie. Il avait la simplicité, l'abandon, l'espièglerie d'un enfant. J'ai certes bien souvent mis sa patience à une rude épreuve. Eh bien, il ne s'est jamais retranché derrière son rang ou son âge pour échapper aux conséquences de son indulgente familiarité. Il était pour moi comme un père, comme un compagnon de mes jeux d'enfant, et toutes les observations qu'on me faisait, toutes les résolutions que je prenais de lui témoigner plus d'égards et de respect, tout s'évanouissait dès qu'il commençait à rire et à jaser avec moi.

« Mes frères étaient alors tout jeunes. Napoléon les prenait sur ses genoux et les laissait jouer avec les décorations qui ornaient sa poitrine. Combien de fois me pria-t-il, pour satisfaire le caprice de ces bébés, de couper le ruban qu'ils voulaient absolument avoir !

« Je pense d'ailleurs que la bonté de Napoléon est prouvée jusqu'à l'évidence par l'affection qu'il témoignait aux enfants, par le plaisir qu'il montrait en leur société, et cela pendant la période la plus malheureuse de sa vie ; un caractère froid et incapable d'attachement n'eût fait alors que languir dans une souffrance égoïste. Après avoir travaillé pendant des heures, il nous permettait d'aller le trouver, et ce qui eût été pour d'autres une fatigue insupportable semblait lui donner de nouvelles forces et ranimer son entrain. Souvent alors il était d'une gaieté bruyante, il partageait les sentiments des enfants, il se faisait enfant avec eux, et je puis dire que c'était un enfant des plus amusants. » Betsy raconte qu'il accepte de jouer à colin-maillard avec eux et qu'un jour il leur fait confectionner par un de ses serviteurs une voiture minuscule attelée de quatre gros rats.

« L'Empereur avait aussi, dit Betsy, une qualité qui contribue à donner le plus grand charme à la vie de société : il s'amusait et s'intéressait à des choses de minime importance. Il me semble que c'est là un trait distinctif de ses compatriotes, et que de là vient leur vivacité, leur talent de société ; mais ce trait irait fort mal à notre réserve naturelle, à notre sauvagerie nationale.

« Nous avions comme jardinier un vieil esclave malais, nommé Tobie, amené captif dans cette île bien des années avant notre arrivée et depuis quarante ans employé au jardinage. C'était un original, d'un caractère bizarre et curieux. Napoléon l'avait pris en amitié ; il proposa un jour à papa de le racheter pour l'affranchir, mais celui-ci, pour des raisons politiques que j'ignore, ne put y consentir. Le vieillard lui garda toujours une profonde reconnaissance et, par la suite, ne fut jamais si heureux que lorsqu'on le chargeait de cueillir les plus beaux fruits ou de préparer un splendide bouquet et d'aller les porter à Longwood au "brave Bony" comme il appelait l'Empereur. Celui-ci, de son côté, chaque fois que j'allais le voir, ne manquait pas de s'informer de la santé du vieux Tobie ; en quittant notre maison, il lui tendit la main et lui fit présent de vingt napoléons. Il avait conquis et fasciné le vieillard ; de son côté, Napoléon éprouvait pour Tobie un attachement qui avait quelque chose de romanesque, comme envers un homme dont la jeunesse a été l'objet des plus cruelles injustices. »

À ces divers aspects du caractère de l'Empereur, la narratrice ajoute encore un trait, pour montrer combien, après un accès d'emportement, il reprenait vite la maîtrise de lui-même :

Dans les premiers jours de décembre 1815, le moment était venu pour les exilés d'aller s'installer à Longwood où les travaux s'achevaient. Mais, avant de partir, Napoléon apprit par le Grand-Maréchal Bertrand qu'il régnait encore dans les appartements une forte odeur de vernis de nature à l'incommoder beaucoup. « Jamais, dit Betsy, je n'oublierai la fureur que montra Napoléon. Il étouffait de colère. Il déclara que l'odeur de la peinture lui était nuisible, qu'il n'habiterait jamais une maison qui en serait imprégnée, et que, si le rapport du Grand-Maréchal était exact, il enverrait avertir l'amiral de son refus d'habiter Longwood. Il donna au comte Las Cases l'ordre de partir le lendemain matin de très bonne heure et de lui dire si l'information du général

Bertrand était exacte. À ce moment, je m'approchai de lui et lui demandai pourquoi il était en colère. Aussitôt ses manières changèrent et il me dit d'un ton fort calme la cause de son ennui. Je fus stupéfaite de l'empire qu'il avait sur lui-même. En un instant il était passé de la fureur la plus violente à un calme complet ; il avait retrouvé la tranquillité, la politesse et la grâce de ses manières. »

Rassuré par Las Cases, l'Empereur décide de partir deux jours plus tard. « Au jour fixé, écrit Betsy, qui pour moi fut un jour de deuil, sir George Cockburn vint aux "Briars" pour le conduire à son nouveau séjour. Je pleurais à chaudes larmes ; il me consola et me fit promettre d'aller le voir à Longwood. Nous ayant fait ses adieux, il offrit à mon père une tabatière en or, et à moi-même une belle petite bonbonnière. Je fondis en larmes et sortis de la chambre en courant pour le voir par la fenêtre, mais j'avais le cœur si gros que je me jetai sur mon lit et restai longtemps à pleurer. »

À Longwood, Napoléon reçut souvent la famille Balcombe. Il continuait à s'intéresser à ses jeunes amies, organisait des promenades en calèche, les bourrait de friandises, les interrogeait sur leurs études aussi bien que sur leurs flirts, leurs toilettes et leurs succès mondains. « Voyez, disait-il à O'Meara, comme Betsy embellit de jour en jour : quel joli visage ! on pourrait même dire : quel beau visage ! Malheureusement elle ne s'habille pas à son avantage. »

« Napoléon, dit la jeune fille, blâme vivement la mode des robes courtes et me dit que, s'il était le gouverneur, il rendrait une ordonnance pour la défendre aux dames. »

Au cours de ses visites, Betsy engrangea une nouvelle moisson de souvenirs, dont nous citerons quelques-uns :

« Le 1er janvier 1816, étant allées offrir à Napoléon nos vœux de bonne année, nous regardions avec envie les élégants souvenirs qu'il avait offerts le matin même à la comtesse Bertrand. Il tenait deux charmantes tasses de porcelaine de Sèvres ornées de peintures ravissantes. "Mesdemoiselles Jane et Betsy, nous dit-il, voici deux tasses que je vous offre ; conservez-les comme une marque de mon affection et à cause de l'amitié que vous montrez à Madame Bertrand."

« Napoléon s'amusait parfois à parler anglais ; nous évitions toujours de relever et de corriger ses fautes de langage ; nous ne le faisions que s'il nous en priait formellement. Il désirait beaucoup en acquérir l'usage, et, quand il se trouvait en notre société, il ne laissait pas échapper l'occasion de parler anglais bien que sa prononciation extrêmement défectueuse et son ignorance des nuances rendissent très difficile de le comprendre sans beaucoup d'attention. »

À l'occasion des courses de Deadwood, qui attiraient toute l'île, Betsy qui est sans monture se montre très ennuyée de ne savoir comment se procurer un cheval... Napoléon, informé de son chagrin, lui fait envoyer par un de ses serviteurs « un superbe cheval gris, caparaçonné d'une selle de dame et d'une housse en velours cramoisi brodé d'or. Cet acte de bonté si simple et si spontané de l'Empereur donna lieu à maints propos dans l'île et j'appris qu'on avait traité comme un délit contre l'autorité le fait d'avoir monté un des chevaux réservés à Longwood. Mon père reçut à ce sujet une réprimande du gouverneur ».

Ces visites des Balcombe à Longwood causaient à Hudson Lowe le plus vif déplaisir. Délivrait-il un laissez-passer aux jeunes filles et à leur mère pour aller voir la comtesse Bertrand à Hutt's Gate, où elle demeurait en famille à quelque distance de Longwood, Napoléon s'arrangeait toujours pour rencontrer ses amies et les retenir parfois à dîner. Si l'on oubliait, en causant, l'heure du couvre-feu, c'était alors madame Bertrand qui offrait aux visiteuses l'hospitalité pour la nuit.

Le chef de la famille, William Balcombe, né en 1782, habitait Sainte-Hélène depuis 1808. Il remplissait les fonctions d'agent du Trésor pour le compte de la Compagnie des Indes et s'occupait en même temps, comme négociant, de l'approvisionnement des navires qui touchaient à Sainte-Hélène. C'était un bel homme, bon vivant et quelque peu panier percé, dont la rumeur publique prétendait qu'il était fils naturel du Prince Régent. Quand Napoléon fut installé à Longwood, Balcombe fut chargé du rôle de pourvoyeur des exilés. Il effectua aussi des négociations de billets avec l'Angleterre et, sans nul doute, servit d'intermédiaire pour acheminer de la correspondance clandestine à destination de l'Europe. Il était persona grata auprès de l'Empereur qui l'invitait souvent à dîner avec ou sans sa famille. Il n'en fallait pas plus pour exciter la méfiance d'Hudson Lowe, et Balcombe, malgré ses relations en haut lieu, croyant préférable de ne pas attendre une disgrâce complète, prit pour prétexte à son départ l'état de santé précaire de sa femme, et quitta l'île pour l'Angleterre, où il s'employa encore activement en faveur de Napoléon.

En lui accordant un congé de six mois, Hudson Lowe entendait bien qu'il ne revînt pas à Sainte-Hélène. Il avait écrit à lord Bathurst que « le grand attachement de Balcombe pour Bonaparte rendait son retour dans l'île absolument impossible ». Pourtant, le Prince Régent, après enquête, déclara que « Balcombe avait toujours été un loyal serviteur ». Le gouvernement l'envoya néanmoins exercer les fonctions de Trésorier en Nouvelle Galles du Sud, où il mourut, jeune encore, en 1829.

Pour Betsy, la mémoire de cette amitié resta dans le cœur de la jeune fille, devenue femme, et se perpétua dans les relations qu'elle noua plus tard avec la famille impériale ; avec le roi Joseph qui lui fit présent d'une magnifique bague ayant appartenu à l'Empereur, et avec le prince Louis-Napoléon qui lui rendait souvent visite à Londres, et qui, monté sur le trône impérial, la dota d'un beau domaine de mille acres situé en Algérie dans la province de Constantine.

Mrs. Abell vécut assez longtemps pour voir la chute du second Empire et mourut en 1871[1].

1. De son mariage avec Mr. Abell, Betsy n'eut qu'une fille qui épousa un Mr. Johnstone. Une de ses descendantes, dame Mabel Brookes, a fait don dernièrement de la propriété des « Briars » à la France. Elle est l'auteur d'une histoire de Sainte-Hélène, parue en 1960 à Londres.

MRS. YOUNGHUSBAND

À quelques centaines de mètres au nord de la résidence de Longwood s'élevaient les baraquements et les tentes du camp de Deadwood, où logeaient les détachements anglais chargés d'assurer la garde de Napoléon. Ce furent successivement des bataillons des 53e, 66e et 20e régiments d'infanterie.

La vie de garnison à Sainte-Hélène fut un temps d'épreuve pour ces troupes, mal logées, mal nourries, soumises à une discipline sévère, astreintes à un rigoureux service de surveillance ; en outre, l'hygiène sommaire, l'alimentation défectueuse, le climat débilitant engendrèrent des épidémies qui causèrent un nombre anormal de décès.

Pour les officiers, soumis aux mêmes inconvénients, les plaisirs de la vie de garnison se réduisaient à quelques réceptions, dont les plus recherchées étaient celles de Plantation House, résidence du gouverneur ; à des promenades à cheval dans les chemins pierreux de l'île, et, deux fois par an seulement, à des courses disputées sur un hippodrome improvisé. L'ennui, on dirait aujourd'hui le « cafard », favorisait les intrigues et les bavardages.

Parmi les officiers du 53e, le capitaine Robert Younghusband, l'un des plus anciens de ce régiment, dont il fut le commandant par intérim, avait une épouse dont l'humeur intrigante défraya à plusieurs reprises la chronique de l'île.

Le mari était en fort bons termes avec le docteur O'Meara ; la femme, une amie des Balcombe. Tous deux se montraient de sincères admirateurs de Napoléon, qui les reçut, l'un et l'autre, à sa table.

Catherine Younghusband était une femme certainement intelligente, mais animée du besoin de se mettre en avant, du désir de jouer un rôle et d'intervenir personnellement là où il y avait, croyait-elle, des torts à redresser. Ses initiatives malheureuses faillirent compromettre la carrière de son mari.

Gourgaud résume en quelques lignes les incartades qu'on lui reprochait[1] :

« Le gouverneur est allé chez M. Younghusband. Une lettre de la femme de ce dernier s'est trouvée dans les papiers de Las Cases. M. Younghusband est réellement malheureux d'avoir une femme pareille, qui est laide, veut faire la savante, toujours parler d'elle. Il a perdu un cheval de soixante-dix louis, a eu sa maison brûlée avec ses effets, une dispute et presque un duel avec Harrison, de désagréables discussions avec M. Nagle, et tout cela pour sa femme qui a, en outre, fait mettre une lettre inconsidérée dans les journaux et a tenu des propos imprudents qui lui ont coûté 300 louis d'amende. Enfin arrive cette dernière aventure. »

Cette aventure – la lettre trouvée chez Las Cases – n'eut pas de suite fâcheuse, l'enquête ayant conclu que Mrs. Younghusband avait agi inconsidérément et à l'insu de son mari. Quant à la lettre publiée dans la presse, O'Meara, dans son journal privé[2], rapporte que Napoléon la qualifia de ridicule et demanda au docteur si cette dame n'était pas la risée des officiers du camp. « Oui, répondit O'Meara, et de bien d'autres personnes encore. – Eh bien, conclut l'Empereur, il vaut mieux la traiter par le mépris que de s'en fâcher. »

Les agissements de la dame n'ayant trouvé aucun écho dans ce recueil de nouvelles locales qu'est le journal du major Gorrequer, et les autres mémorialistes étant tout aussi discrets, il n'y a pas lieu d'insister sur des faits de médiocre intérêt ; seul mérite d'être retenu le récit consacré aux relations qui s'établirent entre le captif et la dame Younghusband. Ce texte, rédigé par elle-même, a été publié en 1834 par le *Blackwood's Magazine* sans nom d'auteur[3].

Elle cède, écrit-elle, aux sollicitations de ses amis pour se décider à écrire ses souvenirs, car « pendant les années 1815-16-17 la curiosité maladive des gens pour tout ce qui touchait

1. Gourgaud, *Journal*, t. I, 7 décembre 1816.
2. O'Meara, *Diary*, 23 juin 1816.
3. *Reminiscences of Napoleon Bonaparte, by a Lady.*

le prisonnier de Sainte-Hélène était telle qu'ils n'avaient aucun scrupule quant aux moyens de la satisfaire. En arrivant à Portsmouth, en septembre 1817, quand on apprit que notre régiment avait gardé pendant deux ans l'ex-Empereur, des personnes de tout rang semblaient prêtes à nous réduire en miettes pour obtenir des informations. Nous n'étions pas depuis deux heures à notre hôtel qu'on nous apporta des portraits de Napoléon pour nous demander s'ils étaient ressemblants ».

C'est aux « Briars », chez les Balcombe, que l'auteur, en visite chez ses amis avec sa fillette de huit ans, fut sans préambule présentée à Napoléon par la petite Betsy. « Bonaparte, écrit-elle, était de petite taille, épais et corpulent, le teint olivâtre, de beaux traits, les yeux gris clair. Quand il ne parlait pas, sa contenance était impassible, mais, quand on l'intéressait, l'expression de son visage était fort belle et je n'ai jamais rien vu qui surpassât le charme de son sourire. Il était particulièrement fier de la beauté et de la petitesse de ses mains et de ses pieds ; presque autant, si l'on peut dire, que d'avoir conquis la moitié du monde *(sic)*. Il attachait une grande importance, pour les femmes, à la beauté des mains et, par la suite, me demanda souvent comment étaient celles des femmes dont il entendait parler. Pour lui, une main fine et délicate était le nec plus ultra de la beauté et de la distinction.

« Quand il s'inclina devant moi, je répondis à son salut par une profonde et respectueuse révérence. Il se mit aussitôt à me poser en italien diverses questions qui se succédèrent avec une telle rapidité que je me hasardai à lui demander de me parler plutôt français, langue en laquelle je me croyais plus apte à soutenir une conversation. Pendant que nous causions, ma petite Émilie et les jeunes Balcombe couraient à travers le jardin, s'adressant parfois à lui sans aucune timidité ; lui-même semblait s'amuser de leurs façons gaies et naïves. Puis Bonaparte entra dans la maison et me pria de lui chanter quelques airs italiens : quelques jours plus tôt, aux « Briars », il avait entendu ma fille chanter, en s'accompagnant elle-même au piano, des chansons italiennes, ce qui l'avait surpris et charmé : Émilie, me voyant très agitée à l'idée de chanter devant un si grand personnage, me dit : « Mais, maman, de quoi avez-vous peur ? Ce n'est qu'un homme ! » Elle était encore bien jeune pour comprendre quelque chose à la gloire et aux hauts faits de Napoléon, ni à l'émotion que son seul nom pouvait provoquer même chez des têtes couronnées.

« Imaginez-moi, assise au piano, avec le conquérant du monde debout derrière ma chaise. Quelle sensation indescriptible, indéfinissable ! Mon étonnement me fit oublier ma peur et je chantai tant bien que mal l'air : Ah che nel petto. « Ah !, dit-il, c'est de Paesiello », et il me fit l'éloge de la musique italienne qu'il préférait à toute autre. Puis, pianotant sur le clavier : « Je savais un peu jouer, moi aussi, dit-il, quand j'étais jeune. » Et de la manière dont il touchait l'instrument, l'on voyait bien qu'il ne se vantait pas.

« Il me quitta enfin avec d'aimables compliments : « Vous aimez la musique et le chant, Madame ; car on aime toujours ce que l'on fait si bien[1]. »

La scène passe ensuite au camp de Deadwood, où Mrs. Younghusband a la surprise de voir la comtesse Bertrand venir chez elle avec une invitation à dîner de la part de Napoléon. Comme elle est invitée sans son mari, elle ne croit pas pouvoir accepter sans son autorisation, ce qui fait rire madame Bertrand, surprise de voir que les épouses anglaises ne sont pas plus indépendantes. Heureusement le mari survient et, rassuré en apprenant que le colonel Bingham, invité lui aussi à Longwood, pourra raccompagner sa femme au camp, donne l'autorisation demandée qui est accueillie avec joie.

La réception est magnifique, les dames sont en grande toilette ; on met Mrs. Younghusband à la place d'honneur. La jeune femme est éblouie par le service impeccable, la somptuosité des livrées, la beauté de l'argenterie et de la porcelaine, l'abondance et la qualité de la chère. « Bonaparte, dit-elle, mangea de très bon appétit et me fit les honneurs de

1. Dans ses souvenirs, Betsy Balcombe, toujours espiègle et moqueuse comme les enfants gâtés de son âge, raconte que la cantatrice faisait en chantant des contorsions et des grimaces si ridicules que Napoléon s'amusa ensuite à les faire imiter par sa petite amie.

quelques mets, faveur, me dit Las Cases, qu'il ne faisait jamais, même aux reines. Il me parla beaucoup des Indes, des costumes locaux et admira (ou prétendit admirer) mes bracelets de perles ; n'importe, je crus tout ce qu'il me dit, et, très fière d'être là, je commençai à me sentir tout à fait à mon aise. Après dîner, l'Empereur me montra le service à café de porcelaine peinte qui lui avait été offert par la Ville de Paris à son retour d'Égypte, le plus splendide que j'aie jamais vu. Puis, à sa demande, je chantai quelques airs italiens ; madame de Montholon chanta aussi en français, et lui-même, après avoir fait une partie de reversis avec ses généraux, fredonna quelques chansons françaises. Il se retira à 10 heures après avoir salué à la ronde. »

Un second dîner où elle est priée, avec son mari, par l'Empereur lui-même, rencontré chez les Bertrand, est précédé d'une promenade en calèche à côté du grand homme. « Les chevaux allaient avec une telle rapidité, écrit-elle, que je m'attendais à chaque instant à me rompre le cou en compagnie du conquérant de l'univers. » Pendant la promenade, Bonaparte resta pensif, mais, au cours du repas, la conversation roula sur les beautés féminines de l'île où les jeunes filles sont pour la plupart jolies. Il leur avait donné des surnoms : Bouton de Rose, la Nymphe… Cette dernière est miss Robinson qui, peu après, épousa un capitaine de navire marchand. » Napoléon n'oublia pas, au dessert, de remettre à son invitée une assiette de sucreries « pour la petite Émilie qui chante si joliment ». Et, quand l'Empereur s'est retiré, on fait flamber un énorme bol de punch dont chacun, même les dames, prend sa part.

Un autre jour, elle rencontre l'Empereur dans une villa située en bordure du camp, et s'émerveille de voir que le héros ne néglige pas, avant d'en franchir le seuil, de frotter ses bottes boueuses sur le décrottoir placé devant la porte d'entrée. Napoléon s'amuse, devant elle, à lire un roman anglais, mais sa prononciation est détestable, ce qui provoque des rires. « Vous trouvez que je lis mal, dit l'Empereur gaiement, mais non, l'essentiel est pour moi de comprendre ce que je lis. »

Dans une autre occasion, c'est dans le jardin de Longwood que la narratrice, accompagnée d'Émilie, rencontre Napoléon en train de se promener avec Bertrand. « Êtes-vous sage ?, demande l'Empereur à l'enfant. – Non, répond-elle, sans hésiter. » On parle religion : « Vous devez être puritaine, Madame, car je sais par des personnes qui fréquentent la chapelle du camp qu'on vous voit souvent agenouillée sur le sol. – C'est qu'il n'y a pas de coussins, répond-elle. – Bon, dit l'Empereur. Dites-moi votre opinion sur nous autres, catholiques. Pensez-vous que nous ayons une chance d'aller au ciel ? – Je le pense. – Très bien, vous êtes plus tolérante que nous, qui croyons tous que les protestants sont voués à l'enfer. » « Il dit cela en riant, ajoute Mrs. Younghusband, pour bien montrer qu'il n'était pas de ceux qui professaient une doctrine aussi sévère. »

Elle devait avoir encore deux entrevues avec Napoléon : dans la première, elle agit comme chaperon de la joie miss Wilks qui doit accompagner son père dans sa visite d'adieux à Longwood, le 20 avril 1816. Le portrait qu'elle trace de la jeune fille, pour laquelle Gourgaud soupirait sans espoir, est des plus séduisants : « Elle était alors dans tout l'éclat de sa jeunesse, et son maintien, son affabilité, son allure élégante et modeste concouraient à faire d'elle la jeune personne la plus charmante et la plus digne d'admiration que j'aie jamais rencontrée en trente ans de pérégrinations en Europe, en Asie et en Afrique.

« Nous fîmes, dit-elle, le trajet de Plantation House à Longwood dans la calèche du gouverneur, un énorme et pesant véhicule, attelé de six bœufs et conduit par trois hommes. Il serait dangereux et quasi impossible de se servir de chevaux dans ces chemins, ou plutôt dans ces sentiers étroits, aux tournants brusques, surplombant d'affreux précipices. Il y avait de quoi terrifier le cœur le plus ferme et tourner la tête la plus solide. Il nous fallut plusieurs heures pour arriver à Longwood.

« La comtesse Bertrand nous accompagna au salon où Bonaparte en grande tenue reçut le gouverneur. »

En accueillant la jeune fille, l'Empereur, très sensible au charme féminin, s'inclina et lui fit un délicat compliment, déclarant qu'il avait souvent entendu parler de sa beauté et de son élégance, mais qu'il se trouvait convaincu, par le témoignage de ses propres yeux, que ce qu'on disait d'elle était bien en dessous de ce qu'elle méritait.

Las Cases faisait office d'interprète, pendant que les deux Anglaises s'évertuaient à noter ce qu'elles entendaient de la conversation ; mais, dit la narratrice, « le colonel Wilks ne nous a pas rendu les textes que nous lui avions, l'une et l'autre, remis, de sorte que je ne puis en dire davantage ».

« L'entretien avait duré deux heures, les sujets les plus curieux et les plus intéressants avaient été abordés. Napoléon était plein d'admiration, et, en le regardant, je n'étais pas loin de le prendre pour un être surnaturel. »

Mrs. Younghusband vit Napoléon pour la dernière fois lors de l'audience qu'il accorda aux officiers du 53e avant le départ de ce régiment. « Il n'avait jamais eu qu'à se louer de la conduite des officiers et des soldats à son égard. Ils n'avaient jamais montré de curiosité importune quand ils le voyaient passer ; ils ne le regardaient pas comme une bête curieuse ou comme Bajazet dans sa cage. Au contraire, ils avaient compris et respecté ses pensées ; il était donc heureux de l'attention qu'ils lui témoignaient par cette visite en corps au moment de quitter l'île. »

Le lendemain, les officiers mariés furent reçus avec leurs femmes et leurs enfants. L'Empereur eut encore quelques mots aimables pour la petite Émilie et lui caressa les cheveux avec un sourire « dont l'expression révélait la bienveillance et la douceur de sa nature ».

« Nous le quittâmes, conclut-elle, avec une indéfinissable sensation de regret et de mélancolie, à la pensée d'avoir vécu deux ans dans le voisinage de cet homme extraordinaire dont le nom fera toujours l'étonnement des siècles futurs. »

Ces quelques notations, parfois naïves, d'une admiratrice de l'Empereur, mettent à nouveau en lumière un des aspects de son caractère le plus méconnu de ses ennemis : sa dilection pour les enfants. On l'a vu, aux « Briars », prendre plaisir aux gamineries de Betsy et de ses jeunes frères. À Longwood, tous ses compagnons ont conté les gâteries dont il comblait les enfants de Bertrand et de Montholon ; nous savons aussi que, dans les derniers mois de sa vie, il lui arrivait de jouer seul dans son jardin avec la petite Snell, fille d'un militaire anglais. Et celui qui rapporte ce menu fait[1] souligne « combien il est pathétique de voir comment l'enfance touchait les fibres les plus tendres de son cœur, montrant la simplicité de sa vraie nature, dont il semblait que la grandeur et la puissance n'eussent été que des aspects accidentels ».

Oui, certes, tant d'effusions aussi spontanées, aussi simplement enjouées et tendres ne peuvent avoir été uniquement inspirées par le souvenir nostalgique du bel enfant aux boucles blondes qui lui fut brutalement arraché et qu'il ne devait jamais revoir.

LADY MALCOLM

Cette grande dame écossaise ne fut peut-être que la secrétaire de son mari, l'amiral sir Pulteney Malcolm, qui, devenu très vite un des « favoris » de Longwood, voyait souvent Napoléon seul à seul et prenait soin, après chacune de leurs entrevues, de dicter à son épouse la substance de leurs conversations.

Reçue elle-même à plusieurs reprises à Longwood avec des égards que l'Empereur ne prodiguait pas, elle tient sa partie dans ces entretiens, et ses souvenirs personnels contribuent à augmenter l'intérêt de ce journal, publié sous son nom en 1899[2].

L'amiral était arrivé à Sainte-Hélène, à bord du *Newcastle*, le 17 juin 1816, pour remplacer l'amiral Cockburn

1. Sir Lees Knowles, *Letters of Captain Englebert Lutyens*, Londres, 1915.
2. Lady Malcolm, *A Diary of St. Helena*, Londres, 1899.

dans le commandement des forces maritimes de l'île. On peut regretter qu'il ne l'ait pas remplacé aussi dans sa mission de gardien de Napoléon, car le digne marin, dès sa présentation à l'Empereur, lui inspira aussitôt, par sa distinction et sa belle prestance, une réelle sympathie. « Cet homme, dit Napoléon au fidèle Marchand, a une physionomie franche et ouverte ; il doit avoir le cœur bon ; il exprime franchement sa pensée et inspirerait confiance à l'homme le plus soupçonneux[1]. »

Pulteney Malcolm, né en 1768 dans le Dumfrieshire (Écosse), entra dans la marine à l'âge de dix ans, sous les ordres de son oncle maternel, sir Thomas Pasley. Il servit sous toutes les latitudes, franchissant rapidement l'échelle des grades pendant la période la plus active de la guerre contre la France. Il commandait un navire lors de l'expédition de Saint-Domingue, où il reçut la médaille d'or. Contre-amiral en 1813, il prit part l'année suivante à la guerre contre l'Amérique, comme commandant en troisième de la flotte britannique. En 1815, il était à la tête de l'escadre qui coopéra avec Wellington pendant la campagne de Waterloo avec mission d'assurer le rembarquement des troupes anglaises si le sort des armes s'était déclaré contre elles. Cette année même, il reçut l'Ordre du Bain.

En 1816, il obtint le commandement de la base navale du Cap, de laquelle dépendait Sainte-Hélène. Il fut promu vice-amiral en 1821 et fut ensuite, à deux reprises, commandant en chef de la flotte de la Méditerranée. Il mourut en 1838.

Lady Malcolm, née Elphinstone, de bonne famille écossaise, était la nièce de l'amiral lord Keith, commandant en chef de la flotte de la Manche, celui-là même qui reçut Napoléon à l'arrivée du *Bellerophon*, et eut la mission de lui annoncer le sort réservé par l'Angleterre à celui qui était venu, de son plein gré, « se mettre sous la protection de ses lois ». Elle était aussi la sœur du capitaine Elphinstone, cet officier grièvement blessé sur le champ de bataille, la veille

1. Marchand, *Mémoires*, Paris, 1955, t. II.

de Waterloo, auquel Napoléon fit donner des soins immédiats qui lui sauvèrent probablement la vie.

Tous deux reçurent un accueil bienveillant, et, pendant leur séjour d'une année dans l'île, de juin 1816 à juin 1817, firent à Longwood une vingtaine de visites, parfois accompagnés d'officiers de marine désireux d'être présentés à Napoléon. Chacune de ces entrevues est relatée dans le journal, où sont rapportés longuement les propos de l'Empereur sur les sujets les plus variés : questions de politique générale, étapes de sa glorieuse carrière, jugements sur les hommes et les événements, doléances sur sa condition présente, et aussi, récriminations contre la personne du gouverneur.

Bien entendu, au cours de ces entretiens, les questions maritimes sont souvent abordées avec ce marin auquel doivent plaire les éloges donnés par Napoléon aux hommes de mer anglais. On parle de la bataille de Trafalgar, et Malcolm constate que son interlocuteur est de son avis quand il proclame lord Nelson sans aucun doute le plus grand de tous ceux qui ont jamais commandé sur mer. « L'expédition de l'escadre anglaise qui, sous les ordres de l'amiral Exmouth, vient d'attaquer Alger, dit Napoléon, a certes accompli un coup d'éclat, mais elle peut avoir des conséquences fâcheuses, car si les pirates algériens n'ont plus de rançon à espérer pour leurs prisonniers, ne se contenteront-ils pas de les égorger ? » À ce sujet, l'Empereur raconte l'histoire du dey d'Alger, apprenant que le roi de France préparait une expédition pour détruire sa ville. « Que le roi, dit-il, m'envoie seulement la moitié de la somme que cela va lui coûter, et je la brûlerai volontiers moi-même. » Napoléon rappelle qu'après la paix d'Amiens, il avait proposé aux ministres anglais d'entreprendre avec eux une expédition punitive contre les pirates barbaresques, mais s'était heurté à un refus.

À propos d'esclavage, les Malcolm restent cois quand l'Empereur s'étonne que cette coutume barbare règne encore à Sainte-Hélène, pays qui appartient aux Anglais depuis si longtemps et que gère une Compagnie aussi opulente.

Quant au projet d'invasion de l'Angleterre, l'amiral estime que Napoléon serait allé au-devant de grosses difficultés. « Sans doute, dit l'Empereur, mais cela valait la peine d'essayer. »

C'est au cours de leur dernière visite à Longwood que les Malcolm entendirent le proscrit prononcer ces paroles mémorables : « Il manquait à ma renommée d'avoir souffert l'infortune. J'ai porté la couronne impériale de France et la couronne de Fer d'Italie. L'Angleterre m'en a donné une troisième, la plus grande et la plus glorieuse, puisque le Sauveur du monde l'a portée : une couronne d'épines. L'oppression et l'injure ne font qu'ajouter à ma gloire, et c'est aux persécutions de l'Angleterre que je devrai la part la plus brillante de ma renommée. »

La conversation était toujours courtoise et même cordiale. Malcolm écoutait, posait des questions, répondait prudemment, déclarant qu'il « prenait une bonne leçon d'histoire », mais, bien qu'il désapprouvât les méthodes du gouverneur et qu'il aspirât secrètement à le remplacer un jour, il tenait à le défendre loyalement contre des imputations trop sévères, et invoquait sa bonne volonté qu'une franche explication devrait faire apparaître pour leur satisfaction réciproque. Il s'efforçait donc de jouer un rôle de médiateur entre les deux antagonistes, et espéra quelque temps parvenir à amener une réconciliation. Ce fut peine perdue, car, d'une part, Napoléon avait bien des raisons de se plaindre, et de son côté, Lowe ne tarda pas à prendre ombrage de la faveur dont l'amiral jouissait auprès de ce captif dont la porte lui était, à lui-même, fermée. Il harcela Malcolm de questions, lui reprocha de ne pas le renseigner sur ce qui se passait à Longwood et finit par le considérer comme un adversaire de sa politique. Les relations entre ces deux hommes, dont l'un était jaloux de la faveur de l'autre, devinrent très tendues, se compliquèrent encore à la suite de divergences sur des questions de service et donnèrent lieu à une correspondance qui a presque le ton d'une polémique et dont le journal fournit quelques exemples. Malcolm se déclare indigné du climat de suspicion et du système d'espionnage qui règne dans l'île où l'on rapporte au gouverneur tout ce qui se passe à Longwood, jusqu'aux moindres bagatelles. « Avec des Anglais droits et loyaux, dit-il, ces pratiques sont détestables et peuvent provoquer un mal incalculable. »

Quand l'amiral eut quitté l'île, le gouverneur exhala sa rancœur contre lui, comme en témoigne la diatribe suivante, relevée dans le journal du major Gorrequer : « C'est Polyphèmes (Malcolm) qui est la cause de toutes les difficultés et de tous les ennuis que j'ai éprouvés avec le Voisin (Napoléon). Il les fortifiait dans leurs espérances, leur faisait croire que le Parlement s'occupait de leur cause et qu'il les soutiendrait en Angleterre. En fait, il n'est venu ici que pour m'espionner, mais il s'est compromis à tout jamais et ne recevra plus aucune nouvelle mission. Si j'ai des ennuis avec les Commissaires, c'est à cause de Polyphèmes. Je l'avais pris d'abord pour un marin simple et droit, mais je me suis aperçu qu'il n'était qu'un intrigant. Il s'est très mal conduit, et c'est à lui qu'il faut attribuer tout ce qui est arrivé de fâcheux. » Et plus loin : « S'il était resté ici, j'aurais demandé à être relevé de mon poste. »

Ces lignes ne sont qu'un faible spécimen des aménités du gouverneur à l'endroit de « Polyphèmes ». Pour voir le digne amiral dans un jour moins obscurci par l'inimitié, il est préférable d'entendre un témoin d'une stricte neutralité, le subtil commissaire du tsar, le comte de Balmain, qui, dans son rapport à sa Cour, en date du 8 septembre 1816, trace ce portrait :

« Sir Pulteney Malcolm, non moins ambitieux que l'amiral Cockburn, mais plus adroit et d'un caractère souple, accommodant, a d'abord senti qu'il lui fallait débuter autrement. Pour voir Napoléon, il eut recours au comte Bertrand et à madame Bertrand pour lui présenter lady Malcolm. Cette démarche devait naturellement prévenir en sa faveur. Dès sa première visite, il fit entendre que la surveillance ne le concernait en aucun point, et que la mer seule, jusqu'à l'île de France, lui appartenait. C'était encore un moyen de plaire. Il a été, de plus, modeste, bon enfant, empressé auprès des dames ; il s'est tenu debout. Tout cela a merveilleusement réussi. C'est aujourd'hui un favori. On le recherche, on le flatte ; le tête-à-tête avec lui dure des heures entières, et, à la vérité, cette prédilection n'a pour but réel que de le séduire ou d'intriguer d'autres personnes[1]. Mais l'amiral n'est pas homme à s'y méprendre. Il en profite parce qu'il est curieux et qu'il fait provision de souvenirs. Il en jouit parce que cela donne du relief. Sa conduite est vraiment plus sage que celle de son prédécesseur. »

Malcolm était auprès de Lowe, le 18 août 1816, lors de cette entrevue mémorable où Napoléon, perdant son sang-froid, avait prononcé les paroles les plus dures contre son geôlier. Au rebours de celui-ci, il s'efforça toujours de témoigner au captif les plus grands égards, lui faisant installer dans son jardin une fort belle tente pour le préserver du soleil, lui offrant une machine pneumatique pour fabriquer de la glace, lui envoyant une tortue de mer géante pour améliorer son ordinaire. Tout cela sans se départir d'une attitude de parfait loyalisme envers la politique du gouvernement anglais qu'il essayait toujours de justifier.

À sa première entrevue avec Napoléon, Malcolm l'avait trouvé « plus grand et moins corpulent qu'il ne l'eût cru d'après ses portraits ; une physionomie italienne, les manières simples et agréables ». Sa femme trace un portrait plus détaillé : « Ses cheveux sont bruns, coupés court, clairsemés sur le front, fournis sur la nuque et ont l'air négligé. Les yeux sont bleus ou gris, le front large, le nez grand, la lèvre supérieure courte, de belles dents blanches, assez petites, qu'il montre rarement. Le bas de la figure est plein, le menton rond, le teint pâle et le cou particulièrement court. Sa taille est bien proportionnée, mais il a pris de l'embonpoint. Ses mains sont petites et potelées, ses doigts fuselés avec des ongles très soignés, la jambe et le pied bien faits. » Elle a été frappée par la douceur de son expression si différente

1. Napoléon a-t-il vu en Malcolm un successeur possible d'Hudson Lowe, dont il fallait absolument conquérir les bonnes grâces ? Ou encore un allié éventuel dont l'influence pût s'exercer en sa faveur dans les sphères gouvernementales ? Rien dans le journal de lady Malcolm ne laisse entrevoir un tel dessein. Il semble qu'on puisse considérer la sympathie de l'Empereur pour l'amiral comme sincère et spontanée.

de la fierté à laquelle elle s'attendait, et qui semble annoncer de la bonté. Quant à l'amiral, il concède que ses manières sont aimables, mais qu'il s'en faut de beaucoup qu'elles soient gracieuses.

Avec lady Malcolm, les conversations roulent sur des sujets plus frivoles qu'avec son mari. Il est question de son pays natal l'Écosse, de sa parenté, des poèmes d'Ossian que Napoléon goûte particulièrement et qu'il a, dit-il, mis à la mode en France ; de Milton, considéré comme un des plus grands poètes anglais, et… de Byron qui est déjà célèbre en Angleterre. On parle aussi de chasse, et même de religion, car les deux époux appartiennent à des sectes différentes. L'Empereur aime la compagnie de cette grande dame dont il devine l'admiration, l'invite à jouer aux échecs, à se promener avec lui dans le paysage désolé du plateau de Longwood, entouré de précipices où, certain jour, les postillons malgré leur habileté, manquent de verser l'équipage. Il déclare en riant à l'amiral qu'après avoir fait avec lui tant de voyages sur les mers, sa femme aurait bien droit au grade de *midshipman*.

Et quand le ménage, sur le point de quitter l'île, vient lui faire ses adieux définitifs, le 19 juin 1817, il gratifie lady Malcolm d'un précieux cadeau, une magnifique tasse en porcelaine peinte, tirée d'un service de grand prix. « Quant à l'amiral, dit Napoléon en riant, je ne lui donnerai rien, car il n'y a pas moyen de discuter avec lui. Comme tous les Anglais, il pense que ses compatriotes ont toujours raison et les étrangers toujours tort. » Malgré cette boutade, les adieux furent cordiaux. « Pour vous, leur dit-il, vous n'avez eu pour moi et pour mes compagnons que des attentions, en venant nous voir dans notre infortune. Vous ne me demandiez rien. Je n'ai plus le pouvoir de rendre service à personne. Vous êtes venus à moi uniquement par bonté de cœur. »

« Bonaparte, écrit Stürmer, perd en lady Malcolm une de ses plus grandes admiratrices. Elle était déjà, de par ses attaches familiales, prévenue en sa faveur ; et l'accueil qu'elle reçut acheva de lui tourner la tête. »

À son retour en Angleterre, et bien qu'il l'eût vivement souhaité, l'amiral Malcolm ne put obtenir d'aller remplacer Lowe à Sainte-Hélène. Ses démêlés avec le gouverneur le firent juger par les ministres anglais comme trop prévenu en faveur de l'exilé. C'est ce qui explique qu'en dépit de son bon vouloir, il ne put rien faire pour procurer quelque adoucissement à la captivité de Napoléon.

LADY BINGHAM

L'Empereur avait toujours témoigné de l'amitié au général sir George Bingham et à son épouse. Celle-ci mérite de figurer dans cette galerie de témoins pour avoir décrit ses impressions en quelques lettres, publiées en 1895 par le *Blackwood's Magazine*. Si on ne peut dire qu'elles projettent une lueur nouvelle sur le drame hélénien, elles montreront cependant une fois de plus, que Napoléon, quand il daignait leur accorder quelque attention, trouvait toujours des admiratrices parmi les dames.

« Ni laide, ni jolie, ni spirituelle, ni sotte », ainsi que la dépeint Stürmer, lady Bingham comptait parmi les notabilités féminines de la garnison où son mari avait le grade le plus élevé. Elle l'avait rejoint à Sainte-Hélène en avril 1816 et fut présentée à l'Empereur, en même temps que son frère, le colonel Mansel, le 28 mai.

Il ne nous est parvenu de sa contribution à l'histoire que quelques brèves lettres :

« Le 30 mai 1816. Mardi dernier, je suis allée, avec sir George et le colonel Mansel, rendre visite à Bonaparte. Au moment de notre arrivée, il était à se promener en voiture avec ses compagnons. Après avoir attendu quelque temps dans la chambre du capitaine Poppleton, on vint nous prévenir de son retour et on nous conduisit dans une petite antichambre, où se tenait, en livrée vert et or, l'huissier chargé d'ouvrir et de fermer la porte devant son maître impérial. Quand il fut prêt à nous recevoir, on nous introduisit auprès de lui.

« Je le trouve beaucoup mieux physiquement que je ne l'aurais cru. Il est d'excellente humeur et aime à plaisanter. Après m'avoir posé quelques questions banales, il me proposa de me promener dans le jardin, m'offrit son bras et me fit l'honneur, inusité paraît-il, de m'accompagner tête nue. Il me dit que j'avais un excellent mari et que je devais être très heureuse, car j'en étais tendrement aimée. C'était aussi un brave soldat, et c'est, dit-il, parmi les soldats qu'on trouve toujours les meilleurs maris. Il me parla aussi de mon frère et de sa femme, mais je n'entendis pas tout ce qu'il m'en dit, car il parle avec une telle rapidité qu'il est difficile de le suivre. »

« Malgré des pluies incessantes, je prends beaucoup d'exercice en montant à cheval dans les endroits les plus escarpés de l'île, ce qui me vaut à Sainte-Hélène la réputation d'une intrépide amazone. C'est sans doute ce qui a amené Napoléon à me demander si en Angleterre je suivais souvent des chasses au renard ! Il a l'air de penser que les Anglaises raffolent de ce divertissement. Je lui confessai que je n'en avais pas le goût et que je ne m'y étais jamais livrée. »

« Napoléon a été d'humeur morose ces derniers temps. C'est peut-être qu'il commence à se rendre compte de l'impossibilité de s'évader de cette île. »

« De tous ceux qui l'entourent, c'est madame Bertrand qui m'inspire le plus d'intérêt : la pauvre femme est si malheureuse qu'on ne peut la voir sans mélancolie. C'est une femme élégante et de manières agréables. Juste avant mon arrivée, on a offert aux Français une occasion de retourner chez eux, mais ils ont tous préféré s'engager par écrit à ne pas quitter leur maître. On dit que Bertrand s'est fait un point d'honneur de rester avec Napoléon pendant toute la durée de sa captivité. Pauvre madame Bertrand ! je crois que, si on l'avait consultée, c'est un honneur dont elle se serait bien passée. »

« Le 23 février 1817. Je vous ai dit dans ma dernière lettre que sir George était allé voir Bonaparte qu'il a trouvé d'humeur morose, mais fort poli. Il commence à prendre un peu plus d'exercice. L'autre jour il a demandé à lady Malcolm si nous brûlions de l'encens dans nos églises, et comme elle lui répondait que non, il a dit que c'était la seule chose qui valût la peine d'aller à l'église. »

« Le 14 juillet 1817. Nous nous sommes beaucoup amusés ces derniers temps. Il y a eu vendredi un bal offert à deux cents invités par les officiers de la garnison. Le lendemain soir nous sommes allés au théâtre et lundi à un bal donné par M. Balcombe aux officiers du 53e à l'occasion de leur départ de Sainte-Hélène.

« Les officiers ont rendu visite à Bonaparte sous la conduite de sir George… Il les a remerciés de leurs attentions et leur a souhaité toutes sortes de prospérités. »

« Le 2 septembre 1817. Sir George et moi avons passé deux heures avec Bonaparte. Il était d'humeur excellente et parla d'abondance, passant, à son habitude, d'un sujet à l'autre. Il me montra un portrait de sa femme portant son fils dans ses bras. Il me demanda pourquoi je ne venais pas le voir plus souvent. Je reçus des compliments sur la bonne tenue de ma maison dont il avait entendu parler, sur mes élégantes toilettes, et me fit décrire celle que je portais au dernier bal.

« Quand il parla de notre petit cottage, sir George lui dit qu'il serait heureux de lui en faire les honneurs. Bonaparte répondit qu'il viendrait nous voir volontiers, et souvent, si la maison se trouvait à l'intérieur de ses limites. Puis, parlant du bal, il se divertit de savoir que j'avais dansé avec le gouverneur, avec lequel il n'est pas dans les meilleurs termes. »

Tels sont les rares propos, décousus et parfois naïfs, d'un des témoins de la captivité ; sans doute ne laissent-ils pas entrevoir beaucoup de compréhension pour l'état d'âme du captif et souhaiterait-on une vision un peu plus large du sujet, quelque chose comme l'éclair d'une pensée. On peut y voir cependant que ces aimables Anglaises, même appartenant à la meilleure société, ne restaient pas indifférentes aux attentions que leur témoignait le héros dont les souverains et les reines avaient brigué l'honneur d'approcher.

Chapitre V

LA GARNISON

LE LIEUTENANT-COLONEL MANSEL

Le lieutenant-colonel John Mansel, beau-frère du brigadier-général Bingham, commanda de mai 1816 à janvier 1817 le deuxième bataillon du 53e régiment. Il fut reçu par l'Empereur à deux reprises avec son beau-frère et sa sœur, et bénéficia comme eux de sa bienveillance.

Voici l'unique spécimen de sa correspondance relative à Napoléon[1] :

« Du camp de Deadwood, 14 juin 1816. Bonaparte vit de plus en plus retiré et prend un tel embonpoint qu'il a l'aspect d'un hydropique. Son teint est blafard ; bref il paraît loin d'être en bonne santé. J'ai appris que le gouverneur songe à le rapprocher de Plantation House, car il le soupçonne de méditer un plan d'évasion et se montre très inquiet. Il n'y a pourtant rien à redouter de ce côté, tellement il est bien gardé, et par terre et par mer. Je regretterais pour lui qu'on lui fît quitter Longwood, car c'est le plus bel endroit de l'île.

1. Cl. Shorter, *Napoleon and his Fellow-Travellers*, Londres, 1908.

« J'ai fait dernièrement une très bonne pêche et j'ai envoyé du poisson à Bonaparte qui l'a trouvé excellent. »

Ces lignes montrent qu'en juin 1816, un observateur qui le voyait souvent pouvait déjà trouver que l'Empereur n'était pas bien portant.

Quant au site de Longwood, admiré par Mansel, il était certainement aéré et l'on y jouissait d'une vue étendue, mais il se trouvait très exposé aux vents du sud-ouest et aux brouillards et manquait presque totalement d'ombrages, tandis que la résidence du gouverneur, Plantation House, très abritée des intempéries, était entourée de vastes pelouses fleuries et de magnifiques frondaisons. Mais le gouverneur n'était pas d'humeur à céder cette belle résidence au « général Buonaparte ».

LE MAJOR HARRISON

« On fait au vaincu qu'on cherche à humilier le devoir de résister à l'humiliation. »

A. THIERS

Le capitaine, puis brigade-major Harrison, du 53e régiment, arrivé à Sainte-Hélène en même temps que Napoléon, muté ensuite au 20e régiment, est l'un des deux seuls officiers anglais à avoir servi dans l'île pendant toute la durée du séjour de l'Empereur.

De ces cinq années il n'a laissé aucun souvenir écrit, mais on possède de lui quelques lettres adressées au général sir George Bingham, sous les ordres duquel il avait été placé. Cette correspondance s'échelonne du 17 juillet 1819 au 7 mai 1821, et embrasse par conséquent la période qui fut longtemps la moins connue de l'histoire de la captivité.

Harrison fut sans doute présenté à l'Empereur lors d'une des audiences accordées aux officiers de son régiment, mais on ne voit pas qu'il ait joué un rôle dans les annales du drame. Il n'est mentionné dans le journal de Gorrequer qu'à propos de questions administratives, et aussi parce qu'il ne semble pas avoir été bien en cour à Plantation House…

« Ses lettres, dit son éditeur[1], renforcent l'impression que le gouverneur, en se conformant aux instructions des ministres anglais, n'eut aucun égard pour les sentiments de Napoléon. Il aurait fallu dans l'exécution de ses consignes un tact et une délicatesse tout particuliers. »

En une seule occasion, Harrison fut commandé de service pour seconder les efforts du gouverneur en vue de s'assurer de la présence du captif. Napoléon, exaspéré par la surveillance dont il était l'objet, mettait la plus grande mauvaise volonté à se laisser voir de ses gardiens. Deux des lettres de Harrison racontent dans le détail ce conflit qui opposa le proscrit et ses fidèles au gouverneur et à son état-major ; conflit qui se termina, après plus d'un mois d'offensives persévérantes des uns et de résistance opiniâtre des autres, par l'abandon des assaillants. « Il paraît, écrit Bertrand, que le gouverneur a renoncé à son système de persécution » (11 sept. 1819). Le cœur vous manque à se dire que ce ne fut pas une épopée burlesque, une comédie de boulevard, mais une sordide réalité qui opposa pendant des semaines ces antagonistes qu'un peu de tact et de compréhension eût pu mettre facilement d'accord.

Le major Harrison se montre un fonctionnaire discipliné et prompt à la critique :

« 17 juillet 1819. Depuis votre départ de Sainte-Hélène, Bonaparte montre une certaine répugnance à se laisser voir chaque jour. Le gouverneur et sir Thomas Reade sont allés à Longwood dimanche dernier. Plusieurs messages ont été échangés entre le gouverneur et le comte Montholon par

---

1. *Cornhill Magazine*, février 1901, *More Light on St. Helena.*

l'intermédiaire de l'officier de service. Le résultat est qu'on a vu "Sa Majesté Impériale" se promener dans le jardin. »

« 14 août 1819. Je vous ai dit dans ma dernière lettre que Napoléon montrait à nouveau une forte tendance à se cloîtrer ; dernièrement on ne l'a pas vu de plusieurs jours, puis il est redevenu raisonnable au moment où le gouverneur était sur le point de s'engager dans une voie où j'aurais eu, je crois, à jouer un rôle. Je n'ai pas besoin de vous rappeler quel tas de coquins sont ces gens de Longwood, mais je vais vous raconter ce qui s'est passé. Bonaparte s'obstinant à rester enfermé, le gouverneur lui adressa une lettre contenant la copie des instructions de lord Bathurst, lesquelles prescrivent qu'il doit se montrer chaque jour à l'officier d'ordonnance. Bien qu'on la leur présentât à deux ou trois reprises, ni Montholon ni Bertrand n'acceptèrent de prendre la lettre. Le 11 de ce mois, le gouverneur envoya le colonel Wynyard la porter et lui prescrivit de m'emmener avec lui. La lettre devait être remise au capitaine Nicholls, officier d'ordonnance, pour la présenter d'abord à Montholon (mais celui-ci était malade et alité) puis, en ma présence, à Bertrand.

« Nous partîmes pour Longwood. "Voici une lettre du gouverneur pour le général Bonaparte, dit Nicholls ; voulez-vous la prendre ?" Bertrand refusa. Nicholls lui demanda alors : "Voulez-vous le prévenir qu'il y a ici un officier de l'état-major du gouverneur qui a une lettre à lui remettre ?" À quoi Bertrand répondit : "Si le gouverneur a une communication à faire à l'Empereur selon les formes habituelles, je suis prêt à le faire." Et il se retira. Les instructions de Wynyard spécifiaient ensuite qu'il devait se présenter à la porte d'entrée de la maison, frapper, et demander à voir Bonaparte. S'il n'y avait pas de réponse, il devait essayer d'ouvrir la porte, et, si elle s'ouvrait, d'entrer dans la chambre de Napoléon mais sans employer la violence. Il la trouva fermée ; ayant exécuté les ordres qu'il avait reçus, il me fit accompagner Nicholls pour essayer d'entrer par la porte qui conduit de la cuisine à la salle à manger. C'est ce que nous fîmes, mais sans résultat. Le colonel Wynyard s'en alla faire son rapport au gouverneur qui se déclara entièrement satisfait.

« Hier matin je reçus à nouveau l'ordre de Gorrequer de partir immédiatement pour Longwood. En y arrivant, je trouvai Nicholls qui avait reçu l'ordre de voir sans faute Bonaparte... Nicholls fit appeler Marchand et lui dit : “J'ai l'ordre formel du gouverneur de voir Bonaparte.” Marchand fit répondre par Verling qui servait d'interprète : “L'Empereur a passé une mauvaise nuit et est actuellement dans son bain.” Nicholls lui dit : “Voulez-vous lui faire savoir qu'il faut que je le voie ?” Marchand refusa sèchement, disant que les messages devaient être transmis par le Grand-Maréchal. Nicholls essaya encore d'ouvrir les portes, qu'il trouva fermées au verrou. Il se retira donc pour faire son rapport et je le quittai, m'attendant à être rappelé dans l'après-midi.

« À peine avais-je quitté Nicholls qui achevait son rapport que Bertrand vint le trouver et lui demanda ce qu'il voulait. Voulait-il voir l'Empereur ? Il répondit : “C'est tout ce que je demande.” Bertrand lui dit : “Si vous voulez passer devant la fenêtre de la salle de bains, vous le verrez.” Nicholls passa dans sa chambre, changea sa veste rouge d'uniforme contre une capote bleue, revint, trouva la fenêtre ouverte et vit “Sa Majesté Impériale” dans l'eau jusqu'au cou. Ayant atteint son but, il se retira. Eh bien, que pensez-vous maintenant de nos bons amis de Longwood ?

« J'ai raconté ce qui s'est passé devant moi chez Bertrand. Le lendemain, il écrivit au gouverneur qu'il avait fait savoir au capitaine Nicholls que l'Empereur était couché et souffrant, qu'il avait besoin de soins médicaux et non de tracasseries irritantes qu'il considérait comme des insultes personnelles. Quel fieffé menteur ! Cela paraît incroyable, et pourtant c'est exact. Tout s'est passé comme je viens de vous le dire. »

23 août 1819. « Depuis ma dernière lettre et depuis la scène du bain, Napoléon a continué à bouder et ne s'est pas montré de plusieurs jours. Le 13, après avoir envoyé plusieurs lettres et messages, le gouverneur est venu à Longwood avec son état-major. Il me prit avec lui et nous

restâmes là jusqu'à sept heures du soir, le gouverneur envoyant des messages par Verling et par Nicholls sans recevoir de réponse satisfaisante. Il finit par s'en aller et me donna l'ordre de me préparer pour le lendemain matin. Mais quand Napoléon voit que le gouverneur est décidé, il finit toujours par céder, et, bien qu'il se dît alité et dangereusement malade, on l'aperçut le lendemain et on l'entendit vociférer.

« Cette dernière affaire l'a rendu plus méprisable que jamais car, après le départ du gouverneur, Napoléon lui écrivit qu'il pouvait avertir le Prince Régent d'Angleterre que, si l'on essayait de forcer ses portes, il faudrait en franchir le seuil en passant sur son cadavre, car il se défendrait jusqu'à mort d'homme. Ce qui ne l'empêcha pas de se montrer le lendemain, comme je vous l'ai dit. »

Soit que cette menace de Napoléon ait effrayé Lowe par les répercussions qu'elle aurait pu avoir sur l'opinion mondiale, soit que la venue imminente du médecin français envoyé par le cardinal Fesch lui ait fait espérer un revirement des dispositions de son prisonnier, toujours est-il qu'il finit par renoncer à troubler son repos. Mais, si l'on veut bien se rappeler que ce même homme, le 30 mars 1821, alors que l'Empereur était à quelques jours de sa fin, menaça d'enfoncer sa porte pour s'assurer de sa présence, on jugera de la singulière conception qu'il avait de son devoir et des méthodes qu'il croyait devoir employer pour les remplir.

Les lettres suivantes de Harrison sont moins pénibles à lire, car aux orages qui avaient marqué les mois d'août et de septembre 1819, succéda, dès le mois de novembre, une longue période de calme, quand Napoléon, ayant pris goût au jardinage, se montrait sans difficulté à tous les regards en tenue de planteur, un large chapeau de paille sur la tête. « Napoléon me semble aussi animé et alerte qu'autrefois », écrit Harrison le 18 janvier 1820. Les lettres suivantes donnent la même note d'apaisement. Le 12 mai 1820 : « Les hôtes de Longwood sont parfaitement tranquilles. » Le 18 août : « Napoléon se porte très bien et recommence à monter à cheval. Les relations avec les autorités de l'île semblent s'améliorer. Le gouverneur a considérablement étendu les limites de ses promenades. Il paraît qu'il fait de sérieuses objections à l'établissement de la grille de fer qu'on doit installer tout autour de la nouvelle maison ; il déclare qu'il ne veut pas habiter une cage de fer. La construction avance à grands pas, et, grille à part, Napoléon n'y voit aucun obstacle. »

Dans sa lettre du 9 octobre, Harrison raconte longuement une excursion que fit l'Empereur. Il s'arrêta à Mount Pleasant, chez un des notables de l'île, sir William Doveton, déjeuna sur place avec ses hôtes et rentra très fatigué. Ce fut sa dernière grande promenade à cheval.

Le 2 février 1821, « la santé de l'Empereur décline ». Harrison le trouve « bouffi et apathique » (...) « Il faut l'aider à monter à cheval. Est-il malade ou fait-il semblant ? »...

Dans la même lettre : « Il a été question à Longwood du départ de Bertrand et de Montholon pour l'Europe et de leur remplacement par d'autres fidèles. Serait-ce pour servir des projets politiques de Napoléon ? ou peut-on admettre qu'il est enfin résigné à son sort et à rendre la liberté à ses compagnons ? C'est assez difficile à décider. »

Les lettres suivantes, écrites pendant les dernières semaines de la maladie de l'Empereur, contiennent quelques aperçus de ce qui pouvait transpirer à l'extérieur de Longwood du drame qui se jouait dans ses murs.

Le major paraît avoir été plus clairvoyant que les médecins de Napoléon. Dès le 2 février 1821, il écrivait que « notre ami de Longwood baisse rapidement ». Le 31 mars, c'est presque un cri d'alarme : « Maintenant j'ai l'impression qu'il est mourant. C'est aussi l'avis de ses familiers. Le gouverneur garde un profond silence sur la situation. Vous verrez qu'un de ces jours, qui sait ? peut-être dans quelques heures, on annoncera la mort de Napoléon alors que nul dans l'île ne se doute même qu'il est malade. Attendez-vous au pire. »

Le 3 avril, il écrit : « Arnott qui est auprès de lui depuis avant-hier diagnostique une grande faiblesse, mais estime qu'il n'est pas en danger. C'est, dit-il, le moral qui est malade. »

Le 23 avril. « Arnott dit que si on venait lui annoncer qu'un vaisseau de 74 arrive à Sainte-Hélène avec mission de le ramener en Europe, il recouvrerait instantanément ses forces physiques et morales. »

Le 2 mai. « Je viens d'apprendre qu'il est mourant. »

Le 4 mai. « Il paraît qu'il s'est produit une surprenante amélioration dans son état… Quelle chose extraordinaire s'il venait à surmonter cette crise ! »

Le lendemain, l'Empereur rendait le dernier soupir.

Le major fut de ceux auxquels incomba la tâche de constater le décès du captif. « Nous allâmes voir, écrit-il, le cadavre du pauvre Napoléon. Aucune description ne peut rendre ce qui s'offrit à notre vue ; car, au lieu de la face livide et horrible que je m'attendais à voir, je contemplai une figure empreinte, à un point inexprimable, de paix et de sérénité. Et cette expression si nette et si forte conférait au visage une réelle beauté. »

La lettre de Harrison se termine avec le récit de l'autopsie du corps de l'Empereur. « À ma grande satisfaction, écrit-il, je fus désigné, avec sir Thomas Reade, pour y assister officiellement. » Il conclut avec les médecins que Napoléon a succombé à la même maladie cancéreuse que son père.

LE CAPITAINE MEYNELL

Lors de sa première visite à Longwood, le 20 juin 1816, l'amiral Malcolm présenta à l'Empereur quelques-uns de ses subordonnés, entre autres son secrétaire, M. Irving, et le capitaine de frégate Henry Meynell, commandant le *Newcastle*, vaisseau-amiral de la flottille de Sainte-Hélène.

Meynell, né en 1789, était entré dans la marine en 1803 et, pendant sept ans, avait navigué en Méditerranée et servi dans diverses bases anglaises. Promu lieutenant en 1809, il fit sur le *Theban* un voyage aux Indes Orientales et en Chine, comme convoyeur. Il devint en 1813 capitaine de frégate, d'abord sur l'*Arrogant*, à Bombay, ensuite sur le *Cornwallis*. En 1815 il fit fonction de capitaine de vaisseau et fut confirmé dans ce grade l'année suivante, alors qu'il était capitaine de pavillon de l'amiral Malcolm, sur le *Newcastle*.

Ce marin était aussi un homme politique et un homme de Cour. Il mena de front sa triple carrière : de 1826 à 1847, il siège au Parlement, où il représente le bourg de Lisburn. Pendant la même période de temps, il est successivement huissier du Palais sous George IV et Guillaume IV, puis gentilhomme de la chambre sous la reine Victoria. Viennent ensuite, dans la marine, les promotions suivantes : contre-amiral en 1851, vice-amiral en 1857 et amiral en 1862. Il mourut à Paris en 1865.

Meynell accompagna plusieurs fois à Longwood l'amiral et lady Malcolm, prenant part occasionnellement à la conversation et notant soigneusement à son retour à bord les propos de Napoléon. Son journal, trouvé après sa mort dans ses papiers de famille, ne fut publié que longtemps après, en 1911[1].

Dans sa rédaction, la collaboration avec les Malcolm n'est pas douteuse, puisqu'il rapporte aussi bien les conversations auxquelles il prit part que celles dont il ne fut pas témoin. Il est probable que l'amiral dictait, en sa présence, ses impressions à son épouse, et que tous trois confrontaient ensemble leurs souvenirs.

Il ne s'ensuit pas que les deux versions soient identiques ; l'intérêt du journal de Meynell réside dans l'originalité de ses commentaires, et dans les quelques notations d'un caractère anecdotique qui constituent son apport personnel. Les deux mémorialistes se confirment l'un l'autre et sont également véridiques, objectifs et bienveillants.

1. Henry Meynell, *Conversations with Napoleon at St. Helena*, Londres, 1911.

Il lui arrivait souvent, pendant que l'amiral, avec ou sans son épouse, causait avec l'Empereur, de faire antichambre avec les compagnons de Napoléon ou d'aller rendre visite à la comtesse Bertrand, dont la nouvelle résidence était voisine de celle de l'Empereur. Meynell sympathisait avec la famille du Grand-Maréchal. Madame Bertrand lui parlait des fastes de la Cour impériale et de la vie brillante qu'elle menait à Paris. « C'est, écrit-il, une femme agréable, intéressante, parlant anglais à la perfection. Bertrand est un excellent homme, toujours morose et qui ne présente pas les marques extérieures de l'énergie morale que son attachement à Napoléon a révélée. Les enfants sont très jolis, bien élevés et adorés de leurs parents. » Par contre, Meynell aime moins les Montholon et goûte peu le mari, « un homme de petite taille et de physique agréable, qui a la réputation d'un fieffé menteur ». Quant à Gourgaud, « il paraît intelligent et a plus de conversation qu'aucun des autres, mais je crois qu'il aime à se vanter ».

Les entretiens avec Napoléon embrassent tous les sujets déjà rapportés par lady Malcolm dans son journal et forment un tableau varié et vivant des principaux événements de la carrière de Napoléon, ainsi que de ses jugements sur la politique européenne et sur les premiers rôles de cette politique. On y retrouve tous les principaux thèmes de ses conversations habituelles, animés de cet esprit dont les brillantes facettes éclairaient les plus vastes horizons.

À sa première visite, Meynell décrit l'Empereur comme un homme de cinq pieds cinq pouces ; il a le visage fort pâle, le cou épais, de larges épaules, la jambe et le pied bien faits. Il portait un costume négligé, un habit de chasse à col de velours et à boutons d'argent, l'étoile de la Légion d'Honneur, des culottes blanches, des bas de soie et des souliers découverts, ornés de boucles d'or. Il est de belle prestance, mais sans grâce ; sa physionomie est avenante et son humeur excellente. Son élocution est rapide et difficile à saisir. » « L'amiral, dit-il, a remarqué que, dans sa description des événements, il emploie les expressions les plus fortes et parfois peu protocolaires. »

Mais il arrive aussi que se produisent des accès de gaieté, car un jour où Meynell cause avec Montholon et Gourgaud dans la pièce à côté, tous trois entendent à plusieurs reprises le rire sonore de l'Empereur, qui est en tête-à-tête avec l'amiral. Les deux Français déclarent qu'il y a bien longtemps qu'ils n'ont entendu leur maître rire d'aussi bon cœur. « Il parlait si haut, dit Meynell, qu'avec un peu d'attention nous aurions pu distinguer ses paroles. » Ce jour-là la conversation dura trois heures d'affilée et roula sur la carrière de Napoléon à ses débuts ainsi que sur le retour de l'île d'Elbe.

Meynell est souvent témoin des confidences faites par Napoléon à l'amiral. « Napoléon, dit celui-ci, supporte plus volontiers qu'on n'aurait pu le croire, qu'on le contredise, pourvu que ce soit avec courtoisie. Il ne semble pas résigné à finir ses jours à Sainte-Hélène, et quand il demande à Malcolm ce qu'il en pense, l'amiral essaie poliment de lui faire accepter cette éventualité. »

Parlant de ses rapports avec le gouverneur : « Il ne connaît pas mon caractère, dit l'Empereur ; je suis capable de vivre bien tranquillement, pourvu qu'on me traite avec quelques égards : il me semble que je les mérite. » Il ajoute : « Le gouverneur ne m'a jamais vu qu'en des circonstances où j'étais monté et disais des bêtises. »

Meynell rapporte que Napoléon estimait les officiers de marine anglais supérieurs aux Français. « Cependant, ajoutait-il, si ces derniers n'ont rien fait de particulièrement brillant sur mer, ils ont en maintes occasions défendu leur pavillon avec honneur. »

Napoléon demande à Meynell s'il est marié. Sur sa réponse négative, l'amiral fait remarquer qu'il est encore bien jeune et qu'il vaut mieux pour un officier de marine ne pas se marier trop tôt, car il reste souvent éloigné de son épouse. « Vous avez raison dit l'Empereur, les femmes font quelquefois des sottises ! » On serait porté à croire que cette réflexion ne fut pas perdue pour Meynell, car il termina ses jours comme célibataire.

À lady Malcolm qui dit à l'Empereur qu'il ne doit guère aimer les Anglais : « Pardon, lui répond-il, j'ai toujours eu une haute opinion de leur caractère et la preuve, c'est que je leur ai fait confiance ; j'ai été déçu et me voilà sur ce misérable rocher au sein des océans. » Dans une autre occasion, il déclare que tous les insulaires ont un caractère particulier qui les porte à se surestimer. Les habitants de Sainte-Hélène eux-mêmes n'en sont pas exempts ; ils n'aiment pas qu'on trouve quelque chose à reprocher à leur petite île. Malcolm qui l'écoutait en tomba d'accord.

Incidemment, parlant des grandes familles de l'Écosse, tels que les Douglas, les Campbell, etc., Napoléon demande si lady Malcolm est de vieille noblesse. « Non, répond l'amiral, elle est d'une famille de robe. » Précision que lady Malcolm n'a pas cru devoir rapporter dans son propre journal. Meynell s'est montré moins discret.

Les visites à Longwood furent interrompues pendant deux mois par un voyage du *Newcastle* au Cap. Elles reprirent le 25 novembre 1816, le jour même de l'arrestation de Las Cases et de son fils. L'amiral dut fournir un navire, le « Griffon », pour les transporter tous deux au Cap, où ils devaient attendre le bon plaisir des autorités britanniques avant de regagner l'Europe. On eut de leurs nouvelles par le capitaine Stanfell, un officier de marine qui fut présenté à l'Empereur à son retour du Cap, où il avait pu voir les exilés. Au cours de cette entrevue, qui se place à la date du 25 mars 1817, il intéressa vivement ses auditeurs en leur parlant des cures extraordinaires opérées au Cap par un jeune médecin prodige, le docteur Barry, qui, dès sa dix-septième année, s'était révélé un maître dans son art et dont les soins avaient grandement bénéficié au jeune Las Cases. Quelle n'eût pas été leur surprise s'ils avaient pu savoir que ce docteur Barry était… une femme ! Mais son secret ne fut découvert qu'à sa mort, en 1865.

À son retour du Cap, Meynell trouve Napoléon « amaigri et de mauvaise mine ». Pourtant, ce n'était pas de son état physique que se plaignait l'Empereur à cette époque, car, ayant déclaré un jour à Malcolm qu'il se sentait décliner, et l'amiral lui ayant répondu qu'il ne paraissait nullement malade, « Bah !, dit-il, mon corps va bien, mais ce sont mes facultés intellectuelles qui baissent rapidement. »

Quelque temps auparavant, il avait dit à l'amiral : « Je sens que je ne résisterai pas longtemps à cet abominable exil ; je serai mort avant trois ans. – À Dieu ne plaise ! avait répondu Malcolm ; il vous faudra plus de temps que cela pour écrire votre histoire. » Il sourit et parla d'autre chose.

D'autres témoins remarquaient pourtant que Napoléon changeait physiquement, tel le secrétaire de l'amiral, M. Irving, qui, reçu le 2 juillet 1817 par l'Empereur, un an après sa première visite, trouva une nette altération de son apparence extérieure. Déjà, à cette époque, il avait noté un certain déclin par rapport à ce qu'il était lors de sa première rencontre avec lui, en 1815, sur le *Bellerophon*.

C'est incontestablement au défaut presque total d'exercice physique que sont dus ce ralentissement progressif de la vitalité de Napoléon et le déséquilibre de sa santé. C'était l'avis du docteur O'Meara qui ne cessa jamais de le pousser à monter à cheval. La vie sédentaire était préjudiciable à la santé d'un homme qui avait toujours eu une prodigieuse activité et se montrait un cavalier infatigable. Mais l'Empereur, se heurtant aux restrictions absurdes du gouverneur, se laissait aller par amour-propre – il disait : par dignité – à un isolement et à une inaction qui lui furent funestes. Et cette attitude, si conforme à son caractère, ne peut être blâmée si l'on considère qu'elle contribua à étayer la juste revendication de ses droits à un traitement plus courtois.

LE MAJOR EMMETT

Le major Anthony Emmett, commandant le détachement du Génie stationné à Sainte-Hélène, était arrivé dans l'île en même temps qu'Hudson Lowe et son état-major. Il était chargé de la construction et de l'entretien de tous les bâtiments militaires et des fortifications de l'île. À ce titre, il eut à mener à bien l'édification de la nouvelle habitation destinée aux exilés et en fit, en trois ans, une belle résidence que Napoléon n'occupa jamais, car les travaux ne furent achevés que peu de temps avant sa mort. Il eut aussi à construire une villa pour la famille Bertrand et fut chargé d'édifier la tombe de l'Empereur.

Né en 1789, entré au service en 1808, il prit part aux guerres de la péninsule Ibérique et à la campagne contre les États-Unis. Retraité en 1855 comme major-général, il mourut en 1872 à Brighton.

L'historien sir Lees Knowles[1] le dépeint comme un homme aux idées libérales, au caractère indépendant et impavide, toutes qualités qui étaient autant de titres à l'animosité du gouverneur.

Ses sympathies le portaient vers la cause des exilés ; il ne craignait pas d'exprimer librement sa réprobation du traitement qu'ils subissaient. Cet homme qui lisait avec éloges des ouvrages favorables à Napoléon et, par là même, subversifs, tels que celui d'Hobhouse[2] ; qui empruntait des livres à la bibliothèque impériale ou prêtait à l'Empereur ceux qu'il croyait devoir l'intéresser ; qui acceptait pour ses subordonnés des cadeaux de pièces d'or donnés par Montholon, était éminemment suspect.

Gorrequer fait plusieurs fois allusion dans son journal aux intrigues que Lowe soupçonne le major de nouer avec les Français de concert avec son adjoint, le lieutenant Wortham, qui partage ses idées. Tous deux, lors d'un incident qui valut à l'officier de service à Longwood d'être relevé de ses fonctions, soutinrent le « délinquant » dans cette affaire où il n'avait rien à se reprocher et le poussèrent à demander justice. Wortham fut éloigné de Longwood ; quant à son supérieur hiérarchique, le gouverneur qui l'accusait de « lui mettre des bâtons dans les roues » le menaça de briser son

1. Knowles, *op. cit.*

2. Hobhouse (John Cam), *The Substance of some Letters Written by an Englishman Resident in Paris during the Last Reign of the Emperor Napoleon*, Londres, 1816, 2 vol. Traduit en français sous le titre : *Lettres écrites de Paris pendant le dernier règne de l'Empereur Napoléon*, Gand, 1817.

avancement. Menace vaine, car Emmett termina sa carrière avec le grade de général.

Apprenant qu'il avait fait avec distinction la campagne du Portugal et de l'Espagne, et qu'il avait été grièvement blessé au siège de Badajoz, Napoléon demanda à le voir, se le fit présenter le 20 juillet 1817 et l'interrogea sur ses états de service.

Emmett raconte, dans un manuscrit autographe qui ne fut publié que longtemps après sa mort[1], cette unique entrevue avec Napoléon.

Il était accompagné des comtes Bertrand et Montholon, et du lieutenant Jackson, « une sorte d'attaché à sir Hudson Lowe », dit-il ; l'Empereur le reçoit gracieusement, le questionne sur la guerre de la péninsule, discute avec lui les diverses opérations de cette campagne, notamment celles où l'attaque et la défense de places fortes ou de positions retranchées intéressent particulièrement l'arme du Génie. « À Lisbonne, dit Napoléon, Masséna aurait dû attaquer d'emblée les positions anglaises qui n'étaient pas fortes. Il fallait pousser tête baissée, c'était sa seule chance de succès. En tout cas, cela eût mieux valu que de "pourrir" devant. Et il cite Turenne et Montecuculli : "Ne donnez jamais à l'ennemi le temps de se fortifier." Il parle ensuite de l'échec de ce même général sur les hauteurs de Busaco ; il dit "avec chaleur et indignation" : "Pourquoi n'a-t-il pas admis qu'il était battu ? Tous, tant que nous sommes, devons l'être un jour ou l'autre."

Les sièges de Badajoz et de Burgos sont spécialement évoqués, car l'Empereur connaît bien ces places où il a fait exécuter des travaux de défense. Emmett lui explique comment les Anglais ont fini par s'en emparer, au prix de lourdes pertes. Il est question ensuite de la campagne du sud de la France. Emmett signale que l'armée anglaise de Beresford, près de Toulouse, s'est trouvée par suite d'une crue subite de la Lérs, qui avait emporté les ponts de bateaux,

1. *Century Magazine : New Records on Napoleon*, Janvier 1912.

dans une situation critique dont Soult n'a pas su profiter. Napoléon écoute attentivement, discute point par point avec cet officier sérieux, qui visiblement connaît bien les questions dont il parle et dont les remarques judicieuses rencontrent souvent son approbation.

La conversation se termine par une boutade : « Vous faites ici d'importants travaux de fortification, raille l'Empereur. Est-ce pour vous défendre contre les rats ? » Puis il salue Emmett aimablement, se bornant à demander au lieutenant Jackson s'il appartient aussi à l'arme du Génie. Sur sa réponse négative, il le congédie d'un signe de tête hautain, « sans doute, écrit Emmett, parce qu'il supposait que sir Hudson Lowe l'avait installé à Longwood pour épier la conversation, ce qui était probablement le cas ».

« Je n'ai pas eu d'autre entrevue avec Napoléon, poursuit Emmett ; les occasions ne m'auraient pas manqué d'en avoir d'autres car de septembre 1818 jusqu'à sa mort, j'ai été constamment occupé à la construction de la nouvelle maison qui s'élevait à une centaine de mètres seulement de sa résidence. M'attendant à le rencontrer souvent, je demandai à sir Hudson Lowe quelle attitude je devrais adopter envers lui. Après avoir hésité, il me dit avec un grognement : "Saluez sans vous arrêter." Cela me suffit pour comprendre que je ne serais pas à l'abri de ses reproches si je parlais à Napoléon.

« Avec le comte Montholon j'étais en relations continuelles, car il venait tous les jours juger de l'avancement des travaux. Nous parlions fréquemment de la carrière de l'Empereur, mais jamais, je tiens à le dire, il ne me fit la moindre suggestion d'une intrigue quelconque avec son maître. Napoléon me fit prêter par lui l'ouvrage de l'archiduc Charles sur la campagne de 1796, ouvrage qu'il estimait beaucoup et qu'il avait déjà lu deux fois. À mon tour, je lui prêtais souvent des livres que j'avais apportés à Sainte-Hélène et qui concernaient son histoire, tels que *Les sièges de la Révolution*, en deux volumes, qui évoquait le siège de Toulon ; l'*Histoire des campagnes de Marengo et de Hohenlinden*, de Bülow. L'Empereur me les faisait rendre, couverts de notes au crayon. Malheureusement je ne sais pas ce que sont devenus ces précieux volumes, que j'avais offerts au général Mann, inspecteur général des Fortifications et qui n'ont pas été retrouvés après sa mort. J'hésitais à prêter à Napoléon le pamphlet de sir Neill Campbell, où il était sévèrement traité. "Ne vous inquiétez pas, me dit Montholon, l'Empereur ne fera qu'en rire." Je le lui fis tenir, mais je ne me rappelle pas s'il l'a annoté. »

Emmett vit l'Empereur sur son lit de mort, dans cette chambre « misérable ». Il admire son beau visage qui rappelle ses portraits lorsqu'il était Premier Consul, et se met en devoir, sur l'ordre du gouverneur, de préparer sa sépulture sous les saules qui ombragent la fontaine où l'on allait chercher de l'eau fraîche pour sa table.

Il dit un mot de ses funérailles qui furent « magnifiques et solennelles ».

« Et c'est ainsi, conclut Emmett, que se termina la carrière d'un des êtres les plus merveilleux que le monde ait produits ; il eût été heureux qu'on pût dire de l'Angleterre qu'elle avait traité son plus grand ennemi, pendant sa détention, avec une noble générosité. »

LE LIEUTENANT JACKSON

Il est difficile d'attribuer beaucoup d'importance aux souvenirs d'un jeune officier d'état-major, qui, chargé par Hudson Lowe de s'occuper à Sainte-Hélène de l'entretien des bâtiments de Longwood, ne vit l'Empereur qu'une seule fois, le 20 juillet 1817, lorsqu'il lui fut présenté en même temps que son chef direct, le major Emmett ; d'autant plus que Napoléon, qui avait flairé en lui une créature du gouverneur, lui adressa à peine la parole.

On ne peut pas cependant le passer sous silence, puisqu'il écrivit, beaucoup plus tard, ses *Notes et Souvenirs d'un officier d'état-major* qui, tirés à quelques exemplaires pour ses amis en 1877, furent livrés au public par R. C. Seaton en 1903[1].

Basil Jackson, né en 1795, entré au collège militaire à treize ans, avait été affecté en 1811 comme enseigne à un régiment de ligne, puis avait été muté sur recommandation au Corps Royal d'État-Major où il poursuivit ses études militaires. Il était lieutenant en 1815 quand s'ouvrit la campagne de Belgique, où il rencontra Hudson Lowe qui fut successivement chef d'état-major du prince d'Orange, puis de Wellington. Il assista à la bataille de Waterloo dont il a laissé un vivant récit. C'est Lowe qui lui proposa de l'emmener à Sainte-Hélène dans son état-major. Il avait pour tâche dans ce nouveau poste de surveiller la construction et l'entretien des bâtiments de Longwood, sous les ordres du major Emmett. Il déclare être resté plusieurs mois sans apercevoir le grand captif, l'avoir salué en le rencontrant un jour sur la route, et le voir parfois de loin quand il flânait dans son jardin. S'il fut présenté à Napoléon, c'est par suite du désir exprimé par celui-ci de voir son chef Emmett ; Jackson passa donc, si l'on peut dire, « par-dessus le marché ». Son récit de l'entrevue se borne à répéter partiellement l'entretien de l'Empereur avec Emmett, et sa description du proscrit qu'« il observait très attentivement », à trouver que « sa taille n'atteint pas cinq pieds cinq pouces, qu'il a le cou très court et épais, que ses yeux sont gris et paraissent par moments totalement dénués d'expression ». Il n'y eut, pour ainsi dire, pas de dialogue.

Il eut la mission de tenir compagnie à Gourgaud, quand ce général eut quitté Longwood et pendant les deux mois qui précédèrent son départ de Sainte-Hélène, et le juge « un garçon vaniteux et un peu fou, avec trop peu de bon sens pour cacher ses faiblesses ».

Le gouverneur, dit-il, avait songé à un certain moment à l'employeur comme officier d'ordonnance à Longwood, poste qui était généralement confié à un officier ayant au

1. La traduction française de cet ouvrage, par M. E. Brouwet (sous le titre : *Waterloo et Sainte-Hélène*) a paru à Paris en 1912.

moins le grade de capitaine. Il est probable que l'Empereur ne l'eût pas agréé volontiers, car il n'aimait pas le voir rôder dans son voisinage et demandait : « Que vient faire ici ce scélérat, cet espion ? » Il était allé jusqu'à défendre aux Montholon de le recevoir.

Il est vrai que si Jackson n'eut qu'une très brève entrevue avec l'Empereur, il se lia, dès son arrivée à Longwood, avec ses compagnons qui lui firent bon accueil pour son caractère enjoué, sa gaieté et sa bonne mine. Il eut une certaine intimité avec les Montholon, auxquels il doit certainement d'abondantes confidences. Une bonne partie de ses « souvenirs » est due à leurs bavardages[1].

Jackson quitta Sainte-Hélène en juillet 1819, peu après le départ de madame de Montholon, avec une mission mal connue qui l'amena à résider à Bruxelles où il retrouva cette dame.

Le Grand-Maréchal Bertrand apprit, après la mort de l'Empereur, de la bouche du colonel Reade, que Jackson avait été placé par Lowe à Longwood, pour lui servir d'espion. « Jackson n'était pas amoureux de madame de Montholon ; il était leur espion. Pendant six mois, ils ont été au courant de tout ce qui se faisait ici, des détails les plus minutieux, des ouvrages qu'on publiait. Ce n'était pas pour rien qu'on permettait à Jackson de rester à Longwood jusqu'à quatre heures du matin. Quelque heure qu'il fût, ils avaient le rapport de Jackson pour leur apprendre qui était entré chez lui. Ce n'est pas lui qui a voulu partir après madame de Montholon, ce sont eux qui l'ont envoyé à Bruxelles pour lui faire regagner madame de Montholon plus à son aise. » Tels sont les propos de Reade tenus à Bertrand, au moment où le drame hélénien vient de s'achever et où l'on n'a plus besoin d'apporter

1. Quand Gorrequer parle du jeune officier d'état-major, qu'il surnomme « Young Polisson », c'est sans aucune sympathie. Il note « sa rudesse et sa grossièreté de manières », ainsi que la faveur dont il jouit auprès du gouverneur. « C'est lui, dit-il, qui a dénoncé Balcombe en l'accusant d'avoir reçu de l'argent de Longwood. »

des réticences dans les confidences que l'on consent enfin à se faire[1].

Le plus clair des jugements émis par Jackson sur l'Empereur est inspiré de « l'excellent et important » ouvrage de W. Forsyth, un adversaire déterminé de Napoléon, dont il reproduit les allégations les plus défavorables au proscrit : « Il manque de courage physique, il est d'un monstrueux égoïsme, il ne dit jamais la vérité ; c'est à peine une exagération de dire que la terre avant lui était comme le jardin d'Éden et après lui comme un désert de désolation *(sic)* ; toute sa vie publique ne fut qu'une longue série d'agressions, etc. » Tout cela pour l'opposer à sir Hudson Lowe, cet « homme supérieur, n'ayant d'autre mobile que l'accomplissement scrupuleux de son devoir », dont l'éloge revient à chaque ligne.

On dirait que le petit livre de Jackson n'a été écrit que pour mettre en relief la figure de son héros ; il avoue en maint endroit que tel est son but : « Ces pages doivent contribuer à mettre en pleine lumière tout ce qui peut être utile à la réputation du gouverneur. » (...) « Il ne faut pas oublier que peu de personnes portent autant d'intérêt que moi à la mémoire de sir Hudson Lowe. » (...) « Le but principal de ces pages sur Sainte-Hélène est de justifier sir Hudson Lowe, cet homme sortant de l'ordinaire, des attaques portées contre lui. » S'il avait des obligations envers son chef, on ne pourra pas accuser le lieutenant Jackson de s'être montré ingrat.

On peut mesurer la valeur des « jugements » de Jackson d'après les quelques extraits suivants de son livre qui, faute de souvenirs personnels, est fait de ragots recueillis sans vérification :

« Napoléon ne pouvait tolérer les personnes qui n'étaient pas disposées à subir son autorité : c'est ainsi qu'il n'aimait pas les riches, mais avait un faible pour la noblesse. »

1. Bertrand, *Cahiers de Sainte-Hélène*, t. III, p. 200.

« C'était pour lui un besoin de dénigrer le mérite et de dire des choses désagréables à ceux qui l'entouraient. Malgré sa défiance, il lui arrivait de se laisser aller à trop parler, quitte à revenir ensuite sur ce qu'il avait dit. »

« Il était ignorant sur bien des sujets, mais apprenait facilement ce qui lui semblait digne d'être retenu. »

« Quoiqu'il possédât de bonnes dispositions naturelles, il s'efforçait de réfréner en lui-même son désir d'affection. »

« Il était d'un naturel timide, manquait d'aisance en société. Il n'avait pas de dignité dans sa tenue ni dans ses manières. Il lui manquait d'être né sur le trône ou d'avoir fréquenté la bonne société à ses débuts dans la vie. »

« Il n'admettait aucun obstacle à sa volonté, ni aucune contradiction, mais acceptait qu'on lui dît la vérité, quand il estimait que son interlocuteur avait raison. La flatterie n'avait pas de prise sur lui ; il appréciait la probité et le travail, parce qu'ils servaient ses intérêts, auxquels il attachait plus d'importance qu'à des satisfactions d'amour-propre. »

« Il avait une idée avantageuse de son apparence extérieure et aimait savoir l'impression qu'il produisait. »

« Il aimait beaucoup taquiner les gens. »

« Quoiqu'il pensât avec précision, il manquait de clarté dans l'expression de sa pensée, cherchait ses mots et ne possédait pas, comme il se l'imaginait, la maîtrise de la langue française. »

« Il ne pouvait avoir d'amis, car il n'aimait personne et infligeait souvent des blessures mortelles à l'amour-propre des gens. »

« Avec ses serviteurs, il était d'humeur capricieuse, tantôt trop familier, tantôt brutal. »

« Il n'avait pas de religion, était matérialiste… »

Ce portrait, traversé çà et là de quelques notations exactes, fait une telle part à la malveillance de ses inspirateurs qu'il ne peut guère servir qu'à démontrer la crédulité naïve de l'auteur, bien incapable assurément de pouvoir juger par lui-même le grand homme qui, lui, l'avait tout de suite reconnu pour ce qu'il était réellement : un mirliflore et un mouchard.

Chapitre VI

LES MÉDECINS

LE DOCTEUR HENRY

Walter Henry, né à Donegal (Irlande) en 1791 d'une famille adonnée au négoce, débuta comme apprenti de son oncle, mais ne tarda pas à abandonner le commerce pour l'étude de la médecine. Diplômé de l'Université de Glasgow en 1811, il servit comme aide-chirurgien au 66e régiment d'infanterie, avec lequel il prit part à la guerre d'Espagne. Ayant ensuite accompagné aux Indes le 1er bataillon de son régiment, il arriva avec lui à Sainte-Hélène en juillet 1817.

Il fut nommé chirurgien en 1816 et poursuivit avec succès sa carrière jusqu'au grade d'inspecteur-général du Service de Santé militaire, qui lui fut conféré en 1852. Retraité en 1855, il mourut à Belleville en 1860.

On ne peut pas dire que ce médecin militaire anglais ait manifesté pour Napoléon une particulière sympathie, mais il est, à coup sûr, un de ceux qui l'ont jugé avec le plus d'impartialité. Il ne cache ni son admiration ni sa compassion pour le captif. Il les exprime en termes bienveillants, sans dissimuler les déceptions qu'il éprouve.

Le docteur Henry était le chirurgien du 66e régiment d'infanterie, dont un bataillon vint remplacer dans l'île le bataillon du 53e régiment, relevé de sa mission en 1817. Il a publié en 1843, sur sa carrière militaire, un ouvrage en deux volumes, intitulé *Events of a military life*, dont une dizaine de chapitres sont consacrés à son séjour à Sainte-Hélène. Son récit qui n'a pas trouvé de traducteur est des plus intéressants à consulter, car c'est une chronique très vivante de la vie de garnison dans l'île et des principaux événements qui s'y déroulèrent pendant les quatre années qu'il y passa.

Sa première impression, avant de débarquer, est loin d'être favorable :

« Sainte-Hélène est le plus laid et le plus lugubre des rochers qu'on puisse imaginer ; une surface inégale et tourmentée, jaillissant comme une énorme verrue du sein de l'océan. On n'apercevait, de notre navire, aucun brin d'herbe, aucune trace de végétation. »

Au camp de Deadwood, où le bataillon est caserné, c'est l'existence du prisonnier qui forme le centre des conversations. Les avis sont très partagés ; chacun a son opinion personnelle sur le mode de vie de Napoléon. L'un le montre passant ses journées au lit, à dicter ses Mémoires ; l'autre assure qu'il se lève de bonne heure et fait bonne chère ; un autre, qu'il joue au billard le matin et lit des romans français le reste du temps ; un autre encore prétend qu'il passe tout son temps en compagnie du Grand-Maréchal Bertrand. Certains affirment qu'il décline rapidement, qu'il est mourant ; d'autres qu'il est en excellente santé et prend de l'embonpoint. Il n'y a que deux points sur lesquels tout le monde est d'accord, c'est qu'il exige de sa suite le maintien du strict protocole de la Cour impériale, et qu'il est dans les plus mauvais termes avec sir Hudson Lowe.

Mais comme on ne sait rien de précis, et que l'exilé reste invisible, on en est réduit aux conjectures, on écoute les on-dit et, dit Henry, « on se prépare à conjuguer le verbe s'ennuyer ».

Quelques semaines après l'arrivée du régiment, le colonel ordonne une manœuvre d'exercice, simulant l'attaque et la défense d'une position.

« J'aperçus Napoléon, écrit Henry, assis sur un banc, devant sa demeure, nous observant avec sa longue-vue.

Cette mesquine imitation de la guerre a dû lui sembler aussi puérile et insignifiante que la vue de gamins jouant aux billes aurait pu paraître à Newton ou à Laplace en train d'observer au télescope l'anneau de Saturne ou les satellites de Jupiter. On aurait pu épargner au héros de cent batailles l'affront de lui montrer le contraste entre ce jeu d'enfants dont il était le spectateur involontaire avec les triomphes d'Austerlitz et d'Iéna. »

Le docteur, se comparant modestement à un insecte qui voudrait prendre la mesure d'une noble colonne, s'excuse d'oser tracer un portrait de l'Empereur. Il n'a jamais compté, dit-il, parmi les idolâtres de sa personne, ni non plus parmi ceux qui n'ont voulu voir que ses colossales erreurs, sans lui reconnaître aucune qualité qui puisse les racheter. Il n'est pas temps encore, pense-t-il, de le juger sans parti pris.

Le portrait qui vient sous sa plume est peut-être sévère mais ne manque pas d'allure :

« Napoléon m'est toujours apparu comme un personnage unique, isolé, sans rival, d'un génie tout personnel, sans commune mesure avec le reste des hommes. Doué d'un esprit vaste et audacieux, pouvant en même temps concevoir les plus magnifiques desseins et embrasser d'un seul coup d'œil tous les moyens de les mettre en œuvre, ainsi que les détails les plus minutieux pour les mener à bien, il se trouva tout de suite propulsé par la fortune vers la plus haute situation, s'éleva ensuite jusqu'au talent politique le plus consommé et atteignit le faîte d'un art militaire qui lui valut le dévouement héroïque de ses légions enthousiasmées. Mais, comme on l'a dit justement, souverain de la France et de presque toute l'Europe, il ne fut jamais vraiment maître de son univers intérieur ; car les passions italiennes bouillonnaient dans son sein et en jaillissaient souvent sans véritable nécessité. À la longue, saisi par le vertige de l'immense hauteur qu'il avait atteinte, et du tourbillon perpétuel de sa périlleuse prospérité, il voulut planer plus haut encore. Mais l'ascension ne pouvait se poursuivre indéfiniment, et il commença à chanceler jusqu'à la chute finale. Un premier faux pas fut fait sous les tours de l'Escurial ; un autre, plus fatal encore, sous les coupoles du Kremlin. Longtemps, avec bravoure et ténacité, il s'accrocha malgré tout à son altière position ; et, quand il entrevit son écroulement, tenta de la reconquérir grâce à son étonnante faculté de rebondissement. Mais le destin était contre lui et tout fut inutile. À la fin il s'écroula sans espoir de retour, sans trouver au monde de sympathie humaine pour adoucir sa chute.

« Quant à son caractère moral, je crois que ses plus chauds partisans ne peuvent dire grand-chose en sa faveur. Il était totalement dénué de sens moral, indifférent au bien et au mal, sans conscience ni remords. Sa règle de conduite était : la fin justifie les moyens. »

Ces dernières lignes reflètent évidemment, non pas l'avis personnel de l'auteur, mais les courants d'opinion déterminés par la propagande des ennemis de l'Empereur.

C'est le 1er septembre 1817 que Napoléon reçoit enfin le corps des officiers du 66e régiment, présentés par sir George Bingham, commandant les forces armées de Sainte-Hélène, et par le colonel Nicol. Henry raconte minutieusement comment se déroule l'entrevue et rapporte les paroles de Napoléon, qui s'adresse successivement à chacune des personnes présentes, les questionne sur les Indes où le régiment a séjourné récemment, examine leurs décorations et trouve à dire à chacun un mot approprié à sa situation personnelle. Il s'intéresse aux troupes indigènes qui servent sous le drapeau anglais. Au dire du colonel Nicol, les cipayes, à condition d'être encadrés par des officiers britanniques, sont de valeur comparable aux troupes de la métropole. Puis Napoléon examine avec attention une décoration qui orne la poitrine du lieutenant-colonel Dodgin. C'est la médaille de Vittoria, commémorant une victoire anglaise en Espagne. Henry remarque que l'Empereur, s'en apercevant, la laisse brusquement retomber, « comme s'il s'était brûlé les doigts ». Auprès du docteur dont les Bertrand ont utilisé les soins pour un de leurs enfants, il s'arrête un peu plus longuement, et, après quelques questions sur le climat des Indes et sur les habitudes d'intempérance de la troupe, lui demande s'il pratique la saignée, thérapeutique que Napoléon a toujours considérée comme un peu charlatanesque. « C'est la médecine du docteur Sangrado », disait-il ; et comme le docteur avoue que lui-même, comme tous les médecins anglais, applique ce traitement : « Dieu m'en garde ! », s'écrie-t-il ; ce qui fait rire tout le monde.

Cependant l'Empereur s'était fait prier pour accorder l'audience, et son comportement dut se ressentir de cette répugnance, car l'impression des visiteurs, au dire d'Henry, ne lui fut pas aussi favorable qu'il l'eût sans doute souhaité.

« Le sentiment général, écrit-il, fut une déception. L'entrevue avec Napoléon avait fait s'envoler l'auréole de gloire. L'illusion fascinatrice que nous avions caressée toute notre vie fondit comme un fil de la Vierge au soleil. Le grand Napoléon n'était plus qu'un individu obèse et sans beauté. C'est en vain que nous avions cherché dans ses yeux cette puissance de fascination, dans ses propos cette force d'expression, auxquelles nos imaginations nous avaient préparés.

« Le soir, au mess, notre illustre voisin avait de toute évidence perdu une bonne partie de son prestige de la veille. Notre unique sujet de conversation fut l'événement du jour, qui allait faire époque dans notre vie. Quelques-uns d'entre nous, mécontents des réponses qu'ils avaient faites, regrettaient que tout ne pût pas être à recommencer, pour mieux se faire valoir. Un ou deux braves garçons avouaient qu'ils avaient perdu toute présence d'esprit. On rit beaucoup du "Dieu m'en garde !" de Bonaparte, qui fut considéré comme le mot décisif devant la perspective d'un coup de lancette, et adopté unanimement. »

L'Empereur lui-même s'inquiéta de l'effet qu'il avait produit. Gourgaud écrit : « Les officiers ont paru contents[1] » et Montholon assure que « le soir au mess on avait bu à sa santé ».

1. Gourgaud, *op. cit.*, t. II, p. 234.

Voici maintenant le portrait physique de l'Empereur, tracé par Henry après l'entrevue du 1er septembre :

« À première vue, son aspect est loin d'être imposant. Il était petit, trapu, la tête dans les épaules, avec un double menton. Les membres paraissaient robustes et bien proportionnés ; le teint olivâtre, l'expression peu aimable, sans aménité et presque grimaçante. Ses traits nous rappelèrent tout de suite les portraits que nous avions vus de lui. Dans l'ensemble, il avait l'air plutôt d'un gros moine espagnol ou portugais que du héros des temps modernes. »

« Pauvre homme ! dit Henry en terminant, que son sort est changé ! Le voilà prisonnier, entouré d'Anglais portant des décorations qu'ils ont gagnées dans des victoires remportées sur ses troupes alors qu'autrefois il tenait de si brillants levers, au milieu des héros de Marengo et d'Austerlitz ! »

Ayant eu à donner ses soins à Cipriani, le maître d'hôtel de l'Empereur, emporté par un mal foudroyant, Henry reçoit en remerciement un cadeau de Napoléon, mais, à son grand regret, il doit le refuser, les règlements établis par le gouverneur ne lui permettant pas de l'accepter sans son autorisation et Napoléon refusant de se soumettre à cette condition. Henry aurait pu se dispenser, sans doute, d'écrire qu'il s'agissait probablement d'une « tentative de corruption » ! Il ne croit pas cependant qu'O'Meara ait été « acheté » par Napoléon mais, à coup sûr, il a été « séduit, conquis par le grand Machiavel qu'il voyait journellement ». Et il constate avec amertume que les écrits de l'Irlandais lui ont apporté gloire et fortune.

Le récit du docteur est émaillé d'anecdotes qui évoquent maints incidents cocasses ou joyeux, parfois dramatiques, de la vie de garnison à Sainte-Hélène : « Un jour, écrit-il, aux courses de Deadwood, le piqueur de Napoléon, Archambault, étant pris de boisson, se mit dans la tête, aussitôt le départ donné, de galoper sur la piste pendant la course. Un commissaire l'arrête et, sans savoir qu'il appartenait à la maison de Napoléon, lui donne quelques vigoureux coups de cravache. On craignait que l'Empereur ne considérât la punition infligée à son serviteur comme une insulte à lui-même. Mais c'était mal le connaître : armé de sa longue-vue, il avait suivi toute la scène, et, furieux de l'incartade de son domestique, l'avait fait appeler et l'avait gratifié de quelques "f… bête !" et "sacré cochon !" bien sentis. »

Henry eut à donner ses soins pendant quelque temps au Commissaire français, le marquis de Montchenu ; « Je ne pensais pas, dit-il, que ce fût par devoir, ni par amitié, ni par charité que je devais le soigner gratuitement ; je m'attendais donc à recevoir, soit des honoraires, soit un cadeau en nature. Mais l'excellent marquis pensa être beaucoup plus généreux en m'honorant d'une lettre de remerciements où il m'assurait de "son estime, de sa reconnaissance et de son éternel attachement". Je conserve cette lettre à titre de spécimen d'un moyen économique et élégant de payer son médecin, et je ne l'échangerais pas contre une tabatière en or. »

Comme presque tous les Anglais de l'île, le docteur, dont l'attachement à sir Hudson Lowe s'exprime fréquemment par de vifs éloges du gouverneur, pensait que la maladie de Napoléon était inventée pour des fins politiques. N'ayant jamais eu à examiner l'Empereur, il se faisait l'écho de la version accréditée par les autorités de Sainte-Hélène.

Mais il ne cache pas son opinion sur l'un des griefs essentiels de Napoléon à l'encontre du gouvernement britannique : le déni du titre d'Empereur. « Nous nous sommes départis, écrit-il, de notre coutumière magnanimité, et, quand il se trouva désarmé entre nos mains, nous lui refusâmes le traitement courtois que méritaient ses hauts faits et sa grande infortune. Sir Hudson Lowe reçut l'ordre de l'appeler général Bonaparte. Comment pourrait-on supposer que ce titre ne fût pas considéré comme une insulte ? »

Si loyaliste qu'il pût être, Henry n'en fut pas moins de ceux qui éveillèrent la défiance du gouverneur. Il fut soupçonné de briguer l'emploi de médecin de l'Empereur et de jouer un double jeu[1]. Lowe se plaignit de ce que le docteur

1. *Journal* de Gorrequer.

ne lui eût jamais rien appris de ce qu'il voyait et entendait à Longwood – ce qui était encore une mauvaise note et autorisait tous les soupçons. Mais Henry n'avait pas l'âme d'un espion.

Il a noté ses impressions devant le lit de mort de Napoléon : « La mort avait merveilleusement idéalisé l'apparence de Napoléon et chacun s'écriait en le voyant : “Comme il est beau !” Tous avouaient qu'ils n'avaient jamais vu plus belle et plus paisible contenance. La beauté de ses traits, d'une délicatesse italienne, était portée au plus haut point, tandis que l'exquise sérénité de leur expression faisait le contraste le plus saisissant avec le souvenir de ses grandes actions, de son caractère impétueux et de sa vie agitée. »

Henry fut un des médecins qui assistèrent à l'autopsie et établit, à la demande d'Hudson Lowe, un rapport très circonstancié sur cette opération[1].

Il raconte ensuite, comme l'ont fait tant d'autres témoins, la cérémonie des funérailles de l'Empereur qu'il décrit comme un spectacle « extraordinaire et d'un intense intérêt ».

« Celui dont un signe de tête avait fait longtemps vaciller le destin des nations, le vainqueur de cent batailles, qui créait des rois et des princes, le législateur, le héros de ce temps, n'était plus qu'un cadavre que l'on conduisait à son étroite dernière demeure. Et, par un juste retour des choses, il n'était pas conduit avec toute la pompe impériale à travers des avenues tendues d'étoffes de deuil, mais porté tout au long de sentiers de chèvre par les soldats de cette grande nation qu'il avait toute sa vie poursuivie de sa haine avec une inflexible obstination, qui avait implacablement barré la route à ses aspirations à la royauté universelle, et dont l'abaissement et la ruine avaient été le vœu constant de son esprit et le but principal de sa vie.

---

1. La mémoire d'Henry doit être en défaut quand il écrit : « Le corps avait été soigneusement embaumé et l'efficacité du procédé employé devait être démontrée lors de l'exhumation. » En effet il n'y eut pas d'embaumement, le gouverneur ayant déclaré que son gouvernement s'y opposait formellement. « L'intérieur du corps fut essuyé et lavé avec une liqueur aromatisée. » (Marchand, *Mémoires*, t. II, p. 338.)

« Et maintenant, ce corps porté à bras par des grenadiers britanniques, entourés d'étendards où brillaient en lettres d'or les noms des victoires remportées sur ses armées, s'acheminait lentement vers le seul domicile auquel il pût désormais prétendre, vers la fosse obscure où l'on allait l'enterrer, dans le cratère d'un volcan éteint, sur un roc lugubre, perdu dans l'immensité de l'océan, sans cénotaphe, ni mausolée, sous une pierre sans nom.

« Tous ceux qui étaient capables de réflexion, dit Henry en terminant, rentrèrent pensifs de ces funérailles, car une telle démonstration de la vanité et de l'instabilité des grandeurs humaines, personne ne l'avait encore reçue et ne la recevra jamais. Même à notre mess, le spectacle dont nous avions été témoins avait imprégné de gravité les plus gais d'entre nous, et nous nous retirâmes pour la nuit dans un état d'esprit voisin de la mélancolie. »

Ayant eu à donner des soins médicaux aux exilés, Henry entreprenait avec eux d'excellents rapports, en particulier avec la famille Bertrand. Il raconte qu'un jour, rendant visite à la comtesse, celle-ci s'amuse à mesurer sa taille, puis à la comparer à la sienne propre et à celle de l'Empereur. « Je fus assez satisfait, écrit-il, quand je pense à son immense supériorité intellectuelle, de constater que pour la taille je le battais de deux pouces. – Eh bien, docteur, me dit la comtesse, vous pouvez être fier ; vous êtes plus grand que la femme la plus grande de l'île et que le plus grand homme de l'univers. » À quoi, dit Henry, je ne pus que répondre combien j'étais sensible aux amabilités de la femme la plus charmante de l'une et de l'autre. »

Henry accompagna les Français sur le *Camel* qui les ramenait en Europe après la mort de l'Empereur. Il donne d'intéressants détails sur leur voyage. À bord, les langues se délient : la comtesse Bertrand ne craint pas de révéler qu'à Longwood, on n'a jamais manqué de moyens pour communiquer avec l'Europe. Henry est très surpris d'apprendre que les principaux complices des Français pour tourner les règlements de l'île et pour acheminer lettres et paquets en Angleterre n'étaient autres que deux officiers anglais de la garnison ! Montholon, qui est un merveilleux conteur, raconte non seulement ses exploits à l'armée, mais aussi des histoires scandaleuses de la Cour impériale. « Il fallait beaucoup de crédulité pour y ajouter foi, dit le docteur. Toutes ces histoires de Longwood semblent très exagérées. » En tout cas, Henry est bien certain qu'il ne s'est trouvé aucun militaire anglais, soldat ou officier, qui ait jamais songé à manquer de respect à Napoléon. « Tous ont toujours respecté la grandeur tombée ainsi que l'infortune des malheureux exilés. »

Henry note les appréhensions de ses compagnons de voyage avant leur arrivée en Angleterre, où ils craignent d'être mal reçus. Leur permettra-t-on même de débarquer ? « L'abbé Vignali, dit-il, devait avoir une singulière conception de la férocité anglaise, car il était aussi apeuré que s'il eût été sur le point de débarquer dans un repaire de cannibales. » Henry rassure ses amis : bien au contraire, leur fidélité à leur maître disparu ne peut que toucher les sentiments bien connus de générosité du peuple britannique, qui, sans nul doute, les considérera comme des martyrs de leur chevaleresque dévouement.

En effet, la réception en Angleterre est telle que l'avait prévue le docteur. De nombreux spectateurs assistent au débarquement en donnant des marques d'intérêt et de respect. Il s'y ajoute un hommage imprévu : le roi George IV, qui croise sur son yacht au moment où le *Camel* arrive à Portsmouth, envoie deux gentilshommes de sa suite saluer la comtesse Bertrand et prendre des nouvelles de sa famille.

Les souvenirs militaires d'Henry sont d'une lecture attrayante et la centaine de pages consacrées à son séjour à Sainte-Hélène le fait apparaître, en dépit de l'injuste sévérité de quelques-unes de ses critiques, comme un homme d'honneur et de jugement.

LE DOCTEUR STOKOE

Après le renvoi d'O'Meara, Napoléon ne voulut jamais avoir recours aux services du docteur Verling, domicilié sous son toit. Le 16 janvier 1819, il eut une syncope qui alarma ses compagnons ; ceux-ci firent appel au docteur John Stokoe que l'Empereur connaissait pour l'avoir rencontré quelque temps auparavant avec O'Meara dont il était l'ami. Cette rencontre avait déplu en haut lieu et le docteur avait reçu une réprimande sévère.

Plus tard, il devint doublement suspect pour avoir été impliqué, bien malgré lui, dans une affaire de correspondance clandestine où il n'était pour rien.

Chirurgien de marine, comme O'Meara, Stokoe se trouvait à bord du *Conqueror* quand, appelé d'urgence à Longwood, il s'y rendit presque à contre-cœur, mais avec l'autorisation de son chef, l'amiral Plampin. Il fit cinq visites à Napoléon entre le 17 et le 21 janvier 1819. En toute bonne foi, il diagnostiqua une hépatite chronique, mais eut l'imprudence de mentionner dans son rapport que l'état du malade lui paraissait alarmant et qu'un séjour prolongé dans l'île pourrait lui être fatal.

Il aggrava son cas par quelques maladresses de langage, quelques conversations trop prolongées avec les habitants de Longwood qu'on lui reprocha sous prétexte qu'elles étaient étrangères à son service, quelques indiscrétions sans gravité, un retard dans l'exécution des ordres de ses chefs, qui lui furent imputés comme autant de « crimes ».

Parlant de Napoléon, ne l'avait-il pas appelé « le malade » au lieu de dire « le général Bonaparte », contrevenant ainsi aux vues politiques du gouvernement anglais ? N'avait-il pas établi son diagnostic d'hépatite par complaisance pour l'entourage du captif et sans avoir procédé à un examen sérieux ? Et puis, n'était-il pas un ami d'O'Meara ?

Le malheureux docteur se trouvait écartelé entre son devoir professionnel, son désir d'être agréé comme médecin attitré de l'Empereur qui lui offrait formellement ce poste, et sa terreur de déplaire à des chefs hiérarchiques méfiants et hargneux.

Bien entendu, ces derniers eurent le dessus dans cette lutte inégale. Stokoe fut victime de la collusion qui s'était établie entre le gouverneur et l'amiral Plampin pour des raisons qui ne font honneur ni à l'un ni à l'autre. Tous deux furent d'accord pour blâmer le chirurgien et pour déposer contre lui une plainte qui devait l'amener devant une cour martiale.

Bref, Stokoe, après avoir quitté Sainte-Hélène avec un congé régulier, dut, à peine arrivé en Angleterre, repartir pour l'île où il passa devant un conseil de guerre et fut condamné, après un procès inique, à être rayé des cadres de la marine.

Dans son journal[1], Stokoe se montre un admirateur « inconditionnel » de l'Empereur. « J'ai été volontaire pour Sainte-Hélène, écrit-il, uniquement dans l'espoir de contempler ce grand homme et peut-être d'avoir l'honneur de lui parler. Je ne me doutais pas que cet honneur serait acheté si cher. » Il raconte sa première entrevue avec le héros, le 10 octobre 1817. Il se promenait avec O'Meara assez loin des bâtiments de Longwood, quand tous deux virent Napoléon sortir de la maison en compagnie de M. et de Mme de Montholon. « Le comte vint demander à O'Meara qui j'étais, alla parler à Napoléon et revint immédiatement me dire que l'Empereur désirait me voir. Je fus transporté de joie, tout en éprouvant une certaine terreur à l'idée de m'approcher d'un homme dont la gloire militaire avait atteint les bornes les plus reculées de l'univers. Je n'avais jamais ajouté foi aux mensonges et aux calomnies des libellistes ; pourtant, malgré moi, ces histoires avaient pu m'impressionner. Mais l'affable expression de la belle figure pâle de l'Empereur, la politesse de ses manières et la chaleur de son accueil me surprirent et me charmèrent.

---

1. La version primitive du journal du Dr. John Stokoe, très incohérente et mal rédigée, a été traduite et mise en ordre par Paul Frémeaux, avec de larges commentaires, dans son ouvrage intitulé *Napoléon prisonnier*, Paris, 1901.

« La conversation eut lieu en langue italienne. Craignant de me montrer incivil, je restai tout le temps tête nue devant l'Empereur. Il me questionna sur mon pays d'origine, sur mes états de service, sur mes voyages… Je lui dis que j'avais visité la Sicile. « Ah ! la Sicile. Voilà une belle île ! mieux que celle-ci, n'est-ce pas ? » Il me demanda si j'étais marié. « Pas encore », répondis-je. Cette réponse le fit sourire ainsi que Madame de Montholon, car on avait entendu dire à Longwood que je courtisais l'aînée des demoiselles Balcombe. J'appris plus tard que Napoléon avait demandé à Balcombe pourquoi il refusait la main de sa fille au brave homme que j'étais ! « Mais, répondit Balcombe, je ne la lui ai pas refusée, il ne me l'a jamais demandée. » Napoléon m'aidant à trouver une épouse, voilà une marque d'intérêt à laquelle je ne m'attendais pas !

« Pendant les quelques minutes que je passai près de lui, l'opinion que j'avais pu me former sur son caractère fut entièrement changée. Je m'étais fait une certaine idée de l'homme que j'espérais voir, mais je le trouvai si différent qu'en deux minutes d'entretien à peine je me sentis aussi à l'aise avec lui que si je parlais à un de mes égaux. Je n'ai aucune honte à avouer que je me sentis capable en cet instant de me faire son avocat auprès de sir Hudson Lowe, pour le convaincre de désavouer les ordres qui avaient changé sa pénible retraite en une prison volontaire. »

Stokoe s'était, sans s'en douter, mis dans un mauvais cas. Dès son arrivée à Sainte-Hélène, le 29 juin 1817, pour remplacer l'amiral Malcolm, son successeur, l'amiral Plampin, avait interdit à ses subordonnés toute visite à Napoléon sans son autorisation. Apprenant que Stokoe, chirurgien du *Conqueror*, avait vu l'Empereur, et par conséquent transgressé ses ordres, il lui adressa de vifs reproches. Et comme le docteur s'excusait, disant qu'il n'avait pas recherché cet entretien ; que Napoléon l'apercevant en compagnie d'O'Meara, était venu à lui ; qu'il eût été grossier de se dérober ; « Vous auriez parfaitement pu refuser de parler au général, dit l'amiral. Il n'est pas du tout nécessaire d'être poli avec lui. » À cet entretien assistait une jeune femme, amenée à Sainte-Hélène par Plampin ; elle demanda à Stokoe ce qu'il pensait de Napoléon. Avec sa franchise habituelle, le docteur répondit que son opinion avait été entièrement modifiée depuis qu'il avait causé avec lui. « Il faut, dit-elle, que ce soit un homme bien extraordinaire, puisque tous ceux qui l'approchent le quittent avec la même impression favorable. »

Quand Stokoe comparut en cour martiale, aucun des officiers présents dans l'île n'osa assurer la tâche dangereuse de lui servir d'avocat, au risque de se compromettre avec le gouverneur et l'amiral qui s'étaient faits ses accusateurs et escomptaient sa condamnation. Le docteur fut donc obligé de se défendre lui-même, ce qu'il fit avec beaucoup de dignité et de modération.

L'historien anglais, le docteur A. Chaplin[1] ne peut s'empêcher d'écrire : « Il est difficile de comprendre pourquoi Stokoe fut traité avec tant de rigueur, à moins d'admettre l'esprit de parti dont ses juges firent preuve. » En général, les historiens anglais n'évoquent pas volontiers ce scandaleux procès : sir Walter Scott[2] le résume en deux lignes : « Stokoe fut appelé auprès de Bonaparte, mais il s'éleva quelques différends entre le gouverneur et lui, et on le pria bientôt de discontinuer ses visites. » Ce silence pudique sur les circonstances de l'événement montre la gêne du narrateur à mentionner ce déni de justice[3].

Rentré en Angleterre, Stokoe, malgré ses démarches réitérées, ne put jamais obtenir la révision de son procès et dut se contenter de la demi-retraite qu'on avait bien voulu lui laisser. Napoléon ne se désintéressa pas de son sort : il lui avait, lors de son premier départ en Angleterre, fait un présent de

1. Dr. A. Chaplin, *op. cit.*

2. Sir Walter Scott, *op. cit.*

3. On se fera une idée des sentiments qu'on éprouvait à Plantation House envers le docteur Stokoe en lisant dans le *Journal* de Gorrequer l'explosion de joie qui salua l'annonce de la mise en accusation du docteur : « Nincumpoop (lieutenant-colonel Reade) saute et gambade autour de la table en se frottant les mains, et s'empresse d'annoncer la nouvelle à Mach (Lowe) qui l'accueille avec un rictus féroce. » (21 août 1819.)

mille livres et le recommanda à la famille impériale qui le chargea de missions de confiance et le traita toujours en ami.

Stokoe, né en 1775 dans le comté de Durham, était tout près de l'âge de sa retraite lors des événements qui amenèrent sa destitution. Il était entré dans la marine comme aide-chirurgien en 1794 ; il fit de nombreuses campagnes, assista au bombardement de Copenhague et servait sur le *Thunderer* à la bataille de Trafalgar. Il mourut d'une attaque d'apoplexie en 1852.

Un peu timoré, mais de nature droite et bonne, le brave docteur Stokoe, victime de la conjuration de deux chefs dénués de cœur et d'intelligence, peut être considéré, pour son attachement au grand homme qu'il admirait, comme une des plus sympathiques figures parmi les témoins britanniques de la captivité.

LE DOCTEUR VERLING

Après la disgrâce et le départ d'O'Meara, Hudson Lowe prit sur lui d'installer à Longwood le docteur Verling, médecin du détachement d'artillerie de Sainte-Hélène, pour y être le successeur du chirurgien irlandais auprès de Napoléon. Verling n'aurait pas demandé mieux que de remplir ces fonctions, à condition qu'il n'en résultât pour lui aucune fâcheuse conséquence. Mais il se rappelait les tribulations subies par son prédécesseur et connaissait la susceptibilité du gouverneur. Il fut témoin aussi du jugement inique dont fut victime le docteur Stokoe pour avoir donné ses soins à l'Empereur dans des conditions qui déplurent aux autorités de l'île.

Aussi se tint-il prudemment à son poste, sans jamais se compromettre, sans chercher à s'imposer, sans avoir jamais été reçu par Napoléon, car l'Empereur, bien que n'ayant contre lui aucun sujet d'animosité personnelle, refusait systématiquement de recevoir tout médecin présenté par le gouverneur.

Il acquit cependant très vite la confiance des Montholon et des Bertrand dont il devint le médecin. Son séjour de quatorze mois auprès des exilés lui permit d'apprendre beaucoup de choses. Son journal[1] est, en réalité, une chronique de Longwood qui ne manque pas d'intérêt.

Il rapporte, à la date du 27 septembre 1818, des propos de Montholon : « J'ai toujours considéré O'Meara comme un agent du gouvernement anglais, et cela dès le début. Je suis convaincu qu'il avait l'habitude de raconter à sir Hudson Lowe tout ce qui se passait à Longwood. Je ne sais pourquoi ils se sont querellés ; peut-être le gouverneur exigeait-il un peu trop. Mais il n'y a pas très longtemps qu'un changement très sensible s'est opéré dans la conduite du docteur dans ses réflexions sur sir Hudson Lowe. Peut-être désirait-il que l'Empereur le regardât comme une sorte de martyr de sa cause et le récompensât de son dévouement. »

On trouve ici, en quelques lignes, l'exposé véridique des divers aspects de l'attitude d'O'Meara à Sainte-Hélène.

Le 13 août 1819, à propos d'un document établi par le gouverneur à l'adresse de Napoléon et que personne à Longwood ne veut accepter de recevoir, Verling est commandé de service « pour être présent s'il se passait quelque chose d'extraordinaire au cours de l'exécution d'un ordre dont le capitaine Nicholls est chargé ». Il s'agit de l'incident relaté plus haut dans le chapitre consacré au major Harrison.

C'est pour Verling l'occasion de déclarer qu'il n'a rien à gagner à intervenir, même indirectement, dans les tractations désagréables qui se passaient à Longwood. Il exprime donc le désir de ne plus être utilisé comme interprète à l'avenir. Lowe qui lui a déjà fait observer antérieurement que sa qualité d'officier anglais devrait l'inciter à seconder les vues des autorités de l'île, finit par céder quand Verling lui dit que son devoir lui commande de s'écarter le moins possible de ses fonctions de médecin.

1. Le manuscrit du journal de Verling se trouve aux Archives nationales, à Paris (AB XIX 92, entrée 34). Les *Carnets de la Sabretache* (1921 et 1922) en ont publié une traduction française par E. Brouwet avec quelques suppressions peu importantes.

En toutes circonstances il se conduit donc avec le souci de ne pas se compromettre. Il garde une extrême prudence dans ses rapports avec le gouverneur et avec les Français. Il refuse les cadeaux de Mmes de Montholon et Bertrand dont il a soigné les enfants. Il montre de la répugnance à comparaître comme témoin au procès du docteur Stokoe, et, forcé de se présenter, s'en tire avec des échappatoires.

Quand les compagnons de l'Empereur cherchèrent à procurer à Verling le poste enviable de médecin de Napoléon, le docteur résista à toutes les sollicitations, aux tentations dont il fut l'objet, aux projets de contrat mirifiques qu'on lui offrit, et se retrancha toujours derrière son devoir d'officier britannique agissant en service commandé. Il refusa obstinément de contracter envers l'Empereur tout engagement qui n'aurait pas été préalablement approuvé par le gouverneur. « La situation de médecin attaché à Bonaparte, écrit-il, est de celles qu'un sujet anglais ne peut exercer qu'aux dépens de sa tranquillité d'esprit, avec la perspective finale de dommages plutôt que de bénéfices. » Même note de prudence quelques mois plus tard : « Si, à mon arrivée à Longwood, j'étais animé du désir et de l'ambition d'être attaché à la personne de Napoléon, dix mois de résidence m'avaient fait mieux juger de la difficulté et de l'extrême délicatesse de cette fonction, et j'étais nettement d'avis de la décliner. »

Mais la réserve de Verling ne l'empêcha pas d'être, comme tous ceux qui résidaient à Longwood, en butte aux soupçons du gouverneur qui ne tarda pas à l'accuser d'intrigues et de double jeu. Qu'attendre d'un homme qui ne racontait rien de ce qu'il entendait et voyait ; qui, parlant du « général », l'appelait Napoléon ? « Je regrette de l'avoir choisi, disait Lowe. Quand il s'est rendu compte qu'il ne pouvait avoir le poste de médecin de Bonaparte, il s'est montré parfaitement indifférent à tout ce qui se passait autour de lui et s'est volontairement bouché les yeux. Évidemment il est aussi dangereux que ses prédécesseurs, O'Meara et Stokoe. N'importe qui vaudrait mieux que lui dans cet emploi[1]. »

---

1. *Journal* de Gorrequer.

Cependant il n'y eut pas d'éclat, mais de nombreux rapports à lord Bathurst, où Lowe, avec son étroitesse de vues habituelle, déclarait le docteur suspect « parce qu'il avait des parents catholiques ». Lord Bathurst eut le bon goût de ne tenir aucun compte de ce genre de grief.

Il ne faut pas compter sur Verling pour nous parler de Napoléon. Il l'aperçoit de temps en temps, de loin. « De la vision courte et accidentelle que j'eus de lui, j'eus l'impression qu'il était très malade. » Il communique son opinion au docteur Baxter, médecin-chef de l'île, qui se borne à lui répondre en traitant Napoléon de « vieil imposteur ».

Quand Verling veut en savoir plus long, c'est à l'officier de service ou aux Français qu'il est obligé de s'adresser. Son principal informateur en ce qui concerne la santé ou le comportement de l'Empereur, est Montholon qui lui fait volontiers des confidences. Le docteur raconte, à la date du 12 septembre 1819, un entretien amical avec le comte : « Il souhaite, écrit Verling, que le futur médecin et le prêtre qu'on attendait prochainement à Longwood fussent à la hauteur de la situation, malmena la famille de l'Empereur qui leur envoyait des Italiens, traita le cardinal Fesch de "prêtre fanatique", qui sur trois personnes envoyait deux prêtres, "heureux encore que le cuisinier ne soit pas lui aussi un religieux", et il finit par envoyer Sainte-Hélène au diable ! »

Verling est un témoin intéressant en ce qu'il nous révèle, grâce à sa connaissance du français et à son acuité d'esprit, pas mal d'intrigues et de manœuvres, tant des habitants de Longwood que des autorités britanniques, dont sa prudence lui permit toujours d'éviter les répercussions sur sa propre carrière.

S'il fait une assez large place à la chronique locale, c'est sans montrer dans ses jugements ni étroitesse d'esprit ni malveillance. Quand il se fait l'écho des racontars dont Gourgaud fut le premier propagateur à Sainte-Hélène au sujet des relations de Napoléon avec Madame de Montholon, c'est sans prendre parti et sans vaine curiosité. Il en reçoit avec surprise la confidence de la comtesse Bertrand, ulcérée de la faveur dont jouit Montholon auprès de l'Empereur et qu'elle attribue à la complaisance de son épouse.

Verling quitta Longwood le 23 septembre 1819 à l'arrivée du docteur Antommarchi ; mais jusqu'à son départ de l'île, en avril 1820, il garda un contact amical avec les prisonniers, ce qui ne manqua pas de lui valoir de nouvelles tracasseries du gouverneur dont la méfiance était toujours en éveil. « En le quittant, dit-il, je lui fis observer qu'il ne m'avait pas traité avec la confiance que je méritais. Il me répondit que je n'avais pas recherché sa confiance, mais que je m'étais toujours efforcé de remplir ma mission de la manière la plus indépendante possible. Je ne répondis rien et je pense que cette appréciation ne peut constituer un blâme à l'égard de ma conduite. »

James-Roche Verling était né à Queenstown (Irlande) en 1787. Après d'excellentes études médicales, sanctionnées par le diplôme de docteur de l'Université d'Édimbourg, il entra dans l'armée en 1810. Affecté à un régiment d'artillerie, il prit part à la guerre d'Espagne. Il arriva à Sainte-Hélène sur le *Northumberland* en même temps que Napoléon. Il fit par la suite une belle carrière qu'il termina comme inspecteur-général adjoint du Service de Santé Militaire. Il mourut à Queenstown en 1858.

Chapitre VII

LES OFFICIERS D'ORDONNANCE

LE CAPITAINE NICHOLLS

Prisonnier dans une île comparable à Jersey pour la superficie, Napoléon, écœuré des vexations qu'il subissait de la part du gouverneur, et des restrictions imposées à ses déplacements, était devenu un reclus volontaire et ne quittait guère sa demeure. Cette situation était un sujet d'alarmes pour Lowe. Il fallait s'assurer que le captif n'avait pas disparu ; c'était la tâche imposée à l'officier anglais de service à Longwood, chargé en principe de voir Napoléon deux fois par jour pour pouvoir certifier sa présence ; de son côté, l'Empereur se refusait à subir l'humiliation d'avoir à se montrer et se dérobait systématiquement aux investigations de son gardien.

La tâche n'était pas facile et les devoirs imposés par le gouverneur à l'officier de service ne pouvaient que rebuter des hommes d'honneur. C'est ce que Lowe ne parvint jamais à comprendre. Quand il déclarait « qu'ils n'avaient qu'à percer un trou dans le plafond, se glisser le soir le long des fenêtres, épier par les fentes des volets », bref se livrer à n'importe quelles indiscrétions, il s'étonnait « qu'ils eussent dans la tête je ne sais quelles idées de stupide délicatesse[1]. » Tous eurent plus ou moins à encourir ses reproches pour leurs scrupules d'honnêtes gens.

Ces officiers, qui étaient logés à Longwood et dont une des attributions était d'accompagner l'Empereur lorsqu'il désirait sortir de ses limites, furent successivement :

– Le capitaine T. W. Poppleton, du 53e, du 19 décembre 1815 au 24 juillet 1817. Il quitta son service lors du départ de son régiment.

– Le capitaine H.P. Blakeney, du 66e, du 25 juillet 1817 au 5 septembre 1818, avec une interruption de dix jours, pendant lesquels le poste fut occupé par le lieutenant-colonel Th. Lyster, inspecteur des Milices, qui ne fut pas maintenu.

– Le capitaine Nicholls, du 66e, du 5 septembre 1818 au 9 février 1820.

– Le capitaine E. Lutyens, du 20e, du 10 février 1820 au 15 avril 1821. Il encourut la disgrâce du gouverneur et fut remplacé par le capitaine W. Crokat, du 20e, du 15 avril au 6 mai 1821. Nommé trois semaines avant la mort de l'Empereur, il reçut la mission d'en porter la nouvelle en Angleterre.

Le capitaine George Nicholls, pendant son séjour de dix-sept mois à Longwood, fut, de tous, celui qui eut le plus de mal à s'acquitter de sa consigne. Il arrivait au moment où le docteur O'Meara, en pleine disgrâce, venait de quitter l'île. O'Meara, étant officier anglais, pouvait à la rigueur attester la présence de l'Empereur qu'il voyait tous les jours. Maintenant Nicholls était seul et astreint à de formelles consignes. Les lettres du major Harrison ont montré les difficultés qu'il rencontra dans l'accomplissement de sa tâche. Les Français, dûment chapitrés par Napoléon, ne mettaient aucune bonne volonté à la lui faciliter, non pas qu'ils eussent contre sa personne la moindre animosité, car parfois, le prenant en pitié, ils l'aidaient à jeter à la dérobée un coup d'œil sur l'Empereur, mais pour obéir aux injonctions impératives de leur maître.

---

1. *Journal* de Gorrequer, p. 94.

Nicholls s'acquitta toujours avec tact de son pénible devoir. Dans ses *Souvenirs*[1], Ali (Saint-Denis) lui rend justice en écrivant : « M. Nicholls eut de la répugnance à jouer le rôle d'un bas agent de police. » Ce témoignage d'un bon serviteur de Napoléon fait honneur au caractère du capitaine.

Son journal[2] est le récit pitoyable et comique de ses tribulations, mais ne nous apprend pas grand-chose sur le prisonnier. Le 9 septembre 1818, il écrit : « Aujourd'hui j'ai vu pour la première fois cet homme extraordinaire. » Le jeu de cache-cache auquel il fut, pendant des mois, obligé de se livrer, lui permettait de temps en temps d'entrevoir le captif auquel il trouve « une pâleur de spectre ». À la lecture, le journal est d'une grande monotonie et d'une indéniable naïveté : il a vu Napoléon, il croit avoir vu Napoléon, il a aperçu Napoléon, on a vu Napoléon, on a pu apercevoir Napoléon, le sergent a vu Napoléon, etc., cela se répète comme une fastidieuse litanie. Quand il le voit, il le trouve « blême » et « d'aspect cadavérique ». Un jour, Montholon, compatissant à ses peines, lui propose de voir l'Empereur par le trou de la serrure. « Je fis savoir au comte que je n'adopterais certainement pas cette manière de faire. »

Un statisticien s'est amusé à calculer que sur quatre cent vingt jours de réclusion volontaire, on n'a pu apercevoir Napoléon que deux cent quatre-vingt-cinq fois, pourcentage peu satisfaisant pour l'amour-propre du gouverneur.

Comme on vient de le voir, Nicholls avait trop de fierté pour accepter de regarder par un trou de serrure, comme l'y incitait aussi le gouverneur, « furieux de sa bêtise ». Sa délicatesse eut fort à souffrir des avanies que lui infligeait Lowe. Le journal du major Gorrequer fait état de scènes intolérables : « Je regrette bien, dit Lowe, d'avoir choisi cet imbécile pour cette mission ; je ne l'y ai mis que pour qu'il me rapporte les bavardages des gens de Longwood. » Le

1. Ali (Louis-Étienne Saint-Denis, dit), *Souvenirs*, Paris, 1926.

2. Le journal du capitaine Nicholls a été traduit en français par E. Brouwet et publié en 1921 par les *Carnets de la Sabretache*.

19 janvier 1819 : « Mach (Lowe), écrit le major, bondit sur Nicholls comme un tigre ; le pauvre garçon avait les yeux pleins de larmes. » Dès qu'il fut sorti : « Je ne lui permettrai pas d'avoir une opinion à lui. Quel sacré idiot ! quelle stupide créature ! » Et il continua longtemps sur ce ton ; il ne m'est pas possible de retracer la violence des basses injures qu'il proféra contre lui dans un style de charretier. » Un autre jour, le pauvre capitaine s'est oublié jusqu'à employer le mot « Napoléon » dans un de ses rapports. Grave délit, qui avait amené le docteur Stokoe devant un conseil de guerre ! Sur le conseil de l'amiral Plampin, Gorrequer fait disparaître le terme jugé subversif.

Nicholls, sachant très peu de français, pouvait difficilement satisfaire les exigences du gouverneur. On lui adjoignit un jeune lieutenant du 66e régiment, F. S. Croad, qui, lui, parlait le français couramment et servait d'interprète dans les conversations avec les compagnons de l'Empereur. Ces derniers se méfiaient de lui avec juste raison, car il était en très bons termes avec le gouverneur et lui servait vraisemblablement d'espion[1].

En date du 12 janvier 1820, Nicholls croit devoir confier à son journal un menu fait qui dut le surprendre. Le chaudronnier qui travaillait à une tuyauterie dans le jardin de Longwood vient lui confier avec ravissement que le « général » avait été très satisfait de son travail et lui avait offert, de sa propre main, un verre de vin en récompense. Le capitaine ignorait sans doute combien l'Empereur mettait de simplicité et de bonne grâce dans ses rapports avec les humbles.

Nicholls vit ses tribulations se terminer quand, à l'arrivée du docteur Antommarchi, en septembre 1819, Napoléon prit goût au jardinage et se promena ostensiblement tous les jours dans son jardin.

Il n'avait jamais été admis en présence de l'Empereur, bien que Lowe eût exigé qu'il lui fût présenté lors de son entrée en fonctions ; il fut relevé, à son grand soulagement, en février 1820, par le capitaine Englebert Lutyens.

---

1. Sir Lees Knowles, *op. cit.*

Ce galant homme était aussi un brave soldat. Né en 1776, entré dans l'état militaire en 1791, il fut promu major en 1821, lieutenant-colonel en 1837 et colonel en 1851. Il termina sa carrière comme major-général, grade qui lui fut conféré en 1855. Il avait été blessé en Espagne à la bataille de Vittoria. Il mourut à Cheltenham en 1857.

LE CAPITAINE LUTYENS

Des six officiers d'ordonnance qui se succédèrent à Longwood de décembre 1815 au 5 mai 1821, pour la surveillance directe du captif, c'est le capitaine Engelbert Lutyens, du 20e régiment, qui, tout aussi consciencieux que les autres, se montra le plus discret et le plus attentionné. C'est aussi le seul qui encourut la disgrâce du gouverneur.

Hudson Lowe avait une conception toute personnelle du rôle de l'officier d'ordonnance : « Un tel emploi, disait-il à ses subordonnés, est le plus important qu'il y ait dans l'île après le mien. Il permet à son titulaire de se distinguer et d'obtenir de l'avancement, pourvu qu'il sût écrire agréablement, raconter des anecdotes, donner un tour intéressant aux moindres faits, de façon à attirer sur lui l'attention et les faveurs du gouvernement[1]. »

Lutyens était venu sans répugnance prendre en février 1820 à Longwood ce service qui exigeait du tact et de la délicatesse, qualités qu'il possédait au plus haut point. Il s'y comporta de façon à mériter cet éloge de Montholon qui l'estimait fort : « Le capitaine Lutyens ne nous offre que des motifs de louange sur ses procédés. » Mais voilà des louanges qui n'étaient pas une recommandation auprès du gouverneur, puisque Lowe concevait le rôle de l'officier d'ordonnance comme celui d'un espion.

1. *Journal* de Gorrequer, p. 162.

Ce n'était certes pas le cas du capitaine Lutyens. Très soucieux de son honneur d'officier, il répugnait à écouter aux portes, à guetter par une fenêtre entrouverte : « Je ne pourrais le faire, écrit-il dans l'un de ses rapports, sans heurter mes sentiments les plus intimes. » Par là même, il se rendait suspect aux yeux de Lowe, et cette fière attitude marqua le commencement de ses ennuis. En recevant « cette note impertinente », le gouverneur flaira une intrigue, déclara, avec des injures, que Lutyens ne savait pas faire son métier et l'accusa de déguiser la vérité dans les rapports qu'il lui adressait ; cependant que Reade le poussait à sévir contre le capitaine[1].

Excédé de ces vexations, Lutyens faisait le 29 décembre 1820 sans succès une demande pour être relevé de son poste.

Il était tenu par Montholon qui l'avait pris en amitié au courant de l'état de santé de Napoléon. Il fut un des premiers à s'apercevoir de la gravité de la maladie, car, sans jamais commettre d'indiscrétions, il avait fréquemment l'occasion d'apercevoir le captif dont l'état lui inspirait une pitié sincère. Il le décrit au jour le jour : faible et sans cesse somnolent – très faible, marchant avec peine – très souffrant ce matin – paraissant très malade – s'affaiblissant de jour en jour – s'évanouissant en descendant de voiture – ne pouvant rien garder de ce qu'il mange – faible et émacié… Aucun de ces symptômes n'eut raison de l'incrédulité systématique du clan de Plantation House qui, le 30 mars, menaçait d'enfoncer la porte de l'Empereur pour s'assurer de sa présence[2]. Il ne restait plus au malade qu'une preuve à fournir de son état de moribond. Il la donna quelques semaines plus tard.

« S'il y a, écrit G. L. de St. M. Watson, une lueur de réconfort dans cette terrible dernière maladie, un trait dont la lecture peut amener un sourire sur les lèvres, un fait qui puisse

1. *Journal* de Gorrequer.

2. Le 29 avril, une semaine avant la mort de Napoléon, Gorrequer écrit dans son journal : « Ninny (Reade) écrit à Mach (Lowe) : "Mon opinion est que le Voisin va guérir", bien qu'Arnott, le grand oracle, ait déclaré la veille qu'il était en danger. Son opinion, vraiment ! » ajoute ironiquement le major.

faire oublier momentanément la colère qu'on éprouve des misérables soupçons des Bathurst, Lowe, Reade et Montchenu, pour qui « toute l'affaire était une comédie », ce sont les aimables attentions du mourant pour le jeune Anglais qui était chargé de sa garde. Il lui envoie quelques menus présents pour sa table – une assiette de gâteaux, une jatte de soupe à la tortue[1]. Aussi quand Lutyens quittera Longwood emportera-t-il les regrets des Français et même ceux de Napoléon qui lui fit dire que « s'il recouvrait la santé, il aurait plaisir à le recevoir » et qui chargea Montholon de lui remettre une paire de pistolets de prix. La comtesse Bertrand, de son côté, lui fit présent d'un médaillon en corail contenant des cheveux de l'Empereur. Bien entendu, les témoignages d'intérêt décernés à Lutyens par les Français provoquèrent la fureur de Lowe qui y vit l'effet d'« une abominable intrigue ».

C'est à la suite d'un incident dont tous les historiens anglais s'accordent à imputer la responsabilité au gouverneur que Lutyens fut relevé de son poste.

Napoléon, en 1821, possédait une bibliothèque d'environ trois mille volumes, sur chacun desquels son bibliothécaire, le fidèle Ali, avait inscrit à la plume, à défaut d'ex-libris, la mention : l'Empereur Napoléon. « Le 15 avril, écrit Lutyens, je trouvai, je ne sais pourquoi, dans ma chambre, la *Vie du duc de Marlborough*, ouvrage de W. Coxe, en trois volumes bien reliés ; le docteur Arnott me fit savoir que c'était Napoléon qui, au cours d'une conversation sur les militaires anglais, et en particulier sur le duc de Marlborough qu'il considérait comme le meilleur général de ce pays, apprenant que le 20e régiment ne possédait pas cet ouvrage, lui avait remis les volumes pour en faire présent, de sa part, à la bibliothèque du régiment. Je les envoyai, sur sa demande, au gouverneur qui désirait les examiner. »

Après une conférence entre Hudson Lowe et le major Jackson, commandant par intérim le régiment, il fut décidé que l'inscription figurant sur la page de garde du premier

1. G. M. de St. M. Watson, *A Polish Exile with Napoleon*, Londres, 1912.

volume était nettement séditieuse et ne permettait pas d'accepter un tel cadeau. « L'Empereur Napoléon » dans une bibliothèque militaire anglaise ! cela parut une énormité à ces cerveaux obtus. Les livres furent donc renvoyés à Longwood et le capitaine Lutyens reçut une sévère réprimande pour avoir accepté de les recevoir.

Les officiers du 20e, informés de l'incident, ne cachèrent pas leur indignation. Quant au capitaine, fort de son innocence, il n'accepta pas le blâme qu'on lui infligeait, répliqua en mettant les choses au point et protesta vigoureusement auprès du major Jackson qui répliqua en l'accusant d'insubordination. Il s'ensuivit une correspondance si dépourvue d'aménité que Lutyens, attaqué dans son honneur d'officier, réclama, conformément aux règlements militaires, l'arbitrage de S.A.R. le duc d'York, chef suprême des armées anglaises. Quant au major Jackson, il n'eut aucun égard pour un camarade, son contemporain, qui avait servi à ses côtés pendant quinze ans. Avec un peu de compréhension et un peu plus d'indépendance vis-à-vis du gouverneur, l'incident eût été facilement réglé.

Cette affaire, si elle amena le remplacement de Lutyens à Longwood, fut, par la suite, jugée avec bienveillance et ne nuisit pas à l'avancement du capitaine. En effet son successeur, le capitaine Crokat, qui ne resta que trois semaines à Longwood ayant été désigné pour porter à Londres la nouvelle de la mort de l'Empereur, avait reçu le grade de major. On estima qu'un passe-droit avait été commis au préjudice de Lutyens, qui fut aussi promu au même grade la même année.

Quant aux livres, le duc d'York, plus large d'esprit que ses subordonnés, ordonna qu'ils fussent remis au 20e régiment, où ils sont encore aujourd'hui[1].

Sir Lees Knowles[2] raconte en détail cette pénible affaire, avec des commentaires qui l'amènent à tracer de Lowe un portrait ressemblant, sinon flatteur. Il ajoute : « C'est le gou-

1. Le 20e régiment d'infanterie est devenu depuis le Lancashire Fusiliers.
2. Sir Lees Knowles, *op. cit.*

verneur seul qui est responsable de cette histoire et des ennuis qui suivirent. Heureusement Napoléon ne connut jamais le sort réservé à son cadeau. Avec sa grandeur d'âme habituelle, il eût plaint la victime ; quant aux responsables, ce surhomme eût choisi de les ignorer, pour leur plus grande confusion. »

Un contemporain de Napoléon, lord Holland, commentant l'attitude du gouverneur en cette circonstance, écrit dans ses *Souvenirs diplomatiques* : « Une si ridicule et si pitoyable malignité est aussi honteuse pour notre gouvernement que pour ses agents[1]. »

Quant à Lutyens, il donna libre cours à son indignation contre Lowe en s'écriant : « Quelle lâcheté ! le misérable ! Faire un pareil affront à un mourant ! »

La postérité a ratifié ce jugement.

1. Lord Holland, *op. cit.*

Chapitre VIII

LES VISITEURS DE PASSAGE

SIR STAMFORD RAFFLES

En dehors de la garnison et des habitants de l'île, Napoléon recevait volontiers, dans les premières années de son séjour, des visiteurs de passage, arrivant des Indes ou d'Extrême-Orient, dont les navires faisaient escale à Sainte-Hélène avant de regagner la Grande-Bretagne. C'étaient, pour la plupart, des capitaines de navires marchands, dont aucun n'eût voulu toucher terre sans essayer de se faire présenter au grand homme. Il y eut aussi quelques personnages de plus haut rang, gouverneurs, officiers généraux, diplomates, qui avaient la même ambition et dont quelques-uns durent repartir sans avoir pu la satisfaire. Car l'Empereur recevait qui il voulait, suivant son humeur du moment.

Ces contacts, s'ils purent parfois distraire le captif, ne devaient lui être d'aucune utilité et cessèrent complètement avant que deux années se fussent écoulées depuis son installation à Longwood.

L'une des premières notabilités reçues fut sir Stamford Raffles, gouverneur de Java, qui regagnait l'Angleterre après les traités par lesquels les Indes Néerlandaises étaient restituées aux Pays-Bas. Il fut reçu, en compagnie du capitaine

Travers, commandant le vaisseau *Ganges* sur lequel il avait pris passage, et de deux autres personnes de sa suite, le 19 mai 1816, non sans avoir dû insister beaucoup pour obtenir audience.

Mais, écoutons d'abord le docteur Warden :

« Le désir qu'avait ce gouverneur de contempler Napoléon tenait de la frénésie *(sic)* et l'on fit tout pour le contenter. Il ne put trouver de paroles assez expressives pour faire connaître combien il était enivré de sa réception. »

Les extraits de la lettre[1] écrite par Raffles à un ami, au lendemain de l'audience, vont donner une idée de la clairvoyance du brave docteur Warden et montrer comment l'auteur allait, suivant sa propre expression, « expectorer son venin sur ce pauvre diable de Bonaparte ».

Mais auparavant il convient de dire que c'est à contrecœur que l'Empereur, souffrant depuis quelques jours, avait, à la sollicitation de ses compagnons, et sur l'insistance des docteurs O'Meara et Warden, accepté de recevoir les visiteurs. Il ne se montra pas, comme à son ordinaire, soucieux de gagner leurs suffrages, mais plutôt pressé de se débarrasser d'eux comme d'une ennuyeuse corvée. C'est ce qui peut expliquer le fâcheux effet qu'il produisit et l'incroyable diatribe qu'on va lire sous la plume de Raffles :

« Nos espoirs se trouvant près d'être réalisés, nous nous rassemblâmes dans une pièce donnant sur le jardin et attendîmes d'être convoqués. Le comte Bertrand et sa femme venaient d'arriver et l'Empereur, accompagné par eux et par le reste de sa suite, entrait dans une charmille au moment où l'on venait de nous introduire. Il faut vous dire que Bonaparte reçoit toujours ses visiteurs dans cette charmille, ou en se promenant dans le jardin. Je pense qu'il préfère le vaste baldaquin du ciel à son mesquin plafond de plâtre.

« Nous l'aperçûmes d'abord par la fenêtre, se promenant sur la pelouse. Au lieu de la figure animée, martiale, captivante que nous attendions, nous vîmes un homme lourd et

1. Publiée par le *Daily Mail* du 18 juin 1904.

gauche, se déplaçant avec une démarche embarrassée, qui faisait penser à quelque bourgeois londonien, flânant dans un parc un dimanche après-midi. Il était vêtu d'un grand chapeau à cocarde très simple, d'un habit de chasse vert foncé avec une plaque sur le côté gauche, de culottes de casimir et de bas de soie blanche.

« Eh bien ! imaginez-moi maintenant en présence de l'homme certainement le plus célèbre de notre époque ! Je n'essaierai pas de vous décrire les sentiments que j'éprouvais en l'approchant. Qu'il me suffise de vous dire qu'ils lui étaient en tous points favorables. Ses talents militaires avaient toujours excité mon admiration, et devant l'éclat de sa carrière politique, j'étais prêt à oublier tout aspect déplaisant de son caractère ; en un mot, j'éprouvais de la compassion pour sa situation présente. Comme je m'approchais de lui, il fit halte, ôta son chapeau et fit une légère inclination de tête ; puis, mettant son chapeau sous le bras gauche, il commença à me poser une série de questions précipitées sur un ton et d'une manière aussi inattendus qu'autoritaires : « Votre nom ? D'où venez-vous ? De quel pays ? De Java ? Avez-vous pris part à l'expédition contre ce pays ? Les Hollandais en ont-ils déjà pris possession ? Comment se comportent les souverains de ces îles ? A-t-on aussi cédé les Îles-aux-Épices ? Sur quel bateau êtes-vous venu ? Quelle cargaison ? Le café de Java est-il meilleur que celui de l'île Bourbon ? Le climat de Batavia est-il toujours aussi insalubre ? »… Puis, regardant les personnes qui m'accompagnaient : « Qui sont-ils ? » Je présentai Garnham. « Votre nom ? Votre régiment ? Avez-vous été blessé ?… » Travers fut présenté ensuite et subit les mêmes questions, comme je présentais sir Thomas Silvestre comme « chirurgien », il répéta : « Surgeon, surgeon… » Puis, comme il faisait mine de se retirer, nous nous saluâmes, remîmes nos chapeaux et nous séparâmes dos à dos.

« Le comte Bertrand nous suivit et nous invita à prendre des rafraîchissements que nous eûmes l'honneur de recevoir, servis dans l'argenterie impériale ; puis, remontant à cheval, nous regagnâmes en hâte la vallée.

« Bonaparte doit avoir beaucoup changé d'aspect et de comportement, car nous fûmes profondément déçus... Son visage est carré, son teint olivâtre, et ses yeux teintés de jaune ne jettent aucun éclat. Il a plutôt l'apparence d'un Portugais du Brésil. Sans être animé, son comportement est sec, rude, autoritaire et ses manières sont les moins courtoises que j'aie jamais vues. Pendant qu'il parlait, il prenait du tabac à priser, ou plutôt il faisait semblant, car sa tabatière était vide. En somme il nous a reçus avec la mauvaise humeur qui lui est habituelle.

« Croyez-moi, mon ami, cet homme est un monstre qui n'a aucune des qualités de cœur qui constituent l'être humain. J'étais prévenu favorablement pour lui ; je compatissais à sa situation ; mais dès que je me suis trouvé en sa présence, ces sentiments s'évanouirent pour faire place à de la répugnance, du dégoût et de la crainte. J'ai vu en lui un homme opiniâtre, vindicatif, sans une étincelle d'âme, mais possédant des moyens intellectuels orientés vers l'asservissement de l'humanité. Ces talents ne servent qu'à lui-même, à son instinct de domination. J'ai vu qu'il regarde tous les hommes comme ses inférieurs et qu'il n'a pas un atome de philosophie. Je le comparerai à un animal qu'on a capturé sans pouvoir le dompter. Bref, il est tout tête et sans cœur. C'est un homme dont le talent peut attirer le respect, mais dont la conduite ne pourrait jamais lui valoir l'affection de quiconque. Plus que jamais, j'ai la plus haute idée de son intelligence. Il semble qu'il concentre en lui tout le despotisme de l'Europe et tous les talents des autres pays. Par la tête, c'est un monstrueux despote dépourvu de cœur. Il serait absurde de supposer que son élévation ait été une affaire de chance. Dans une certaine mesure, la chance a peut-être favorisé ses plans, mais c'est lui qui les a conçus et il aurait montré les mêmes talents, que la chance l'ait favorisé ou non. Il n'y a rien de noble, ni dans son aspect ni dans sa conduite. J'ai déjà décrit exactement son apparence extérieure ; et pendant les sept mois qu'il a passés à Sainte-Hélène, on ne peut citer aucun fait le concernant qui puisse donner l'idée d'un être magnanime, philosophe ou bienveillant. Je n'éprouvais qu'une crainte, c'est qu'il pût recouvrer un jour sa liberté.

« Les Français, si médiocres soient-ils, ont montré de grandes dispositions pour l'intrigue, et si l'on considère l'importance de la tâche du gouverneur, je suis d'avis que les précautions prises et les restrictions imposées ne peuvent pas être moindres qu'elles ne sont. Les petites manigances et les intrigues qu'on déploie pour sauvegarder la dignité impériale sont plutôt ridicules et il semble réellement que Bonaparte s'étonne de trouver les Anglais aussi indépendants de lui.

« Je crois qu'il est ici sous bonne garde et qu'une évasion est impossible sa vie durant ; mais pour cela il est essentiel de ne pas se relâcher des précautions prises. Soyez-en sûr, il continue à compter sur sa libération, il n'est nullement résigné à son sort, et par conséquent on ne peut pas lui faire confiance. Plus les chaînes seront serrées, mieux cela vaudra.

« Et maintenant que j'ai expectoré mon venin contre ce pauvre diable de Bonaparte, il faut, pour être juste envers lui, vous dire qu'il est en mesure de se justifier, plus ou moins, de plusieurs actes de sa vie publique qui ont donné lieu à des controverses ou à des critiques. Il écrit l'histoire de sa vie et en est à la bataille de Marengo. Il a été empêché de continuer faute de documentation chronologique, mais comme il vient de recevoir les livres dont il avait besoin, il va reprendre son travail. Le docteur Warden, qui m'a raconté quelques anecdotes intéressantes, est parfaitement capable d'apprécier la véracité des arguments que Bonaparte produira pour sa justification ; et il a l'intention de publier sous son nom les entretiens qu'il a eus à ce sujet. Dieu seul sait cependant quand ils pourront paraître. »

Ici, Raffles évoque les affaires Wright, du duc d'Enghien, le massacre des prisonniers d'El Arish, l'affaire des pestiférés de Jaffa, qui ont fait l'objet des derniers entretiens de Warden avec Napoléon ou avec ses compagnons.

On ne peut que regretter qu'un tel pamphlet ait été écrit par un homme qu'on ne peut certes pas soupçonner de mauvaise foi, mais qui n'a passé que quelques heures à

Sainte-Hélène et quelques instants avec l'Empereur. Mieux renseigné et moins prompt à donner son avis, il se fut épargné pas mal d'inexactitudes de faits et d'erreurs de jugement.

LE CAPITAINE TRAVERS

Ce marin qui commandait le *Ganges* fut présenté à Napoléon par sir Stamford Raffles. Il a laissé un journal de son voyage et consacre quelques lignes à l'escale de Sainte-Hélène.

Il insiste sur le désir anxieux du gouverneur de Java de voir l'Empereur et sur les difficultés qu'il éprouva à se faire agréer tant par les autorités de l'île que par les Français.

« Je n'oublierai jamais, dit-il, la déception que nous éprouvâmes en apprenant que nous n'aurions pas l'autorisation de débarquer dans l'île. »

Enfin, sur une demande écrite de Raffles, l'amiral Cockburn consent à donner la permission nécessaire. Hudson Lowe accepte également qu'ils se rendent à Longwood, à condition qu'on n'appelle le captif que du nom de « général » et qu'on reste couvert si Napoléon garde son chapeau sur sa tête. Ils promettent, bien entendu, de se conformer à ces prescriptions et se mettent en route sur des chevaux prêtés par le gouverneur.

Ils sont reçus très aimablement « dans leur misérable logement » par le général Bertrand et « sa charmante comtesse, affable et gaie », et reçoivent un laissez-passer pour Longwood.

Là, c'est Las Cases qui les reçoit, cause avec eux et leur promet de faire tous ses efforts pour leur ménager l'audience qu'ils sollicitent. Comme il est encore de bonne heure et que l'Empereur ne se montre généralement pas avant quatre heures de l'après-midi, ils visitent l'établissement de Longwood, puis se rendent au camp anglais de Deadwood, où ils déjeunent.

Enfin, dans l'après-midi, ils sont reçus par l'Empereur qui se promène dans les jardins. « Son accueil n'est ni imposant ni gracieux, mais vulgaire et autoritaire. »

Travers reproduit très exactement ce que fut la conversation telle que l'a rapportée Raffles. Il note que « Napoléon resta tête nue et que la simple politesse les obligea à en faire autant. À aucun moment on n'eut à lui donner les titres de général ou d'Empereur ». La conclusion est inattendue : « Nous quittâmes l'île, enchantés de notre visite qui nous procura longtemps encore des sujets intéressants de conversation[1]. »

Quoi qu'il en soit, la réception des passagers du *Ganges* n'est pas à porter à l'actif de Napoléon. La mauvaise humeur qu'il montra au cours de cette brève audience le desservit auprès de ces visiteurs courtois, venus à lui avec les sentiments les plus bienveillants et qu'il pouvait aisément se concilier. Cela est d'autant plus regrettable que nul mieux que lui ne savait, dans un moment de contrariété, dissimuler ses impressions et prendre sur lui pour faire bon visage à ses auditeurs.

L'AMBASSADEUR LORD AMHERST ET LES MEMBRES DE SA MISSION

Le 1er juillet 1817 eut lieu à Longwood une entrevue sur laquelle Napoléon avait fondé de sérieux espoirs de se faire entendre par le gouvernement britannique. L'amiral Malcolm lui avait parlé du visiteur comme d'un homme capable d'arbitrer son conflit avec le gouverneur et surtout de faire entendre à Londres les demandes du captif, en vue d'amener une entente durable.

1. Journal du capitaine Travers ; extrait figurant dans l'ouvrage de lady Sophia Raffles : *Memoirs of the Life and Public Services of sir Thomas Stamford Raffles*, Londres, 1830.

Il s'agissait de l'ambassadeur lord Amherst qui, de retour de son ambassade en Chine, faisait escale à Sainte-Hélène avant de regagner la Grande-Bretagne. Sa mission avait rencontré des déboires, d'abord auprès de l'Empereur de Chine qui, pour des raisons protocolaires, avait refusé de le recevoir, puis par suite du naufrage du navire qui le ramenait en Europe. La mission fut transférée sur le *Camel*, capitaine Maxwell, et arriva à Sainte-Hélène le 27 juin 1817.

Lowe saisit avec empressement l'occasion qui s'offrait à lui d'utiliser les bons offices de l'ambassadeur pour essayer de rentrer en grâce. Mais Napoléon, comptant beaucoup sur l'impression qu'il ne manquerait pas de produire sur son visiteur, retarda l'entrevue jusqu'à la veille du départ d'Amherst, afin de ne pas laisser au gouverneur le temps de combattre ses dires. Cette manœuvre fit long feu et lord Amherst, avant de quitter l'île, put déclarer à Lowe que les plaintes du captif lui avaient paru mal fondées. Ce fut aussi l'avis des autres membres de la mission.

Le personnel de l'ambassade, au nombre de dix personnes, obtint son audience le 1er juillet 1817, après que l'Empereur eut fait les préparatifs les plus minutieux pour que l'accueil fût le plus impressionnant possible.

L'ambassadeur fut reçu d'abord seul pendant une heure environ au cours de laquelle Napoléon exposa, avec beaucoup de chaleur, ses griefs habituels contre le traitement qu'il subissait. Puis le secrétaire d'ambassade Ellis fut introduit à son tour et enfin le reste de la mission vint faire cercle autour de l'Empereur, entouré de ses compagnons.

Lord Amherst a tenu de son voyage un journal qui ne fut pas publié, mais trois membres de sa suite, le secrétaire Ellis, le docteur Abel, naturaliste de l'expédition, et le chirurgien Mac Leod ont fait paraître d'intéressants ouvrages sur leur voyage en Chine, dont il faut retenir les extraits relatifs à l'escale de Sainte-Hélène et à l'audience de l'Empereur.

SIR HENRY ELLIS

The Right Honourable sir Henry Ellis, secrétaire d'ambassade, a publié en 1818 un récit de son voyage en Chine[1]. Il tenait aussi un journal privé, dont Walter Scott a reproduit dans sa *Vie de Napoléon Bonaparte*, d'intéressantes pages relatives à son entrevue avec l'Empereur. Il s'exprime ainsi dans le volume qui parut le premier et dont Napoléon eut connaissance :

« Nous avions si souvent entendu parler au Cap de l'humeur changeante de Bonaparte, que nous n'étions rien moins que certains d'être admis à son audience ; mais, heureusement pour nous, l'ex-Empereur se trouvait bien disposé et l'entrevue a eu lieu aujourd'hui.

« Lord Amherst a d'abord été introduit par le général Bertrand, et est resté plus d'une heure avec Bonaparte. J'ai été appelé ensuite et présenté par lord Amherst. Bonaparte nous ayant entretenu pendant à peu près une demi-heure, le capitaine Maxwell et les autres personnes de l'ambassade ont été aussitôt introduits et présentés. Il a fait à chacun de nous quelques questions ayant rapport à nos situations respectives ; et nous avons tous remarqué que ses manières sont simples et affables et ne manquent point de dignité. J'ai été surtout frappé de son extrême aisance : jamais il n'a pu en montrer davantage lorsqu'aux jours de sa puissance il régnait aux Tuileries.

« Bonaparte déclamait plutôt qu'il ne parlait ; et pendant la demi-heure que lord Amherst et moi nous sommes restés avec lui, il nous a paru occupé du seul soin de pénétrer son auditoire de ses idées, afin peut-être qu'on les répétât. Son élocution est éminemment épigrammatique ; et il émet son opinion avec toute la confiance d'un homme habitué à convaincre. Sa méthode de discuter de grandes questions politiques pourrait, dans un autre, être qualifiée de charlatanerie ;

1. H. Ellis, *Journal of the Proceedings of the Late Embassy in China*, Londres, 1818 ; traduit en français sous le titre : *Voyage en Chine*, Paris, 1818.

mais chez lui ce n'est que le développement du système empirique qu'il avait universellement adopté.

« Il faisait un grand emploi de métaphores, mêlées d'explications qu'il empruntait à la médecine. Son élocution est rapide, mais claire et pleine de force. Son langage, comme ses manières, dépassa également mon attente. Sa physionomie est plutôt spirituelle qu'imposante ; et la seule particularité qu'elle offre se trouve dans la bouche, dont la lèvre supérieure semble changer d'expression suivant la variété et la succession de ses idées. Au reste, Bonaparte est loin d'être d'une corpulence aussi excessive qu'on l'a représenté ; et je crois même qu'il n'a jamais été plus en état qu'aujourd'hui de soutenir les fatigues d'une campagne. Il est d'une petite stature, fort robuste et paraît aussi peu enclin à acquérir de l'embonpoint qu'on l'est souvent à son âge.

« Les réclamations de Bonaparte sur sa position à Sainte-Hélène n'auraient pas, je crois, fixé autant l'opinion publique si elles n'avaient pas fait le sujet d'une discussion à la Chambre des Lords ; car, comme il niait le droit que nous avions de le considérer comme prisonnier de guerre, en opposition avec les principes les plus incontestables de la raison et des lois, il n'était pas présumable qu'il fût jamais satisfait de la manière dont il serait traité en cette qualité ; d'un autre côté, en le regardant comme prisonnier, il est difficile d'imaginer sur quel fondement il se plaint de la position restreinte dans laquelle il se trouve à Sainte-Hélène.

« Ses plaintes (car je regarde Montholon comme l'organe de Bonaparte) sur l'insuffisance des provisions qui lui sont allouées sont trop absurdes pour mériter d'être discutées ; et il est impossible de ne pas regretter qu'un mécontentement réel ou supposé ait pu porter un aussi grand homme à s'occuper de semblables réclamations, d'ailleurs peu fondées. Je dois convenir que le détail que l'on m'avait fait du mauvais état où se trouvait Longwood m'avait presque convaincu moi-même : toutefois je changeai de sentiment en arrivant sur les lieux. Longwood-House, considérée comme la résidence d'un souverain, est sans doute petite et peut-être insuffisante ; mais, envisagée comme la demeure d'un personnage de marque destiné à vivre sans éclat, elle est à la fois commode et convenable.

« Les deux dernières particularités de la position de Bonaparte qui méritent attention sont les entraves que l'on met à sa liberté personnelle, et à ses rapports avec les autres. Pour ce qui est de la première, Bonaparte admet comme principe que, gardé comme il l'est par les forts et les vaisseaux de guerre, son évasion est impossible, et que, dès lors, il devrait avoir la liberté de parcourir l'île sans rencontrer d'obstacle. La vérité du principe est fort douteuse, et la conséquence en est détruite par le fait de ce qu'il est prisonnier, et que sa détention est d'une assez grande importance pour justifier les mesures de précaution les plus rigoureuses. Toutefois on a fait droit à la dernière partie de sa demande, en lui permettant d'aller dans quelque partie de l'île qu'il juge convenable pourvu qu'il soit accompagné par un officier anglais. Cette permission est suffisante pour tout dessein motivé, et elle ne peut être éludée sous aucun prétexte par l'officier de service. Pour ce qui concerne sa santé et son amusement, il peut parcourir d'abord une étendue de quatre milles sans être accompagné ni surveillé ; ensuite une autre de huit milles, où il se trouve quelquefois sous la surveillance des sentinelles ; et enfin une troisième de douze milles dans laquelle il est constamment sous leurs yeux. Dans ces deux derniers cas, il n'est point astreint à être accompagné par un officier. À la nuit, les sentinelles environnent la maison. Je puis à peine imaginer qu'il soit possible d'accorder une plus grande liberté personnelle, compatible avec les plus simples précautions de sûreté, à un individu soumis à une surveillance quelle qu'elle soit.

« Il est certain que ses communications au dehors sont strictement surveillées, puisqu'il n'est permis à personne d'entrer dans l'enceinte de Longwood sans une permission du gouverneur ; mais on obtient facilement cette permission et ni la curiosité des personnes ni la satisfaction que Bonaparte peut éprouver à les recevoir ne sont restreintes par des difficultés supposées ni des règlements arbitraires. Sa correspondance est surveillée aussi et il ne peut recevoir ni envoyer de lettres que par l'entremise du gouverneur. Cette mesure est sans doute désagréable, et peut être pénible pour ses sentiments ; mais elle est une conséquence nécessaire de ce qu'il est maintenant et de ce qu'il a été.

« Je crois qu'on peut assigner deux motifs aux réclamations mal fondées de Bonaparte : le premier et le principal est de tenir en éveil l'opinion publique en Europe, mais surtout en Angleterre où il se flatte d'avoir un parti. Le second, d'après moi, peut être attribué au caractère et aux habitudes personnelles de Bonaparte, qui trouve une sorte d'occupation dans la manière dont ces petites intrigues sont menées au loin, et un plaisir peu louable dans les tracasseries et le trouble qu'elles font naître sur les lieux.

« Si cette conjecture est fondée, le temps et la conviction de leur inutilité porteront sans doute Bonaparte à se désister de ses plaintes et à considérer sa position dans son véritable jour, c'est-à-dire comme une captivité aussi peu rigoureuse, quant à sa liberté personnelle, qu'une juste prudence pouvait le prescrire. »

Quand, l'année suivante, l'Empereur eut connaissance de l'ouvrage d'Ellis, il se montra très mécontent de ses appréciations des conditions de sa captivité. O'Meara[1] rapporte en ces termes la réaction de Napoléon :

« Pendant l'entretien que j'eus avec M. Ellis, qui ne dura qu'une demi-heure, on ne dit pas un mot de Sainte-Hélène. Le comte de Montholon n'a pas eu d'entretien à ce sujet avec lui ni avec aucune autre personne de la légation. M. Ellis n'a fait aucune recherche sur la nature du terrain ; il n'a pas non plus parcouru et examiné l'intérieur de l'établissement. Il n'a rien su, rien vu, rien entendu, au moins de la part des Français. Et pourtant, dans son ouvrage, il a eu l'impudence de jouer le rôle d'un juge qui aurait entendu sur le lieu même les plaintes de ceux qui se croient en droit d'en faire. Mais ce passage n'a pas été écrit de sa main ; il est de

1. O'Meara, *A Voice from St. Helena.*

l'invention de quelque commis de lord Bathurst qui l'a inséré dans l'ouvrage et l'a attribué à M. Ellis. Une telle prostitution de son nom fait peu d'honneur à ce diplomate. »

C'était là prêter à ses adversaires de bien noirs calculs. En relisant le récit d'Ellis, on verra que si, effectivement, il ne fut pas question de Sainte-Hélène pendant son entretien particulier avec Napoléon, le narrateur spécifie bien qu'il tenait sa documentation de Montholon, « qu'il regarde comme l'organe de Bonaparte ». Il est donc probable que l'Empereur, mécontent, préféra incriminer ses ennemis plutôt que de désavouer un de ses fidèles qui avait sans doute beaucoup trop parlé.

On vient de lire les notes qu'a publiées Ellis, ainsi que la verte réponse de l'Empereur à des allégations insuffisamment vérifiées. D'un intérêt plus général est son journal privé, tel que le cite Walter Scott[1], car, outre ses souvenirs personnels sur Napoléon, Ellis a recueilli certains propos de son interlocuteur qui, avec sa verve habituelle, fait un long monologue sur la situation politique de l'Europe et expose ses vues sur le caractère militaire de diverses nations.

« Quoique je connusse, écrit Ellis, comme tout le monde, les moindres détails de la situation actuelle de Bonaparte, et qu'on pût supposer par conséquent que j'étais complètement revenu de ce premier étonnement dans lequel un revers de fortune si extraordinaire est si propre à plonger, j'avouerai qu'en entrant, à la vue d'un homme qui avait fait tout à la fois la terreur et l'admiration du monde civilisé, j'eus peine à conserver quelque présence d'esprit. Seul, sans suite, dépouillé de tous ces prestiges qui environnent le trône, il ne m'en parut pas moins grand. Quelque haut rang qu'il eût occupé, ses actions l'avaient élevé encore plus haut ; les puissantes armées qu'il avait maniées n'étaient qu'un poids léger pour sa force de géant ; la splendeur de sa cour, la tenue, la discipline et le nombre de ses armées, qui auraient suffi pour constituer la grandeur personnelle d'un monarque héréditaire,

1. Walter Scott, *op. cit.*

ajoutaient à peine à l'effet produit par l'énergie terrible, mais malheureusement mal dirigée, de son âme. Leur absence n'ôtait donc rien à l'ascendant exercé par son seul caractère. C'était la première fois que je me trouvais en présence d'un homme qui parût être, je ne dirai pas seulement d'un esprit, mais même en quelque sorte d'une nature si différente de la mienne ; et j'étais peu en état de satisfaire ma curiosité en cherchant à apprendre les motifs qui avaient guidé sa conduite dans les grands événements de sa vie. Je vins disposé à écouter et à retenir, et non à faire des questions ou des remarques.

« Lord Amherst m'ayant présenté, Napoléon commença par me dire que mon nom ne lui était pas inconnu ; qu'il savait que j'avais été à Constantinople et qu'il avait un souvenir vague de quelque personne de mon nom qui avait été employée en Russie. Je lui répondis que j'étais passé par Constantinople en me rendant en Perse. “Oui, reprit-il, c'est moi qui vous ai montré le chemin de ce pays. Eh bien ! comment se porte mon ami, le Shah ? Qu'est-ce que les Russes font maintenant par là ?”. Je lui appris que le résultat de la dernière guerre avait été la cession de tout le territoire occupé militairement par leurs troupes. “Oui, dit-il, la Russie est à présent la puissance le plus à redouter ; Alexandre peut avoir autant d'armées qu'il voudra. Bien différents des Français et des Anglais, les sujets de l'empire russe améliorent leur position en devenant soldats. Si j'appelais un Français sous les armes pour l'envoyer combattre sur une terre étrangère, c'était lui dire de renoncer au bonheur. Le Russe, au contraire, est esclave tant qu'il est paysan ; il devient libre et heureux quand il est soldat. Un Français perd toujours au change en quittant son pays ; l'Allemagne, la France et l'Italie valent bien mieux que le pays natal des Russes… La Russie, ajouta-t-il, a des vues sur Constantinople. Le grand désir de l'Empereur Alexandre était d'obtenir mon acquiescement à ses projets sur la Turquie, mais ce fut en vain. Je lui dis que je ne souffrirais jamais que la croix grecque fût ajoutée à la couronne des czars. L'Autriche était disposée à s'unir à la Russie contre les Turcs, pourvu qu'on lui laissât les provinces contiguës à son empire. La

France et l'Angleterre sont les seules puissances intéressées à s'opposer à leurs desseins ; je l'ai toujours senti, et c'est pour cela que j'ai toujours soutenu les Turcs, quoique, comme barbares, je les haïsse. Si la Russie ajouta-t-il, organise la Pologne, personne ne pourra lui résister."

« Ensuite, Napoléon passa rapidement en revue le caractère militaire des nations de l'Europe ; il déclara que les Français et les Anglais étaient les seules troupes qui se fissent remarquer par leur discipline et leurs qualités morales ; dans le fait, il n'y avait de bons soldats qu'en France et en Angleterre. Le reste de sa harangue (car son habitude étant de ne jamais attendre, ni même écouter la réponse, le mot conversation est inapplicable) roula sur l'état actuel de l'Angleterre qui, selon lui, était déplorable ; ce qui provenait de sa manie, si contraire à la saine politique, de se mêler des affaires du continent. L'empire des mers, le monopole du commerce, voilà ce qu'il regardait comme la seule base véritable de notre prospérité nationale. "Vous avez toujours votre bravoure antique ; mais avec quarante-cinq mille hommes, vous ne serez jamais une puissance militaire, tandis qu'avec votre prééminence sur mer, tant qu'elle vous restera, vous pourrez bloquer toute l'Europe… Qu'avez-vous gagné à la guerre ? De vous emparer de ma personne et de donner un exemple au monde de votre manque de générosité. Vous pensiez qu'il n'y avait que Napoléon qui pût vous fermer tous les ports de l'Europe ; mais maintenant il n'est point de si petit prince qui ne vous insulte en prenant des mesures restrictives contre votre commerce. L'Angleterre est déchue depuis qu'elle s'est mêlée des affaires du continent : vous auriez dû songer à tout ce que j'avais fait pour développer l'industrie sur tous les points de mon empire, et vous payer des dépenses de la guerre en prenant des mesures coercitives pour assurer de grands débouchés à vos produits… C'est aussitôt qu'il aurait fallu faire cette demande, lorsque vous auriez pu tout exiger ; mais à présent il est trop tard, et la faute en est à vos ministres, qui ont complètement négligé les intérêts de l'Angleterre. La Russie, l'Autriche, la Prusse ont toutes gagné à la guerre ; l'Angleterre seule y a perdu. Votre bonheur et mes fautes, mes imprudences, ont amené un état de choses que Pitt n'osa même jamais espérer ; et quel en est le résultat ? Votre peuple meurt de faim et votre pays est en proie à des émeutes. La situation de l'Angleterre est vraiment curieuse ; elle a gagné tout, et cependant elle est ruinée. Croyez-en un homme habitué à examiner les questions politiques : l'Angleterre ne doit songer qu'à son commerce et à sa marine ; elle ne sera jamais une puissance continentale, et, si elle veut tenter de le devenir, elle se perdra. Gardez l'empire de la mer et vous pourrez envoyer des ambassadeurs aux cours de l'Europe demander ce que vous voudrez."

« Napoléon continua : "La suppression de l'*habeas corpus* n'arrêterait pas les émeutes ; il faut que le peuple ait du pain. La stagnation du commerce diminue vos exportations, et vos ouvriers meurent de faim. Il est absurde de dire que c'est un mal momentané. Wellesley a raison en cela : la détresse est générale et sera durable ; le mal s'étend sur tout le corps. Le seul moyen de conjurer la crise actuelle, c'est de donner une immense extension au commerce et de faire en même temps des réductions et des réformes... Quant à moi, je voudrais que tout fût calme et tranquille puisque c'est la seule chance que j'aie d'être mis en liberté... Sans doute vos ressources sont grandes ; mais si vous persistez dans votre politique actuelle, votre ruine est certaine. Vos ministres ont affecté de la générosité et ils ont ruiné l'Angleterre. Ce n'est pas ainsi qu'en usaient vos ancêtres : ils ne faisaient jamais un traité de paix sans y gagner ou sans essayer d'y gagner quelque chose ; c'étaient de vrais marchands qui remplissaient leurs bourses ; mais vous avez voulu faire les grands seigneurs et vous vous êtes perdus."

« Pendant la conversation qui, malgré la variété des sujets qui furent, je ne dirai pas traités, mais effleurés, ne dura pas plus d'une demi-heure, Bonaparte répéta plusieurs fois quelques phrases qu'il semblait affectionner, telles que celle-ci : "L'Angleterre est déchue ; avec quarante-cinq mille hommes, vous ne serez jamais une puissance continentale." Il n'écoutait jamais la réponse que ses remarques suggéraient naturellement ; mais il continuait à développer son opinion sans s'inquiéter de celle des autres ; il soignait peu l'arrangement de ses phrases, mais il exprimait ses idées aussi rapidement qu'elles se succédaient dans son imagination. On ne peut refuser à Bonaparte une grande éloquence et ce genre de talent oratoire qui convient aux assemblées populaires, et qui est si propre à entraîner ceux qui sont déjà disposés à écouter favorablement l'orateur. Dans le premier cas, ses phrases vives et saccadées eussent produit un grand effet ; dans le second, la confiance avec laquelle il s'exprimait, comme s'il eût débité des oracles, ne pouvait manquer d'inspirer la conviction. »

Ellis, en terminant, donne, en quelques lignes son avis sur les doléances exprimées par l'Empereur, qu'il déclare « aussi mal fondées que possible ». Il conclut en disant que « le gouverneur aura beau faire, il ne pourra jamais être en bonne intelligence avec son prisonnier, du moment qu'il remplira son devoir ».

Napoléon vit s'évanouir les espoirs qu'il avait fondés sur la visite de lord Amherst. Il n'avait convaincu personne. Une fois de plus, il apparaissait comme décidément impossible, pour un visiteur anglais ayant un caractère officiel, de se prononcer avec impartialité sur un sujet touchant la politique de son gouvernement. Il ne pouvait être question de la juger, encore moins de la critiquer. Dès lors, c'était toujours Napoléon qui était dans son tort quand il faisait entendre des plaintes. L'amiral Malcolm lui-même, si bienveillant fût-il, si bien informé de la situation du prisonnier qu'il pût l'être, n'osa jamais intervenir en haut lieu pour faire adoucir son sort.

LE DOCTEUR ABEL

Le docteur Abel était le naturaliste de l'expédition de lord Amherst, ce qui explique que sa narration sur son passage à Sainte-Hélène[1] ait été consacrée, pour une bonne

1. Dr. Clarke Abel, *A Narrative of a Journey into the Interior of China*, Londres, 1818.

partie, à la description de l'île et de ses ressources botaniques et géologiques.

« Sur l'entrevue avec Napoléon, écrit-il, j'ai peu à dire. À part lord Amherst et M. Ellis qui restèrent assez longtemps avec lui, nous ne demeurâmes qu'un quart d'heure en sa présence.

« L'accueil fut très protocolaire. Un des serviteurs de Napoléon, en livrée telle qu'elle avait pu être lorsqu'il était au zénith de sa gloire, se tenait debout à la porte d'entrée, comme le fantôme de son ancienne splendeur.

« Conduits par Bertrand, nous fûmes reçus dans l'antichambre par le comte de Montholon et le général Gourgaud, deux hommes jeunes et de belle apparence.

« Quand nous fûmes introduits à notre tour, on forma un cercle autour de Napoléon ; il se promena de l'un à l'autre de nous, adressant à chacun des questions relatives à sa situation ou à ses fonctions à l'ambassade, en donnant à ses propos un tour délicat et flatteur. Son désir était évidemment de plaire, en quoi il réussit certainement.

« Sa personne n'a rien de l'embonpoint malsain qu'on m'avait annoncé. Au contraire, j'ai rarement vu une telle apparence de force et même de vigueur. Il est vrai qu'il est plutôt trapu, si on considère que sa taille est de cinq pieds sept pouces, mais cette ampleur n'est pas de la lourdeur. Les membres restent très bien proportionnés… Quand il est debout, il a une fixité de statue qui contraste avec la grâce de sa démarche. Ce qui constitue la caractéristique de son aspect, c'est sa mobilité. Il a l'habitude de regarder fixement pendant quelques secondes la personne à qui il va adresser la parole, et à ce moment ses traits ne bougent pas. Mais dès qu'il entame la conversation, ils peuvent exprimer tout genre et toute intensité d'émotion, avec rapidité et aisance. Ses yeux paraissent changer, non seulement d'expression, mais aussi de couleur. Je suis sûr qu'en les regardant quand il était en mouvement, je les avais trouvés très foncés ; au contraire, au repos, j'ai remarqué leur couleur claire et leur éclat singulièrement lumineux. Rien ne prouve d'ailleurs mieux ces changements d'apparence que les différences d'avis qui se manifestèrent entre nous, quant à leur couleur. Bien que chacun de nous eût fixé attentivement la physionomie de Napoléon, tous n'étaient pas d'accord sur la couleur de ses yeux.

« Rien dans son aspect ne nous fit penser que la captivité l'eût éprouvé. Au contraire, sa corpulence nous parut résulter d'une bonne nutrition. Ses mouvements avaient cette élasticité qui est l'indice d'une robuste santé. Vraiment, quelque sympathie que nous ayons éprouvée pour le sort des prisonniers, elle ne s'accompagnait pas de commisération pour leurs souffrances physiques, car tous étaient en excellente condition. »

LE CHIRURGIEN MAC LEOD

Le chirurgien Mac Leod est aussi l'un de ceux qui ont laissé des traces de leur passage à Sainte-Hélène.

« Nous arrivâmes à Sainte-Hélène, écrit-il[1], le 27 juin 1817. L'extérieur de cette île justifie pleinement le nom que Madame Bertrand lui a donné : "le pays natal du démon de l'ennui" ; mais l'intérieur n'est pas entièrement dépourvu de charme, et l'on trouve dans ses différentes vallées des sites fort agréables.

« En contemplant le calme et la tranquillité qui règnent autour de Longwood (paisible habitation aujourd'hui du plus grand perturbateur du monde), on ne peut se défendre d'être vivement frappé de l'instabilité des choses humaines et des vicissitudes de la fortune.

« Bonaparte vivait depuis longtemps très retiré et était même d'un abord difficile ; mais il se montra parfaitement disposé à recevoir lord Amherst ; et, la veille de notre départ, le noble lord se rendit chez lui avec les personnes de sa suite. Il fut introduit par Bertrand, non sans beaucoup de

1. John Mac Leod, *The Voyage and Shipwreck of the* Alceste, Londres, 1817 ; traduit en français sous le titre : *Voyage du capitaine Maxwell*, Paris, 1818.

formalités et de cérémonies, et eut, ainsi que M. Ellis, une longue conversation avec Bonaparte. Pendant cet entretien secret, les autres personnes restèrent dans la première salle avec les généraux Bertrand, Montholon et Gourgaud. À la fin, ils furent aussi introduits, et le maréchal ayant fait former un cercle autour du grand personnage, lord Amherst lui présenta d'abord le capitaine Maxwell. Bonaparte le salua et lui dit que son nom ne lui était pas inconnu, et qu'il croyait se rappeler que le capitaine Maxwell commandait à une affaire où l'une de ses frégates, la *Pomone* avait été prise dans la Méditerranée. « Vous avez été très méchant. Eh bien ! votre gouvernement ne doit pas vous blâmer de la perte de l'"Alceste", car vous avez pris une de mes frégates ! » Il dit qu'il était charmé de voir le jeune Jeffery Amherst et lui demanda avec bonne humeur s'il avait rapporté beaucoup de présents de la Chine.

« Il fit plusieurs questions à l'auteur de cette relation, entre autres s'il avait servi longtemps et s'il n'avait jamais été blessé, répétant en anglais la seconde question.

« Passant ensuite à M. Abel, qui lui fut présenté comme naturaliste, il lui demanda s'il était membre de la Société Royale ou de toute autre institution publique, ou s'il était seulement candidat : s'informant s'il avait été heureux dans son voyage, s'il avait fait quelques nouvelles découvertes qui pussent ajouter à nos connaissances en histoire naturelle, s'il connaissait sir Joseph Banks, dont le nom, ajouta-t-il, était un passeport en France, et dont les demandes étaient toujours accordées, même en temps de guerre.

« Le nom de Cook lui fit demander s'il descendait du célèbre navigateur. "C'était, dit-il, un grand homme." Il s'informa du docteur Lynn ; à quelle université il avait étudié. "À Édimbourg, fut la réponse. – À Édimbourg", répéta-t-il, et il lui demanda s'il suivait les doctrines browniennes, ou s'il était pour les saignées et s'il faisait prendre autant de mercure que "nos" docteurs de Sainte-Hélène.

« M. Griffith, le chapelain, lui fut ensuite présenté. "Eh bien ! Monsieur, lui dit Bonaparte, avez-vous découvert quelle est la religion des Chinois ?" M. Griffith répondit qu'il était assez difficile de le faire, mais que cela semblait être une sorte de polythéisme. Comme il ne paraissait pas comprendre le sens de ce mot, Bertrand l'interpréta : "Pluralité des dieux." – Ah ! pluralité des dieux, répéta-t-il, et croient-ils à l'immortalité de l'âme ? – Je crois, reprit M. Griffith, qu'ils ont quelque idée d'un état futur. – Eh bien, dit Bonaparte, quand vous serez de retour en Angleterre, il faut qu'on vous donne un bon bénéfice. Je souhaite, Monsieur, que vous parveniez à quelque charge importante dans l'Église. »

« Passant ensuite à M. Haynes, il lui fit quelques questions vagues et générales ; et, ayant alors fait le tour du cercle, et dit un mot à chacun, il nous fit un profond salut, et nous nous retirâmes, très contents de l'entrevue. Quoiqu'il n'y ait rien de très affable dans ses manières, il paraît qu'il est encore susceptible d'un certain degré de politesse, et qu'il ne manque pas de savoir-vivre quand cela lui convient. Il est loin d'être d'une corpulence aussi énorme qu'on le dit, et sa santé paraît être excellente. D'après la position de Longwood, l'air doit y être nécessairement très salubre. »

De ces trois récits où l'on rencontre, à la même date, tant d'impressions parfois divergentes, il se dégage une constante, commune à tous les narrateurs ; c'est l'état physique de l'Empereur que tous décrivent comme robuste et éclatant de santé. Le temps n'était pas loin, cependant, où les premières atteintes du mal qui devait l'emporter se manifestèrent par des symptômes qui alarmèrent son entourage, provoquèrent le diagnostic d'hépatite porté par O'Meara, confirmé plus tard par le docteur Stokoe et amenèrent, moins de quatre ans après, sa mort prématurée, tandis que, jusqu'à ses derniers moments, le gouvernement britannique persistait à le considérer comme un simulateur.

LE CAPITAINE BASIL HALL

Parmi les visiteurs de Napoléon, le capitaine Basil Hall est probablement celui qui montra le plus d'impatient désir d'être admis en sa présence, le plus de ténacité pour obtenir cette faveur et le plus de satisfaction après être parvenu à ses fins.

Il revenait de Chine, où le navire *Lyra*, qu'il commandait, avait accompagné la mission Amherst, et n'aborda à Sainte-Hélène que le 11 août 1817.

Après son entrevue avec l'ambassadeur lord Amherst, Napoléon avait appris qu'il n'y avait pas à compter sur lui pour plaider sa cause en haut lieu. Aussi était-il peu disposé à admettre de nouveaux visiteurs inutiles ou curieux. Quand il reçut la demande d'audience du capitaine Hall, il la rejeta délibérément, malgré les instances de ses compagnons, pour qui une visite était toujours un dérivatif à leur ennui.

Mais le capitaine était tenace et avisé ; on peut dire que c'est autant à sa présence d'esprit qu'à son opiniâtreté qu'après de nouvelles démarches auprès des Bertrand et d'O'Meara, il eut l'inspiration de dire à ce dernier qu'il était le fils d'un savant anglais qui avait connu le jeune Bonaparte à Brienne. Ce nom fut un sésame qui ouvrit la porte de l'Empereur au solliciteur.

Hall a laissé un récit très vivant et très circonstancié de son entrevue avec Napoléon : entrevue au cours de laquelle les personnes qui attendaient dans l'antichambre furent très surprises d'entendre des éclats de rire de l'Empereur.

Il faudrait le lire en entier dans l'ouvrage de Hall[1] ; il en existe une traduction française, dont les extraits qui suivent donneront une idée :

« Nous jetâmes l'ancre à Sainte-Hélène le 11 août.

1. B. Hall, *A Voyage of Discovery to the Western Coast of Corea*, Londres, 1817 ; traduit sous le titre : *Mémoires et voyages*, Paris, 1824. Ouvrage en quatre volumes. Le récit de l'escale à Sainte-Hélène se trouve dans le troisième volume.

« Naturellement, rien ne pouvait, dans cette île, exciter aussi vivement notre attention que son habitant extraordinaire, Napoléon Bonaparte. Depuis plusieurs semaines, la possibilité de le voir avait absorbé nos pensées à tous. Quelque préjugés, quelque préventions que nous eussions pu avoir précédemment contre son caractère, tout autre sentiment s'effaçait devant le désir de voir un homme qui exerça un ascendant si singulier sur les destinées du monde. Le puissant intérêt qu'avaient fait naître en nous un voyage lointain et le plaisir d'être les premiers à étudier des nations inconnues n'était plus rien en comparaison de l'émotion qui fit battre nos cœurs lorsque nous nous sentîmes si près d'un homme tel que Napoléon. »

Une première demande d'audience adressée par le gouverneur à Longwood ne reçoit aucune réponse. Hall se décide à se rendre sur place, avec deux de ses compagnons, auprès d'O'Meara qui ne lui laisse aucun espoir, l'Empereur n'étant d'humeur à voir personne. Les visiteurs sont très déçus.

« J'ai souvent entendu, écrit Hall, traiter de folie cette vive curiosité, et j'ai connu des gens qui prétendaient qu'ils n'auraient pas fait un pas de trop dans la rue pour voir Bonaparte. Je ne saurais avoir aucune sympathie pour ces gens-là, et au risque de passer pour bien frivole à leurs yeux, j'ose déclarer qu'aucunes démarches dans ma vie n'ont jamais été aussi bien récompensées, à mon gré, que celles qui m'ont conduit un seul moment en présence d'un grand homme ; mais c'est surtout vrai relativement à Bonaparte. »

Sans se décourager, Hall va faire une visite aux Bertrand qui l'accueillent avec beaucoup de cordialité et lui promettent de plaider sa cause. Mais, pendant la conversation, on apprend que Napoléon est rentré fatigué d'une promenade et ne veut recevoir aucune visite.

Déçus et dépités, les voyageurs sont sur le chemin du retour, quand, soudain, Hall fait rebrousser chemin, se rappelant qu'il n'a pas songé à solliciter l'intervention d'O'Meara, son dernier espoir. Celui-ci ne se montre pas plus optimiste, mais au moment où, complètement découragés, les voyageurs s'apprêtent à repartir, Hall a tout à coup l'idée de parler du docteur de l'école militaire de Brienne, où son père, sir James Hall, savant réputé, a fait jadis un séjour. Heureuse inspiration, car O'Meara accepte de parler à Napoléon le soir même et de prévenir les jeunes gens le lendemain par le télégraphe optique, si l'audience est accordée.

Enfin, le 17 août, Hall est convoqué et se présente à Longwood avec le capitaine Harvey et le lieutenant Clifford.

« Le comte Bertrand nous dit que l'Empereur désirait que je lui fusse présenté le premier et seul, puis mes deux compagnons ensemble.

« En entrant dans la chambre, je vis Bonaparte debout devant le feu, la tête appuyée sur sa main et le coude fixé sur le marbre de la cheminée. » L'Empereur lui parle de son père, dont il se souvient parfaitement et rappelle des souvenirs de Brienne. « Que dit votre père de moi ? demande-t-il. – Je l'ai souvent entendu, répond Hall, exprimer la plus grande admiration pour les encouragements que vous avez toujours accordés aux sciences lorsque vous étiez sur le trône. Il dit aussi qu'il n'existait aucun homme vivant qui méritât autant d'être vu que Napoléon, et il m'a bien recommandé de chercher à le voir si j'en avais l'occasion. »

Après cette entrée en matière, l'entretien se poursuit avec beaucoup de cordialité et roule sur le voyage de la *Lyra* dans les mers du Japon, où, dans l'île de Liou-Chou, les habitants ne connaissent pas l'emploi des armes, pas même des armes blanches, n'ont aucune idée des monnaies et n'acceptent aucun paiement en échange des vivres qu'ils fournissent aux navires. Ils n'ont jamais entendu parler de l'Europe, ni même de Napoléon. L'Empereur, vivement intéressé, interroge minutieusement le narrateur de pareilles anomalies, et rit de bon cœur à plusieurs reprises. « Napoléon, écrit Hall, fut d'une humeur très aimable pendant toute cette conversation. Sa gaieté, je dirai presque sa familiarité, me mit non seulement tout à fait à l'aise en sa présence, mais encore me fit plusieurs fois oublier cette respectueuse attention que c'était mon devoir et mon désir sincère de montrer au monarque déchu. L'intérêt qu'il prit à des choses qui en ce moment étaient celles qui occupaient le plus ma pensée ne pouvait naturellement que m'exciter davantage ; et plus d'une fois, oubliant d'être sur mes gardes, je me surpris à lui parler avec un degré de liberté qui me rendait confus quand je m'apercevais de mon tort ; mais lui, alors, il m'encourageait à continuer sur le même ton, et cela avec une bonne humeur si franche et si bienveillante, que l'instant d'après j'étais à mon aise comme auparavant. »

Voici le portrait physique, tracé par Hall, de l'Empereur :

« Je fus étonné de trouver une si grande différence entre Bonaparte et les portraits ou bustes que j'avais vus de lui. Son visage était plus large et plus carré que dans aucune de ces images. Sa corpulence, qu'on disait alors excessive, n'était nullement remarquable ; ses chairs, au contraire, paraissaient fermes et musclées. Il n'y avait pas la moindre trace de couleur sur ses joues et sa peau avait quelque chose de la teinte du marbre. Aucune ride ne plissait son front ni aucun de ses traits. À en juger par les apparences, sa santé et sa bonne humeur étaient parfaites, quoiqu'à cette époque on crût généralement en Angleterre qu'il languissait d'une complication de maladies et sous le poids d'un affaissement moral.

« Sa manière de parler était plutôt lente que brusque et parfaitement claire. Il attendait avec beaucoup de patience mes réponses à ses questions, et nous n'eûmes besoin qu'une seule fois de nous adresser au comte Bertrand dans le cours de tout notre entretien. Je ne saurais passer sous silence l'expression brillante, et parfois éblouissante de ses yeux. Ils ne brillaient pas cependant d'un éclat continuel : car cet éclat n'était remarquable que lorsqu'il s'animait ou était intéressé vivement. Rien ne saurait donner l'idée de la douceur et de la bonté même qu'exprimait son visage pendant tout le temps que je restai auprès de lui.

Si donc, à cette époque, il était en mauvaise santé ou de mauvaise humeur, il devait posséder à un degré plus extraordinaire encore qu'on ne le pense la force de se commander à lui-même. »

Hall avait réussi à intéresser Napoléon en lui fournissant l'occasion d'évoquer des souvenirs de sa jeunesse, et en lui révélant les mœurs et coutumes d'un pays lointain où l'on ne se battait pas et où l'on ignorait jusqu'à son existence. Le narrateur fournit ainsi une nouvelle preuve du charme que l'Empereur pouvait exercer quand il le désirait. On peut regretter qu'en d'autres circonstances il n'ait pas montré les mêmes cordiales dispositions envers d'autres visiteurs moins privilégiés. Quoi qu'il en soit, il semble que la visite de Hall ne manqua pas de lui plaire.

LE LIEUTENANT CLIFFORD

Après la réception du capitaine Hall, ses deux compagnons, les lieutenants Harvey et Clifford furent admis à leur tour en présence de l'Empereur. Il leur posa quelques questions de pure politesse et mit fin à l'entretien au bout de quelques minutes.

Il ne faut donc pas s'attendre à trouver dans le journal de Clifford[1] un récit détaillé de cette entrevue. Il s'attarde plus longuement sur son court séjour à Sainte-Hélène, où il fut reçu, avec ses camarades, à Plantation House et assista même à un bal où, dit-il, « nous vîmes toutes les beautés et toutes les toilettes de Sainte-Hélène, ce qui ne fait pas un gros total ».

Il raconte, lui aussi, les difficultés éprouvées avant d'obtenir une audience du grand homme, mais vante longuement l'accueil des Bertrand où on leur offrit une collation ; la comtesse est une femme distinguée et instruite, grande, bien faite et d'un extérieur prévenant ; la petite Hortense qui a sept ans est « la plus jolie créature que j'aie jamais vue ». Le comte Bertrand est très poli et aimable, mais « a quelque chose de pleurard dans la physionomie ».

1. Le journal du lieutenant Clifford a été publié par le *Cornhill Magazine*. Il a été traduit par B. N. Gausseron et publié dans la *Revue hebdomadaire* du 25 nov. 1899.

« Assurément nous fûmes très heureux de nous trouver si près de l'objet de nos désirs et de notre anxieuse sollicitude pendant bien des heures de ces deux dernières années.

« Nous fûmes reçus dans une antichambre par le comte, qui conduisit Hall en présence de l'ex-Empereur, tandis que Harvey et moi nous attendions à la porte. Il resta avec lui pendant vingt minutes environ, et, pendant ce temps, nous entendîmes rire à plusieurs reprises ; nous pouvions à peine en croire nos oreilles, pourtant nous sûmes plus tard que nous ne nous étions pas trompés. On nous fit entrer, ce à quoi nous ne nous attendions plus depuis qu'on avait admis Hall seul. Ce fut une bonne fortune, car pendant que Harvey répondait à ses questions, j'examinai cette merveille du monde de la tête aux pieds.

« Notre entrevue fut courte. Après s'être incliné, il se mit aussitôt à interroger Harvey pour qui Bertrand faisait l'office d'interprète, ainsi que pour moi, et en très bon anglais. Voyant Harvey en uniforme militaire, il demanda à quel régiment il appartenait, s'il était à pied ou à cheval ; puis, montrant du doigt la bande de crêpe qu'il avait au bras, il dit qu'il remarquait qu'il était en deuil et voulut savoir de qui. En apprenant que c'était de son père, son air exprima soudain une douloureuse sympathie pour cette perte, et il répéta au Maréchal : « Son père ! », avec l'exclamation « Ah ! ». À ce moment, sa physionomie m'apparut plus à son avantage que je ne la vis à aucun autre moment. Puis il se tourna vers moi, et comme j'étais en habits civils, au lieu de me faire les questions nautiques ordinaires, comme : « Avec qui avez-vous servi ? », etc., il voulut savoir de quel pays j'étais, de quelle partie de ce pays, et comment j'étais venu à Sainte-Hélène, et si j'avais fait la traversée avec le capitaine Hall. Lorsque j'eus répondu à ces questions, il s'inclina pour terminer l'audience.

« Notre contentement était parfait ; nous avions vu Napoléon Bonaparte et nous nous étions entretenus avec lui. Je trouvai Napoléon très différent extérieurement de ce que je m'étais imaginé, plus petit et plus corpulent même que je ne m'y attendais. Ses cheveux qui sont noirs étaient coupés court partout ; sa tête est très grosse et il a le visage plein et rond, mais pas si gros qu'on le représente généralement ; ses favoris sont rasés. Je ne vis rien d'extraordinaire dans aucun de ses traits, excepté l'œil qui est ce qu'il a de mieux dans la physionomie et qui semble donner à tout le reste son expression ; mais ces yeux ne me parurent pas avoir réellement cette puissance de pénétration qu'on leur prête généralement. Je ne constatai pas que son visage vu de face fût du tout pareil à ses portraits ; mais son profil me frappa par sa grande ressemblance et est, je crois, en général bien imité. Il y a un air d'amertume répandu sur son visage, dont il ne semble pas que ce lui soit chose facile de se débarrasser. Il m'honora d'un sourire, mais il était évident, à sa manière d'être, qu'il nous regardait comme des gens amenés plus par la curiosité de le voir que par un respect ou une admiration quelconque pour son caractère, et de qui il n'était pas probable qu'il pût obtenir beaucoup de renseignements. En ce qui concerne le premier point, c'était assez vrai. Mais il aurait pu, par un peu de condescendance s'acquérir notre bon vouloir[1]. Il avait, à ce qu'il me parut, le teint jaune et même maladif, mais il en est, dit-on, toujours ainsi. Je ne trouvai aucune difficulté à le regarder droit en face, et je ne trouvai pas non plus qu'il possédât ce regard scrutateur qui passe pour être le privilège de ses yeux. Pris dans son ensemble, il avait plutôt l'apparence d'un homme voué à l'étude que l'air de quelqu'un qui a consacré sa vie à la gloire militaire.

« Il était vêtu d'une vieille redingote verte, avec des boutons recouverts d'étoffe, d'un gilet blanc, de culottes courtes, de bas de soie et de souliers à boucles, et sur la poitrine il portait une vieille décoration ternie. Il nous reçut à sa mode ordinaire, debout, la main dans la poche de sa culotte et un tricorne sous le bras.

---

1. Est-il nécessaire de faire ressortir la fatuité inconsciente de cet état d'esprit, qui était celui de la plupart des Anglais à cette époque ? L'Empereur Napoléon achetant par sa condescendance le bon vouloir du capitaine Hall et de son lieutenant ! (N.d.T.)

« On dit qu'il déteste le présent gouverneur ; c'est probablement parce que celui-ci fait son devoir. Mais il serait inutile d'énumérer les maux dont on dit qu'il se plaint et dont notre court séjour ne nous a pas permis de nous former aucune idée.

« Buonaparte fait maintenant aussi peu le sujet des conversations à Sainte-Hélène que s'il avait depuis longtemps cessé d'exister. Il y a beaucoup d'habitants de l'île qui ne l'ont jamais vu ; ne l'ont également jamais vu les officiers du 66e régiment et ceux du vaisseau amiral. Il en est de même de l'amiral, bien qu'il soit dans l'île depuis six semaines ; lady Lowe non plus ne lui a jamais été présentée.

« Le comte Bertrand a le titre de Grand-Maréchal du Palais. Les parents de la comtesse étaient irlandais ; on dit qu'elle est apparentée au présent lord Dillon. Elle parle anglais très bien, avec beaucoup de grâce. »

Après avoir relaté quelques anecdotes et quelques potins sans grand intérêt, qu'il a recueillis dans l'île, sur le comportement de Napoléon, Clifford termine sa narration en affirmant qu'on peut se fier à la garde vigilante des navires anglais pour n'avoir pas à redouter une évasion du prisonnier, qu'il juge absolument impraticable.

MR. RICKETTS

Quand l'Empereur apprit le prochain passage à Sainte-Hélène de Charles Milner Ricketts, membre du Conseil suprême de Calcutta, à son retour des Indes, il fonda de grands espoirs sur une entrevue avec ce haut personnage que l'on disait être le frère du Premier Ministre, lord Liverpool. Renseignements pris, il n'était que son cousin, mais pourrait sans doute intervenir utilement en haut lieu pour faire entendre les doléances du captif.

L'entrevue eut lieu le 2 avril 1819, et c'est à l'issue d'une visite qui dura quatre heures, au cours de laquelle Napoléon déploya toute sa force de persuasion, tout en faisant entendre d'amères plaintes, que Ricketts quitta Longwood, nanti d'un mémorandum qui résumait en six points les revendications de l'Empereur.

Napoléon demandait :

1° Le retour d'O'Meara, ou sinon l'envoi d'un médecin anglais ou français de bonne réputation et n'ayant aucune attache avec l'armée.

2° Son rappel en Europe pour raisons de santé, le climat de l'île étant funeste à la maladie de foie dont il souffrait depuis dix-huit mois.

3° Le remplacement du gouverneur actuel qui est un homme d'intrigue par un homme d'honneur, connaissant les règles de la politesse.

4° Une habitation moins rapprochée du camp de Deadwood et située dans un site ombragé.

5° L'interdiction de violer son domicile privé.

6° L'autorisation de correspondre directement par pli cacheté soit avec le Premier Ministre, soit avec tel autre pair du royaume, tel que lord Holland, qui pût traiter avec lui sans intermédiaire les questions en litige.

Il semble à première vue que ces demandes de l'ancien arbitre de l'Europe n'avaient rien d'exorbitant et qu'elles eussent mérité une satisfaction partielle ou, tout au moins, un examen empreint de bienveillance ; mais les conditions présentes de la détention du prisonnier servaient trop bien les intérêts du gouvernement britannique pour qu'il pût renoncer à un exil dans une île d'où une évasion était impossible et à la surveillance d'un gardien auquel on reprochait déjà de se montrer trop indulgent.

Le visiteur a laissé quelques notes sur son entrevue avec l'Empereur[1] : « On me fit entrer dans une toute petite pièce où Napoléon était étendu sur un lit de camp, vêtu seulement de sa chemise, avec un foulard de couleur autour de la tête et une barbe de trois ou quatre jours. La chambre était si obscure que je ne pus d'abord distinguer ses traits, jusqu'à

1. Cité par Norwood Young, *Napoleon in Exile at St. Helena*, Londres, 1915, 2 vol.

ce qu'on eût apporté des bougies qui l'éclairèrent suffisamment. Il ressemblait à l'un de ses portraits que j'avais vu exposé sur le cabestan du *Northumberland* et à un autre portrait français qui le représentait la tête laurée. Son teint ne paraissait pas plus blafard que ce qu'on m'en avait dit ; il n'avait pas de cernes sous les yeux et ne montrait, à mon avis, aucun symptôme spécial d'une affection du foie ou de toute autre maladie. Il s'assit sur son lit, s'appuyant sur son oreiller le bras droit entourant le montant de métal de son lit de camp ; ayant remué deux ou trois fois, il sembla éprouver une certaine douleur.

« Il me parut atteint d'une certaine surdité. Dans la mesure où je pus le juger, il est beaucoup plus gros qu'on ne le représente généralement ; sa tête et ses joues sont enfoncées dans ses épaules, ses mains potelées. Dans l'ensemble, il me parut appelé à devenir très corpulent.

« En grommelant il me pria de m'asseoir, honneur dont il n'est pas coutumier à ce que je crois savoir. Je m'assis en face de lui, et le comte Bertrand prit aussi une chaise à sa droite. Ses manières brusques et rudes n'avaient rien de séduisant. Il possède une grande rapidité d'élocution et ses propos étaient épigrammatiques et lapidaires, comme beaucoup d'autres l'ont remarqué. Dans sa conversation il était animé et parfois facétieux. Sa pensée sautait d'un sujet à l'autre avec rapidité. J'eus très peu d'observations à faire et il me posa peu de questions, disant fréquemment : "Comprenez-vous[1] ?"

Ricketts écouta si poliment ce long monologue de l'Empereur pendant cette audience dénuée de tout protocole, que Napoléon le crut conquis. Il n'en était rien. Le résultat de cette visite fut une totale déception. Le haut personnage avait été défavorablement impressionné par la mise en scène qui l'accueillit et se retira persuadé qu'on lui avait joué une comédie de malade imaginaire. Après un entretien avec le gouverneur qui le confirma certainement dans cette idée, il

1. Le général Bertrand, qui servait d'interprète, raconte assez longuement cet entretien. *Cahiers de Sainte-Hélène*, t. II.

rentra en Angleterre pour y faire un rapport où il concluait à la parfaite correction du traitement imposé au captif, à un éloge d'Hudson Lowe et à l'inanité des plaintes de Napoléon.

Le comte Balmain estime que l'attitude de Napoléon pendant cette visite ne servit pas ses desseins. « Bonaparte, écrit-il, était au lit en robe de chambre, coiffé d'un turban écarlate ; sa barbe n'était pas rasée depuis plusieurs jours. Le but de cette mascarade, car c'en était une véritable, était d'attendrir en ayant l'air très malade. J'ignore s'il se portait bien ou mal, mais je crois qu'il aurait pu passer un pantalon, se tenir debout ou assis sans en mourir. »

Toujours est-il que lord Bathurst se félicita de cette rencontre « qui mettait les choses au point et permettait de déjouer les manœuvres qu'on avait tentées pour en imposer au gouverneur ».

Lowe, aussitôt informé, triompha, mais ne manifesta aucune reconnaissance envers Ricketts pour l'avoir soutenu auprès des autorités anglaises. Bien au contraire, il l'accusa auprès de son entourage d'avoir encouragé les demandes de Napoléon en lui faisant espérer qu'elles seraient bien accueillies. « Il le considérait, écrit Gorrequer, comme aussi corrompu, aussi vil que tous ceux qui arrivaient des Indes[1]. »

Ricketts fut le dernier interlocuteur étranger de Napoléon. Après lui, l'Empereur ne reçut plus que quelques rares demandes d'audience auxquelles il ne donna aucune suite. Il n'y avait plus rien à en espérer, ni réconfort, ni aide, ni agrément. Rien ne pouvait plus vaincre le parti pris des autorités britanniques à son égard.

C'est à ce stade de la captivité que commence à s'aggraver la solitude morale du proscrit. Il a vu disparaître de son entourage successivement les deux Las Cases, expulsés ; Gourgaud, à bout de nerfs, sollicitant son congé ; le fidèle Cipriani, son confident, enlevé par un mal foudroyant ;

1. *Journal* de Gorrequer.

madame de Montholon, souffrante ; les trois enfants qu'il aimait à gâter, partis avec leur mère...

Les officiers de la garnison qu'il aurait pu recevoir sont partis ou, terrorisés par le gouverneur, évitent de se présenter dans le voisinage de Longwood ; le général Bingham, qui était presque un ami, a quitté Sainte-Hélène.

Les nouveaux venus, envoyés par le cardinal Fesch, l'ont déçu : l'un, Bonavita, est un prêtre âgé et malade qui n'offre aucune ressource intellectuelle, non plus que son jeune collègue, le fruste Vignali, un simple « diseur de messe » le chirurgien Antommarchi est négligent dans son service, frivole, coureur de jupons et ne possède qu'un minimum de connaissances médicales.

Quant à ses plus fidèles compagnons, Bertrand et Montholon, Napoléon sait bien que, si dévoués soient-ils à sa personne, ils rongent leur frein et quitteraient l'île si on leur trouvait des remplaçants.

Il a vu s'évanouir bien des espoirs : l'avènement au trône d'Angleterre de la princesse Charlotte dont les idées libérales (ou supposées telles) lui faisaient entrevoir un meilleur sort et peut-être son rappel en Europe : la jeune femme vient de mourir en couches. La réunion du congrès d'Aix-la-Chapelle dont les décisions ont approuvé et confirmé les mesures rigoureuses prises contre lui. Il n'a plus d'illusions sur les possibilités d'un retour à la liberté ; des projets d'évasion, concertés sans entrain, se sont révélés chimériques. Et ses dernières revendications, pourtant modérées, transmises à lord Liverpool par Ricketts, n'auront même pas l'honneur d'une réponse.

Enfin ses forces déclinent. Bien que le gouverneur ait fini par élargir sensiblement les limites de ses promenades, il ne sort presque plus de l'enclos de son jardin. Seuls ses proches sont à même de constater la lente déperdition de son énergie vitale.

Dès lors, à quoi bon continuer à rompre des lances avec le gouverneur ? Une certaine accalmie intervient dans les rapports avec Plantation House. Napoléon, non pas résigné mais las, renonce à lutter.

On ne possède presque aucun document sur l'emploi de son temps pendant l'année 1820, au cours de laquelle Bertrand, ce minutieux mémorialiste, a cessé de tenir son journal, pour ne le reprendre que dans les quatre premiers mois de 1821 ; mais il n'est pas besoin de beaucoup d'imagination pour mesurer l'étendue de sa détresse morale, aggravée par le délabrement de sa santé, atténuée sans doute par cette propension au fatalisme qui fut toujours une des caractéristiques de sa nature méridionale.

C'est ainsi que, sans avoir jamais douté, avec son instinct sagace, de l'immortalité qui attendait son nom, il verra bientôt venir, avec sérénité, la délivrance par la mort.

UN CHARLATAN : THEODORE HOOK

Au début de 1819 parut à Londres, sans nom d'auteur, un pamphlet intitulé : *Facts illustrative of the treatment of Napoleon Bonaparte at St. Helena*[1] qui prétendait constituer une réfutation des *Lettres du Cap*, en même temps qu'une apologie du gouvernement anglais et de son représentant à Sainte-Hélène, pour leur conduite à l'égard de Napoléon.

C'était l'œuvre d'un fonctionnaire anglais, nommé Theodore Hook, qui, ayant commis des malversations dans son emploi de trésorier à l'île Maurice, s'était arrêté quelques jours à Sainte-Hélène, avant de repartir pour l'Angleterre où devait se dérouler son procès.

Hook était un besogneux sans scrupule ; il profita de son séjour dans l'île pour recueillir quelques racontars et pour en tirer la matière d'un ouvrage qui, dans son esprit, devait lui concilier les bonnes grâces ou, tout au moins, l'indul-

1. Le pamphlet de Hook a été traduit en français en 1819, sous le titre *Carnet d'un voyageur, ou recueil de notes curieuses sur la vie, les occupations, les habitudes de Bonaparte à Longwood.*

gence des pouvoirs publics appelés à se prononcer sur son cas.

Il en résulta un texte dont la mauvaise foi et la vulgarité provoquent le dégoût : Napoléon, que, bien entendu, il n'approcha jamais, est un tyran grossier, rageur, mal élevé, ne respectant aucune loi, ne tenant jamais parole, se plaignant sans cesse pour apitoyer l'opinion publique ; d'ailleurs plutôt gai et nullement abattu par l'adversité ; ne se plaisant qu'à s'occuper d'intrigues en vue d'obtenir la fin de son exil. Le comte Bertrand est un ancien valet de charrue ; les deux dames, de soi-disant comtesses ; les Français, dépourvus de toute préoccupation religieuse, etc. Et puis, de quoi se plaint Napoléon ? Sa table est abondante et luxueuse, son logement agréable et commode, ses écuries pleines des plus beaux chevaux de l'île, et le gouverneur est aux petits soins pour lui.

Sur ce dernier, Hook ne tarit pas d'éloges : il loue sa bonté, sa complaisance, les efforts qu'il multiplie pour adoucir le sort de son prisonnier. Puis il vante le climat de l'île, le charme de ses sites verdoyants, l'amabilité de ses habitants, la plantureuse beauté de ses femmes.

Le docteur Verling, après avoir lu le pamphlet de Hook, se plaint dans son journal qu'il lui fasse tenir des propos inexacts et calomnieux au sujet de ses rapports avec les habitants de Longwood.

Hook conclut son exposé sur un ton comminatoire : Bonaparte est rusé, prompt à l'offensive ; il ne s'en cache d'ailleurs pas. Pas de demi-mesure avec lui ; il faut absolument que son gardien montre de la fermeté, de l'esprit de décision, de la perspicacité ; comme l'écrit lord Bathurst à Lowe ; « Ne laissez pas des sentiments de délicatesse intervenir dans l'exécution de vos instructions. » Et Hook termine ainsi :

Il faut éviter surtout un rappel en Europe. Il en profiterait pour s'évader et reprendre le cours de ses méfaits. Transfert et évasion sont synonymes. Qu'il demeure où il est, et que les malédictions de l'univers outragé tombent sur la tête de qui voudrait lui rendre la liberté. »

Hook se faisait des illusions sur l'efficacité de son ouvrage. L'opinion publique anglaise le traita avec mépris, car dès 1819, un retournement d'opinion se faisait déjà sentir en faveur de Napoléon. Le pamphlet de Hook n'eut aucun succès et donna lieu à de sévères critiques. Citons celle de l'*Edinburgh Review* : « Que dire de cette tournure d'esprit qui se manifeste par de basses injures envers un homme tombé de si haut que nos mémoires ne gardent plus que le souvenir de la crainte jadis inspirée par son nom ? Que dire d'un ouvrage qui saisit tous les prétextes pour railler le malheur qui devrait le mettre à l'abri des injures ? Il n'y a pas une page de ce livre où de répugnants tableaux tracés avec une insolence dénuée de toute générosité, ne ressortent parmi les autres défauts du livre et n'en constituent les plus détestables caractéristiques. »

Hudson Lowe, lui-même, pourtant couvert de fleurs dans ce libelle, consentit, rapporte Gorrequer, à admettre que l'ouvrage de Hook était une *« improper publication »*.

Ce méchant écrit serait définitivement et depuis longtemps enseveli dans l'oubli si un auteur contemporain[1], dans un excellent ouvrage, ne l'avait inséré in extenso dans son propre texte. « L'auteur, dit-il, était une espèce de charlatan, écrivain à tout faire, sans scrupule, indigne de confiance et se complaisant dans la vulgarité. Si nous avons réimprimé son texte, c'est uniquement parce qu'il est associé avec le nom impérissable de Napoléon. »

C'est en effet la seule raison qu'on puisse alléguer pour introduire Hook dans une galerie où ne figurent par ailleurs que d'honnêtes gens ; en fait, ses flagorneries à l'égard du pouvoir manquèrent complètement leur but, car son procès aboutit à sa destitution et à une forte amende.

1. Clemens Shorter, *Napoleon in his Own Defence*, Londres, 1910.

UN PRÊTE-NOM : LE CAPITAINE DACRE

En 1818 parurent à Londres, sans nom d'auteur, les *Lettres de Sainte-Hélène exposant l'inutile sévérité exercée à l'égard de Napoléon*. C'était l'œuvre d'un partisan déclaré de l'Empereur.

L'historien Norwood Young[1] déclare que c'est un livre rempli d'extravagances et en attribue la paternité au capitaine Dacre, de l'*Experiment*, assisté du capitaine Johnson, de l'*Ocean*, tous deux commandants de *store ships*, arrivés à Sainte-Hélène le 27 mai 1817.

Il est notoire que les capitaines de navires-marchands étaient, pour la plupart, favorables au captif. Déjà, le 12 mai 1816, Bertrand écrivait : « Les capitaines de *store ships* sont tous pour l'Empereur[2]. » Et Norwood Young rapporte que « ces marins ne craignaient nullement les risques qu'ils encouraient en s'opposant au gouverneur. »

Mais, d'après Philippe Gonnard[3], « l'attribution des *Lettres de Sainte-Hélène* à l'Empereur ne paraît pas douteuse. Tout y indique la main, ou tout au moins l'inspiration de Napoléon ». En effet, même si le style est adapté à la condition du narrateur, le thème général des griefs exposés, les formes de la dialectique rappellent les propos habituels de l'Empereur et de son entourage, tout autant que les anecdotes, bien connues par ailleurs, qui y sont rapportées.

On trouve, en outre, de la thèse de Gonnard une confirmation décisive dans ces lignes de Bertrand[4], datées du 17 juillet 1817 : « L'Empereur dicte la première lettre d'un capitaine de *store ship* », ce qui permet de conclure que Dacre ne fut, dans la circonstance, qu'un prête-nom.

Les *Lettres de Sainte-Hélène*, au nombre de dix, sont datées du 27 mai au 25 juillet 1817. On y voit défiler,

1. Norwood Young, *op. cit.*, p. 40.
2. Bertrand, *op. cit.*, t. I, p. 33.
3. Ph. Gonnard, *Les Origines de la légende napoléonienne*, Paris, 1906.
4. Bertrand, *op. cit.*, t. I, p. 247.

comme à la parade, les principaux thèmes qui occupaient l'esprit de Napoléon :

C'est d'abord la fameuse lettre dite « la remontrance », qui, signée par Montholon[1], exposait avec éloquence les griefs de Napoléon contre le gouvernement anglais et qui eut un certain retentissement en Europe, où elle fut envoyée clandestinement ; la brochure de Santini[2] publiée à Londres, en août 1816, par les soins de ce fidèle serviteur de l'Empereur, et qui fit l'objet d'un débat au Parlement anglais ; l'arrestation de Las Cases et de son fils, expédiés par Hudson Lowe au Cap, pour avoir tenté d'envoyer sur le continent un courrier clandestin ; la réception des officiers anglais du 66e régiment à Longwood ; et aussi l'éloge de certains personnages, tels que Cockburn, Wilks, les Malcolm, les Bingham, dont l'attitude apparaît sympathique par opposition avec les vitupérations qui accablent Lowe, « chef de déserteurs corses, officier attaché à l'État-Major de Blücher en 1814 » ; puis la disette de vivres, le climat meurtrier de Sainte-Hélène, le rôle ridicule des commissaires envoyés par les Puissances alliées ; sans compter des sujets qu'un simple capitaine de *store ship* aurait eu du mal à connaître : les anecdotes sur un officier anglais prisonnier à Verdun et gracié par l'Empereur ; la captivité en France du voyageur anglais Manning, qui, libéré par Napoléon, lui rendit visite à Longwood, à son retour d'un voyage en Chine, et lui apporta des cadeaux ; la réception du ministre anglais Fox à Paris, où on lui fait la surprise de lui montrer son propre buste dans une salle du palais de Fontainebleau ; enfin l'exposé de l'affaire Wright, de la conspiration de Cadoudal et de Pichegru ; tous sujets qu'on retrouve dans de nombreux entretiens de Napoléon et qu'ont rapportés tous ses mémorialistes.

Mais le sujet le plus longuement traité est l'affaire dite « du buste » qui venait d'éclater le 11 juin 1817. Napoléon semble avoir voulu en faire un argument-massue contre le

1. Cette lettre figure dans le *Recueil de pièces authentiques*.
2. N. Santini, *Appel à la nation anglaise*.

gouverneur, et parut déçu quand son offensive ne donna pas les résultats qu'il en attendait. On peut la résumer en quelques lignes.

Le *Baring*, commandé par le capitaine Lamb, arrivé à Sainte-Hélène le 28 mai 1817, venant d'Angleterre, avait apporté un buste en marbre blanc, représentant le Roi de Rome, décoré de l'aigle de la Légion d'Honneur ; c'était l'envoi d'un certain Biaggini, commerçant, qui prétendait le tenir de l'Impératrice Marie-Louise pour l'offrir à Napoléon. Lamb fit porter le buste à Plantation House, où l'on hésita longtemps à le remettre à son destinataire. L'objet, confié pendant le transport à un matelot nommé Radowitch, était arrivé clandestinement. Ne pouvait-il contenir quelque message caché ? Après une longue délibération, il fut décidé de le faire parvenir à Longwood, où Napoléon le reçut avec une grande joie. L'expéditeur en demandait le prix de cent livres. « Pour moi, s'écria l'Empereur transporté, il vaut un million. » Mais le délai écoulé entre l'arrivée du bateau et la remise du buste lui parut suspect, lui suggéra l'idée qu'une machination avait été ourdie pour le priver de cette joie, et l'amena jusqu'à dire, en s'appuyant sur certains racontars, que le colonel Reade aurait suggéré au capitaine Lamb de détruire le buste et d'en jeter les débris à la mer.

Cette accusation qui fit bientôt le tour de l'île était difficile à maintenir, et surtout à prouver, car le capitaine Lamb, interrogé, déclara sous serment qu'il n'en était rien, et Reade, de son côté, opposa aussi un formel démenti, ce qui n'empêcha pas l'Empereur de garder sa conviction, qu'il exprima à plusieurs visiteurs.

Il est difficile de savoir où était la vérité. Peut-être y eut-il de la part de Reade quelques imprudences de langage. Quoi qu'il en soit, la remise du buste fut approuvée par le Prince Régent, et lord Bathurst écrivit à Lowe : « Les circonstances suspectes cependant dans lesquelles il arriva à Sainte-Hélène suffisaient à vous faire hésiter avant de vous déterminer à l'envoyer au général. Si l'envoi eût contenu quelque chose de moins intéressant pour sa personne et pour sa qualité de père, la façon clandestine dont il avait été introduit à bord eût été une raison suffisante pour en retarder la livraison au moins un peu plus longtemps. »

L'effigie du jeune prince, très ressemblante au dire de son père, et qui fut fort admirée de tous les visiteurs, se trouve actuellement au Musée municipal d'Ajaccio, et est attribuée au sculpteur Bosio.

Les *Lettres de Sainte-Hélène*[1] sont comparables pour l'aisance du style et la vivacité du récit, aux *Lettres du Cap* qui, elles, sont connues pour être l'œuvre de l'Empereur, bien que pour donner le change et les faire attribuer à Las Cases, il les eût fait dater du Cap, où se trouvait à l'époque son ancien chambellan.

1. Le texte des *Lettres du Cap* figure dans le *Recueil de pièces authentiques*, t. II ; celui des *Lettres de Sainte-Hélène* dans le même recueil, t. V (Paris, 1822-1825).

CINQUIÈME PARTIE

LES DERNIERS JOURS DE L'EMPEREUR

Chapitre I

LE DOCTEUR ARNOTT

Quelques semaines avant sa fin, très mécontent de la négligence de son médecin corse, Antommarchi, « cette sorte d'anatomiste florentin, dit Frédéric Masson[1], qui n'avait jamais exercé la médecine et qu'on dirait avoir été envoyé tout exprès pour l'autopsie », Napoléon se sentant perdu, céda aux instances de son entourage et accepta les services du docteur Arnott[2], un médecin militaire anglais d'une cinquantaine d'années, qui jouissait dans l'île d'une bonne réputation.

Archibald Arnott était arrivé à Sainte-Hélène avec le 20e régiment en 1819. Né en 1771, il avait fait ses études médicales à Édimbourg. Il débuta dans l'armée en 1796 comme aide-chirurgien au 11e Dragons légers ; trois ans plus tard, il fut muté au 20e d'infanterie. Il prit part à de nombreuses campagnes, notamment à la bataille de Maida, à l'expédition de Walcheren et à la guerre de la péninsule. À Sainte-Hélène, il était estimé comme un praticien consciencieux et comme, soucieux de sa tranquillité, il s'abstenait de

1. F. Masson, *Autour de Sainte-Hélène*, t. III : *Les Médecins de l'Empereur*, Paris, 1912.

2. Dr A. Arnott, *An Account of the Last Illness, Desease and Post-mortem Appearance of Napoleon Bonaparte,* Londres, 1822.

prendre parti dans les controverses relatives au proscrit, il n'eut jamais maille à partir avec les autorités locales.

Il eut à soigner l'Empereur du 1er avril 1821 jusqu'à la mort du malade. Il a laissé un récit de ses observations et du traitement qu'il appliqua, dans une brochure de trente-neuf pages, publiée en 1822 et rarissime aujourd'hui. En comparant ce petit ouvrage avec les bulletins de santé qu'il rédigeait au jour le jour pendant la maladie de l'Empereur, on constate que l'auteur, éclairé par les conclusions de l'autopsie, a notablement modifié ses premières notes, dans un sens qui le fait paraître plus clairvoyant. Ses commentaires montrent aussi qu'il s'est affranchi de la réserve à laquelle il était tenu auparavant vis-à-vis des autorités britanniques de Sainte-Hélène.

C'est donc dans les bulletins d'Arnott, au nombre de trente-cinq, ainsi que dans les rapports officiels d'Hudson Lowe pendant la même période, qu'on peut utilement et presque heure par heure suivre le processus de la maladie de Napoléon. Ce n'est pas ici le lieu de commenter ces documents, conservés dans les *Lowe papers* du British Museum. On doit à Paul Frémeaux[1] leur publication en français avec d'excellents commentaires.

Il suffira de dire que le médecin britannique pratiqua une thérapeutique aberrante et se borna à diagnostiquer de l'hypocondrie, sans que les vomissements fréquents du malade ni les douleurs dont il se plaignait lui eussent fait appréhender des désordres organiques. Ce n'est que le 15 avril qu'il commença à croire que Napoléon était réellement malade, ce qui ne l'empêcha pas de déclarer, le 22 avril, qu'il n'y avait pas de réel danger. Il lui fallut attendre le 28 avril (sept jours avant la mort de l'Empereur) pour se montrer sérieusement alarmé.

Il est curieux de constater que, devant cet optimisme réel ou feint, c'est le gouverneur qui réagit dans le sens de l'appréhension du pire. Il proposa le 27 avril à Arnott

1. Paul Frémeaux, *Dans la chambre de Napoléon mourant*, Paris, 1911.

d'appeler un confrère en consultation ; il suggéra que l'estomac était peut-être le siège du mal, ce qui dénotait une certaine perspicacité. Et que répond Arnott ? Il se contente de tranquilliser Lowe en lui affirmant qu'il connaît assez son métier pour pouvoir attribuer vomissements et douleurs à l'état moral du malade !

À Napoléon qui lui ordonne de lui dire la vérité, comme à un vieux soldat, le docteur se borne à parler d'hypocondrie et de dyspepsie.

L'Empereur recevait volontiers les soins d'Arnott et aimait à causer longuement avec lui. Il le trouvait déférent, sérieux, appliqué. « Ce docteur observe beaucoup », dit-il à Bertrand[1]. Quant à Arnott, quoiqu'il déclare un jour « qu'il n'a jamais vu un malade aussi grognon », il demeure patient et dévoué[2].

Le docteur A. Chaplin a consacré à la maladie de Napoléon un ouvrage[3] où il se montre aussi remarquable par ses qualités d'analyste que par ses connaissances professionnelles. Il conclut à la mort de Napoléon par ulcère chronique de l'estomac sur lequel se greffa dans les derniers mois le cancer constaté lors de l'autopsie.

Examinant le cas du docteur Arnott, il l'enferme dans ce dilemme : de deux choses l'une, ou bien, craignant de compromettre sa situation et désireux de seconder les vues du gouverneur, Arnott a, jusqu'à la fin, minimisé la gravité de l'état de l'Empereur et cette hypothèse est difficile à admettre en raison de la réputation d'intégrité et de l'estime dont il jouissait, tant à Longwood qu'à Plantation House, ou bien il n'a rien compris à l'état de son malade, et, s'en tenant à son diagnostic d'hypocondrie, il a fait preuve d'une grossière ignorance.

Frémeaux, moins catégorique que le docteur Chaplin sur le cas du médecin anglais, écrit cependant : « Arnott, dont l'optimisme opiniâtre est digne de remarque, était-il un

1. Général Bertrand, *Cahiers de Sainte-Hélène*, t. III.
2. *Ibid.*
3. A. Chaplin, *The Illness and Death of Napoleon Bonaparte*, Londres, 1913.

médecin ignorant et léger ? Nullement. Pour tout ce qu'on sait de lui, c'était un des chirurgiens les plus distingués de la garnison de Sainte-Hélène. Avec un client ordinaire, il eût sans doute fait preuve de jugement et de clairvoyance. Mais il avait affaire au "général Bonaparte", un simulateur politique, un homme qui feignait la mauvaise santé depuis toujours, à en croire Hudson Lowe. Cette idée initiale égara le docteur anglais. Peut-être la peur de se compromettre contribua-t-elle à son aveuglement. Il se rappelait O'Meara et Stokoe. »

Que la question se soit posée aux historiens n'a rien de surprenant quand on connaît la terreur qu'Hudson Lowe inspirait à ses subordonnés et les dures représailles qu'il exerçait contre ceux qui contrecarraient ses vues. Sur l'attitude d'Arnott, le texte suivant est assez significatif :

« Arnott aura bien soin de présenter l'état de santé du "Voisin" comme bien meilleur qu'il n'est réellement, parce qu'il sait bien que cela plaira au gouverneur ; et il est bien trop Écossais pour ne pas régler sa conduite sur ce qu'il sait qu'on désire et qu'on attend. »

Tel est l'avis qu'exprimait, le 4 avril 1821, lady Lowe au cours d'un déjeuner à Plantation House, en présence de plusieurs convives, dont Gorrequer, qui rapporte la conversation dans son journal.

Un extrait, cité par Frémeaux, de la brochure d'Arnott montre que le docteur avait, depuis la mort de l'Empereur, conçu enfin une plus juste idée de sa maladie. L'autopsie ayant révélé un cancer, il s'étonne que ce mal ait pu se déclarer chez un homme qui ne se livrait à aucun des excès capables de le provoquer, le malade ayant des habitudes de tempérance bien connues. Il rappelle cependant que le père de Napoléon est mort d'un cancer au pylore ; il pouvait donc y avoir une prédisposition héréditaire. Enfin il consent à se rappeler que les premiers symptômes de la maladie se sont manifestés dès 1817 sous des formes diverses, et à convenir que les souffrances morales subies par l'Empereur ont pu constituer une circonstance aggravante qui hâta sa fin. Cet aveu tardif d'un homme timoré mais loyal n'eut pas l'heur de plaire à sir Hudson et à ses amis, mais il est à porter à l'actif de son auteur. Si les historiens sont divisés sur la question de ses capacités professionnelles, aucun d'eux n'a vraiment mis en doute l'honorabilité d'Arnott.

Napoléon avait accordé jusqu'à la fin sa confiance à ce médecin de la dernière heure, et, huit jours avant sa mort, l'avait généreusement récompensé de ses soins en lui faisant remettre six cents napoléons, et en lui faisant présent d'une tabatière en or sur laquelle il avait – honneur suprême – gravé de sa propre main, avec la pointe de ses ciseaux, la lettre N, initiale de son nom[1].

Sur le cas médical de Napoléon, on peut conclure avec le docteur Héreau, ancien chirurgien de Madame Mère, qui lui a consacré un livre[2], qu'il y a lieu de déplorer l'ignorance de ses médecins et de condamner les traitements qu'ils ont appliqués.

« On a fait mourir l'Empereur sur un brasier sans cesse attisé par les drogues incendiaires de la vieille apothicairerie. »

(…) « Rien ne prouve davantage, selon nous, la vigueur de la constitution de l'Empereur que la longue résistance qu'elle a opposée aux funestes effets d'un traitement insensé. »

À ces divers jugements, il est intéressant de comparer celui, cité par Frémeaux, que publia O'Meara dans le *Morning Chronicle* du 8 juillet 1821. Il fait état des causes morales dont l'accumulation détermina, d'après lui, des troubles d'ordre physiologique chez le proscrit :

« Je ne veux pas me prononcer catégoriquement sur cette mort, sur sa cause immédiate ; mais j'affirme sans hésiter qu'elle a été hâtée par le sort fait à Napoléon, par sa relégation dans un climat tropical, par des vexations étudiées, des mortifications mesquines et sans nombre qu'une âme comme la sienne était seule capable de supporter si longtemps, et enfin par ce dérangement des organes digestifs que

1. Ce précieux objet passa en vente publique chez Sotheby en 1900 et fut vendu 140 livres.

2. J. Héreau, *Napoléon à Sainte-Hélène. Opinion d'un médecin*, Paris, 1825.

l'anxiété morale n'a jamais cessé de produire. Telle est mon opinion. Elle n'est pas le résultat de l'indignation du moment ; elle est ancienne. À deux reprises je l'ai exprimée, publiée dans un langage qui ne pouvait pas ne pas être compris[1]. »

La brochure d'Arnott se termine avec une remarque qui constitue la réfutation formelle, par un témoin oculaire, des calomnies propagées par lady Lowe et par Reade contre les compagnons de l'Empereur, montrant ceux-ci « enchantés de le voir mourir[20] ».

« Il serait injuste, écrit Arnott, envers les personnes distinguées qui entouraient Napoléon Bonaparte, le comte et la comtesse Bertrand, le comte de Montholon, et aussi monsieur Marchand, son premier valet de chambre, de ne pas signaler ici leurs soins infatigables et leur minutieuse sollicitude. Je ne trouve pas de mots pour dire les vœux ardents qu'ils formaient pour la guérison du malade et leur empressement à lui prodiguer à l'envi toutes ces menues attentions, plus faciles à imaginer qu'à décrire, qui sont pour un mourant si douces et réconfortantes. Le soir où cet extraordinaire grand homme rendit le dernier soupir, la maison de Longwood fut le théâtre d'une scène de désolation que je ne pourrai jamais oublier. »

1. Lettres d'O'Meara publiées par le *Morning Chronicle* du 8 juillet 1821.
2. *Journal* de Gorrequer, p. 260.

Chapitre II

L'ENSEIGNE DUNCAN DARROCH

Il n'est pas d'ancien combattant qui n'ait ressenti, à un moment ou à un autre, ce sentiment qui le pousse, parfois malgré lui, à tendre la main sur le champ de bataille, à un ennemi désarmé. Il y a là comme une espèce de confraternité de métier qui rapproche deux adversaires, après un combat où chacun d'eux a fait son devoir.

L'histoire fourmille de ces exemples et tout vieux soldat peut en trouver une confirmation dans son expérience personnelle[1].

À Sainte-Hélène, entouré d'habits rouges, qui étaient autant de gardiens, Napoléon connut ce sentiment. Il honorait, disait-il, les braves à quelque pays qu'ils appartinssent. Quand le 53e régiment quitta l'île et défila près de sa demeure, il avait songé, écrit Gourgaud[2] à monter à cheval en uniforme pour assister à son départ ; mais il renonça à ce projet, par crainte que ce geste, connu en France, ne puisse déplaire à ses partisans.

---

1. Il n'est que de se rappeler, par exemple, l'estime et l'admiration que les combattants de la dernière guerre mondiale éprouvaient pour l'un des plus marquants de leurs ennemis, le célèbre maréchal Rommel, dont la grande réputation de chef de guerre ne fut entachée par aucune dérogation à l'honneur militaire.

2. Gourgaud, *op. cit.*

Quant à la garnison anglaise, on peut affirmer qu'elle n'eut, dans son ensemble, pour le glorieux captif, que des sentiments d'intérêt et de respect ; et nous avons vu plus haut[1] que l'admiration des officiers du 20e régiment donna de l'ombrage, et même de l'appréhension, au gouverneur.

Napoléon avait été, pendant des années, le plus redoutable ennemi de l'Angleterre ; mais sa gloire militaire ne pouvait manquer de susciter l'admiration des gens de guerre, et son attitude devant l'adversité avait contribué à accroître, surtout auprès des jeunes gens, son irrésistible prestige.

Rien d'étonnant, dès lors, qu'on puisse lire, sous la plume de l'un d'eux, dans les lettres de l'enseigne Darroch à sa mère, à quel point s'exerçait cette fascination.

Duncan Darroch était le plus jeune enseigne du 20e régiment, cette unité où, on l'a vu, Napoléon comptait de nombreux admirateurs. Après la mort de l'Empereur, il fit partie du service d'ordre qui surveilla le défilé de la garnison et des habitants de l'île devant son lit de mort. Il fut aussi commandé de garde auprès du tombeau avec mission d'empêcher les amateurs de souvenirs de dépouiller entièrement de leurs branches les arbres qui abritaient la dalle sacrée.

Ses lettres qui ne forment qu'un seul courrier portant différentes dates du 6 au 13 mai sont écrites avec une grande abondance de détails et constituent un précieux reportage de ces tristes journées[2]. Elles intéressent aussi par la manifestation des réactions personnelles du jeune officier. Il y montre son enthousiasme juvénile pour le héros et sa fierté d'avoir joué un rôle dans d'aussi émouvantes circonstances.

« Le 6 mai : Sa mort a été annoncée à l'ordre de ce jour. Il doit être inhumé à Longwood avec les honneurs militaires. C'est le général comte Montholon qui s'est chargé de la direction des funérailles. Le corps sera exposé et nous allons monter le voir ce soir même. Je serai alors en mesure de

1. Voir plus haut, p. 183 : le major Gorrequer.

2. Knowles, *op. cit.* Les lettres de Duncan Darroch ont été publiées pour la première fois par le major Smyth en 1904 dans l'*Annual of the Lancashire Fusilers*.

vous donner plus de détails sur cet homme extraordinaire qui a si longtemps bouleversé le monde et qui gît maintenant comme un morceau d'argile inanimé sans être assisté d'un membre quelconque de sa parenté.

« Quel changement va apporter à cette île la rupture du fil de son existence ! Les gens qui avaient constitué des stocks de marchandises pour la troupe n'en auront plus l'utilité et ne pourront les vendre. Les chevaux qui coûtent aujourd'hui soixante-dix livres ne se vendront plus que dix. Les baraques que nous avions dû construire pour loger nos domestiques, et qui ont coûté de six à dix livres chacune, ne servent plus à rien car cette partie de l'île sera inhabitable après notre départ ; de sorte que tout le monde sera plus ou moins affecté par l'effet de sa mort.

« Il a choisi un singulier endroit pour sa sépulture dans le cas où on n'autoriserait pas le transport de son corps en Europe. C'est un emplacement qu'on appelle le Bol de Punch, un peu au-dessous de la voie publique.

« J'ai contemplé son corps exposé. Ce fut un bien mélancolique spectacle. Nous nous étions réunis à Longwood vers quatre heures. Il y avait là presque tous les officiers et les notables de l'île. Après quelques instants nous fûmes introduits. La première pièce était vide à l'exception de l'un des serviteurs ; dans la seconde se tenait la comtesse Bertrand, très pâle, l'air terriblement éprouvé, les yeux rouges et gonflés. Je restai avec quelques officiers de sa connaissance à causer avec elle. Elle nous dit qu'elle n'avait pris aucun repos depuis six jours et six nuits. Du moins elle était heureuse de savoir que la maladie qui l'avait emporté était inguérissable sans qu'on pût l'imputer au climat de l'île. C'était un cancer de l'estomac. Son père est mort du même mal. Elle espérait qu'on lui permettrait de rentrer chez elle « maintenant que tout était fini ».

« Peu après, je traversai cette chambre (celle où il était mort) et la salle à manger où il était exposé. Je fus introduit par l'officier d'ordonnance, le capitaine Crokat. Le général Bonaparte était revêtu de sa grande tenue d'uniforme, verte aux revers rouges, de ses culottes et de ses longues bottes, plusieurs décorations sur la poitrine, l'épée au côté et son tricorne sur la tête. Il portait aussi des éperons. Il gisait sur le lit de camp en fer qu'il transportait toujours avec lui et sur lequel on avait étendu son manteau d'uniforme[1].

« Le comte Bertrand, tout de noir vêtu, se tenait à la tête du lit. Le prêtre était agenouillé à ses côtés et un serviteur, la seule personne de l'entourage qui donnât signe de vie, agitait un chasse-mouches. La physionomie du défunt était sereine et placide, mais, bien sûr, un peu creusée. Ses traits étaient beaux et fiers, ses mains, petites et délicates, d'une très belle nuance. Un crucifix reposait sur sa poitrine. La beauté du nez était remarquable, bien que, en le retournant sur son lit, on l'eût quelque peu meurtri.

« C'était navrant de voir cet homme qui avait apporté à l'Europe et au monde un tel bouleversement, étendu dans cette petite chambre, en uniforme militaire sur un lit de camp, en grande tenue, avec deux seulement de ses généraux auprès de lui. C'est du moins l'impression que j'éprouvai. J'aurais pu rester des heures à le contempler, prendre sa main et la baiser ; mais je pouvais à peine respirer. En le regardant, je me représentais les diverses situations où il s'était trouvé, à Lodi et à Arcole ; de fait, bien que n'étant resté dans cette chambre que deux minutes, il se forma dans ma tête plus d'idées, l'une chassant l'autre aussitôt que conçue, que je ne pourrais vous en décrire cette nuit.

« En sortant, je méditai longtemps sur l'instabilité des choses humaines et au peu d'importance que ses conquêtes avaient maintenant pour lui. Que ne donneraient pas des milliers de gens pour voir ce que j'ai vu ?

« Tel que nous l'avons vu, enveloppé dans son manteau, on va le mettre au cercueil. Le premier sera d'étain, le second de plomb, le troisième et le quatrième en bois.

« Je serai de garde demain et tâcherai de le revoir encore une fois. J'ai été assez heureux pour me procurer

1. Le manteau de Marengo.

un peu de ses cheveux ainsi qu'un morceau de charpie imbibé de son sang. Voilà certes de singuliers souvenirs, mais tout ce qui concerne un aussi grand homme mérite d'être conservé. »

« 7 mai. De garde à Longwood, sept heures et demie du soir. Toute la journée j'ai été importuné par des gens qui désiraient voir Bonaparte. Je suis maintenant débarrassé d'eux et vais pouvoir causer quelques instants avec vous, mère bien aimée.

« Ce matin en quittant mon poste de garde, je suis monté à Longwood ; et en ayant obtenu la permission, suis entré dans la chambre mortuaire. Il était étendu exactement comme la veille, mais ses traits étaient un peu plus creusés. Il n'y avait là que le prêtre, un serviteur et moi-même. Je pris sa main et la tins dans la mienne pendant un moment, examinant ses doigts et ses traits : cette main que des rois avaient baisée et qui avait fait trembler tant de monde. De ma vie je n'ai vu une expression plus sereine et plus placide. Il semblait dormir d'un sommeil profond et paisible, malgré la pâleur de ses joues et de ses lèvres. Sur son côté gauche il portait une étoile et trois autres décorations, sans autre ornement. Son chapeau était très simple avec une boucle noire et une petite cocarde tricolore.

« Je suis revenu un peu plus tard dans la pièce avec nos hommes, et comme il n'y avait là que deux officiers, Rae et moi-même, je me tins au pied du lit pendant que nos gens défilaient devant lui. Leur attitude pendant qu'ils regardaient le corps était si exemplaire qu'il ne m'est pas possible d'en donner une idée, du moins par lettre. À ce moment l'odeur commençait à devenir assez forte et je fus content de pouvoir me retirer aussitôt que les hommes eurent quitté les lieux. Un peu plus tard, un des médecins me fit appeler pour me montrer son cœur et son estomac qui avaient été déposés dans une urne à côté de lui. Ils étaient enveloppés de graisse. Dans l'estomac on me montra le trou qui avait causé sa mort, un trou où j'aurais pu passer mon petit doigt. J'eus alors l'occasion de voir son épée, assez usée, munie d'une poignée d'or et de nacre et son ceinturon blanc uni ; celle sans doute qu'il portait d'habitude.

« Étant ressorti, je rejoignis la comtesse dans la pièce où elle se reposait. Après quelques instants de conversation, elle me conseilla de retourner le contempler encore, car ce serait la dernière fois que je verrais ce grand homme. C'est ce que je fis et, prenant sa main, lui murmurai un adieu.

« J'y retournai encore au moment où on prenait le moulage de sa tête ; mais l'odeur était si affreuse que je ne pus rester. Le docteur Burton pratiquait l'opération avec le médecin français. Vers quatre heures et demie le gouverneur arriva et donna l'ordre au capitaine Crokat de s'embarquer à bord du *Heron* et de faire voile au coucher du soleil avec les dépêches. Le capitaine partit donc en toute hâte ; car en ce moment le soleil se couche à six heures moins un quart.

« L'inhumation des restes de Napoléon Bonaparte se fera par nos soins au Bol de Punch du Diable, le mercredi 9 mai à onze heures. Son cœur et son estomac seront placés dans une urne d'argent (soudée) à son côté, pour être transportée plus tard en Europe si on le juge opportun. Il sera enterré avec les plus grands honneurs militaires. Ce sera un triste spectacle, mais je reviendrai plus tard là-dessus. Il faut que je vous parle d'abord de mon mieux de ce qui se passe à présent. On m'a montré hier une très belle tabatière qu'il a léguée à la comtesse ; le couvercle porte une miniature de Napoléon, entourée des plus gros diamants que j'aie vus de ma vie. Pour en donner une idée, on l'estime à[1]... La ressemblance était parfaite avec ce qu'il était quand il se portait bien.

« Maintenant nous nous inquiétons de ce que nous allons devenir ; on dit que le 20e restera ici jusqu'à nouvel ordre ; mais tout le monde croit que nous serons envoyés vers l'est... Vous ne pouvez avoir l'idée de l'impression de solitude que j'éprouve en montant la garde ce soir ; je ne sais

1. Lacune dans le texte.

pourquoi, mais c'est ainsi. Je viens de placer les dernières sentinelles qui monteront jamais la garde autour de son corps. Je ne puis chasser de mon esprit l'expression de son visage ; elle me hante sans cesse et j'ai encore son odeur dans le nez et sur les mains. »

Le 10 mai, Darroch continue sa lettre par le récit très détaillé des funérailles de l'Empereur et la description de sa tombe. « Une immense foule, écrit-il, s'était assemblée pour assister à la cérémonie. » Mais sa narration n'ajoutant rien à ce que tous les autres mémorialistes ont dit de ces obsèques solennelles, il est inutile de la rapporter ici. Nous retrouverons le jeune officier à l'exposition qui fut faite à Longwood le 11 mai, à la demande du gouverneur, pour satisfaire la curiosité de lady Lowe.

« C'est hier, mère bien aimée, que nous allâmes voir ce qui avait appartenu au grand homme. Les chambres à coucher étaient arrangées exactement comme elles étaient quand il y habitait. Il y avait deux pièces, de quatorze pieds sur dix chacune ; elles formaient un angle de la maison et communiquaient entre elles. La plus proche du corps principal du logis s'ouvrait sur le jardin par une porte-fenêtre ; je vous envoie ci-inclus un croquis sur une demi-feuille de papier. Il y avait un lit dans chacune des chambres, tous deux exactement pareils ; ce sont des lits de fer reposant sur des lattes de laiton et très facilement transportables. Les chambres étaient tendues de blanc… Comme ce sont des lits de camp, ils sont assez bas et à chaque barreau on avait attaché un mouchoir blanc. Sur la cheminée qui se trouvait au fond de la chambre mortuaire étaient appendus les portraits de sa mère, de Joseph, de Jérôme et deux images de son fils à différents âges. Près de la cheminée était un sopha au-dessus duquel était placé un très beau portrait de Marie-Louise et de son fils. D'après ce qu'on m'a dit, il s'efforçait d'habitude de cacher son découragement, mais quand il se trouvait seul et ne se savait pas observé, il lui donnait libre cours. Il allait du sopha à un lit, d'un lit à l'autre, puis de nouveau au sopha, de sorte qu'il prenait rarement plus de quatre heures de repos dans le même. Le vieux logis de

Longwood où il vivait est bien misérable, à un point que je n'aurais jamais cru possible[1]. Ses appartements particuliers étaient assez bien arrangés, mais le reste était dans un état horrible. Il n'y a pas une seule fenêtre dans la salle à manger ; trois portes s'y ouvrent sur d'autres pièces et une quatrième sur le jardin. Je n'aurais certainement pas pu vivre comme il l'a fait la moitié du temps qu'il l'a fait.

« Les vivres ne lui manquaient pas, mais… Je m'égare un peu sottement à parler de choses qui ne me regardent pas. Ses habits étaient exposés dans une autre pièce : vestes, culottes, chapeaux, chemises, bas, souliers et bottes, longues-vues, fusils, pistolets, manteaux, gants, etc. Les manteaux étaient des uniformes des différents corps, sans ornements, à l'exception des décorations et des épaulettes. J'essayai un de ses bicornes ; il devait avoir la tête d'une largeur extraordinaire car le chapeau posé en travers, comme il le portait lui-même, ne m'allait pas du tout ; par contre il m'allait quand je le plaçais dans le sens de la longueur. Ses pistolets étaient les plus beaux que j'aie vus de ma vie ; il n'y a qu'un seul coffret, contenant deux paires superbement gravées et incrustées d'or et d'argent. J'ai vu aussi son harnachement, bordé d'écarlate avec un large galon d'or. Les fusils de chasse étaient de différents modèles ; l'un d'eux était un cadeau de notre Roi. Dans l'autre pièce se trouvaient l'argenterie et la porcelaine : un service complet en argent, un service de couteaux, cuillers et fourchettes en or ; pas d'assiettes ou de rien d'autre. Naturellement on voyait sur chaque pièce l'aigle couronnée tenant un foudre entre ses griffes.

« Il y avait aussi un service à dessert et à café en porcelaine, le plus beau, je crois, qui ait été jamais fabriqué. Sur chaque assiette était représenté un haut fait de Napoléon, mais l'assiette de beaucoup la plus curieuse de toutes était

1. Dans une lettre d'Hudson Lowe à lord Bathurst en date du 9 juillet 1816, on lit : « Pour faire de la résidence de Longwood un séjour permanent tout à fait convenable, il faudrait presque la rebâtir entièrement. La maison actuelle est tellement défectueuse qu'elle a besoin de perpétuelles réparations. »

ornée d'une carte de France. Chaque paysage, chaque personnage représenté méritait la plus minutieuse attention. Sur chaque soucoupe était dessinée la tête d'un personnage.

« Je m'aperçois que j'ai oublié de vous dire d'où je vous écris ; je sais que vous admirez certains des noms que nous avons donnés aux lieux que nous habitons ; voici donc celui-ci : la Garde au Tombeau. »

« 13 mai. Il est presque neuf heures. Le vent souffle furieusement à travers le Bol de Punch et tambourine sur la tombe du pauvre Napoléon. J'ai une sentinelle qui déambule de chaque côté pour s'emparer de lui s'il se lève *(sic)*. Le travail n'est pas terminé ; on a couvert la tombe d'une espèce de porte recouverte de drap noir. Deux des Français sont venus aujourd'hui lui rendre visite. Ils déploraient amèrement sa perte. L'un d'eux me demanda un morceau du saule qui ombrage la tombe ; je n'ai pas pu le refuser à ce vieux serviteur. Tous deux se le partagèrent et le mirent dans le fond de leur chapeau, en me remerciant avec chaleur et en déclarant que ces reliques étaient plus précieuses pour eux que des couronnes d'or. Puis ils burent de l'eau à sa fontaine. »

« 20 mai. Un peintre miniaturiste, un certain M. Rubidge, a fait un portrait très ressemblant de Napoléon sur son lit de mort ; il a l'intention de l'emporter en Angleterre pour le faire graver. J'ai souscrit deux exemplaires qui seront remis à Mr. R. Binnie pour être envoyés à mon père. J'espère qu'ils vous plairont. J'aimerais, si possible, que vous m'en fassiez parvenir un ; mais s'il risque d'être abîmé, gardez-le donc jusqu'à ce que nous nous revoyions. Le portrait a été fait deux jours après sa mort, juste avant qu'on ait pris le moulage de sa tête. « Nap. a légué au docteur Arnott, de notre régiment, qui l'a soigné, une tabatière en or sur laquelle, quelques jours avant sa mort, il avait gravé lui-même la lettre N. ; il lui a laissé aussi six cents napoléons, de beaux petits bonshommes, des jaunets tout neufs…

« Je pense que nous allons être envoyés aux Indes ; et maintenant la question se pose : quand rentrerons-nous ?

Dieu seul le sait, mais je serai content de mon sort quel qu'il soit…

« P.S. Si vous pouvez l'envoyer sans risques, je serais heureux de recevoir un des portraits. Tous deux sont payés. Mais, attention : sans risques ! »

Sur cette recommandation s'achève la correspondance de l'enseigne Duncan Darroch. Tout porte à croire que ses impressions qui reflètent ses qualités de cœur étaient partagées par la plupart de ses jeunes camarades de régiment.

Duncan Darroch, né en 1800, fils d'un général de vieille souche écossaise, était entré au service en 1818. Il quitta l'armée, pour des raisons de famille, en 1829 avec le grade de major. Il se consacra à l'administration de ses domaines et mourut en 1864.

Chapitre III

CE QUI SE PASSAIT À MASON'S STOCK-HOUSE

Plus caractéristique encore que les lettres de l'enseigne Duncan Darroch est le touchant récit rapporté par le docteur Arnold Chaplin[1] dans son opuscule *A St. Helena Who's Who*, qui constitue un guide précieux pour qui veut s'y reconnaître dans la vaste galerie des portraits de tous ceux, civils ou militaires, Anglais ou étrangers, qui vécurent dans l'île de 1815 à 1821.

On peut en quelques lignes résumer cet épisode :

Mason's Stock-House était une petite maison située en face de Longwood, sur le versant opposé de la vallée du Pêcheur, d'où l'on avait une excellente vue sur les bâtiments habités par les Français. On y avait installé un poste d'observation, où se tenait en permanence un officier de garde.

Là se retrouvaient, chez le lieutenant G. H. Wood, officier de service, quelques camarades : le jeune aspirant de marine R. Grant, qui se mourait de phtisie, les lieutenants White et Oakly, du 20e régiment, l'aspirant Mellish et le lieutenant d'artillerie Armstrong.

Ces jeunes gens que des affinités de caractère, ainsi que leurs sentiments religieux, avaient rapprochés, avaient coutume

1. A. Chaplin, *op. cit.*

de se réunir pour prier ensemble pour le salut de l'âme de Napoléon, « cet homme extraordinaire qui vivait tout près d'eux et qu'ils voyaient parfois se promener à cheval ».

Le mourant, trouvant dans sa foi religieuse un adoucissement à ses souffrances, comparait son sort à celui du proscrit, privé des mêmes consolations et s'estimait le mieux partagé. Tous, au cours de leurs pieuses réunions, ne manquaient jamais de « prier avec ferveur pour leur illustre voisin », demandant à Dieu d'« adoucir les souffrances de sa maladie et de les sanctifier en vue d'obtenir le salut de son âme immortelle ».

Ils savaient, par le docteur Arnott qui le soignait, qu'il voyait venir la mort avec une résignation toute philosophique. Persuadé qu'il était qu'aucun des crimes qu'on lui imputait ne pouvait lui être reproché, il en appelait au verdict de l'histoire pour le venger des accusations calomnieuses de ses ennemis. Mais ces sentiments étaient ceux d'un stoïcien et non d'un chrétien. Il fallait donc prier pour une conversion véritable, qui apparaîtrait comme un monument triomphal de la grâce divine.

Dans cet espoir, ils guettaient les informations venues de Longwood, persuadés que l'esprit d'un aussi grand homme ne pouvait rester indifférent au problème de l'au-delà. Mais les nouvelles du captif n'apportaient pas de précisions satisfaisantes, et ce n'est qu'après la mort de Napoléon qu'ils apprirent par la comtesse Bertrand et par d'autres personnes de l'entourage de l'Empereur, que celui-ci, dans les derniers temps de sa vie, se plaisait à lire les Saintes Écritures, qu'il avait de fréquents entretiens avec le prêtre qui l'assistait, qu'il écoutait avec recueillement le service divin et qu'il avait fait une fin édifiante après avoir reçu la communion[1].

Ils purent penser que leurs prières avaient été exaucées. « Qui sait, disaient-ils, si nous ne le reverrons pas au Paradis ? »

1. Napoléon reçut l'extrême-onction des mains de l'abbé Vignali le 1er mai (Bertrand, *Cahiers de Sainte-Hélène*, t. III).

Quoi qu'on puisse penser de leurs touchantes perspectives, on ne peut s'empêcher d'aimer ces jeunes chrétiens, dont l'un va bientôt mourir, pour leur émouvante candeur et pour la noblesse d'âme dont ils firent preuve à l'égard de celui qu'on leur avait si longtemps appris à considérer comme le pire ennemi de leur pays et comme le fléau de l'Europe.

La charité chrétienne suffit-elle à expliquer cette générosité ? et ne peut-on pas supposer que le prestige d'un grand homme malheureux puisse s'imposer aussi à des âmes bien nées ?

CONCLUSION : L'ULTIME VICTOIRE

> *« L'Angleterre, en choisissant pour lieu de sa captivité l'île inaccessible, l'a élevé dans la région idéale d'où il jettera tous ses rayons. »*
>
> J. BAINVILLE

À ce défilé des témoins qui ont comparu à notre barre manquent seulement ceux qui n'ont rien laissé d'écrit ; ce qui nous a contraints à négliger la plupart des humbles. Ce n'étaient pas pourtant les moins bienveillants, puisque nous avons pu connaître les réactions des marins du *Bellerophon*, ceux du *Northumberland*, des simples soldats du camp de Deadwood, des petits fermiers de l'île, et même des esclaves, tels que le vieux Tobie, le jardinier des « Briars », avec lesquels l'Empereur aimait à causer avec cette simplicité qui était l'un des aspects de sa grandeur. Chez les personnages plus importants, si l'on met de côté le venimeux pamphlet de Hook et la singulière diatribe de Raffles, nous avons trouvé bien peu de détracteurs et quelques sincères enthousiastes. Est-il possible maintenant de dégager de ces divers témoignages une synthèse traduisant l'état d'esprit de ces Anglais, vainqueurs de Napoléon, de l'homme qu'on leur a appris à haïr, du géant tombé qu'ils ont redouté si longtemps ? De leurs impressions on retiendra quelques traits généraux qui se retrouvent chez presque tous, avec des nuances diversement accentuées.

Bien entendu, le sentiment qui domine, c'est la curiosité de tous à la perspective d'être admis à voir de leurs yeux, à entendre de leurs oreilles cet homme extraordinaire ; puis, plus ou moins conscient, le chatouillement de vanité qu'ils éprouvent à fixer ses regards, à lui adresser la parole, à être distingués par lui. Son accueil flatte leur amour-propre plus que toute autre distinction. « Lady Malcolm, écrit Hudson Lowe, est plus orgueilleuse d'avoir fait une promenade en calèche avec Bonaparte que si le Prince Régent lui-même l'avait invitée. »

C'est aussi de l'orgueil, un orgueil bien légitime, à la pensée qu'ils tiennent en leur pouvoir, après l'avoir terrassé à Waterloo, celui qui avait conquis la moitié du monde. Rabaisser le mérite d'un vaincu, ne serait-ce pas amoindrir la gloire du vainqueur ? Ce sentiment s'accompagne tout naturellement d'une crainte persistante de le voir s'échapper une fois de plus, danger qui ne trouble pas seulement le repos de celui qu'on a commis à sa garde, mais que beaucoup redoutent comme une suprême humiliation pour l'honneur anglais.

Mais, si Napoléon continue à être craint et admiré, il a su aussi inspirer à la plupart des témoins de sa captivité une pitié sincère, une véritable compassion pour son triste sort. Le contraste s'impose à tous entre sa grandeur passée et sa condition présente d'exilé ; et, même s'il leur est difficile de mesurer la détresse morale du héros tombé, ils comprennent qu'il y a là une situation de fait qui ne laisse plus de place à l'animosité ; chez tous se manifeste un souci de correction absolue envers lui. La bienveillance, qui pousse certains d'entre eux à donner au captif des conseils de conduite en vue d'améliorer son bien-être matériel, se mue souvent même en une complaisance allant jusqu'à la complicité, notamment quand il s'agit – parfois contre rémunération – de faire passer en Europe une correspondance clandestine.

On admire son génie militaire, ses talents d'administrateur et de législateur ; mais comment avoir une compréhension totale des réactions de son âme devant l'étendue de son épreuve ? Comment sentir « ce qu'il y avait de désirable et de magnifique dans la souffrance du plus glorieux de tous les mortels[1] » ?

Quand ils haussent les épaules en voyant le cérémonial de sa petite Cour, son insistance à revendiquer le titre d'Empereur qu'on lui dénie officiellement, son refus de se promener dans l'île avec l'escorte d'un officier anglais, ou de se rendre à une invitation à laquelle il est convié par ses gardiens, ces braves gens – car ce sont pour la plupart de braves gens – assez lucides pourtant pour voir qu'il n'est pas résigné à son sort et qu'il n'a pas abandonné l'espoir de voir la fin de son exil, ne peuvent toujours comprendre que ce « général » bedonnant, indifférent à leurs avances comme à leurs critiques, ne peut pas ne pas rester, en dépit de tout, l'Empereur dont le nom glorieux traversera les âges, et auquel leurs noms obscurs devront de ne pas être complètement ignorés de la postérité.

Le faisceau de leurs témoignages constitue néanmoins pour l'histoire de la captivité un apport utile qui laisse intact l'édifice construit par le proscrit, pour qui « Sainte-Hélène fut l'atelier où il tailla dans le roc son image idéale[2] », celle qu'aucun de ses détracteurs ne pourra ternir.

Si Napoléon « a livré sur le rocher de Sainte-Hélène son ultime bataille, façonnant l'image qu'il souhaitait laisser à la postérité[3] », ne peut-on considérer cette douloureuse épopée, cette lutte de tous les instants entre deux grands antagonistes – le héros tombé et la puissance anglaise – comme l'ultime victoire de l'Empereur ?

---

1. Léon Bloy, *L'Âme de Napoléon*, Paris, 1912.
2. Médecin-général Brice, *Le Secret de Napoléon*, Paris, 1936.
3. Jean Tulard, *Napoléon*, Paris, 1977.

APPENDICE :
UNE LÉGENDE TENACE

« Sainte-Hélène est l'une des provinces historiques les plus riches en faux documents. »

Ph. GONNARD,
Les Origines de la légende napoléonienne.

Dans le maquis des erreurs historiques qui embroussaillent encore divers récits de la captivité, il se trouve des légendes quasi indestructibles, comme celle de la fameuse tempête qui se déchaîna sur Sainte-Hélène le jour de la mort de Napoléon.

Presque tous les historiens du XIXe siècle l'ont pieusement reproduite sans qu'aucun d'eux ne se soit donné la peine de faire la moindre vérification. Antommarchi en est, comme de tant d'autres contre-vérités, le premier inventeur ; il écrit dans son ouvrage :

« Le temps était affreux, la pluie tombait sans interruption, et le vent menaçait de tout détruire. Le saule sous lequel Napoléon prenait habituellement le frais avait cédé ; nos plantations étaient déracinées, éparses ; un seul arbre à gomme restait encore, lorsqu'un tourbillon le saisit, l'enlève et le couche par terre. Rien de ce qu'aimait l'Empereur ne devait lui survivre[1]. »

1. Dr. Antommarchi, *Les derniers moments de Napoléon*, Paris, 1823, 2 vol.

Arbres déracinés, ouragan qui bouleverse la terre et la mer, bâtiments qui tremblent sur leurs bases, et même menace d'engloutissement de l'île, tout est bon aux imaginations en mal de sensationnel. Forsyth lui-même[1], qui ne l'a certainement pas lu dans les *Lowe papers* si minutieusement explorés par lui[2], trouve le moyen de corser encore cette tempête en lui faisant « ébranler les maisons dans leurs fondements ».

Il faut avouer que ces cataclysmes constituent pour nos narrateurs un morceau de bravoure bien tentant. Quelle bonne fortune que de pouvoir décrire, au moment de l'agonie du conquérant, les éléments déchaînés dans un tintamarre qui rappelle le fracas de sa vie agitée ! Tout cela a une allure de drame wagnérien, où la nature en deuil accompagne à l'orchestre la mort du héros ou le triomphe des dieux. Peut-être y a-t-il là aussi comme une réminiscence des bouleversements qui marquèrent, suivant l'Évangile, le moment où Jésus expira sur la croix.

Il n'y a qu'un malheur, c'est que cette tornade apocalyptique n'a jamais existé que dans l'imagination ou dans la copie servile des écrivains qui se sont succédé sans qu'aucun d'eux ait jamais eu le scrupule d'y regarder de plus près. Il faisait beau à Sainte-Hélène le 5 mai 1821 et les jours suivants. On lit dans l'ouvrage de Octave Aubry :

« Cette légende fait partie de la littérature romanesque amassée autour de la captivité. En réalité, si les jours précédents avaient vu tomber une pluie presque constante, la journée du 5 mai fut belle et lumineuse, comme en témoignent l'*Annual Register of St. Helena*, et aussi la tradition orale unanime de l'île[3]. »

En somme, il suffisait, pour être fixé sur les conditions météorologiques du moment, de consulter tout simplement, ainsi que l'a fait G. L. de St. M. Watson[4], des textes qui lais-

1. W. Forsyth, *op. cit.*
2. Archives officielles de la captivité, conservées au British Museum de Londres.
3. Octave Aubry, *Sainte-Hélène*, Paris, 1935, 2 vol.
4. G. L. de St. M. Watson, *The Story of Napoleon's Death Mask*, Londres, 1913.

sent peu de prise à l'imagination, tels que les livres de bord des divers bâtiments qui, ce jour-là, étaient à l'ancre ou croisaient autour de l'île. Tous, sans exception, mentionnent : beau temps, avec quelques passages de nuages, mer calme, vent sud-est. Voilà des témoins qu'on ne peut récuser.

On pouvait aussi, comme l'a fait le Révérend Vernon[1], se renseigner aux sources. Ayant lu, dans l'*Histoire de Napoléon* de Walter Scott, le récit d'une tornade dont sa mémoire ne lui avait laissé aucune trace, il interrogea minutieusement les habitants de l'île, et dut constater que rien dans la nature ne s'associa tumultueusement au deuil impérial.

À peine peut-on noter qu'une bouture de saule, plantée par Napoléon dans son jardin et sans doute mal étayée, s'affaissa ce jour-là sur le sol. « Il est vrai, dit plaisamment G. L. de St. M. Watson, que c'était un saule pleureur. » Cet arbrisseau a donné naissance à une forêt entière.

Que faudra-t-il donc pour guérir les chroniqueurs de leur appétence pour les « orages désirés » ?

1. B. J. Vernon, *op. cit.*

ÉPHÉMÉRIDES DE LA CAPTIVITÉ DE NAPOLÉON

1815

15 juillet	Napoléon se présente sur le *Bellerophon* (capitaine Maitland).
16 juillet	Entrevue avec l'amiral Hotham qui invite l'Empereur à déjeuner sur le *Superb*.
24 juillet	Arrivée du *Bellerophon* à Torbay. Les Français ne sont pas autorisés à débarquer.
31 juillet	L'amiral Lord Keith et le secrétaire d'État Bunburry annoncent à l'Empereur les mesures prises à son endroit par le gouvernement britannique (déportation à Sainte-Hélène).
4 août	Protestation solennelle de Napoléon (remise le 5).
7 août	Embarquement sur le *Northumberland* (capitaine Ross) sous la surveillance de l'amiral Cockbum. La traversée durera 71 jours.
23 sept.	Passage de la ligne.
15 oct.	Arrivée du *Northumberland* à Sainte-Hélène.
17 oct.	Napoléon et sa suite débarquent et passent la nuit à la maison Porteous, à Jamestown.
18 oct.	Napoléon, en compagnie de l'amiral Cockburn, visite la résidence de Longwood, s'arrête au retour aux « Briars », chez la famille Balcombe, où il s'installera en attendant que Longwood soit habitable.
10 déc.	Départ pour Longwood, où l'on s'installe tant bien que mal.

1816

14 avril	Arrivée de sir Hudson Lowe, nouveau gouverneur de Sainte-Hélène.
17 avril	Hudson Lowe vient se présenter à Napoléon.

20 avril — Engagements demandés aux captifs. Ils signent à contre-cœur la déclaration exigée par le gouvernement britannique.

30 avril — Seconde entrevue du gouverneur avec Napoléon.

11 mai — Invitation à dîner adressée par Lowe à l'Empereur pour rencontrer à Plantation House lady Loudon, épouse du vice-roi des Indes. Refus de Napoléon.

16 mai — Entrevue orageuse de Napoléon avec Lowe.

17 juin — Arrivée à Sainte-Hélène des commissaires des puissances alliées : comte de Balmain (Russie), baron de Stürmer (Autriche), marquis de Montchenu (France), avec l'amiral sir Pulteney Malcolm qui remplacera dans le commandement des forces navales britanniques l'amiral Cockburn.

19 juin — Départ de l'amiral Cockburn qui ne prend pas congé de Napoléon.

20 juin — Première visite de l'amiral Malcolm à Napoléon. Il revient avec lady Malcolm le 25 juin. Impression très favorable sur Napoléon. Quatrième entrevue de Lowe avec l'Empereur.

16 juillet — Cinquième entrevue du gouverneur avec Napoléon. Les rapports sont de plus en plus tendus.

21 juillet — Les commissaires demandent à voir l'Empereur. Lowe transmet à Longwood copie de la déclaration du 2 août 1815 qui fait de Napoléon le « prisonnier de l'Europe ».

18 août — Sixième et dernière entrevue du gouverneur avec Napoléon, marquant une rupture totale. Lowe ne reverra plus l'Empereur que sur son lit de mort.

23 août — Napoléon refuse de recevoir les commissaires, en tant que tels. Il n'acceptera de les admettre en sa présence que comme personnes privées. Les commissaires, malgré toutes leurs démarches, n'obtiendront jamais l'autorisation du gouverneur, et ne verront jamais l'Empereur.

10 oct. — Les compagnons de l'Empereur signent la formule par laquelle ils s'engagent à ne pas le quitter. Les limites accordées à l'Empereur pour sa circulation sont sensiblement réduites par Hudson Lowe.

20 oct. — Vente d'une partie de l'argenterie impériale à la suite des restrictions apportées par le gouvernement britannique aux dépenses pour l'entretien des hôtes de Longwood.

Le Grand-Maréchal Bertrand et sa famille quittent leur résidence de Hutt's Gate et viennent s'installer dans leur nouvelle demeure, à proximité de Longwood.

25 nov. — Arrestation de Las Cases et de son fils qui sont mis au secret.

30 déc. — Las Cases et son fils sont embarqués pour Le Cap.

1817

17 janvier — Naissance d'Arthur Bertrand, « le premier Français arrivé à Sainte-Hélène sans la permission de Lord Bathurst ».

5 mars — Arrivée à Sainte-Hélène de l'ouvrage du docteur Warden. Napoléon le réfutera avec les *Lettres du Cap*.

11 juin — Remise à l'Empereur du buste du Roi de Rome.

19 juin	L'amiral et lady Malcolm, rentrant en Angleterre, viennent faire à Napoléon une visite d'adieu.
30 juin	Entrevue de Napoléon avec lord Amherst et les membres de sa mission. Arrivée à Sainte-Hélène de l'amiral Plampin qui vient remplacer l'amiral Malcolm.
17 juillet	Départ du 53e régiment d'Infanterie qui a fait le 14 ses adieux à Napoléon.
25 juillet	Le capitaine Poppleton, officier d'ordonnance chargé du service de Longwood, est remplacé par le capitaine Blakeney, du 66e régiment d'Infanterie qui vient relever le 53e à Sainte-Hélène.
13 août	Visite du capitaine Basil Hall, retour de Chine.
1er sept.	Réception à Longwood des officiers du 66e (colonel Nicol)
21 sept.	Tremblement de terre.
Sept.-oct.	Napoléon, malade, souffre de troubles hépatiques. La situation est tendue entre le docteur O'Meara et le gouverneur. Les compagnons de Napoléon font de nombreuses tentatives pour se rapprocher des commissaires.

1818

26 janvier	Naissance de Joséphine-Napoléone de Montholon.
3 février	On apprend à Longwood la mort de la princesse Charlotte, héritière du trône d'Angleterre. Grande déception pour les captifs, car elle passait pour être d'esprit très libéral.
13 février	Départ du général Gourgaud qui s'embarquera pour l'Europe le 14 mars.
26 février	Mort subite de Cipriani, maître d'hôtel de Napoléon, et qui jouissait de toute sa confiance.
16 mars	Départ de la famille Balcombe qui a fait ses adieux à l'Empereur.
25 juillet	Le capitaine Blakeney, démissionnaire, est remplacé par le lieutenant-colonel Lyster, qui n'est pas agréé par Napoléon et doit quitter Longwood.
11 juillet	Départ du baron de Stürmer, commissaire autrichien, qui ne sera pas remplacé.
25 juillet	Départ du docteur O'Meara, après de graves démêlés avec le gouverneur. Il s'embarque le 2 août.
5 sept.	Le capitaine Nicholls est nommé officier de service à Longwood. Il aura beaucoup de difficultés dans l'accomplissement de sa tâche, car Napoléon reste de plus en plus confiné dans son appartement.
Septembre	Congrès d'Aix-la-Chapelle. Il est établi le 30 novembre un protocole confirmant les mesures prises contre Napoléon et qui, connu à Longwood le 16 mars 1819, enlève au proscrit ses dernières illusions.

1819

17 janvier	Napoléon, malade, a recours au docteur Stokoe, chirurgien du *Conqueror*, qui diagnostique une hépatite. Ce praticien s'attire aussitôt l'inimitié du gouverneur et de l'amiral et doit quitter Sainte-Hélène le 30 janvier.
2 avril	Visite de M. Ricketts, cousin du Premier ministre Lord Liverpool, dont on espère beaucoup. Déception, car le rapport du visiteur dessert plutôt Napoléon.
2 juillet	Départ pour l'Europe de madame de Montholon et de ses enfants. Tristesse à Longwood.
20 sept.	Arrivée de la « Caravane » recrutée par le cardinal Fesch et comprenant les abbés Bonavita et Vignali, le « docteur » Antommarchi et deux serviteurs. Grande déception de l'Empereur.
Octobre	On se livre intensément au jardinage dans l'enclos de Longwood sous la direction de Napoléon.

1820

10 février	Le capitaine Lutyens, du 20e régiment d'Infanterie, remplace à Longwood le capitaine Nicholls.
3 mai	Le comte de Balmain, commissaire russe, quitte Sainte-Hélène, après avoir épousé miss Charlotte Johnson, belle-fille d'Hudson Lowe.
14 juillet	L'amiral Lambert remplace l'Amiral Plampin.
4 octobre	Napoléon fait sa dernière promenade à cheval en rendant visite à sir William Doveton, à Mount-Pleasant. Il rentre très fatigué. Dès le milieu de 1820, la santé de l'Empereur donne des inquiétudes à son entourage.

1821

25 février	La nouvelle habitation, construite auprès de Longwood, est enfin prête à recevoir les Français. L'Empereur, en raison de son état de santé, refuse d'aller s'y installer.
17 mars	Départ de l'abbé Bonavita, malade. Crise très violente de Napoléon.
1er avril	Napoléon accepte de recevoir les soins du docteur Arnott, médecin militaire anglais.
13 avril	Napoléon commence à dicter son testament au comte de Montholon.
1er mai	Napoléon reçoit l'extrême-onction des mains de l'abbé Vignali.
5 mai	À 17h 49, Napoléon, entouré de tous les siens, rend le dernier soupir.
9 mai	Obsèques solennelles et inhumation.

TABLE DES OUVRAGES CITÉS

Abel (Dr. Clarke), *A Narrative of a Journey into the Interior of China*, Londres, 1818. Non traduit en français.

Abell (Mrs. L. E.) (Betsy Balcombe), *Recollections of the Emperor Napoleon during the First Three Years of his Captivity on the Island of St. Helena*, Londres, 1848. La revue *The New Century Magazine* avait publié en 1843 les premiers chapitres de l'ouvrage. Traduit en français avec une introduction et des notes par M. Le Gras en 1898, sous le titre : *Napoléon à Sainte-Hélène*.

Ali (Louis-Étienne Saint-Denis, dit), *Souvenirs sur l'Empereur Napoléon*, Paris, 1926.

Antommarchi (Dr.), *Les derniers moments de Napoléon*, Paris, 1823, 2 vol.

Arnott (Dr. Archibald), *An Account of the Last Illness, Desease and Post-mortem Appearance of Napoleon Bonaparte*, Londres, 1822. Non traduit en français.

Aubry (Octave), *Sainte-Hélène*, Paris, 1935, 2 vol.

Balmain (Comte de). Les rapports de ce commissaire russe, écrits en français, ont été publiés dans les Archives russes en 1868 et reproduits par la *Revue bleue* en plusieurs livraisons, du 8 mai 1876 au 12 janvier 1897. Il existe une traduction anglaise, abrégée et expurgée, faite par Julian Park et publiée en 1927 par la Century Co., à Londres.

Barthe (M.), *Réfutation de la relation du capitaine Maitland*, Paris, 1828.

Bertrand (Grand-Maréchal du Palais), *Cahiers de Sainte-Hélène, déchiffrés et annotés par Paul Fleuriot de Langle*, Paris, 1949-1959, 3 vol.

Bingham (Général sir George). Son journal et sa correspondance ont été publiés par le *Blackwood's Magazine* d'octobre/novembre 1896 et par le *Cornhill Magazine* de janvier/février 1901. Non traduit en français.

Bingham (Lady). Ses lettres ont été publiées en 1895 par le *Blackwood's Magazine*. Non traduites en français.

Bloy (Léon), *L'Âme de Napoléon*, Paris, 1912.

Bowerbank (Lieutenant John), *An Extract from a Journal Kept on Board H.M.S.* Bellerophon *from July to August 1815*, Londres, 1815. Non traduit en français.

Brenton (E. P.), *The Naval History of Great Britain*, Londres, 1837, 2 vol.

Brice (Médecin-Général R.), *Le Secret de Napoléon*, Paris, 1936. *Les Espoirs de Napoléon à Sainte-Hélène*, Paris, 1938.

Brooke (T. H.). Lettres publiées par *The Sphere* en 1904 et par Cl. Shorter dans son ouvrage *Napoleon in his Own Defence*, paru en 1910 à Londres. Non traduites en français.

Bunbury (Lieutenant-Général sir Henry E. Bunbury, Bart.), *Memoirs and Litterary Remains*. Publiés par sir Charles Bunbury, Londres, 1868. Non traduits en français.

Campbell (Lord), *Vie des Lords chanceliers*, Londres, 1855.

Chaplin (Dr. A.), *The Illness and Death of Napoleon Bonaparte*, Londres, 1913. Non traduit en français. *A St. Helena Who's Who*, Londres, 1914. Non traduit en français.

Clifford (Lieutenant). Son journal, publié par le *Cornhill Magazine*, a été traduit en français par M. Gausseron et publié dans la *Revue hebdomadaire* du 25 novembre 1899.

Cockburn (Rear-Admiral sir George), *Extract from a Diary*, Londres, 1888. Non traduit en français.

Dacre (Capitaine). Capitaine de *store-ship* auquel on a attribué les *Lettres de Sainte-Hélène* qui sont l'œuvre de Napoléon, publiées dans le *Recueil de pièces authentiques*, t. II, édité par Corréard de 1822 à 1825.

Darroch (Enseigne Duncan). Ses lettres à sa mère ont été publiées par le major Smyth dans l'*Annual of the Lancashire Fusiliers*. Il existe une traduction française du baron de Veauce, *L'Affaire du masque de Napoléon*, Lyon, 1957.

Dunan (Marcel). Première édition intégrale et critique du *Mémorial de Sainte-Hélène*, établie et annotée par Marcel Dunan, de l'Institut, Paris, 1951, 2 vol.

Ellis (The Right Honourable Henry), *Journal of the Proceedings of the late Embassy in China*, Londres, 1818. Traduit en français par J. Mac Carthy sous le titre : *Voyage en Chine*, Paris, 1818. Journal privé, inséré par Walter Scott dans sa *Vie de Napoléon Bonaparte*. Traduit en français dans l'ouvrage de Walter Scott, Paris, 1827.

Emmett (Major Anthony), *New Records on Napoleon (Extracts from Emmett's Diary)*. Sous ce titre, le *Century Magazine* a publié en 1912 le journal du major Emmett. Non traduit en français.

Forsyth (William), *History of the Captivity of Napoleon*, Londres, 1853, 3 vol. Traduit en français sous le titre : *Histoire de la captivité de Napoléon*, Paris, 1853, 4 vol.

Frémeaux (Paul), *Napoléon prisonnier* (Journal du Dr. Stokoe), Paris, 1901. *Dans la chambre de Napoléon mourant*, Paris, 1911.

Glover (John R.), *Taking Napoleon to St. Helena*, Londres, 1893. Traduit en français par *le Journal des débats,* septembre/novembre 1894. Titre : « Déportation de Napoléon à Sainte-Hélène ».

Gonnard (Philippe), *Les Origines de la légende napoléonienne*, Paris, 1906.

Gorrequer (Major Gideon). Journal privé, édité avec préface et notes par J. Kemble sous le titre : *Gorrequer's Diary*, Londres, 1969. Non traduit en français.

Gourgaud (Général Gaspard), *Journal de Sainte-Hélène*, Paris, 1899, 2 vol. Première édition très expurgée (de Grouchy et Guillois). Nouvelle édition, plus conforme au texte original, par Octave Aubry, Paris, 1944.

Hall (Capitaine Basil), *A Voyage of Discovery to the Western Coast of Corea*, Londres, 1817, 4 vol. Traduit sous le titre : *Mémoires et voyages*, Paris, 1824.

Harrison (Brigade-major). Lettres au général sir George Bingham, éditées en février 1901 par le *Cornhill Magazine* sous le titre *More Light St. Helena*. Non traduites en français.

Hazlitt (William), *The Life of Napoleon Bonaparte*, Londres, 1830, 4 vol. Non traduit en français.

Henry (Dr. Walter), *Events of a Military Life*, Londres, 1843, 2 vol. Non traduit en français.

Héreau (Dr. J.), *Napoléon à Sainte-Hélène. Opinion d'un médecin*, Paris, 1825.

Hobhouse (John Cam), *The Substance of some Letters Written by an Englishman Resident in Paris during the Last Reign of the Emperor Napoleon*, Londres, 1816, 2 vol. Traduit en français sous le titre : *Lettres écrites de Paris pendant le dernier règne de l'Empereur Napoléon*, Gand, 1817.

Holland (Lord), *Foreign Reminiscences*, Londres, 1850. Traduit en français sous le titre : *Souvenirs diplomatiques*, Paris, 1851.

Home (sir George), *Memoirs of an Aristocrat and Reminiscences of Emperor Napoleon, by a Midshipman of the* Bellerophon, Londres, 1838. Traduit par M. Henry Borjane dans son livre *Napoléon à bord du* Bellerophon, Paris, 1936.

Hook (Theodore), *Facts Illustrative of the Treatment of Napoleon Bonaparte at St. Helena*, Londres, 1819. Traduit en français en 1819 sous le titre : *Carnet d'un voyageur*.

Jackson (Lt.-Colonel Basil), *Notes and Reminiscences of a Staff-Officer relating to Waterloo and St. Helena*, publié en 1903 à Londres par R. C. Seaton. Traduit en français par M. E. Brouwet sous le titre : *Waterloo et Sainte-Hélène*, Paris, 1912.

Keith (Amiral Lord), *Memoirs of the Honourable George Keith Elphinstone, Viscount Keith*, publiés par Alexander Allardyce en 1882. Non traduits en français.

Knowles (sir Lees), *Letters of Captain Englebert Lutyens*, Londres, 1915. Non traduites en français.

Las Cases (Comte de), *Mémorial de Sainte-Hélène*, Paris, 1823, 8 vol.

Lyttelton (The Honourable W. H.), *Some Account of Napoleon Bonaparte Coming on Board H.M.S.* Northumberland, Londres, 1836. Tirage à 52 exemplaires. Transcrit intégralement par Cl. Shorter dans *Napoleon and his Fellow-Travellers*. La *Revue bleue* du 8 septembre 1894 en a publié des extraits, traduits d'un article d'un petit-fils de Lyttleton, paru dans la *New Review* du 1er septembre 1894.

Mac Leod (Dr. John), *The Voyage and the Shipwreck of the* Alceste, Londres, 1817. Traduit en français sous le titre : *Voyage du capitaine Maxwell*, Paris, 1818.

Maitland (Capitaine F. L.), *Narrative of the Surrender of Bonaparte and of his Residences on H.M.S.* Bellerophon, Londres, 1826. Traduit en français par J. T. Parisot, Paris, 1828, sous le titre : *Relation du capitaine Maitland*.

Malcolm (Lady), *A Diary of St. Helena*, Londres, 1899. Non traduit en français.

Mansel (Lt.-Colonel John). Une lettre publiée par Cl. Shorter dans *Napoleon and his Fellow-Travellers*, Londres, 1908. Non traduite en français.

Marchand (Louis), *Mémoires*, Paris, 1955, 2 vol.

Martineau (G.), *La Vie quotidienne à Sainte-Hélène*, Paris, 1966. « Un nouveau témoin de Sainte-Hélène », *Revue de l'Institut Napoléon*, juillet 1971.

Masson (Frédéric), *Napoléon à Sainte-Hélène*, Paris, 1912. *Autour de Sainte-Hélène*, Paris, 1909-1912, 3 vol. ; t. III : *Les Médecins de l'Empereur*.

Meynell (Capitaine Henry), *Conversations with Napoleon at St. Helena*, Londres, 1911. Non traduit en français.

Michaud (Hélène), « Que vaut le témoignage de Montholon ? », *Revue de l'Institut Napoléon*, Juillet 1971.

Montchenu (Marquis de), *Rapports inédits*, publiés par Georges Firmin-Didot, Paris, 1894.

Montholon (Général de), *Récits de la captivité*, Paris, 1847, 2 vol.

Nicholls (Capitaine), *Journal* publié d'après une copie manuscrite conservé au British Museum dans les *Lowe Papers*. Traduit en français par E. Brouwet dans les *Carnets de la Sabretache*, Paris, 1921/1922.

Norwood Young, *Napoleon in Exile : St. Helena*, Londres, 1915, 2 vol. Non traduit en français.

O'Byrne, *Naval Biographical Dictionary*, Londres, 1849.

O'Meara (Dr. Barry), *Napoleon in Exile, or a Voice from St. Helena*, Londres, 1822, 2 vol. *An Exposition of some of the Transactions that Have Taken Place at St. Helena since the Appointment of sir Hudson Lowe as Governor of that Island*, Londres, 1819. Traduit en français et publié par le *Recueil de pièces authentiques*, sous le titre : *Relation des événements arrivés à Sainte-Hélène postérieurement à la nomination de sir Hudson Lowe au gouvernement de cette île*, t. IV, Corréard, 1822. *Journal privé* (19 vol. manuscrits) dont le *Century Magazine* a publié en 1900 des extraits. Non traduit en français. Article du *Morning Chronicle* du 8 juillet 1821. Traduit en français sous le titre : *Documents historiques sur la maladie et la mort de Napoléon Bonaparte*, Paris, 1821.

Pillans (T. Dundas), *The Real Martyr of St. Helena*, Londres, 1818. Non traduit en français.

Quérard (J. M.), *Les Supercheries littéraires dévoilées*, Paris, 1847-1853, 5 vol.

Raffles (sir Stamford). Lettre à M. Hare, publiée par le *Daily Mail* du 18 juin 1904. Non traduite en français.

Ropes (John C.), *The First Napoleon*, Houghton, 1895. Non traduit en français.

Rose (John Holland), *Napoleon's Last Voyages*, Londres, 1895. *The Life of Napoleon*, Londres, 1902, 2 vol. Ces deux ouvrages non traduits en français.

Rosebery (Lord Archibald P.), *The Last Phase*, Londres, 1900. Traduit en français par A. Filon, Paris, 1901, sous le titre *La dernière phase*.

Ross (Capitaine Charles B. Hodgson). Lettre à son ami W. J. Hall, publiée par Cl. Shorter dans *Napoleon and his Fellow-Travellers*. Non traduite en français.

Runciman (sir Walter), *The Tragedy of St. Helena*, Londres, 1911. Non traduit en français.

Santini (Jean-Noël), *Appel à la nation anglaise sur le traitement éprouvé par S. M. l'Empereur Napoléon*, Londres, 1816. Traduit en anglais sous le titre : *An Appeal to the British Nation on the Treatment Experienced by Napoleon Bonaparte in the Island of St. Helena.*

Scott (sir Walter), *Life of Napoleon Buonaparte*, 3 vol. Traduit en français, sous le titre : *Vie de Napoléon Bonaparte*, Paris, 1827.

Seaton (R. C.), *Napoleon's Captivity in Relation to sir Hudson Lowe*, Londres, 1903. Traduit en français sous le titre : *Napoléon et sir Hudson Lowe*, Paris, 1909.

Senhouse (Capitaine). Lettres à son épouse, publiées en 1897 par le *Macmillan Magazine* en Angleterre, et dans une traduction française d'E. Barthélemy, par la *Revue hebdomadaire*, septembre 1897.

Shorter (Clemens), *Napoleon and his Fellow-Travellers*, Londres, 1908. Contient les récits de George Home, Ross, Lyttelton, Warden, Smart, Bowerbank et sir George Bingham. Non traduit en français. *Napoleon in his Own Defence*, Londres, 1910. Contient les lettres du Cap, le pamphlet de Th. Hook, les lettres de Brooke et de Hodson. Non traduit en français.

Silvestre (J.), *De Waterloo à Sainte-Hélène*, Paris, 1904.

Sloane (W. M.), *Life of Napoleon*, New York, 1896, 4 vol. Non traduit en français.

Smart (John). Récit publié par Cl. Shorter dans *Napoleon and his Fellow-Travellers*, Londres, 1908. Non traduit en français.

Stokoe (Dr. John), *With Napoleon at St. Helena*, Londres, 1902. C'est la traduction anglaise du livre de Paul Frémeaux, *Napoléon prisonnier*, lui-même composé d'après le manuscrit du docteur Stokoe.

Stürmer (Baron de). Rapports officiels à la Cour de Vienne, publiés par J. Saint-Cère et H. Schlitter, à Paris, en 1886, sous le titre : *Napoléon à Sainte-Hélène*.

Thiers (Adolphe), *Histoire du Consulat et de l'Empire*, Paris, 20 vol., t. XX.

Travers (Capitaine), *Journal*, extrait figurant dans l'ouvrage de Lady Sophia Raffles : *Memoirs of the Life and Public Services of sir Thomas Stamford Raffles*, Londres, 1830. Non traduit en français.

Tulard (Jean), *Napoléon*, Paris, 1977.

Verling (Dr. James Roche), *Journal* manuscrit, conservé aux Archives nationales françaises (AB XIX 92, entrée n° 34). Ce manuscrit fut offert à Napoléon III par M. Morgan, consul d'Angleterre à Tien-Tsin. Non traduit en français.

Vernon (Rev. Bowater T.), *Trifles from St. Helena*, Londres, 1848. Non traduit en français.

Viel-Castel (comte Horace de), *sir Hudson Lowe et la captivité de Sainte-Hélène, Revue des deux mondes*, janvier 1855.

Warden (Dr. William), *Letters from the* Northumberland *and St. Helena*, Londres, 1816. Traduit en français dans le *Recueil de pièces authentiques*, Paris, 1821, t. II.

Watson (G. L. de St. M.), *The Story of Napoleon's Death Mask*, Londres, 1915. Non traduit en français. *A Polish Exile with Napoleon*, Londres, 1912. Non traduit en français.

Wilks (Colonel Mark), *Three Conversations Held at St. Helena in 1816*, publiées par la *Monthly Review* en 1901, sous le titre : *Colonel Wilks and Napoleon*. Non traduit en français.

Younghusband (Mrs. Catherine), *Reminiscences of Napoleon Bonaparte, by a Lady*, in *Blackwood's Magazine*, 1834. Non traduit en français.

Cet ouvrage a été imprimé par la
SOCIÉTÉ NOUVELLE FIRMIN-DIDOT
Mesnil-sur-l'Estrée
pour le compte des Éditions Tallandier
en août 2002

Composition :
Nord compo

N° d'éditeur : 2939 - N° d'impression : 60694
Dépôt légal : septembre 2002
ISBN : 2-84734-024-6

Imprimé en France